HSK5 CEK 3D Dictionary

Chinese / English / Korean

汉字의 뜻을 한글과 영어로 설명

中韓英

CEK 立体词典

저자 신 부 용 박사

한림당

저자 **신 부 용 愼富鏞**

공학박사, 서울공대 토목학과 졸업(1964)
캐나다 토론토대학 교통공학 박사
한국 교통연구원 원장
KAIST 초빙교수(교통공학)
KAIST 한글공학연구소 소장

「중국인보다 빨리 배우는 신한위학습법」 저자

HSK5 CEK 3D Dictionary

中韓英
CEK 立体词典

초판 인쇄 2021년 05월 28일
초판 발행 2021년 06월 11일

저　　자 愼 富 鏞
발 행 인 鄭 明 子
발 행 처 도서출판 한림당
주　　소 04550 서울시 중구 충무로5길 11, 505호
전　　화 010 6537 6869
팩　　스 031 474 6868
E-mail 938437@naver.com
등　　록 514-92-07448
I S B N 978-89-97766-97-0 11720

정　　가 38,000원

머리말

한국어 사전은 어휘를 **가나다순**에 의해 정리하고 영어사전은 **abc** 순을 쓴다. 중국어 사전도 병음표기를 기반으로 **abc 순**을 따르지만 특이한 점이 있다. 어휘가 아닌 어휘 첫 글자가 기준이 된다는 점이다. 예를 들어 **机会**와 **加油**는 각각 **jīhuì**와 **jiāyóu**로 표기되는데 abc 순이라면 **jiāyóu**가 먼저일 것이다. 그러나 어휘가 아닌 첫 글자의 발음, ji와 jia를 비교 하므로 **jīhuì**가 먼저 나온다. 즉 중국어 사전은 머리글자의 abc 순으로 배열된다.

중국어에는 음절(발음)이 같은 글자들이 많다. 예를 들어 ji 음절의 글자는 **HSK 5급** 이하의 것만 해도 **基 几 机 急 极 即 集 级** 등 27개나 된다. 이들끼리의 배열순서는 어떻게 정해야 할까? 글자의 획수를 사용할 수도 있고 사용빈도를 사용할 수도 있다. 또 성조순도 무시할 수 없다. 즉 사전마다 배열방식이 조금씩 달라 사용자들이 알아내기 어렵다. 그래서 사전 찾기가 싫어진다. 특히 초보자를 위한 사전은 수요가 적어 시중에서 찾아보기조차 어렵다. 사전 없이 공부하자니 글자의 뜻을 제대로 배우지 못한 채 지나가게 되고 그러다 보니 어휘나 문장의 뜻을 이해하는 것도 더디게 된다. 이 때문에 중국어 학습이 더 어려워진다.

이 책, '**CEK 입체사전**'은 같은 음절의 글자들을 모두 한 표 안에 넣고 이들을 다시 성조별로 배열하여 마치 지도에서처럼 상하좌우로 살펴가며 찾도록 하였다. 한 표 안에 동음절자同音节字 어휘를 다 넣을 수 있겠느냐는 의문이 들지만 학습용으로 **HSK 5급**까지를 범위로 잡았기 때문에 가능하다. 즉 **HSK 5급** 어휘 2,500개와 여기에 사용되는 한자 1,685자를 **365개의 음절표**에 어렵지 않게 나누어 넣을 수 있다. 이렇게 정리된 음절표는 병음뿐 아니라 한글로도 찾아 볼 수 있도록 하였으며 한자의 뜻을 우리말 훈訓과 영어로도 설명하는 등 한자 학습에 도움이 되도록 공을 많이 들였다.

이렇게 어휘를 한 줄이 아닌 평면에 배열한 '**평면배열식 중국어 사전**'은 세계 최초의 시도로 2019년 **발명특허**를 받았다. **한글표기**로 찾을 수 있도록 한 중국어 사전 역시 최초의 시도이며 이 모두가 '**찾기 쉬운**' 사전 제공을 위한 노력이다. 이 사전은 또한 찾기 쉬울 뿐 아니라 찾으면 볼거리, 즉 배울 거리가 많이 눈에 들어오도록 만들었다.

아무쪼록 우리 청소년들이 이 사전을 통해 중국어를 좀 더 쉽게 배워 세계무대에서 더 많은 활약을 보여줄 것을 기대한다.

2021년 5월

저자 신부용 愼富鏞

* 자세한 책 소개는 부록 1에 있음.

추천사

오랜 기간 중국어 교육에 종사한 사람의 입장에서 이전에는 없었던 한글 기반의 전혀 새로운 형식의 "中韓英 CEK 입체사전"이 세상에 나온 것을 환영합니다.

지금까지 한자나 중국어를 공부하고자 하는 사람들을 위한 정형화된 어휘집이나 한자 풀이집은 많이 나왔으나, 대부분이 형식이나 내용에 있어서 대동소이大同小異한 것들로, 특히 초보자들의 입장에서 보면 한자나 어휘의 뜻을 제대로 이해하고 배우는데 여전히 많은 어려움이 있었던 것이 사실입니다.

여기에 착안해서 이번에 새로 출간되는 "中韓英 CEK 입체사전"은 한자 하나하나를 우리말의 음훈으로 설명하여 뜻을 되새겨 보도록 하고, 음절 단위의 표를 만들어 한자와 어휘를 평면 배열한 형식은 생소해 보이기는 하지만 매우 직관적이고, 혁신적인 완전히 새로운 스타일로 학습자들에게는 새로운 재미와 흥미를 불러일으키기에 충분합니다.

2021년 4월 20일 발표된 한어수평고시 개편안에 대한 세미나에서는 기존의 6급으로 되어 있는 HSK 시험은 당분간 기존의 6급 체제는 그대로 유지하면서, 가까운 장래에 한자와 음절의 기준이 포함된 9급체계로 확대 개편한다고 발표하였습니다. "中韓英 CEK 입체사전"은 현행 한어수평고시의 5급까지 한자에 대응하여 집필 되었지만, 한자와 음절 단위의 도표를 활용해서, 새로운 시대 변화의 조류를 반영했을 뿐만 아니라, 이야기 형식의 글자 풀이를 통하여 한자와 어휘의 뜻을 이해하거나 쓰는 방법을 쉽게 습득할 수 있도록 안내하고 있습니다.

무엇보다 "中韓英 CEK 입체사전"의 가장 큰 특징은 한글의 음절을 사용해서 중국어 음절을 찾아 잘 정리된 도표 안에, 성조별로 분류 정리되어 있는 중국어 어휘를 찾아볼 수 있도록 한 것입니다. 물론 현재의 중국어 교육은 공식적으로 한어병음 표기를 사용하고 있지만, 한글 표기를 접목한 새로운 시도는 오히려 처음 배우는 학생들에게는 많은 도움이 될 수도 있으리라 생각됩니다. 지금까지 중국어에 한글 표기를 접목시킨 시도는 몇 번 보았지만 중국어의 음절과 한글 음절을 1:1로 직접 대응하여 상호 전환하여 쓸 수 있도록 한 것은 매우 참신한 형식이라고 봅니다. 거기에 더해서 영어의 의미까지 자연스럽게 익힐 수 있도록 설계한 것은 학습자의 입장에서는 말 그대로 일거양득一擧兩得이라고 할 수 있겠습니다.

이 책의 저자인 신부용 교수님은 자신이 한자와 중국어를 공부하면서 느꼈던 여러 가지 어려움을 직접 해결하기 위해 지난 십 수 년 끊임없이 연구해 온 것으로 알고 있습니다. 책장마다 한 땀 한 땀 장인의 손길이 느껴지는 "中韓英 CEK 입체사전"의 출간을 진심으로 축하드리며, 변함없는 저자의 열정과 노력에 경의를 표합니다. 이 노력이 저자가 염원하는 중국어의 학습에 새로운 활기를 불러일으키는 계기가 되기를 바라며, 이 새로운 결과물인 "中韓英 CEK 입체사전"을 많은 분들이 함께 공유할 수 있기를 적극 추천합니다!

2021년 5월

(社)韩国中国语教育开发院 理事长 朴 容 镐

차 례

<표 / 그림 목차>

<부록>

<부록 표>

서 론

1. 음절표音节表는 무엇인가?

音节 [소리 음 /마디 절] 이란 글자 그대로 소리마디라 할 수 있는데 말소리를 쪼갠 최소의 덩어리이다. 우리말에서 최소의 소리 덩어리는 바로 글자 한 자의 발음이며 세종대왕은 이를 초성、중성、종성으로 이루어진다고 보고 언문(훈민정음) 한 글자로 표현토록 했다.

중국어에서도 '汉字 한 글자의 발음'을 한 음절이라고 하지만 초·중·종성이 아닌 성모声母와 운모韵母 두 부분으로 나눈다. 예를 들어 '예쁘다'라는 뜻의 漂亮의 漂떠돌 표 자는 병음으로 [piāo]로 적는데 여기서 **p** 는 성모声母이고 **iao** 는 운모韵母인 것이다.

중국어에는 23개의 성모와 38개의 운모가 있어 이들이 결합하면 모두 874개의 음절이 생기지만 그 중에서 실제로 쓰는 것은 417개뿐이다. 한자가 약 5만 자라 하면 같은 음절의 글자, 즉 발음은 같지만 뜻이 다른 글자가 평균 100자가 훨씬 넘을 것이니 한자를 익히는 것이 얼마나 어려울지 상상이 간다. 다행히 HSK 5급까지에서 쓰는 한자는 1,685자이고 음절수는 365개뿐이므로 같은 음절의 글자는 평균 5자 미만이 된다.

이 책에서는 이들 같은 음절자들을 하나의 표 안에 모아놓고 학습자들이 쉽게 찾아보고 또 비교해 가며 배울 수 있도록 하였다. 이것이 음절표이다. 따라서 일단 표만 찾아 들어가면 그 안에서 원하는 글자를 한눈에 찾아볼 수 있어서 편리할 것으로 기대된다.

다음은 중국어의 첫 음절 **까안 gan** 의 음절표이다.(책 소개는 부록 1 참조)

그림 1. 평면배열 된 음절표 예 까안 gan

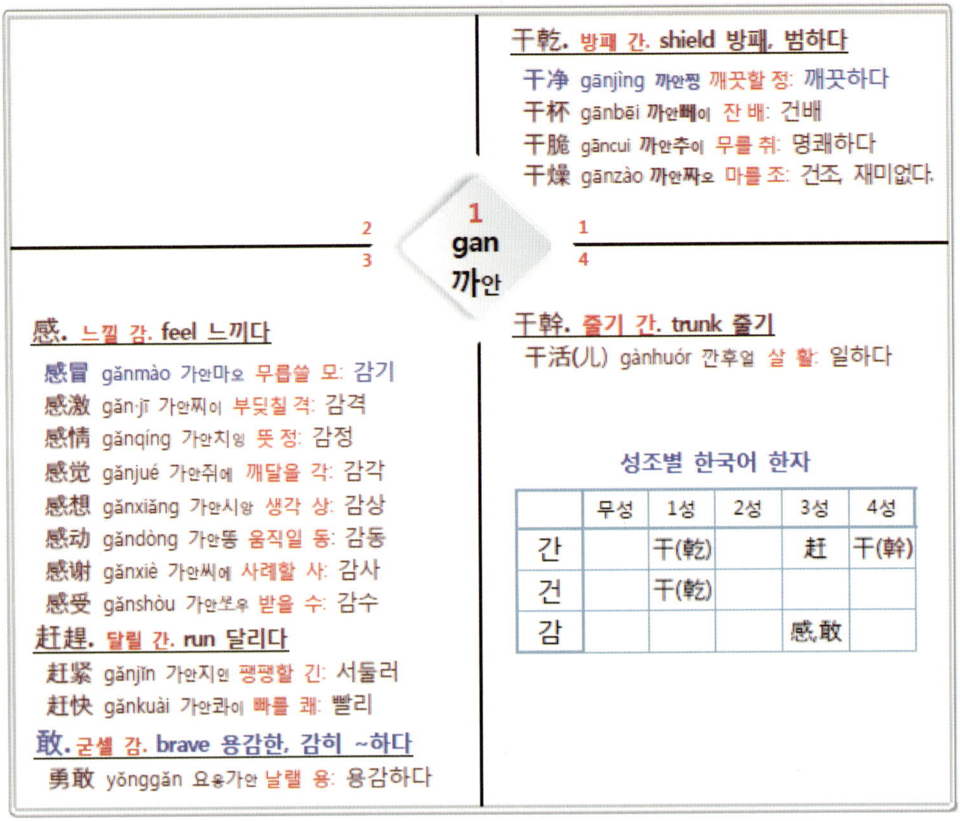

	무성	1성	2성	3성	4성
간		干(乾)		赶	干(幹)
건		干(乾)			
감				感,敢	

2. 어휘 찾는 방법

1) 찾고자 하는 어휘 첫음절의 음절표를 찾는다.

예를 들어 干净[gānjìng 까안찡] 을 찾으려면 첫음절 까안 gān의 음절표를 찾는다. 한글표기 까안을 써서 찾으려면 **표 1, '한글로 음절표 찾기'**를 보면 되고 gān을 써서 찾으려면 **표 2, '병음으로 음절표 찾기'**를 보면 된다. 두 표가 '가나다 순' 혹은 'abc 순'의 정렬 방식만 다를 뿐 내용은 같다.

2) 음절표를 찾았으면 그 안에서 찾고자 하는 어휘를 찾는다.

음절표에는 동음절자들이 성조에 따라 4개의 방에 정렬되어 있다. 干 은 1성이므로 1성방에서 찾을 수 있다. 干 밑에는 干의 활용 어휘들이 정렬되어 있다. 그중에서 干净을 쉽게 찾을 수 있다.

3) 찾고자 하는 어휘를 찾았어도 사전을 덮지 말고 표 안의 다른 어휘들과 비교해 보기를 권장한다. 여러 번 보면 자연스럽게 기억에 남을 수 있을 것이다.

3. 음절표 사용법

음절표에는 여러 가지 학습에 필요한 정보가 들어있다. 음절표를 만날 때마다 아래와 같이 그 내용을 훑어보기를 권장한다. 특히 글자의 뜻을 익혀두는 것이 중요하다.

1) 어휘를 찾은 후 음절표의 아래에 있는 글자해석을 보고 글자의 모양과 뜻을 익힌다.

예: 干방패 간= 干은 고대의 방패 모양을 형상화 한 것이며, 현재 乾과 幹의 간체자로 쓰임.

2) 같은 음절의 한자를 익혀 둔다.

4성방 안에 있는 별표 '성조별 한국어 한자'에서 간(干赶), 감(感,敢), 건(乾)이 모두 동음절임을 본다.

3) 음절표 안에 제시 된 어휘들을 두루 살펴 관련된 어휘들을 익혀 둔다.

음절표 안에는 동음절자로 시작되는 어휘들이 정리되어 있다. 이들을 봐 두면 다음 번 또 대할 때는 반가워 쉽게 기억에 각인된다.

4. 기타 책사용 안내

1) 이 책은 한국사람을 위한 것이며 한국인이 가진 기본적 어학소양을 전제로 하여 만들었다. 우선 우리는 한자를 '음과 훈'으로 기억한다는 점을 살려 한자의 뜻과 우리말 음을 동시에 익히도록 한 것이 가장 큰 특징 중의 하나이다.

중국어는 한자로 이루어지는데 한자는 뜻글이다. 따라서 한자의 뜻을 모르고 중국어를 배운다는 것은 지름길을 두고 일부러 돌아가는 격이다. 그런데도 중국어 학습 책들은 대부분이 한자의 뜻을 설명하려 하지 않는다. 이것은 중국어에는 우리말처럼 뜻을 설명할 구어口語

가 없기 때문이다. 이런 점에서 중국인 저자가 쓴 중국어 교본은 한국인에게는 적합하지 않다고 할 수 있다. 이런 책들은 글자의 뜻을 설명하지 않고 주입식으로 외우기를 기대한다는 점을 알아야 한다.

2) 중국어를 배우다 보면 한자의 우리말 음을 잊어버리기 쉽다. 이는 옳지 않을 뿐 아니라 손해이다. 우리말 음을 모르게 되면 우리나라 학습참고서나 서적 이용이 어려워질 수 있기 때문이다. 이것이 이 책에서 우리말 음과 훈을 고집스럽게 내세우는 이유이다.

3) 이 책에서는 글자나 단어의 품사를 무시하고 대신에 글자의 뜻을 강조하였다.
중국어에는 사실상 품사라는 개념이 없는데 억지로 영문법 기틀에 맞추려는 것으로 보인다. 품사를 따지는 시간에 글자의 뜻을 익히는 것이 현명하다.

4) 음절의 한글 이름은 1성 발음표기를 사용하였다. 성조별 발음표기는 부록 4, <부표 9>에 정리하여 보였다.

표 1. 한글로 음절표 찾기(1/2)

음절 번호	한글 표기	병음	쪽 번호
1.	까안	gan	9
2.	까앙	gang	10
3.	까오	gao	11
4.	까이	gai	11
5.	꺼언	gen	12
6.	꺼엉	geng	12
7.	께이	gei	13
8.	꼬옹	gong	14
9.	꼬우	gou	15
10.	꾸아	gua	15
11.	꾸아이	guai	16
12.	꾸안	guan	16
13.	꾸앙	guang	17
14.	꾸오	guo	18
15.	꾸우	gu	19
16.	꾸운	gun	20
17.	꾸이	gui	20
18.	끄어	ge	21
19.	나아	na	21
20.	나안	nan	22
21.	나오	nao	22
22.	나이	nai	23
23.	너언	nen	23
24.	너엉	neng	24
25.	네이	nei	24
26.	노옹	nong	24
27.	누안	nuan	25
28.	누우	nu	25
29.	뉘이	nü	26
30.	느어	ne	26
31.	니아오	niao	27
32.	니앙	niang	27
33.	니앤	nian	27
34.	니우	niu	28
35.	니이	ni	28
36.	니인	nin	28
37.	니잉	ning	29
38.	따아	da	29
39.	따안	dan	30
40.	따앙	dang	31
41.	따오	dao	31
42.	따이	dai	32
43.	떠엉	deng	33
44.	떼이	dei	33
45.	또옹	dong	34
46.	또우	dou	34
47.	뚜안	duan	35
48.	뚜오	duo	36
49.	뚜우	du	36
50.	뚜은	dun	37
51.	뚜이	dui	37
52.	뜨어	de	38
53.	띠아오	diao	38
54.	띠앤	dian	39
55.	띠우	diu	39
56.	띠이	di	40
57.	띠잉	ding	41
58.	라안	ran	41
59.	라앙	rang	42
60.	라오	rao	42
61.	러언	ren	43
62.	러엉	reng	44
63.	로옹	rong	44
64.	로우	rou	45
65.	루안	ruan	45
66.	루오	ruo	45
67.	루우	ru	46
68.	르	ri	46
69.	르어	re	47
70.	ㄹ라아	la	47
71.	ㄹ라안	lan	48
72.	ㄹ라앙	lang	48
73.	ㄹ라오	lao	49
74.	ㄹ라이	lai	49
75.	ㄹ러엉	leng	50
76.	ㄹ레이	lei	50
77.	ㄹ로옹	long	51
78.	ㄹ로우	lou	51
79.	ㄹ루안	luan	51
80.	ㄹ루오	luo	52
81.	ㄹ루우	lu	52
82.	ㄹ루운	lun	53
83.	ㄹ뤼에	lüe	53
84.	ㄹ뤼이	lü	54
85.	ㄹ르어	le	54
86.	ㄹ리아	lia	55
87.	ㄹ리아오	liao	55
88.	ㄹ리앙	liang	56
89.	ㄹ리앤	lian	57
90.	ㄹ리에	lie	58
91.	ㄹ리우	liu	58
92.	ㄹ리이	li	59
93.	ㄹ리인	lin	60
94.	ㄹ리잉	ling	61
95.	마아	ma	61
96.	마안	man	62
97.	마앙	mang	62
98.	마오	mao	63
99.	마이	mai	64
100.	머	me	64
101.	머언	men	65
102.	머엉	meng	65
103.	메이	mei	66
104.	모어	mo	67
105.	모우	mou	67
106.	무우	mu	68
107.	미아오	miao	68
108.	미앤	mian	69
109.	미이	mi	70
110.	미인	min	70
111.	미잉	ming	71
112.	빠아	ba	71
113.	빠안	ban	72
114.	빠앙	bang	73
115.	빠오	bao	73
116.	빠이	bai	74
117.	뻐언	ben	75
118.	뻬이	bei	75
119.	뽀어	bo	76
120.	뿌우	bu	77
121.	삐아오	biao	78
122.	삐앤	bian	79
123.	삐에	bie	80
124.	삐이	bi	80
125.	삐인	bin	86
126.	삐잉	bing	86
127.	싸아	sa	82
128.	싸안	san	82
129.	싸앙	sang	83
130.	싸오	sao	83
131.	써언	sen	83
132.	쏘옹	song	84
133.	쏘우	sou	84
134.	쑤안	suan	84
135.	쑤오	suo	85
136.	쑤우	su	85
137.	쑤운	sun	86
138.	쑤이	sui	86
139.	쒸앤	xuan	87
140.	쒸에	xue	87
141.	쒸이	xu	88
142.	쒸인	xun	89
143 .	쓰어	se	89
144.	쓰으	si	90
145.	씨아	xia	91
146.	씨아오	xiao	92
147.	씨앙	xiang	93
148.	씨앤	xian	95
149.	씨에	xie	96
150.	씨옹	xiong	96
151.	씨우	xiu	97
152.	씨이	xi	98
153.	씨인	xin	99
154.	씨잉	xing	100
155.	ㅅ라아	sha	101
156.	ㅅ라안	shan	102
157.	ㅅ라앙	shang	103
158.	ㅅ라오	shao	104
159.	ㅅ라이	shai	104
160.	ㅅ러언	shen	105
161.	ㅅ러엉	sheng	106
162.	ㅅ레이	shei	107
163.	ㅅ로우	shou	107
164.	ㅅ루아	shua	108
165.	ㅅ루아이	shuai	108
166.	ㅅ루앙	shuang	109
167.	ㅅ루오	shuo	109
168.	ㅅ루우	shu	110
169.	ㅅ루운	shun	111
170.	ㅅ루이	shui	111
171.	ㅅ르어	she	112
172.	ㅅ르으	shi	113
173.	아아	a	116
174.	아안	an	117
175.	아이	ai	117
176.	야아	ya	118
177.	야앙	yang	119
178.	야오	yao	120
179.	어얼	er	121
180.	오우	ou	121
181.	와아	wa	122
182.	와안	wan	122
183.	와앙	wang	123
184.	와이	wai	123
185.	요옹	yong	124
186.	요우	you	125
187.	우우	wu	126
188.	워어	wo	127
189.	워언	wen	128
190.	웨이	wei	129
191.	위앤	yuan	131
192.	위에	yue	132
193.	위이	yu	133
194.	위인	yun	135
195.	으어	e	135
196.	이앤	yan	136
197.	이에	ye	137
198.	이이	yi	138
199.	이인	yin	140
200.	이잉	ying	141

* r은 ㄹ, l은 ㄹㄹ로, sha는 ㅅ라아로 표현됨에 유의. 자세한 한글표기법은 부록 3 참조.

표 1. 한글로 음절표 찾기(2/2)

음절 번호	한글 표기	병음	쪽 번호
201.	짜아	za	142
202.	짜안	zan	142
203.	짜앙	zang	142
204.	짜오	zao	143
205.	짜이	zai	143
206.	쩌언	zen	144
207.	쩌엉	zeng	144
208.	쪼옹	zong	145
209.	쪼우	zou	145
210.	쭈오	zuo	146
211.	쭈우	zu	147
212.	쭈은	zun	147
213.	쭈이	zui	148
214.	쮜앤	juan	148
215.	쮜에	jue	149
216.	쮜이	ju	150
217.	쮜인	jun	151
218.	쯔어	ze	152
219.	쯔으	zi	153
220.	찌아	jia	154
221.	찌아오	jiao	155
222.	찌앙	jiang	156
223.	찌앤	jian	157
224.	찌에	jie	159
225.	찌우	jiu	160
226.	찌이	ji	161
227.	찌인	jin	164
228.	찌잉	jing	165
229.	ㅈ라아	zha	167
230.	ㅈ라안	zhan	167
231.	ㅈ라앙	zhang	168
232.	ㅈ라오	zhao	169
233.	ㅈ라이	zhai	169
234.	ㅈ러어	zhe	170
235.	ㅈ러언	zhen	171
236.	ㅈ러엉	zheng	172
237.	ㅈ로옹	zhong	173
238.	ㅈ로우	zhou	174
239.	ㅈ루아	zhua	174
240.	ㅈ루안	zhuan	175
241.	ㅈ루앙	zhuang	175
242.	ㅈ루오	zhuo	176
243.	ㅈ루우	zhu	176
244.	ㅈ루운	zhun	177
245.	ㅈ루이	zhui	177
246.	ㅈ르으	zhi	178
247.	차아	ca	179
248.	차안	can	180
249.	차앙	cang	180
250.	차오	cao	181
251.	차이	cai	181
252.	초옹	cong	182
253.	추오	cuo	182
254.	추우	cu	183
255.	추운	cun	183
256.	추이	cui	184
257.	취앤	quan	184
258.	취에	que	185
259.	취이	qu	185
260.	취인	qun	186
261.	츠어	ce	186
262.	츠엉	ceng	187
263.	츠으	ci	187
264.	치아	qiao	188
265.	치앙	qiang	188
266.	치앤	qian	189
267.	치에	qie	190
268.	치옹	qiong	190
269.	치우	qiu	191
270.	치이	qi	192
271.	치인	qin	193
272.	치잉	qing	194
273.	ㅊ라아	cha	195
274.	ㅊ라안	chan	195
275.	ㅊ라앙	chang	196
276.	ㅊ라오	chao	197
277.	ㅊ라이	chai	197
278.	ㅊ러언	chen	198
279.	ㅊ러엉	cheng	199
280.	ㅊ로옹	chong	200
281.	ㅊ로우	chou	200
282.	ㅊ루안	chuan	201
283.	ㅊ루앙	chuang	201
284.	ㅊ루우	chu	202
285.	ㅊ루운	chun	203
286.	ㅊ루이	chui	203
287.	ㅊ러어	che	204
288.	ㅊ르으	chi	204
289.	카아	ka	205
290.	카안	kan	205
291.	카앙	kang	206
292.	카오	kao	206
293.	카이	kai·	207
294.	커언	ken	207
295.	코옹	kong	208
296.	코우	kou	208
297.	쿠아	kua	208
298.	쿠아이	kuai	209
299.	쿠안	kuan	209
300.	쿠앙	kuang	210
301.	쿠오	kuo	210
302.	쿠우	ku	211
303.	쿠운	kun	211
304.	쿠이	kui	212
305.	크어	ke	212
306.	타아	ta	213
307.	타안	tan	214
308.	타앙	tang	214
309.	타오	tao	215
310.	타이	tai	216
311.	터엉	teng	216
312.	토옹	tong	217
313.	토우	tou	218
314.	투안	tuan	218
315.	투오	tuo	219
316.	투우	tu	219
317.	투이	tui	220
318.	트어	te	220
319.	티아오	tiao	221
320.	티앤	tian	221
321.	티에	tie	222
322.	티잉	ting	222
323.	티이	ti	223
324.	빠아	fa	224
325.	빠안	fan	225
326.	빠앙	fang	226
327.	뻐언	fen	227
328.	뻐엉	feng	228
329.	뻬이	fei	229
330.	뽀우	fou	229
331.	뿌우	fu	230
332.	파아	pa	231
333.	파안	pan	232
334.	파앙	pang	232
335.	파오	pao	233
336.	파이	pai	233
337.	퍼언	pen	234
338.	퍼엉	peng	234
339.	페이	pei	235
340.	포어	po	235
341.	푸우	pu	236
342.	피아오	piao	236
343.	피앤	pian	237
344.	피이	pi	237
345.	피인	pin	238
346.	피잉	ping	238
347.	하아	ha	239
348.	하안	han	239
349.	하앙	hang	240
350.	하오	hao	240
351.	하이	hai	241
352.	허언	hen	241
353.	허엉	heng	242
354.	헤이	hei	242
355.	호옹	hong	242
356.	호우	hou	243
357.	후아	hua	244
358.	후아이	huai	245
359.	후안	huan	245
360.	후앙	huang	246
361.	후오	huo	246
362.	후우	hu	247
363.	후이	hui	248
364.	후운	hun	249
365.	흐어	he	249

* zha는 ㅈ라아, cha는 ㅊ라아 sha는 ㅅ라아 로, fa는 빠아로 r은 ㄹ, l은 ㄹㄹ로 표현됨에 유의.
자세한 한글표기법은 부록 3에서 볼 것.

표 2. 병음으로 음절표 찾기(1/2)

병음	한글	쪽번호
a	아아	116
ai	아이	117
an	아안	117
bai	빠이	74
ban	빠안	72
bang	빠앙	73
bao	빠오	73
bei	뻬이	75
ben	뻐언	75
bi	삐이	80
bian	삐앤	79
biao	삐아오	78
bie	삐에	80
bin	삐인	81
bing	삐잉	81
bo	뽀어	76
bu	뿌우	77
ca	차아	179
cai	차이	181
can	차안	180
cang	차앙	180
cao	차오	181
ce	츠어	186
ceng	츠엉	187
ci	츠으	187
cong	초옹	182
cu	추우	183
cui	추이	184
cun	추운	183
cuo	추오	182
cha	ㅊ라아	195
chai	ㅊ라이	197
chan	ㅊ라안	195
chang	ㅊ라앙	196
chao	ㅊ라오	197
che	ㅊ르어	204
chen	ㅊ러언	198
cheng	ㅊ러엉	199
chi	ㅊ르으	204
chong	ㅊ로옹	200
chou	ㅊ로우	200
chu	ㅊ루우	202
chuan	ㅊ루안	201
chuang	ㅊ루앙	201
chui	ㅊ루이	203
chun	ㅊ루운	203
da	따아	29
dai	따이	32
dan	따안	30
dang	따앙	31
dao	따오	31
de	뜨어	38
dei	떼이	33
deng	떠엉	33
di	띠이	40
dian	띠앤	39
diao	띠아오	38
ding	띠잉	41
diu	띠우	39
dong	또옹	34
dou	또우	34
du	뚜우	36
duan	뚜안	35
dui	뚜이	37
dun	뚜은	37
duo	뚜오	36
e	으어	135
er	어얼	121
fa	ㅇ파아	224
fan	ㅇ파안	225
fang	ㅇ파앙	226
fei	ㅇ페이	229
fen	ㅇ퍼언	227
feng	ㅇ퍼엉	228
fou	ㅇ포우	229
fu	ㅇ푸우	230
gai	까이	11
gan	까안	9
gang	까앙	10
gao	까오	11
ge	끄어	21
gei	께이	13
gen	꺼언	12
geng	꺼엉	12
gong	꼬옹	14
gu	꾸우	19
gua	꾸아	15
guai	꾸아이	16
guan	꾸안	16
guang	꾸앙	17
gui	꾸이	20
gun	꾸운	20
guo	꾸오	18
ha	하아	239
hai	하이	241
han	하안	239
hang	하앙	240
hao	하어	240
he	흐어	249
hei	헤이	242
hen	허언	241
heng	허엉	242
hong	호옹	242
hou	호우	243
hu	후우	247
hua	후아	244
huai	화이	245
huan	후안	245
huang	후앙	246
hui	후이	248
hun	후운	249
huo	후오	246
ji	찌이	161
jia	찌아	154
jian	찌앤	157
jiang	찌앙	156
jiao	찌아오	155
jie	찌에	159
jin	찌인	164
jing	찌잉	165
jiu	찌우	160
ju	쮜이	150
juan	쮜앤	148
jue	쮜에	149
jun	쮜인	151
ka	카아	205
kai	카이	207
kan	카안	205
kang	카앙	206
kao	카오	206
ke	크어	212
ken	커언	
kong	코옹	208
kou	코우	208
ku	쿠우	211
kua	쿠아	208
kuai	쿠아이	209
kuan	쿠안	209
kuang	쿠앙	210
kui	쿠이	212
kun	쿠운	211
kuo	쿠오	210
la	ㄹ라아	47
lai	ㄹ라이	49
lan	ㄹ라안	48
lang	ㄹ라앙	48
lao	ㄹ라오	49
le	ㄹ르어	54
lei	ㄹ레이	50
leng	러엉	50
li	리이	59
lia	리아	55
lian	리앤	57
liang	리앙	56
liao	리아오	55
lie	리에	58
lin	리인	60
ling	리잉	61
liu	리오	58
long	로옹	51
lou	로우	51
lu	루우	52
lü	뤄이	54
luan	루안	51
lüe	뤄에	53
lun	루운	53
luo	루오	52
ma	마아	61
mai	마이	64
man	마안	62
mang	마앙	62
mao	마오	63
me	머	64
mei	메이	66
men	머언	65
meng	머엉	65
mi	미이	70
mian	미앤	69
miao	미아오	68
min	미인	70
ming	미잉	71
mo	모어	67
mou	모우	67
mu	무우	68

* cha 는 **ㅊ라아** 로, **fa 는 ㅇ파아** 로, **la** 는 **ㄹ라아** 로 표현됨에 유의.
자세한 한글표기법은 부록 3에서 볼 것.

표 2. 병음으로 음절표 찾기(2/2)

병음	한글	쪽번호
na	나아	21
nai	나이	23
nan	나안	22
nao	나오	22
ne	느어	26
nei	네이	24
nen	너언	23
neng	너엉	24
ni	니이	28
nian	니앤	27
niang	니앙	27
niao	니아오	27
nin	니인	28
ning	니잉	29
niu	니우	28
nong	노옹	24
nu	누우	25
nü	뉘이	26
nuan	누안	25
ou	오우	121
pa	파아	231
pai	파이	233
pan	파안	232
pang	파앙	232
pao	파오	233
pei	페이	235
pen	퍼언	234
peng	퍼엉	234
pi	피이	237
pian	피앤	237
piao	피아오	236
pin	피인	238
ping	피잉	238
po	포어	235
pu	푸우	236
qi	치이	192
qian	치앤	189
qiang	치앙	188
qiao	치아오	188
qie	치에	190
qin	치인	193
qing	치잉	194
qiong	치옹	190
qiu	취우	191
qu	취이	185
quan	취앤	184
que	취에	185
qun	취인	186
ran	라안	41
rang	라앙	42
rao	라오	42
re	르어	47
ren	러언	43
reng	러엉	44
ri	르	46
rong	로옹	44
rou	로우	45
ru	루우	46
ruan	루안	45
ruo	루오	45
sa	싸아	82
san	싸안	82
sang	싸앙	83
sao	싸오	83
se	쓰어	89
sen	써언	83
si	쓰으	90
song	쏘옹	84
sou	쏘우	84
su	쑤우	85
suan	쑤안	84
sui	쑤이	86
sun	쑤운	86
suo	쑤오	85
sha	ㅅ라아	101
shai	ㅅ라이	104
shan	ㅅ라안	102
shang	ㅅ라앙	103
shao	ㅅ라오	104
she	ㅅ러어	112
shei	ㅅ레이	107
shen	ㅅ러언	105
sheng	ㅅ러엉	106
shi	ㅅ르으	113
shou	ㅅ로우	107
shu	ㅅ루우	110
shua	ㅅ루아	108
shuai	ㅅ루아이	108
shuang	ㅅ루앙	109
shui	ㅅ루이	111
shun	ㅅ루운	111
shuo	ㅅ루오	109
ta	타아	213
tai	타이	216
tan	타안	214
tang	타앙	214
tao	타오	215
te	트어	220
teng	터엉	216
ti	티이	223
tian	티앤	221
tiao	티아오	221
tie	티에	222
ting	티잉	222
tong	토옹	217
tou	토우	218
tu	투우	219
tuan	투안	218
tui	투이	220
tuo	투오	219
wa	와아	122
wai	와이	123
wan	와안	122
wang	와앙	123
wei	웨이	129
wen	워언	128
wo	워어	127
wu	우우	126
xi	씨이	98
xia	씨아	91
xian	씨앤	95
xiang	씨앙	93
xiao	씨아오	92
xie	씨에	96
xin	씨인	99
xing	씨잉	100
xiong	씨옹	96
xiu	씨우	97
xu	쒸이	88
xuan	쒸앤	87
xue	쒸에	87
xun	쒸인	89
ya	야아	118
yan	이앤	136
yang	야앙	119
yao	야오	120
ye	이에	137
yi	이이	138
yin	이인	140
ying	이잉	141
yong	요옹	124
you	요우	125
yu	위이	133
yuan	위앤	131
yue	위에	132
yun	위인	135
za	짜아	142
zai	짜이	143
zan	짜안	142
zang	짜앙	142
zao	짜오	143
ze	쯔어	152
zen	쩌언	144
zeng	쩌엉	144
zi	쯔으	153
zong	쪼옹	145
zou	쪼우	145
zu	쭈우	147
zui	쭈이	148
zun	쭈운	147
zuo	쭈오	146
zha	ㅈ라아	167
zhai	ㅈ라이	169
zhan	ㅈ라안	167
zhang	ㅈ라앙	168
zhao	ㅈ라오	169
zhe	ㅈ러어	170
zhen	ㅈ러언	171
zheng	ㅈ러엉	172
zhi	ㅈ르으	178
zhong	ㅈ로옹	173
zhou	ㅈ로우	174
zhu	ㅈ루우	176
zhua	ㅈ루아	174
zhuan	ㅈ루안	175
zhuang	ㅈ루앙	175
zhui	ㅈ루이	177
zhun	ㅈ루운	177
zhuo	ㅈ루오	176

* **sha** 는 **ㅅ라아**, **zha** 는 **ㅈ라아**, **cha 는 ㅊ라아** 로 표현됨에 유의. 자세한 한글표기법은 부록 3에서 볼 것.

본론 : 365 음절표

1. gan 까안 ~ 365. he 흐어

1 gan 까안

1

干乾. 방패 간. shield 방패, 범하다

干净 gānjìng 까안찡 깨끗할 정: 깨끗하다
干杯 gānbēi 까안뻬이 잔 배: 건배
干脆 gācuì 까안추이 무를 취: 명쾌하다
干燥 gānzào 까안짜오 마를 조: 건조, 재미없다.

2

3

感. 느낄 감. feel 느끼다

感冒 gǎnmào 가안마오 무릅쓸 모: 감기
感激 gǎn·jī 가안찌이 부딪칠 격: 감격
感情 gǎnqíng 가안치잉 뜻 정: 감정
感觉 gǎnjué 가안쥐에 깨달을 각: 감각
感想 gǎnxiǎng 가안시앙 생각 상: 감상
感动 gǎndòng 가안똥 움직일 동: 감동
感谢 gǎnxiè 가안씨에 사례할 사: 감사
感受 gǎnshòu 가안쏘우 받을 수: 감수

赶趕. 달릴 간. run 달리다

赶紧 gǎnjǐn 가안지인 팽팽할 긴: 서둘러
赶快 gǎnkuài 가안콰이 빠를 쾌: 빨리

敢. 굳셀 감. brave 용감한, 감히 ~하다

勇敢 yǒnggǎn 요옹가안 날랠 용: 용감하다

4

干幹. 줄기 간. trunk 줄기

干活(儿) gànhuór 깐후얼 살 활: 일하다

성조별 한국어 한자

	무성	1성	2성	3성	4성
간		干(乾)		赶	干(幹)
건		干(乾)			
감				感,敢	

주 1. 파란색은 HSK 1, 2, 3급 어휘이고 갈색은 4-5급 어휘임.
주 2. 음절 '**까안**' 은 1성일 경우의 발음이고, 2, 3성일 경우 '**가안**', 4성일 경우는 '**깐**' 으로 발음됨.
1성의 발음표기를 대표 발음으로 사용함. 음절의 성조별 발음은 부록 4, 부표 9에 모두 제시하였음.
주 3. 음절 '**까안**' 은 干 자를 제외하면 모두 3성임을 알 수 있음. 단 HSK 1~5급 범위에 국한됨.
주 4. 한자의 훈은 빨간색으로 표시함.

글자풀이

위에서 표제어로 제시된 글자들은 해부하여 해석함으로서 글자의 뜻을 이해하고 기억하기 쉽도록 하였음.

干방패 간(**乾**하늘/마를 건 **幹**줄기 간) = **干**은 고대의 방패 모양을 형상화 한 것이며 현재 **乾**과 **幹**의 간체자로 쓰임.
(용례) **你洗的干净吗**? nǐxǐde gānjìng ma 니이시이더 까안찡마 너 깨끗이 닦았니?

赶달릴 간= **走**달릴 주 + **干**방패 간 → 발음은 干을, 뜻은 走를 따름.

感느낄 감= **咸**다/모두 함 + **心**마음 심 → 마음이 흔들리지 않고 가득 찰 때 느낌이 일어난다.

(용례) **感到很温暖。** gǎndào hěn wēnnuǎn

가안따오 허언 워언누안 매우 따뜻하게 느끼다.

他得了流行性感冒。 tā dé le liúxíngxìng gǎnmào

타아드어러 리우시잉씽 가안마오 그는 유행성 감기에 걸렸다.

敢굳셀 감= **攻**칠 공 + **耳**귀 이 → 공격하여 적군의 귀를 베어오니 굳세고 용감하다.

(용례) **他们很勇敢。** tā·men hěn yǒnggǎn

타아먼 허언 요옹가안 그들은 매우 용감하다.

성조별 한국어 한자

	무성	1성	2성	3성	4성
강		刚,钢			

2 gang 까앙

刚剛. 굳셀 강. hard 굳은

刚才 gāng·cái 까앙차이 재주 재: 지금 막

刚刚 gāng·gang 까앙깡 굳셀 강: 방금, 겨우

钢鋼. 강철 강. steel 강철

钢铁 gāng-tiě 까앙티에 쇠 철: 강철

刚굳셀 강= **冈**언덕/산등성이 강 + **刂**칼 도 → 산등성이에서 칼을 들고 굳세게 지킨다.

(용례) **刚才说到哪儿了?** gāngcáishuōdàonǎrle

까앙차이 쑤오따오 나알러 방금 어디까지 말했어요?

钢강철 강= **金**쇠 금 + **冈**언덕/산등성이 강 → 산등성이에서 나는 쇠로 강철을 만든다.

성조별 한국어 한자

	무성	1성	2성	3성	4성
고		高		稿	告

3 gao 까오

1 高. 높을 고. high 높다

高兴 gāoxìng 까오씽 일어날 흥: 즐겁다
高级 gāojí 까오지이 등급 급: 고급
高速 gāosù 까오쑤 빠를 속: 고속
高档 gāodàng 까오땅 문서 당: 높은 등급의
提高 tígāo 티이까오 끌 제: 제고, 올리다

2

3 搞. 행할 고. do, perform 실시하다

4 告. 알릴 고. inform 알리다

告诉 gàosu 까오쑤 아뢸 소: 알리다
告别 gào-bié 까오비에 다를 별: 헤어지다

高높을 고= 亠머리 두 + 口입 구 + 冂 외곽 정 + 口입 구 → 각각 첨탑, 위층의 창문, 아래층과 그 안의 문을 나타내 높은 성곽을 그려 보인다.

(용례) 见到您很高兴。 jiàndàonín hěngāoxìng
찌앤따오니인허언까오씽 만나서 반갑습니다.

搞행할/얻을 고= 扌(手)손 수 + 高높을 고 → 행위를 통하여 가치를 높인다.

告알릴 고= 牛소 우 + 口입 구 → 소를 잡아 잔치를 벌이고 널리 떠벌여 알린다.

(용례) 到法院去告他。 dàofǎyuànqù gàotā
따오 빠아위앤 취 까오타아 법원에 가서 그를 고발하다.

성조별 한국어 한자

	무성	1성	2성	3성	4성
개				改	概,蓋
해		该			

4 gai 까이

1 该該. 갖출 해. ought to 해야 한다

应该 yīng-gāi 이잉까이 응할 응: 해야 한다

2

3 改. 고칠 개. change 고치다

改革 gǎigé 가이그어 가죽 혁: 개혁하다
改变 gǎibiàn 가이삐앤 응할 응: 변하다
改进 gǎijìn 가이찐 나아갈 진: 개진, 개량
改善 gǎishàn 가이싼 착할 선: 개선
改正 gǎizhèng 가이쩡 바를 정: 변하다

4 盖蓋. 덮을 개. cover 덮다, 뚜껑

概. 대개 개. approximately 대체적으로

概括 gàikuò 까이쿠오 묶을 괄: 개괄, 대충
概念 gàiniàn 까이니앤 생각할 념: 개념
大概 dàgài 따까이 큰 대: 대개

该갖출/해당 해= 言말씀 언 + 亥돼지 해 → 돼지에게 말하려면(돼지와 소통하려면) 미리 갖출 것이 있다.

(용례) **该说的一定要说。** gāishuōde yīdìngyàoshuō 까이쓔오더 이이띵야오쓔오 할 말은 해야 한다.

改고칠 개= 己자기/몸 기 + 攵칠 복 → 고칠 것이 있으면 자기 몸을 쳐가며 고친다.

盖덮을 개= 羊양 양 + 皿그릇 명 → 그릇 위에 양고기를 올려놓은 모양으로 덮을 필요성을 보여줌.

概대개 개= 木나무 목 + 既이미 기 → 나무는 이미 대개의 용도가 정해져 있다.

(용례) **大概地说一说。** dàgàidì shuōyīshuō
따까이띠 쓔오이이쓔오 대충 말하다.

성조별 한국어 한자

	무성	1성	2성	3성	4성
근		跟,根			

5 gen 꺼언

跟. 발꿈치 근. heel. together with 와 함께

根. 뿌리 근. root 뿌리

根据 gēnjù 꺼언쮜 의거할 거: 근거하다, 따르다

根本 gēnběn 꺼언버언 밑 본: 근본, 원래, 중요한

跟발꿈치 근= 足발 족 + 艮그칠 간 → 발이 끝나는 곳은 발꿈치.

(용례) **有事要跟大家商量。** yǒushì yàogēndàjiā shāngliáng
요우쓰 야오꺼언따찌아 쌰앙리앙 일이 있으면 모두와 상의해야 한다.

根뿌리 근= 木나무 목 + 艮그칠 간 → 나무의 끝은 뿌리.

성조별 한국어 한자

	무성	1성	2성	3성	4성
갱					更

6 geng 꺼엉

更. 다시 갱. even more 다시, 더욱 더

更加 gèngjiā 껑찌아 더할 가: 더욱 더, 한층

更다시 갱/고칠 경= 一한 일 + 曰말할 왈 + 人사람 인 → 사람이 한 번 말한 것을 고치면 안 된다.

(용례) **穿上新衣服更漂亮。** chuānshàng xīnyīfú gèngpiàoliang
츄안쌍씨인이푸 껑퍄오리앙 새 옷을 입으니 더 예쁘네.

성조별 한국어 한자

	무성	1성	2성	3성	4성
급				给	

2
3

7
gei
께이

1
4

给給. 공급할 급. supply, give 주다

[주] 给 는 3성이므로 발음은 **게이** 이다. 그래도 음절명은 대표발음 즉 1성의 발음을 택하기 때문에 **께이** 로 쓴다. 이 음절에는 给밖에 없다는 것은 기억해 둘만하다. 及,急,级은 중국어로 **찌이** (ji 음절번호 226)로 모두 2성이다.

给공급할 급= 纟실 사 + 合합할 합 → 실로 꿰어 합한다는 뜻에서 연결하다, 공급하다는 뜻이 나옴.

(용례) **给我的印象很好。** gěiwǒde yìnxiàng hěnhǎo

게이워어더인썅 허언하오 내게 준 인상은 매우 좋다.

성조별 한국어 한자

	무성	1성	2성	3성	4성
공		公,功,工			贡,共

工. 장인/만들 공. engineering 노동, 작업

工作 gōngzuò 꼬옹쭈오 지을 작: 공작, 직업
工厂 gōngchǎng 꼬옹차앙 헛간 창: 공장
工人 gōngrén 꼬옹러언 사람 인: 노동자
工业 gōngyè 꼬옹예 업 업: 공업
工资 gōngzī 꼬옹쯔으 재물 자: 노임
工程师 gōngchéngshī 꼬옹 처엉스르으 단위 정/스승 사: 기사

公. 공변될/함께할 공. public 공공의

公司 gōngsī 꼬옹쓰으 맡을 사: 회사
公园 gōngyuán 꼬옹위앤 동산 원: 공원
公斤 gōngjīn 꼬옹찌인 도끼 근: 킬로그램 kg
公共汽车 gōnggòng qìchē 꼬옹꽁치 츠ㄹ어 함께 공/김 기/수레 차: 버스
公布 gōngbù 꼬옹뿌 동베 포: 공표, 공포
公开 gōngkāi 꼬옹카이 동산 원: 공원
公里 gōnglǐ 꼬옹리이 안 리: 킬로미터
公平 gōng·píng 꼬옹피잉 바를 평: 공평
公寓 gōngyù 꼬옹위 붙어 살 우: 아파트
公元 gōngyuán 꼬옹위앤 으뜸 원: 서기, 서력기원
公主 gōngzhǔ 꼬옹 주ㄹ우 임금 주: 공주

功. 공로 공. credit, contribution 공로, 공들이다

功夫 gōngfu 꼬옹푸 대저 부: 재주, 무술
功能 gōngnéng 꼬옹너엉 재능 능: 작용 효능, 기능
成功 chénggōng 처엉꼬옹 이룰 성: 성공, 완성

8
gong
꼬옹

共. 함께 공. together 함께, 공동으로

共同 gòngtóng 꽁토옹 같을 동: 공동, 함께

贡貢. 바칠 공. tribute 바치다

贡献 gòngxiàn 꽁씨앤 드릴 헌: 공헌, 기여

公공변될 공= 八여덟 팔 + 厶사사 사 → 글자 모양이 좌우 대칭이고 기초가 안정된 모습을 보임.

公의 반대인 私사사로울 사 는 禾벼 화 + 厶사사로울 사로 되어 개인적인 관심사로 됨..

(용례) 每天上班都乘坐公共汽车。 měitiānshàngbāndōu chéngzuò gōnggòngqìchē
메이티앤쌍빠안또우 처엉쭈오 꼬옹꽁치 츠ㄹ어 매일 버스타고 출근한다.
你的公司做什么工作？ nǐdegōngsī zuòshén·me gōngzuò
니이더 꼬옹쓰으쭈오 써언머꼬옹쭈오 너희 회사는 무슨 일을 하니?

工장인 공자는 두 개의 부품을 수직 막대기로 연결하는 형상이다.

功공로 공 = 工장인 공 + 力힘 력 → 장인이 힘을 다해 공을 세운다.

贡바칠 공 = 工장인 공 + 貝조개 패 → 장인이 조개를 가공하여 바친다. 貝자변은 재물의 뜻을 가져 옴.

9 gou 꼬우

성조별 한국어 한자

	무성	1성	2성	3성	4성
구		沟		狗	构,购,够

勾句. 글귀 구. phrase 그리다, 문장

沟溝. 도랑 구. ditch 도랑, 개천

沟通 gōutōng 꼬우토옹 통할 통: 통하다. 교류하다

狗. 개 구. dog 개

构構. 얽을 구. construct 얽어 짜다

构成 gòuchéng 꼬우츠엉 이룰 성: 구성, 형성

购購. 살 구. buy 사다

购物 gòuwù 꼬우우 만물 물: 구매, 사다

够夠. 많을 구. many 많다, 충분하다

沟도랑 구= 氵(水) 물 수 + 勾글귀 구 → 勾는 음소역할

构널/얽을 구= 木나무 목 + 勾글귀 구 → 나무로 상자를 만들고 죽은 이의 이름을 써넣었다.

购購살 구=貝조개 패 + 勾글귀 구 → 필요한 돈(貝)을 글귀로 써 두었다가 구매한다.

購=貝조개 패 + 井우물 정 + 再다시/두 재 → 또 돈을 우물에 저장해 놓고 물건을 산다.

够많을 구= 勾글귀 구 + 多많을 다 → 勾 는 음소역할, 多많을 다 를 붙여 '많을 구'가 됨.

狗개 구= 犭(犬)개 견 + 勾글귀 구 → 勾 는 음소역할. 犭는 변으로 쓰여 짐승을 나타냄. 예 猿원숭이 원

(용례) 我小时候养过一条狗。 wǒ xiǎoshíhòu yǎngguò yītiáo gǒu

워어시아오쓰호우 야앙꿔 이이티아오고우　난 어렸을 때 개 한 마리를 길렀다.

10 gua 꾸아

성조별 한국어 한자

	무성	1성	2성	3성	4성
괄		刮			
괘					卦

刮. 깎을 괄. scrape 깎다.

刮风 guāfēng 꾸아뻐엉 바람 풍: 바람이 불다

卦. 걸 괘. hang 걸다.

挂号 guàhào 꾸아하오 이름 호: 신청하다, 등기

刮깎을 괄= 舌혀 설 + 刂칼 도 → 혀 모양의 칼로 깎는다

(용례) 天气预报说 从明天起开始刮风。 tiānqìyùbàoshuō cóngmíngtiānqǐ kāishǐ guāfēng

티앤치 위빠오쑤오 초옹미잉티앤치이 카이쓰으꾸아뻐엉　오늘 일기예보에서 내일부터 바람이 분다.

卦걸/점괘 괘= 圭홀/영토 규 + 卜점칠 복 → 영토전쟁을 위해 점을 친 점괘

성조별 한국어 한자

	무성	1성	2성	3성	4성
괴		乖		拐	怪

11 guai 꾸아이

乖. 어그러질 괴. abnormal, 사리에 어긋난, 얌전한

拐. 속일 괴. deceive 속이다

拐弯 guǎiwān 구아이와안 굽을 만: 굽이돌다, 방향을 바꾸다.

怪. 의심할 괴. suspect 괴상한

怪不得 guàibude 꽈이뿌떠 아니 불/얻을 득: 과연, 어쩐지 탓할 수 없다

乖어그러질 괴= 千일천 천 + 北북녘 북 → 북쪽을 일천 번 치니 어글어 질 수 밖에.

拐속일 괴= 扌손 수 + 另다를/헤어질 령 → 손을 달리해 가며 속인다.

怪의심할 괴= 忄마음 심 + 圣성스럴 성 → 마음이 성스럽다 하니 오히려 의심이 간다.

(용례) 这事由她负责,怪不得他。 zhèshìyóu tāfùzé guàibùdétā

쩌쓰 요우 타아푸우즈어 꽈이뿌드어타아 이일은 그녀가 책임져야지 그를 탓할 수 없다.

성조별 한국어 한자

	1성	2성	3성	4성
관	官,观,关		管	冠,罐

12 guan 꾸안

官. 벼슬 관. official title 관청의

观觀. 볼 관. observe 보다, 관점

观点 guāndiǎn 꾸안디앤 점 점: 관점, 입장

参观 cānguān 차안꾸안 섞일 참: 참관, 견학

观察 guānchá 꾸안차아 살필 찰: 관찰하다

观众 guānzhòng 꾸안쫑 무리 중: 관중

观念 guānniàn 꾸안니앤 생각할 렴 관념 생각

关關. 닫을 관. close 닫다

关心 guānxīn 꾸안씬 마음 심: 관심

关系 guānxi 꾸안씨이 맬 계: 관계

关于 guānyú 꾸안위이 어조사 우: ~에 관해서

关闭 guānbì 꾸안삐 닫을 폐: 닫다, 파산

关怀 guānhuái 꾸안화이 품을 회: 관심을 보이다

关键 guānjiàn 꾸안찌앤 열쇠 건: 관건, 열쇠

管. 피리 관. pipe 관악기

管理 guǎnlǐ 구안리이 이치 리: 관리

管子 guǎnzi 구안즈 아들 자: 관, 파이프

冠. 갓쓸 관. crown 모자를 쓰다, 일등

冠军 guànjūn 꽌쮜인 군사 군: 우승, 우승자

罐. (솥)단지 관. jar 항아리 깡통

罐头 guàntou 꽌토우 머리 두: 통조림, 깡통

官벼슬 관= 宀집 면 + 呂법칙 여 → 법을 다루는 집 즉 관공서

管관리할 관= 竹대 죽 + 官벼슬관 → 옛날에는 대나무로 문서를 만들었으므로 대를 관청에서 관리하였다.

关닫을 관= 八여덟 팔 + 天하늘 천 → 하늘을 八자로 닫은 형상. 關의 간체자로 門을 八로, 나머지를 天으로 바꿨다.

(용례) 互相关心互相爱护吧。 hùxiāngguānxīn hùxiāngàihùba
후씨앙꾸안씨인 후씨앙아이후바 서로 관심을 갖고 아끼자.

冠갓쓸/우승할 관= 冖덮을 멱 + 元으뜸 원 + 寸마디 촌 → 어른(으뜸 촌수)의 머리를 덮는 것은 갓

罐(솥)단지 관= 缶장군 부 + 雚황새 관 → 솥단지를 황새 무늬의 장군(항아리)이라고 생각하였다.

성조별 한국어 한자

	무성	1성	2성	3성	4성
광		光		广	逛

13 guang 꾸앙

1 光. 빛 광. light, beam 빛

光盘 guāngpán 꾸앙파안 소바 반: CD롬
光荣 guāngróng 꾸앙로옹 번영할 영: 영광스럽다.
光滑 guāng·hu꾸앙후아 미끌어질 활: 매끄럽다.
光明 guāngmíng 꾸앙미잉 밝을 명: 광명, 밝은
光临 guānglín꾸앙리인 임할 림: 왕림
阳光 yángguāng 이앙꾸앙 양기 양: 햇빛, 태양광선

3 广廣. 넓을 광. wide 넓다

广播 guǎngbō 구앙뽀오 뿌릴 파: 방송, 퍼뜨리다
广场 guǎngchǎng 구앙차앙 마당 장: 광장
广大 guǎngdà 구앙따 큰 대: 광대한, 많다
广泛 guǎngfàn 구앙빤 뜰 범: 광범위, 폭넓다
广告 guǎnggào 구앙까오 고할 고: 광고, 선전

4 逛. 놀 광. play 한가롭게 거닐다.

光빛 광= 火불 화 + 人사람 인 → 사람이 불을 든 형상

(용례) 没有光屋里很黑。 méiyǒu.guāng wūlǐ hěnhēi
메이요우꾸앙 우우리이 허언 헤이 빛이 없어 방안이 너무 어둡네.

广廣넓을 광= 번체 廣자 + 黃누루 황 → 黃자를 없애 집이 더 넓어졌다.

逛놀 광= 辶쉬엄쉬엄 갈 착 + 狂미칠 광 → 미친 듯이 돌아다니며 놀다.

国國. 나라 국. nation 국가

中国 Zhōngguó 쭝궁구오 가운데 중: 중국
国家 guójiā 구오찌아 집 가: 국가
国际 guójì 구오찌 가장자리 제: 국제
国籍 guójí 구오지이 문서 적: 국적
国庆节 guóqìngjié 구오칭지에 경사 경/마디 절: 쌍십절

성조별 한국어 한자

	무성	1성	2성	3성	4성
과	过	锅		果	过
국			国		

锅. 솥 과. pot, 솥

14
guo
꾸오

2 3 1 4

果. 열매 과. fruit 과실, 이루다

果然 guǒrán 구오라안 그러할 연: 과연, 만약 한다면
果实 guǒshí 구오쓰으 열매 실: 과일
果汁 guǒzhī 구오 즈르으 즙 즙: 과일주스
苹果 píngguǒ 피잉구오 네 가래 빈: 사과
水果 shuǐguǒ 쑤이구오 물 수: 과일, 과실

过過. 지날 과. pass over 지나다, 겪다

过去 guò·qù 꿔취 갈 거: 지나가다. 과거
过期 guòqī 꿔치이 때 기: 기한을 넘기다
过程 guòchéng 꿔처렁 한도 정: 과정
过分 guòfèn 꿔펀 나눌 분: 지나치다. 과분
过敏 guòmǐn 꿔미인 민첩할 민: 과민, 알러지

锅솥 과= 金쇠 금 + 咼비뚤 괘 → 쇠를 녹여 비뚤게 들어 쇳물을 따라 솥을 만든다.

国나라 국= 口에워쌀 위 자는 국토를, 玉구슬 옥은 국민을 뜻하며 國에서는 玉 대신 (口 + 一 + 戈창 과)
→ 땅 위의 입 즉 국민 을 창으로 지킨다는 뜻을 풀어 썼다.

(용례) **国的钱一分也不能浪费。** guódeqián yīfēnyě**bù**néng làngfèi
구오더치앤 이이쁘언예에뿌너엉랑뻬이 나랏돈은 한 푼도 낭비하면 안 된다.

果열매 과= 木나무 목 + 田밭 전 → 밭에 나무를 심어 열매를 거둔다.

过過지날 과= 辶쉬엄쉬엄 갈 착 + 寸마디 촌 → 쉬엄쉬엄 마디를 하나씩 지나간다.

(용례) **过去的事情就不要再提了。** guòqùdeshìqíng jiùbúyào zàitíle
꿔취더쓰치잉 쮸부우야오짜이티이러 지난 일은 다시 거론하지 마라.

성조별 한국어 한자

	1성	2성	3성	4성
고	估,姑,孤		古,股,鼓	固,故,雇,顾
골			骨	

15 gu 꾸우

估. 값매길 고. evaluate 평가하다

估计 gūjì 꾸우찌 셀 계: 예측하다, 고려

姑. 시어미 고. husband's mother 시어머니, 여승

姑姑 gūgu 꾸우구 시어미고: 고모

姑娘 gūniang 꾸우냥 각시 낭: 처녀, 아가씨

孤. 외로울 고. lonely 고독한, 고아

孤单 gūdān 꾸우따안 홑 단: 외로운, 외톨이

古. 옛 고. antient 옛날, 낡은

古典 gǔdiǎn 구우디안 법 전: 고전, 고대의

古老 gǔlǎo 구우라오 늙을 로: 진부한

古代 gǔdài 구우따이 대신할 대: 고대

股. 넓적다리 고. thigh 넓적다리, 주사위

股票 gǔpiào 구우퍄오 꼭지 표: 증권

骨. 뼈 골. bone 뼈, 뼈대

骨头 gǔtou 구우토우 머리 두: 뼈, ~놈

鼓. 북 고. drum. 북, 북모양의 것

鼓励 gǔlì 구우리 권면할 려: 격려

鼓掌 gǔzhǎng 구우쟈앙 손바닥 장: 손벽치다

鼓舞 gǔwǔ 구우우우 춤출 무: 장고 춤

固. 굳을 고. hard 튼튼하다, 굳다

固定 gùdìng 꾸띵 정할 정: 고정

固体 gùtǐ 꾸티이 몸 체: 고체

故. 옛 고. ancient 사고, 연고

故事 gùshi 꾸쓰 일 사: 고사, 옛 일

故意 gùyì 꾸이이 뜻 의: 고의, 일부러

顾顧. 돌볼 고. look after 뒤돌아보다

照顾 zhào·gù 자오꾸 비출 조: 고려, 돌보다

顾客 gùkè 꾸크어 나그네 객: 고객, 손님

雇. 고용할 고. employ 고용하다, 세내다

雇佣 gùyōng 꾸요옹 품팔 용: 고용하다

古옛 고= 十열 십 + 口입 구 → 열 번의 세대를 지나면 옛날이라는 뜻.

估값매길 고= 人사람 인 + 古옛 고 → 사람들이 옛날 물건에 값을 매긴다.

姑시어미 고= 女계집 녀 + 古옛 고 → 시어머니는 역시 옛날 여자.

固굳을 고= 囗에워쌀 위 + 古옛 고 → 오래 된 성곽이 튼튼하다.

故옛/죽을 고= 古옛 고 + 攵칠 복 → 곤장을 오래 맞으면 죽어 옛날 사람이 된다.

雇고용할/머슴 고= 戶문/집 호 + 隹새 추 → 머슴은 집에 갇힌 새와 같다.

顾 顧돌볼 고= 厂기슭 엄 + 卩병부 절 + 頁머리 혈 → 厂+ 卩은 관청이므로 관청이 머리(사람)를 돌본다는 뜻.

번체자 顧돌볼 고= 雇고용할/머슴 고 + 頁머리 혈 → 머슴이 주인을 돌본다는 뜻으로 해석할 수 있다.

(용례) 请多照顾残疾人。 qǐngduō zhàogù cánjírén

치잉뚜오쨔오꾸 차안지이러언 장애인을 많이 돌봐주세요.

骨뼈 골= 인간 골격의 모양을 그림.

鼓북/두드릴 고= 十열 십 + 豆콩 두 + 支가를/가지 지 → 콩 가지를 열 번 두드려 콩을 추수한다.

성조별 한국어 한자

	무성	1성	2성	3성	4성
곤				滚	

16
gun
꾸운

2 3 1 4

滚. 뒹굴/물러갈 곤. roll(over) 뒹굴다

滚뒹굴/물러갈 곤= 氵물 수 + 六여섯 육 + 厶사사로울 사 + 衣옷 의 → 물가에 6 아이들이 옷을 벗고 사사로이 뒹군다.

성조별 한국어 한자

	무성	1성	2성	3성	4성
궤					柜
귀					贵
규		规			

17
gui
꾸이

2 3 1 4

规規. 법 규. law, legal 규칙, 규정

规定 guīdìng 꾸이띵 정할 정: 규정
规矩 guīju 꾸이쥐이 곱자 구: 규율, 표준
规律 guīlǜ 꾸이뤼 법 율: 규칙, 법칙
规模 guīmó 꾸이모오 법 규: 규모
规则 guīzé 꾸이즈어 법칙 칙: 규칙, 규율

柜櫃. 함 거. cubboard 궤, 함.

柜台 guìtái 꾸이타이 돈대 대: 계산대

贵貴. 귀할 귀. precious 비싸다, 귀중하다

规법 규= 夫사내/지아비/대장부 부 + 見볼 견 → 사내는 법규에 맞는 것을 보아야 한다.
柜櫃함 거= 木나무 목 + 巨클 거 → 나무로 만든 큰 함. 巨자는 함의 모양을 보이는 듯하다.
貴귀할 귀 → 中가운데 중 + 一한 일 + 貝돈 패 → 돈을 판자로 덮고 그 위에 올려놓은 물건, 귀한 것이다.

(용례) 那东西相当贵。 nà dōngxī xiāngdāng guì
나 또옹씨이 씨앙따앙꾸이 그 물건은 상당히 비싸다.

格. 바로잡을 격. frame, rule 격자, 표준

性格 xìnggé 씽그어 성품 성: 성격
格外 géwài 그어와이 바깥 외: 각별히

革. 가죽 혁. leather 가죽, 갑주

革命 gémìng 그어밍 목숨 명: 혁명
改革 gǎigé 가이그어 가죽 혁: 개혁하다

隔. 사이뜰 격. separate 격리하다

隔壁 gébì 그어삐 벽 벽: 이웃집, 옆방

胳. 겨드랑이 각. armpit 겨드랑이

胳膊 gēbo 끄어보 어깨 박: 팔

鸽. 비들기 합. dove 비들기

鸽子 gēzi 끄어즈 아들 자: 비들기

哥. 형 가. elder brother 형

哥哥 gē·ge 끄어거 형 가: 형

18
ge
끄어

2 3 1 4

성조별 한국어 한자

	1성	2성	3성	4성
가	哥			
각	胳			各
개				个
격		格,隔		
합	鸽			
혁		革		

个個. 낱 개. individual 개(수를 셀 때 쓰는 말)

个别 gèbié 꺼비에 나눌 별: 개별적
个人 gèrén 꺼러언 사람 인: 개인
个性 gèxìng 꺼씽 성품 성: 개성
个子 gèzi 꺼즈 아들 자: 체격, 키

各. 각각 각. each 여러, 갖가지

各自 gèzì 꺼쯔 몸 자: 각자

哥형 가= 可옳을 가 + 可옳을 가 → 형은 항상 옳다는 뜻.

各각각 각= 夂천천히 걸을 쇠+ 口입 구 → 천천히 걷다 보면 각각이 된다.

胳겨드랑이 각= 月몸 육 + 各각각 각 → 몸이 각각 다르니 겨드랑이 모양도 각각이다.

个낱 개= 人사람 인 + 丨뚫을 곤 → 한 사람을 그림으로 표현한 것

(용례) 一个人 yígèrén
이이꺼러언 한 사람

格바로잡을 격= 木나무 목 + 各각각 각 → 나무는 각각 나름대로의 품격이 있다.

隔사이 뜰 격= 阝언덕 부/고을 읍 + 鬲솥 력/막을 격 → 고을을 막아 사이를 띄운다.

革가죽 혁= 짐승 가죽을 벗겨 놓은 형상.

성조별 한국어 한자

	무성	1성	2성	3성	4성
궤			拿	哪	那

19 na 나아

拿. 잡을 나. grasp 잡다. 포획하다

哪. 어찌 나. how 어느, 어느 것

哪怕 nǎpà 나아파 두려워할 파: 설령, 비록

那. 그 나. the, that 저것, 그것, 그렇다면

拿잡을 나= 手손 수 + 合합할 합 → 손과 합하는 것이니 잡는다는 뜻.

(용례) 我的拿手菜是糖醋肉。 wǒde náshǒucài shì tángcùròu

워어더 나아쏘우차이쓰 타앙추로우 제 특기 메뉴는 탕수육입니다.

那그 나=刀칼 도 + 二두 이+ 阝고을 읍 → 칼 두 자루를 들고 고을에 가서 그를 만나다.

哪어찌 나= 口입 구 + 那그 나 → 그에게 어찌 말을 붙이나?

南. 남녘 남. south 남쪽

男. 사내 남. man, male 남성의, 남자

男人 nánren 나안러언 사람 인: 남자

难 難. 어려울 난. difficult, hard 어렵다, 곤란하다.

难过 nánguò 나안꾸오 지날 과: 지나기 어렵다

难受 nánshòu 나안쏘우 받을 수: 참기 어렵다

难道 nándào 나안따오 길 도: 설마 ~하겠나

难怪 nánguài 나안꽈이 의심할 괴: 과연, 어쩐지

难看 nánkàn 나안칸 볼 간: 보기싫다, 체면없다

困难 kùnnan 쿤난 궁할 곤: 곤란한

성조별 한국어 한자

	무성	1성	2성	3성	4성
난			难		
남			南,男		

20 nan 나안

难難어려울 난= 又또 우 + 隹새 추 → 새가 또 어려움을 겪는다. 번체자 難은 진흙탕 속의 새를 뜻함.

(용례) 这条数学题很难。 zhètiáo shùxuétí hěnnán

쩌 티아오 쑤우쒸에티이 허언나안 이 수학문제는 매우 어렵다.

南남녘 남= 门문 문 + 幸다행 행 → 행복이 남쪽 문으로 들어온다.

男사내 남= 田밭 전 + 力힘 력 → 남자는 밭에 나가 힘써 일한다.

성조별 한국어 한자

	무성	1성	2성	3성	4성
뇌			难	脑	

21
nao
나오

2 3 1 4

脑. 뇌 뇌. brain 뇌

脑袋 nǎo·dai 나오따이 부대 대: 뇌, 골

脑뇌 뇌= 月달 월 + 亠머리 두 + 凶흉할 흉 → 달을 보면 머리에 흉한 생각이 들어오는 뇌.

성조별 한국어 한자

	무성	1성	2성	3성	4성
나				哪	
내				奶	耐

22
nai
나이

2 3 1 4

奶. 젖 내. milk 젖, 젖을 먹이다

奶奶 nǎinai 나이나이 젖 내: 할머니
牛奶 niúnǎi 니우나이 소 우: 우유

耐. 견딜 내. endure 참다, 견디다

耐心 nàixīn 나이씨인 마음 심: 인내심

那그것 나= 刀칼 도 + 二두 이 + 阝언덕 부/고을 읍 → 그것이 무엇인데 칼 두 자루와 두 고을을 주십니까?
奶젖 내= 女계집 녀 + 乃 이에/곧 내 → 여자는 곧 젖을 꺼내 먹인다는 뜻.
(용례) 奶奶给的牛奶 他喝完了。 nǎinǎi gěi de niúnǎi tā hēwán le
나이나이게이더니우나이 타아흐어와안러 할머니가 주신 우유를 그가 다 마셨다.
耐견딜 내= 而말 이을 이 + 寸마디 촌 → 마디마디 말을 이어도 견뎌내야 한다.

성조별 한국어 한자

	무성	1성	2성	3성	4성
눈					嫩

23
nen
너언

2 3 1 4

嫩. 어릴 눈. young 부드러운, 만만한

嫩어릴 눈= 女계집 녀 + 束묶을 속 + 攵칠 복 → 어린놈이 여자를 묶어 놓고 매질을 했다.

能. 능할 능. able 재능, 능력, 할 수 있다

能力 nénglì 느엉리 힘 력: 능력
能干 nénggàn 느엉깐 줄기 간: 능력이 뛰어나다
能源 néngyuán 느엉위앤 근원 원: 에너지 원
可能 kěnéng 크어느엉 옳을 가: 가능한

성조별 한국어 한자

	무성	1성	2성	3성	4성
능			能		

24
neng
너엉

2 3 1 4

能능할 능= 厶사사로울 사 + 月몸 육 + 匕비수 비 → 몸에 사사롭게 쌍비수를 지니고 다니는 능한 사람.

(용례) 我们一定能完成任务。 wǒmen yídìng néng wánchéng rènwù

워어먼이이띵너엉와안처엉런우 우리는 꼭 임무를 완성할 수 있다.

성조별 한국어 한자

	무성	1성	2성	3성	4성
내					內

25
nei
네이

2 3 1 4

內. 안 내. inside 내부, 안쪽

內容 nèiróng 네이로옹 얼굴 용: 내용
內科 nèikē 네이크어 조목 과: 내과

內안 내= 冂먼데/문 경 + 入들 입 → 문으로 들어오면 안이다.(먼데는 뒷간의 완곡한 표현)

浓濃. 짙을 농. thick, dense 촘촘한

农農. 농사 농. agreculture 농업, 농사

农村 nóngcūn 노옹추운 마을 촌: 농촌
农业 nóngyè 노옹예 업 업: 농업
农民 nóngmín 노옹미인 백성 민: 농민

성조별 한국어 한자

	무성	1성	2성	3성	4성
농			浓,农		
롱					弄

26
nong
노옹

2 3 1 4

弄. 희롱할 롱. coquet 가지고 놀다, 만지다

农농사 농= 冖덮을 멱 + 衣옷 의 → 우장을 갖추고 (모자 쓰고)농사짓는 농부의 모습을 연상시킴.

(용례) 他想和农民交朋友。 tāxiǎnghénóngmín jiāopéngyǒu

타아시앙흐어노옹미인 찌아오퍼엉요우 그는 농민과 친구로 사귀고 싶어 한다.

浓짙을 농= 氵물 수 + 农농사 농 → 물을 충분히 먹은 농작물은 짙은 색깔을 낸다.

弄희롱할/즐길 롱= 王임금 왕 + 廾받들 공 → 임금을 받들어 즐겁게 논다.

27 nuan 누안

성조별 한국어 한자

	무성	1성	2성	3성	4성
난				暖	

1

4

內. 안 내. inside 내부, 안쪽

內容 nèiróng 네이로옹 얼굴 용: 내용

內科 nèikē 네이크어 조목 과: 내과

2

3

暖. 따뜻할 난. warm 따뜻하다

暖따뜻할 난= 日해 일 + 爰당길 원 → 해를 당겼으니 따뜻하다.

28 nu 누우

성조별 한국어 한자

	무성	1성	2성	3성	4성
노				努	

1

4

2

3

努. 힘쓸 노. try hard, exert 힘쓰다, 노력하다

努力 nǔlì 누우리 힘 력: 노력

努힘쓸 노= 奴종 노 + 力힘력 → 종이 힘써 노력한다는 뜻.

(용례) 大家都努力学习吧。 dàjiādōu nǔlìxuéxíba

따찌아또우누우리쉬에시이바 여러분 모두 열심히 공부합시다.

성조별 한국어 한자

	무성	1성	2성	3성	4성
녀				女	

29
nü
뉘이

2 3 1 4

女. 계집 녀. girl, femail 여자, 여성의

女儿 nǚ'ér 뉘이어얼 아이 아: 딸, 미혼녀
女人 nǚrén 뉘이러언 사람 인: 여자(어른)
女士 nǚshì 뉘이쓰 아이 아: 숙녀, 부인

女계집 녀= 두 손을 앞에 모으고 앉아 있는 여인의 모습을 그림.

성조별 한국어 한자

	무성	1성	2성	3성	4성
너	呢				

30
ne
너

2 3 1 4

무성(경성)

呢. 소근거릴 니. whisper 어기조사(용례 참조)

呢소근거릴/의문사 니= 口입 구 + 尸집 시 + 匕비수 비 → 집에 비수가 있는지 소곤소곤 말하다.

(용례) **他怎么不回来呢?** tā zěnme bùhuílái ne
타 저언머 뿌후이라이너 그가 왜 안오지?
你到底同意不同意呢? nǐ dàodǐ tóngyìbùtóngyì ne
니따오디이 토옹이뿌토옹이너 너 도대체 동의하는 거야 마는 거야?

성조별 한국어 한자

	무성	1성	2성	3성	4성
조				鸟	

31
niao
니아오

2 3 1 4

鸟鳥. 새 조. bird 새, 조류

鸟새 조= 새를 그림 갑골문자에서 발전됨.

娘. 각시 낭. mother 어머니, 처녀

姑娘 gūniang 꾸우냥 시어미 고: 처녀, 아가씨

성조별 한국어 한자

	무성	1성	2성	3성	4성
낭			娘		

32
niang
니앙

2 3 1 4

娘각시 낭= 女계집 녀 + 良좋을 량 → 여자가 제일 좋을 때는 역시 각시일 때다.

年. 해 년. year 해 매년, 나이

年轻 niánqīng 니앤치잉 가벼울 경: 젊은, 젊은이
年级 niánjí 니앤지이 등급 급: 학년
年代 niándài 니앤따이 대신할 대: 연대, 시대
年纪 niánjì 니앤찌 법 기: 연령 나이
年龄 niánlíng 니앤리잉 나이 령: 연령 나이
去年 qùnián 취니앤 갈 거: 작년

성조별 한국어 한자

	무성	1성	2성	3성	4성
년			年		
념					念

33
nian
니앤

2 3 1 4

念. 생각할 념. think 생각하다, 읽다

年해 년= 일 년에 한 번 추수하는 볏단의 모양을 딴 글자.

念생각할 념= 今이제 금 + 心마음 심 → 지금의 마음이 곧 생각이다.

(용례) 念念不忘。 niàn niàn bú wàng
니앤니앤부우왕 늘 생각하며 잊지 않는다.

牛. 소 우. cow 소

牛奶 niúnǎi 니우나이 젖 내: 우유

牛仔裤 niúzǎikù 니우자이쿠 새끼 자: 청바지

성조별 한국어 한자

	무성	1성	2성	3성	4성
우			牛		

34
niu
니우

2 3 1 4

牛소 우= 소머리의 앞모양을 형상화 한 글자.

35
ni
니이

2 3 1 4

你. 너 니. you 너, 당신

성조별 한국어 한자

	무성	1성	2성	3성	4성
니				你	

你너 니= 亻사람 인 + 尔너 이 → 尔너 이 자와 발음과 뜻이 같지만 亻사람 인 변을 붙였음.

您. 당신 닌. you, Sir 당신, 선생님

성조별 한국어 한자

	무성	1성	2성	3성	4성
닌			您		

36
nin
니인

2 3 1 4

您당신 닌은 你너 니 밑에 心마음 심 자를 붙여 마치 우리글의 받침처럼 되어 있다. 더구나 心마음 심 자의 발음은 씨인 이어서 마치 ㄴ 받침을 한 것 같다.

(용례) 老师, 您好? lǎoshī nínhǎo 라오쓰으 니인하오 선생님, 안녕하세요?

37 ning 니잉

성조별 한국어 한자

	무성	1성	2성	3성	4성
녕					宁

宁寧. 편안할 녕. comfortable 편안하다. 문안드리다

宁可 nìngkě 닝크어 옳을 가: 차라리, ~할지언정

宁편안할 녕= 宀집 면 + 丁장정 정 → 집에 장정이 있으니 편안하다.

38 da 따아

성조별 한국어 한자

	무성	1성	2성	3성	4성
달			达		
답		答			
대					大
타				打	

达達. 통달할 달. reach 도달하다, 통달하다

达到 dádào 다아따오 이를 도: 달성, 도달하다

答. 대답할 답. answer 답하다

答应 dāying 따아잉 응할 응: 응답하다

打. 칠 타. hit, strik 때리다, 치다 깨뜨리다

打电话 dădiànhuà 다아띠앤화 번개 전/말씀 화: 전화 걸다
打篮球 dălánqiú 다아라안치우 채롱 람/옥 구: 농구하다
打扫 dăsăo 다아사오 쓸 소: 청소, 치우다
打算 dăsuàn 다아쑤안 셀 산: 하려고 한다, 생각
打工 dăgōng 다아꼬옹 장인 공: 일하다, 알바이트
打扮 dă·ban 다아빤 꾸밀 분: 분장하다. 치장
打扰 dărăo 다아라오 어지러울 요: 폐 끼치다
打听 dătīng 다아티잉 들을 청: 물어보다, 알아보다
打印 dăyìn 다아인 도장 인: 타자인쇄하다
打折 dăzhé 다아저어 꺾을 절: 할인하다
打针 dăzhēn 다아저언 바늘 침: 주사 놓다
打招呼 dăzhāohu 다아자오후 부를 초/숨내쉴 호 가벼운 인사
打交道 dăjiāodao 다아쨔오따오 사귈 교/길 도 친구의 도리
打喷嚏 dăpēntì 다아퍼언티 뿜을 분/재채기할 체: 재채기하다

大. 큰 대. large, big 크다. 크게 하다

大家 dàjiā 따찌아 집 가: 여러분, 명문
大概 dàgài 따까이 대개 개: 대개
大方 dàfang 따빵 모 방: 시원스럽다
大象 dàxiàng 따씨앙 코끼리 상: 코끼리
大约 dàyuē 따위에 약속 약: 대략
大型 dàxíng 따씨잉 거푸집 형: 대형의
大使馆 dàshǐguǎn 따쓰구안 누릴사/객사관: 대사관

达통달할 달= 辶쉬엄쉬엄 갈 착 + 大큰 대 → 큰 꿈을 향해 천천히 가서 통달한다. 책받침은 움직임을 뜻함
答대답할 답= 竹대 죽 + 合합할 합 → 책과 합하여 대답을 얻는다. 옛날에는 대나무로 문서를 만들었다.
大큰 대= 어른이 팔 벌리고 서있는 모습을 형상화 한 글자이며 小작을 소는 강보에 싸인 아이를 형상화한 것이다
打칠 타= 手손 수 + 丁고무래 정 → 손에 고무래를 들고 친다.(고무래는 흙 따위를 고르는 丁자 모양의 도구)
(용례) 他昨天被人打了。 tā zuótiān bèiréndăle
타아주오티앤 뻬이러언 다아러 어제 그는 어떤 사람에게 맞았다.

성조별 한국어 한자

	무성	1성	2성	3성	4성
단		单			但,蛋
담		担		胆	淡
탐		耽			

单單. 홀 단. single 홀, 오직, 기수의

菜单 càidān 차이따안 나물 채: 메뉴
单纯 dānchún 따안추운 순수할 순: 단순, 오로지
单调 dāndiào 따안띠아오 뽑힐 조: 단조롭다
单独 dāndú 따안두우 홀로 독: 단독, 혼자서
单位 dānwèi 따안웨이 자리 위: 단위, 집채
单元 dānyuán 따안위앤 으뜸 원: 단일근원, 독채
简单 jiǎndān 지앤따안 간략할 간: 간단한, 소홀히하다

担. 멜 담. carry on one's shoulder 짊어지다

担心 dānxīn 따안씨인 마음 심: 염려, 걱정하다
担任 dānrèn 따안런 맡길 임: 담임하다, 맡다
承担 chéngdān 처엉따안 받들 승: 담당하다, 맡다

耽. 즐길 탐. enjoy 탐닉하다, 지연하다

耽误 dānwu 따안우 그릇될 우: 일을 그르치다

39
dan
따안

2 1
3 4

胆. 쓸개 담. gall-bladder 담랑, 담력

胆小鬼 dǎnxiǎoguǐ 다안샤오구이 작을 소/귀신 귀: 겁쟁이

蛋. 새알 단. egg 새알, 달걀

蛋糕 dàngāo 딴까오 떡 고: 케이크
鸡蛋 jīdàn 찌이딴 닭 계: 달걀

但. 다만 단. but 다만, 오직

但是 dànshì 딴쓰 옳을 시: 단, 그러나 단지

淡. 싱거울 담. insipid 싱겁다, (성분이)희박하다

单홀 단= 八여덟 팔 + 甲갑옷 갑 + 一한 일 → 80살의 장수 한 사람이 갑옷을 차려입고 홀로 적진을 행했다.

蛋새알 단= 疋필(길이의 단위) 필 + 虫벌레 충 → 벌레가 한 필의 명주실로 된 고치를 뚫고 나와 커서 알을 낳는다.

旦아침 단 자는 해(日날 일)가 떠오르는 모습이다.

担멜 담= 扌손 수 + 旦아침 단 → 등에 旦을 멘 형상.

(용례) 他担心老人家的健康。 tā dānxīn lǎorénjiā de jiànkāng
타아따안씨인 랴오러언찌아더 쨴카앙 그는 어르신의 건강을 걱정한다.

但다만 단= 人사람 인+ 旦아침 단 → 다만 사람이라면 아침을 잘 준비해야 한다.

(용례) 他讲话 虽然不多 但是句句有理。 tā jiǎnghuà suīránbùduō dànshì jùjù yǒulǐ
타아지앙후아 쑤이라안 뿌뚜오 딴쓰쮜쮜요우리이 그는 비록 말을 많이 하지는 않지만 말마다 이치에 맞는다.

胆쓸개 담= 月몸 육 + 旦아침 단 → 쓸개는 아침의 몸 상태를 좌우한다.

耽즐길 탐= 耳귀 이 + 人사람 인 + 冖덮을 멱 → 사람이 제 귀를 막고 즐거움에 빠져 있다.

성조별 한국어 한자

	무성	1성	2성	3성	4성
당		当		挡	

40 dang 따앙

1

当. 마땅 당. right, justified 응당 해야 한다, 대면하다

当然 dāngrán 따앙라안 그러할 연: 당연, 물론
当代 dāngdài 따앙따이 대신할 대: 당대, 그 시대
当时 dāngshí 따앙쓰으 때 시: 당시, 바로 그때
当地 dāngdì 따앙띠 땅 지: 현지, 방바닥

2

3

挡. 숨길 당. keep out 막다, 차단하다

4

挡숨길 당= 扌손 수 + 当마땅 당 → 마땅한 것을 손으로 가리는 형국.

当마땅 당= 小작을 소 + 彐돼지머리 계 → 작은 소원이라도 돼지머리를 놓고 정성껏 비는 것이 마땅하다.

(용례) 当表扬的就表扬。 dāngbiǎoyángde jiùbiǎoyáng
따앙비아오양더 쮸비아오양 마땅히 표창할 것은 바로 표창해야 한다.

성조별 한국어 한자

	무성	1성	2성	3성	4성
도		刀		倒,导	到,道

41 dao 따오

1

刀. 칼 도. knife 칼

2

3

倒. 넘어질 도. fall, tumble 거꾸로 되다, 넘어지다

倒霉 dǎoméi 다오메이 곰팡이 미: 재수없다.

导導. 이끌 도. lead 인도하다, 연출하다

导游 dǎoyóu 다오요우 헤엄칠 유: 관광안내원
导致 dǎozhì 다오즈 이를 지: 야기하다
导演 dǎoyǎn 다오얘앤 흐를 연: 연출하다. 감독
领导 lǐngdǎo 리잉다오 거느릴 영/이끌 도: 지도하다, 지도력

4

倒. 거꾸로 도. reverse 거꾸로 되다

到. 이를 도. reach 도착하다, ~에 이르다

到处 dàochù 따오추 곳 처: 도처, 이르는 곳
到达 dàodá 따오다아 통할 달: 도착하다
到底 dàodǐ 따오디이 밑 저: 도대체, 마침내
迟到 chídào 츠으따오 더딜지: 지각
遇到 yùdào 위따오 만날 우: 만나다, 마주치다

道. 길 도. road 길, 도로, 흐름

知道 zhīdào 즈으따오 알지: 알다, 깨닫다
道歉 dàoqiàn 따오챈 흉년들 겸: 사과, 사죄
道德 dàodé 따오드어 덕 덕: 도덕, 윤리
道理 dàoli 따오리 이치 리: 도리

刀칼 도= 사람이 긴 칼을 들고 허리를 굽힌 모습을 연상시킴.

到이를 도= 至이를 지 + 刀(刂)칼 도 → 뜻은 至이를 지 이고 刀자의 발음을 따왔다.

倒넘어질 도= 人사람 인 + 到이를 도 → 사람이 목적지에 다다르면 넘어지기 쉽다.

导導이끌 도= 巳뱀 사 + 寸마디/법 촌 → 법도에 맞게 뱀처럼 긴 줄을 만들어 이끌어 간다.

道길 도= 首머리 수 + 辶 쉬엄쉬엄 갈 착 → 우두머리를 모시고 정진하며 도리를 다한다.

呆. 어리석을 태. foolish, stupid 둔하다, 머무르다

2 1

42
dai
따이

3 4

성조별 한국어 한자

	무성	1성	2성	3성	4성
대					代,待,贷,大,带
태		呆			

代. 대신할 대. represent 대리하다, 시대

代表 dàibiǎo 따이뱌오 겉 표: 대표

代替 dàitì 따이티 바꿀 체: 대신, 대체하다

现代 xiàndài 쌘따이 지금 현: 현대

近代 jìndài 찐따이 가까울 근: 현근, 근세

待. 기다릴 대. wait 기다리다, 접대하다, 머무르다

待遇 dàiyù 따이위 지금 현: 대우, 취급

招待 zhāodài 쟈오따이 부를 초: 초대, 접대

贷. 빌려줄 대. lend, let 대부하다, 대부금

贷款 dàikuǎn 따이쿠안 정성 관: 대출하다. 대여금

大. 큰 대. large, 크다, 크기, 크게

大夫 dàifu 따이뿌 대저 부: 의사, 대부

带. 띠 대. belt 띠, 벨트, 끈

带띠 대= 卌삼십 사(중국글자) + 冖덮을 멱 + 巾수건 건 → 여러 물건을 덮어 하나로 묶는 수건, 즉 띠

代대신할 대= 人사람 인 + 弋주살 익 → 사람이 주살을 써서 대신한다는 뜻

贷빌려줄 대= 代대신할 대 + 貝조개 패 → 貝조개 패 자는 재화를 뜻하므로 재물을 대신 빌려준다는 뜻.

待기다릴 대= 彳걸을 척 + 寺절 사 → 절로 걸어 들어가 기다린다.

大큰 대= 어른이 팔 벌리고 서있는 모습을 형상화 한 글자. 따아 로 읽을 때도 있다.(음절 38 참조)

呆어리석을 태 = 口입 구 + 木나무 목 → 입이 나무처럼 굳어 어리석다

(용례) 呆头呆脑 dāitóu dāinǎo
따이토우 따이나오 우둔하다.(어리석은 머리에 어리석은 뇌)
我在家里 呆了三天。 wǒzàijiālǐ dāile sāntiān
워어짜이찌아리 따이러싼안티앤 나는 집에 사흘간 머물렀다.

성조별 한국어 한자

	무성	1성	2성	3성	4성
등		登,灯		等	

灯燈. 등잔 등. light, lamp 등, 등불

登. 오를 등. climb 오르다, 올라가다

登记 dēngjì 떠엉찌 기억할 기: 등기, 체크인

登机牌 dēngjīpái 떠엉찌이파이 기계 기/패 패: 탑승권

43 deng 떠엉

2 3 1 4

等. 무리 등. herd, grade 등급, 대등하다

等于 děngyú 더엉위이 어조사 우: 와 같다, 맞먹다

等待 děngdài 더엉따이 기다릴 대: 기다리다. 대기

等候 děnghòu 더엉호우 물을 후: 기다리다

等등급/무리/같을 등= 竹대 죽 + 寺절 사 → 절 위에 난 대나무, 많은 사람이 기다리는 형상을 그린 글자이다.

(용례) 多少不等 duōshǎo bùděng

뚜오싸오 뿌더엉 많고 적음이 각기 다르다.

登오를 등= 癶걸을 발 + 豆콩 두 → 높은 곳에서 재배한 콩을 따러 걸어 올라간다.

灯등잔 등= 火불 화 + 丁장정 정 → 번체 燈= 火불 화 + 登오를 등 → 불이 올라와 있는 것이 등잔이다.

(용례) 点燃酒精灯。diǎnrán jiǔjīngdēng。

디앤라안 지우찌잉떠엉 알콜 램프에 불을 붙인다.

44 dei 떼이

2 3 1 4

得. 얻을 득. must, ought to 해야 한다, 필요하다

성조별 한국어 한자

	무성	1성	2성	3성	4성
득				得	

得얻을 득= 彳걸을 척 + 旦아침 단 + 寸법 촌 → 아침에 법대로 걸어가 얻는다.

(용례) 这事得改会研究。 zhèshì děi gǎihuìyánjiū

쩌쓰 데이 가이후이얘앤찌우 이 일은 꼭 회의를 열고 연구해야 한다.

得은 2성과 무성일 경우 得얻을 득 으로서 다른 뜻을 갖는다. **음절 52 de 뜨어** 를 보라.

성조별 한국어 한자					
	무성	1성	2성	3성	4성
등		冬,东		懂	冻,洞,动

冬. 겨울 동. winter 겨울

东. 동녘 동. east 동쪽

东西 dōngxi 또옹씨 서녘 서: 물건, 놈

房东 fángdōng 빠앙또옹 방 방: 집주인

45 dong 또옹

1 / 2 / 3 / 4

等. 무리 등. herd, grade 등급, 대등하다

等于 děngyú 더엉위이 어조사 우: ~와 같다, 맞먹다

等待 děngdài 더엉따이 기다릴 대: 기다리다. 대기

等候 děnghòu 더엉호우 물을 후: 기다리다

动. 움직일 동. move 움직이다, 행동하다

动物 dòngwù 똥우 만물 물: 동물,

运动 yùndòng 윈똥 돌 운: 운동

动作 dòngzuò 똥쭈오 지을 작: 동작, 행동

动画片 dònghuàpiàn 똥화피앤 그림 화/조각 편: 만화, 영화

冻. 얼 동. freeze 얼다, 차다

洞. 골짜기 동. valley, 구멍, 동굴, 동네

冬겨울 동= 夊천천히 걸을 쇠 + 冫얼음 빙 → 천천히 얼어가는 계절, 겨울

(용례) 春夏秋冬 chūnxiàqiūdōng 츄운씨아치우또옹 춘하추동, 봄, 여름, 가을, 겨울

懂그리워할 동= 心마음 심 + 童아이 동→ 어린아이 마음으로 그리워하다.

东동녘 동= 十열 십 + 木나무 목 → 나무가 많이 있는 동쪽

(용례) 由西向东 yóuxī xiàngdōng
요우씨이 썅또옹 서쪽에서 동쪽으로

冻얼 동= 冫얼음 빙 + 东동녘 동 → 동쪽에서 얼음이 얼면 세상은 전부 얼 것이다.

动움직일 동= 云이를 운 + 力힘력 → 힘내라고 일러서 움직이게 했다.

洞골짜기 동= 氵물 수 + 同같을 동 → 물이 있고 같이 살만 한 곳은 골짜기뿐이다.

都. 모두 도. all, every 모두, 다

46 dou 또우

1 / 2 / 3 / 4

성조별 한국어 한자					
	무성	1성	2성	3성	4성
도		都			
두					豆,逗

豆. 콩 두. bean 콩, 콩처럼 생긴 것

豆腐 dòufu 또우푸 썩을 부: 두부 toufu

逗. 머무를/놀릴 두. stay, tease 놀리다

都모두/도읍 도= 者놈 자 + 阝고을 읍 → 놈(사람)들이 고을에 모두 모여 산다.

(용례) 什么水果她都喜欢吃。 shénmeshuǐguǒ tādōuxǐhuān chī

세엔머쑤이구오 타아또우시이화안 츠르으 그녀는 어떤 과일도 다 좋아한다.

豆콩 두= 콩깍지(一 자로 표현)를 제기에 올려놓은 모양

逗머무를 두= 豆콩 두 + 辶쉬엄쉬엄 갈 착 → 辶자가 豆을 에워 싸 콩들이 머무르게 된다.

(용례) 你的话还真逗 nǐdehuà háizhēndòu。

니이더후아 하이저언또우 너의 말이 참 재미있다.

47 duan 뚜안

성조별 한국어 한자

	무성	1성	2성	3성	4성
단				短	断,段,锻

1

断斷. 끊을 단. cut 끊다, 자르다

段. 구분/층계 단. classify, step 단계, 토막

锻鍛. 두드릴 단. knock, beat 단조하다, 단련하다

锻炼 duànliàn 뚜안리앤 달굴 련: 단련하다

2

3

短. 짧을 단. short 짧다, 작다

短信 duǎnxìn 두안씬 믿을 신: 짧은 편지

4

段구분/층계 단= 계단모양 + 殳창 수 → 창을 들고 계단을 올라가는 형상.

锻鍛두드릴 단= 金쇠 금 + 段구분 단 段자는 음소자 역할을 하고 金자가 쇠를 담금질 한다는 뜻을 줌.

(용례) 锻炼身体 duànliànshēntǐ

뚜안리앤서언티이 몸을 단련한다.

短짧을 단= 矢화살 시 + 豆콩 두 → 화살로 콩을 맞출 수 있는 짧은 거리

断斷끊을 단= ㄴ(중국글자(이) 는 부수 乙과 같음) + 米쌀 미 + 斤도끼 근

→ 쌀을 쌓아 놓으려고 도끼로 ㄴ모양의 틀을 만든다.

성조별 한국어 한자

	무성	1성	2성	3성	4성
다		多			
타				朵躲	

多. 많을 다. many, much 많다

多少 duōshǎo 뚜오샤오 적을 소: 분량, 얼마

多么 duōme 뚜오머 이런가 마: 얼마나 많이

多亏 duōkuī 뚜오쿠이 이지러질 휴: 덕분에

多余 duōyú 뚜오위이 남을 여: 여분의

48 duo 뚜오

朵朶. 늘어질 타. hang loose 꽃, 꽃봉우리

躲. 피할 타. evade 숨다, 피하다

躲藏 duǒcáng 두오차앙 감출 장: 도망쳐 숨다

多많을 다= 새 두 마리가 겹쳐 있는 것으로 많음을 뜻했음. 새 발자국이 많이 찍혀 있다고 생각하기도. 뚜오

(용례) 春天多风夏天多雨。 chūntiānduōfēng xiàtiānduōyǔ

춘티앤뚜오펑 쌰티앤뚜오위이 봄에는 바람이 많고 여름에는 비가 많다.

朵朶늘어질 타= 几幾몇 기 + 木나무 목 → 나무가 몇 갈래의 가지로 크면서 늘어지기 시작했다.

(용례) 一朵花 yìduǒhuā

이이두오후아 한 송이의 꽃.

躲피할 타= 身몸 신 + 几幾몇 기 + 木나무 목 → 몸을 향해 나무토막을 몇 개 던지니 피한다.

读讀. 읽을 독. read 읽다, 낭독하다

独獨. 홀로 독. independent 혼자, 단독

独立 dúlì 뚜우리 설 립: 독립하다

独特 dútè 뚜우트어 특별할 특: 독특

성조별 한국어 한자

	무성	1성	2성	3성	4성
도				堵	度
독			读,独		
두					肚

49 du 뚜우

堵. 담 도. fence, wall 담, 막다, 막히다

堵车 dǔchē 두우츠어 수레 차: 교통 혼잡

度. 법도/정도 도. degree 도, 길이

度过 dùguò 뚜꾸오 지낼 과: 보내다

肚. 배 두. stomach 배, 복부

肚子 dùzi 뚜즈 아들 자: 배(복부)

度법도 도= 广집 엄 + 廿스물 입 + 又또 우 → 집에서 반복해서(又) 지켜야 할 여러 가지(廿) 법도가 있다.

堵담/막을 도= 土흙 토 + 者놈 자 → 놈들이 못 들어오도록 흙으로 담을 쌓았다.

读讀읽을 독= 讠말씀 언 + 卖팔 매 → 말을 팔아 살고자 하면 많이 읽어야 한다.
(용례) 这本小说很值得读。 zhèběn xiǎoshuō hěnzhídedú
쩌어버언시아오쑤오 허언즈ㄹ으더두우 이 책은 읽을 가치가 있네요.
独獨홀로 독= 犭사슴 록 + 虫벌레 충 → 사슴과 벌레들을 벗 삼아 홀로 산다.
肚배 두= 月몸 육 + 土흙 토 → 식물은 흙에서 우리 몸은 배에서 양분을 섭취한다.

성조별 한국어 한자

	무성	1성	2성	3성	4성
돈					顿
둔		吨,蹲			

50 dun 뚜은

1: 蹲. 쭈그릴 준. crouch 웅크려 앉다
1: 吨噸. 톤 둔. ton 톤(무게)
4: 顿頓. 조아릴 돈. kowtow 잠시 멈추다

顿頓조아릴 돈= 屯진칠 둔 + 頁머리 혈 → 주둔군의 머리에게 조아릴 수밖에 없었다.
(용례) 念到这个地方 应该顿一下。 niàndàozhègèdìfāng yīnggāidùnyīxià
니앤따오쩌어거띠빠앙 이잉까이뚠이이쌰 여기까지 읽었으면 응당 잠시 멈추어야 한다.
吨噸톤 둔= 口입 구 + 屯진칠 둔 → ton 의 의성어.
蹲쭈그릴 준= 足발 족 + 尊높을 존 → 높은 사람이 발이 묶여 집에 죽치고 있다.

51 dui 뚜이

1: 堆. 쌓을 퇴. pile up, heap 싸이다, 싸인 물건
4: 对對. 대할 대. treat, confront 대답하다, 대처하다

对不起 duìbuqǐ 뚜이부치이 아니 불/일어설 기: 미안해
对话 duìhuà 뚜이화 말할 화: 대화하다
对待 duìdài 뚜이따이 기다릴 대: 대우하다
对面 duìmiàn 뚜이미앤 얼굴 면: 반대편, 대면
对于 duìyú 뚜이위이 어조사 우: 에 대하여
对手 duìshǒu 뚜이쏘우 손 수: 상대, 호적수
对象 duìxiàng 뚜이썅 코끼리 상: 애인, 결혼 상대
对方 duìfāng 뚜이빠앙 모 방: 상대방, 상대편 적
对比 duìbǐ 뚜이비이 견줄 비: 대비, 비율

성조별 한국어 한자

	무성	1성	2성	3성	4성
대					对
퇴		堆			

堆쌓을 퇴= 土흙 토+ 隹새 추 → 새가 흙을 쌓아 집을 짓는다.
对對대할 대= 又또 우 + 寸마디 촌 → 寸마디 촌자가 又또 우자를 마주 대하는 모습을 보인다.
(용례) 成绩不好 就对不起父母。 chéngjī bùhǎo jiù duìbùqǐ fùmǔ
쳐엉찌이뿌하오 쮸 뚜이뿌 치이쭈무우 성적이 좋지 않아 부모님을 대할 수 없다.
对不起 让你久等了。 duìbùqǐ ràng nǐ jiǔ děngle.
뚜이뿌 치이 랑니이지우더엉러. 미안해요, 오래 기다리게 만들었네요.

得. 얻을 득. obtain, gain 얻다, 알맞다
得意 déyì 드어이 뜻 의: 뜻을 이루다

성조별 한국어 한자

	무성	1성	2성	3성	4성
득	得		得		
적	的				
지	地				

52
de
뜨어

무성(경성)

得. 어조사 득. particle, of 어조사(가능표현)
的. 어조사 적. particle, of, -like 어조사
(어휘 뒤에 붙어 수식해 줌)
地. 땅 지. earth 어조사(동사, 형용사를 수식)

的과녁/어조사 적= 白흰 백 + 勺구기 작 → 백색 바탕에 국자 같은 표시를 하여 과녁을 만든다.
地땅 지/어조사 적= 土흙 토 + 也또 야→ 흙이 쌓이고 또 쌓여 땅이 된다.
得얻을/어조사 득= 彳갈 행 + 旦아침 단 + 寸마디 촌 → 아침에 친척집에 가서 얻는다.(寸은 가까운 친척)
(용례) 你怎么得了感冒? nǐ zěnmedéle gǎnmào
니이저언머드어러 가안마오 너 어쩌다 감기에 걸렸어?

53
diao
띠아오

성조별 한국어 한자

	무성	1성	2성	3성	4성
도					掉
조					调,钓

掉. 흔들 도. shake 떨어뜨리다, 뒤쳐지다
钓釣. 낚시 조. hook 낚다, 낚시
调調. 고를 조. choose 고르다, 이동하다, 가락
调查 diàochá 땨오차아 조사할 사: 조사

掉흔들 도= 扌손 수 + 卓높을 탁 → 손을 높이 흔든다.
钓釣낚시 조= 钅쇠 금 + 勺구기 작 → 쇠로 구기처럼 만든 작은 물건, 낚시.(구기는 술 같은 액체를 뜰 때 쓰는 기구)
调調고를 조= 讠말씀 언 + 周두루 주 → 말은 두루 두루 고르게 해야 한다.

성조별 한국어 한자

	무성	1성	2성	3성	4성
전					电
점				点	

2
3

54
dian
띠앤

1
4

点點. 점 점. poin 작은 방울, 약간

一点儿 yìdiǎnr 이디아알 한 일/어조사 아: 약간
重点 zhòngdiǎn 쫑디앤 무거울 중: 중점
点头 diǎntóu 디앤토우 머리 두: 끄덕이다
点心 diǎn·xin 디앤씬 마음 심: 간식

电電. 번개 전. lightening, electricity 전기, 번개

电视 diànshì 땐스 볼 시: 티브이
电脑 diànnǎo 땐스 머릿골 뇌: 컴퓨터
电影 diànyǐng 땐이잉 그림자 영: 영화
电子邮件 diànzǐ yóujiàn 땐즈으 요우짼 아들 자/역참 우/사건 건: 전자우편

电電번개 전= 田밭 전 + ㄴ꼬리 찰 → 밭에 번개가 내려치는 형상.
電는 윗 쪽에 雨비 우를 그려 더 사실적이다.

(용례) 请你把电子邮件发给我。 qǐng nǐ bǎ diànziyóujiàn fāgěi wǒ
치잉니이 바아땐즈으요우짼 빠아게이워어 나에게 전자우편을 보내줘요.

点點점 점= 占차지할 점 + 火불 화 → 차지하려고 찍은 네 개의 점.

(용례) 太靠左了 往右一点儿 tàikàozuǒle wǎngyǒu yìdiǎnr
타이카오주오러 와앙요우이디알 너무 왼쪽으로 다가갔어, 조금만 오른쪽으로 가.

성조별 한국어 한자

	무성	1성	2성	3성	4성
주		丢			

丢. 잃을 주. lose 잃다, 내버려 두다

2
3

55
diu
띠우

1
4

丢잃을 주= ノ삐침 별 + 去갈 거 → 제대로 못가고 삐쳐 가다가 길을 잃었다.

(용례) 我丢了护照该怎么办? wǒdiūlehùzhào gāizěnmebàn
워어띠우러후짜오 까이저언머빤 여권을 잊어버렸어, 어떻게 해야 해?

的. 확실할 적. certain

的确 díquè 디이췌 정확할 확: 확실히

敌人 dírén 디이러언 사람 인: 원수

敌敵. 원수 적. enemy 적, 상대 대적하다

低. 낮을 저. low 낮다, 적다

降低 jiàngdī 찌앙띠이 내릴 강: 낮추다

滴. 물방울 적. water drop 물방울, 떨어뜨리다

56 di 띠이

2 1
3 4

底. 밑 저. base 밑, 속내

到底 dàodǐ 따오디이 이를 도: 도대체, 마침내

彻底 chèdǐ 츠어디이 통할 철: 철저하다

성조별 한국어 한자

	1성	2성	3성	4성
저	低		底	
적	滴	敌,的		的
제				弟,第
지				地
체				递(遞)

递遞. 갈마들 체. pass, 넘겨주다, 차례대로

第. 차례 제. order 접두사

第一 dìyī 띠이이 한 일: 제일

弟. 아우 제. younger brother 아우

弟弟 dì·di 띠디 아우 제: 아우

地. 땅 지. earth, land 땅

地铁 dìtiě 띠티에 쇠 철: 지하철

地方 dìfang 띠f앙 모 방: 지방

地图 dìtú 띠투우 그림 도: 지도

地震 dìzhèn 띠zh언 벼락 진: 지진

地道 dìdao 띠따오 길 도: 본고장의, 진짜의

地理 dìlǐ 띠리이 다스릴 리: 지리, 방언

地球 dìqiú 띠치우 공 구: 지구

地区 dìqū 띠취이 지경 구: 지구 지역

地毯 dìtǎn 띠타안 담요 담: 양탄자

地位 dìwèi 띠웨이 자리 위: 지위

地址 dìzhǐ 띠zh으 터 지: 주소, 소재지

的. 목적 적. target 대상, 목표, 과녁

目的 mùdì 무띠 눈 목: 목적

低낮을 저= 亻사람 인 + 氐근본 저 → 사람이 근본이 없으면 자연히 낮아진다.

底밑 저= 广집 엄 + 氐근본 저 → 집의 근본은 바닥이다.

滴물방울 적= 氵물 수 + 啇밑동/뿌리 적 → 물의 근본은 물방울로 시작된다.

敌敵원수 적= 舌혀 설 + 攵칠 복 → 혀를 잘 못 놀려 공격하면 원수가 된다.

的과녁/목적 적= 白흰 백 + 勺구기 작 → 백색 바탕에 국자 같은 표시를 하여 과녁을 만든다.

弟아우 제= 八여덟 팔 + 弔조상할 조 + 丿지팡이 모양 → 지팡이를 짚고 여덟 번 조상하는 아우.

第차례 제= 竹대 죽 + 弟아우 제 → 대 마디와 형제는 차례가 있다.

(용례) 第三次浪潮 dìsāncì làngcháo
띠싸안츠 랑차오 제3의 물결.

地땅 지= 土흙 토 + 也또 야 → 흙에 또 흙이 더해 땅이 된다.

递遞갈마들/번갈아 체= 弟아우 제 + 辶갈 착 → 형과 아우가 번갈아 간다.

성조별 한국어 한자

	무성	1성	2성	3성	4성
정		丁		顶	

丁. 장정 정. strong young man 장정, 인구

57
ding
띠잉

1 2 3 4

顶. 꼭대기 정. Peak 꼭대기, 머리로 받치다

丁장정/고무래 정= 농사에 쓰이는 T자 모양의 쟁기.

顶꼭대기 정= 丁장정/고무래 정 + 頁머리 혈 → 머리에 고무래를 합쳐 꼭대기임을 설명.

然. 그럴 연. correct 그러나, 하지만, 옳다

虽然 suīrán 쑤이라안 비록 수: 비록-일지라도

当然 dāngrán 따앙라안 마땅 당: 당연히

然后 ránhòu 라안호우 뒤 후: 그런 후에

然而 rán'ér 라안어얼 말이을 이: 그러나

燃. 불사를 연. burn 타다, 태우다

燃烧 ránshāo 라안싸아오 불사를 소: 연소, 타다

성조별 한국어 한자

	무성	1성	2성	3성	4성
연			然,燃		
염				染	

58
ran
라안

1 2 3 4

染. 물들일 염. dye 물들이다, 감염되다

污染 wūrǎn 우우라안 괸물 오: 오염시키다

传染 chuánrǎn 추루안라안 전할 전: 전염하다

然그럴 연= 한 사람(犬개 견)이 한 팔로 고기(夕저녁 석)를 들고 불(灬불 화)에 굽는 모양.(설문해자)

떨어지는 기름으로 불이 저절로 붙으므로 그럴 연자가 된다.

(용례) 我先去然后你给他打电话。 wǒxiānqù ránhòu nǐgěitādǎdiànhuà

워어씨앤취 라안호우니이게이타아다아띠앤화 　먼저 내가 가고 나서 네가 그에게 전화 걸어.

这样做理所当然。 zhèyàng zuò lǐsuǒdāngrán

쩌어양쭈오리이쑤오따앙라안 　이렇게 하는 것이 이치상 당연하다.

燃불사를 연= 火불 화 + 然그럴 연 → 然 자는 불붙고 있는 상태를 보이는데 火 자를 붙여 불사른다는 뜻을 나타냄.

染물들일 염= 水물 수 + 九아홉 구 + 木나무 목 → 물에 아홉 가지의 나무를 넣어 물을 드린다.

성조별 한국어 한자

	무성	1성	2성	3성	4성
양				嚷	让

59
rang
라앙

2
3
1
4

嚷. 외칠 양. shout 외치다, 큰소리로 부르다

让讓. 사양할 양. decline 양보하다, 하게하다

让讓사양할 양= 言말씀언 + 上위 상 → 받드는 말씀, 讓= 言말씀 언 + 襄도울 상 → 도움의 말, 즉 사양한다는 뜻이 됨.

(용례) **你让间房子给他用用吧。** nǐràngjiānfángzi gěitāyòngyòngba

니이랑찌앤빠앙즈 게이타아용용바 너 집을 그에게 양도해서 쓰도록 해라.

嚷외칠 양= 口입 구 + 襄도울 상 → 口입 구자가 말한다는 뜻을 가져와 (도와달라고) 외친다는 뜻이 됨.

성조별 한국어 한자

	무성	1성	2성	3성	4성
요					绕

60
rao
라오

2
3
1
4

绕繞. 얽힐 요. tangle 둘둘 감(기)다, 귀찮게 하다

绕繞얽힐 요= 糸실 사 + 尭높을/요임금 요→ 요임금도 실에 엉킬 수 있다.

人. 사람 인. person, human 사람, 인간, 어른

人才 réncái 러언차이 재주 재: 인재
人口 rénkǒu 러언코우 입 구: 인구
人类 rénlèi 러언레이 무리 류: 인류
人民币 rénmínbì 러언미인삐 백성 민/재물 폐: 중국 화폐
人生 rénshēng 러언셔엉 날 생: 인생
人事 rénshì 러언쓰 일 사: 인간사, 인사
人物 rénwù 러언우 물건 물: 인물
人员 rényuán 러언위앤 인원 원: 인원, 요원
客人 kèrén 크어러언 나그네 객: 손님
别人 biéren 삐에러언 나눌 별: 다른 사람

성조별 한국어 한자

	무성	1성	2성	3성	4성
인			人	忍	认
임					任

61 ren 러언

2 3 1 4

忍. 참을 인. endure 참다

忍不住 rěnbúzhù 러언부쮸 아닐 부/살 주: 참지 못해

任. 맡길 임. assign leave 맡기다 직무

任务 rènwu 런우 힘쓸 무: 임무
任何 42 런흐어 어찌 하: 어떠한

认認. 알 인. know understand 분간하다, 인정하다

认识 rènshi 런쓰 적어둘 지: 알다, 인식하다
认为 rènwéi 런웨이 위할 위: 여기다, 생각하다
认真 rènzhēn 런쩌언 참 진: 곧이듣다, 진지하다

忍참을 인= 刀칼 도 + 心마음 심 → 심장을 찔러도 참아야 한다.

人사람 인= 사람이 서 있는 모습을 그림.

认認알인= 言말씀 언 + 人사람 인 → 말을 해 봐야 사람을 안다. 번체는 人사람 인자 대신 忍참을 인자를 씀.

(용례) 认识你很高兴。 rènshinǐ hěngāoxìng
러언쓰니이 허언 까오씽 알게 되어(만나 뵈어) 정말 기쁩니다.
这个建议你认为怎么样。 zhègèjiànyì nǐrènwéizěnmeyàng
쩌거지앤이 니이런웨이저언머양 이 건의를 어떻게 생각해.

任맡길 임= 人사람 인 + 壬책임 임 → 사람에게 책임을 맡긴다.

仍. 따를 잉. according 따르다, 빈번하다

仍然 réngrán 러엉라안 그러할 연: 여전히

扔. 던질 잉. throw 던지다, 내버리다

62 reng 러엉

2 3 1 4

성조별 한국어 한자

	무성	1성	2성	3성	4성
잉		扔	仍		

仍따를 잉= 人사람 인 + 乃이에/곧 내 → 사람이 그대로 따른다.

扔던질 잉= 手손 수 + 乃이에/곧 내 → 손으로 냅다(곧) 던진다.

容. 얼굴/받아들일 용. face/accept 얼굴, 받아들이다

容易 róngyì 로옹이 쉬울 이: 쉽다

荣榮. 번영할 영. prosperous 번영하다, 영광

荣幸 róngxìng 로옹씽 다행 행: 영광스럽다

繁荣 fánróng 빠안로옹 많을 번: 번영, 번창

荣誉 róngyù 로옹위 명예 예: 영예, 명예

融. 화합할 융. harmonize 녹다, 융합되다, 풀리다

融化 rónghuà 로옹화 화할 화: 녹다, 융해

성조별 한국어 한자

	무성	1성	2성	3성	4성
영			荣		
용			容		
융			融		

63 rong 로옹

2 3 1 4

容얼굴 용 → 글자 모양이 수염 기른 사람 얼굴이다.

(용례) 学开车不容易。 xué kāichē bùróngyì

쉬에카이처어뿌로옹이 운전을 배우는 것은 쉽지 않다.

荣번영할 영= 艹풀 초 + 冂문 경 + 木나무 목 → 덮어씌운 나무 위에서 풀이 돋아 번영한다.

融화합할 융= 鬲솥/막을 격 + 虫벌레 충 → 솥에 갇힌 벌레들이 융합하여 살아간다.

64 rou 로우

2 3 | 1 4

성조별 한국어 한자

	무성	1성	2성	3성	4성
육					肉

肉. 고기 육. meat 고기, 동식물의 살

羊肉 yángròu 야앙로우 양 양: 양고기
肌肉 jīròu 찌이로우 살가죽 기: 근육
鸡肉 jīròu 찌이로우 닭 계: 닭고기

肉고기 육 자는 근육이 보이는 남자 상체의 형상이다.

(용례) **他最喜欢吃羊肉。** tāzuìxǐhuānchīyángròu
타아쭈이시이후안야앙로우 그는 양고기를 가장 좋아한다.

65 ruan 루안

2 3 | 1 4

软軟. 연할 연. soft 보드럽다, 온화하다

软件 ruǎnjiàn 루안찌앤 사건 건: 소프트웨어

성조별 한국어 한자

	무성	1성	2성	3성	4성
연				软	

软軟연할 연= **車**수레 차+ **欠**하품 흠 → 차가 김을 뿜으며(하품을 하면서) 연하게 나간다.

66 ruo 루오

2 3 | 1 4

성조별 한국어 한자

	무성	1성	2성	3성	4성
약					弱

弱. 약할 약. weak 허약하다. 나이가 어리다.

弱약할 약 → **弓**활 궁 + **二** 두 이 → 두 번(二) 당겨도 안 되는 활을 겹쳐봐야 약함을 면하지 못한다.

(용례) **他身体很弱。** tāshēntǐ hěnruò
타아써언티이 허언루오 그는 몸이 매우 약하다.

如. 같을 여. same ~에 따르다, 같다

如何 rúhé 루우흐어 어찌 하: 어떻게, 어떠냐

如今 rújīn 루우찌인 이제 금: 오늘 날

如果 rúguǒ 루우구오 실과 과: 만약

比如 bǐrú 비이루우 견줄 비: 예컨대

성조별 한국어 한자

	무성	1성	2성	3성	4성
여			如		
입					入

67
ru
루우

2 3 1 4

入. 들어갈 입. enter 들어가다, 참가하다, 수입

入口 rùkǒu 루코우 입 구: 입구

收入 shōurù 쏘우루 거둘 수: 수입

如같을 여= 女계집 녀 + 口입 구 → 여자가 거울 앞에 서 있는 형상. 거울에 비치는 여자는 같은 여자.

(용례) **你如果要来 请事先写信告诉我。** nǐrúguǒyàolái qǐngshìxiānxiěxìn gàosùwǒ

니이루우구오야오라이 치잉쓰씨앤시에씬까오수워어 당신이 오겠다면 사전에 제게 얘기해 주세요.

入들어갈 입= 사람(人)이 몸을 굽혀 안으로 들어갈 때 모습.

68
ri
르

2 3 1 4

성조별 한국어 한자

	무성	1성	2성	3성	4성
일					日

日. 날 일. day, sun 해, 낮, 하루

日常 rìcháng 르챠앙 항상 상: 일상적인

日程 rìchéng 르쳐엉 단위 정: 일 단위 정

日记 rìjì 르찌 기록할 기: 일기

日历 rìlì 르리 책력 력: 일력

日期 rìqī 르치이 때 기: 날짜, 기간

日用品 rìyòngpǐn 르용피인 쓸 용/물건 품: 일용품

生日 shēng·rì 셔엉르 날 생: 생일

节日 jiérì 지에르 마디 절: 경축일 기념일

日날 일= 해를 그려 둥근 모양이 한자의 일반형인 네모로 변했음.

가운데 一 자는 태양이 비어 있지 않음을 보임.

69
re
르어

2 | 1
3 | 4

성조별 한국어 한자

	무성	1성	2성	3성	4성
열					热

热熱. 뜨거울 열. hot 뜨겁다, 열, 가열하다

热情 rèqíng 러치잉 뜻 정: 열정적, 친절한
热爱 rè'ài 러아이 사랑 애: 열애
热闹 rè·nao 러나오 시끄러울 뇨: 왁자지껄한
热烈 rèliè 러리에 세찰 열: 열열한
热心 rèxīn 러씨인 마음 심: 열심히

热熱뜨거울 열= 執잡을 집 + 火불 화 → 불을 쥐니 뜨거울 수밖에.

(용례) **把饭热一热再吃。** bǎfàn rèyīrè zàichī

바아빤 러이이르어 짜이츠으 밥을 데워서 먹어라.

主人很热情 zhǔrén hěnrèqíng

쥬우러언 허언러치잉 주인장이 매우 친절하다.

垃. 쓰레기 랄. sediment, 흙덩이

垃圾 lājī 라아찌이 위태할 급: 쓰레기

拉. 끌 랍. pull 당기다.

70
la
라아

2 | 1
3 | 4

성조별 한국어 한자

	무성	1성	2성	3성	4성
랄		垃			辣
랍		拉			蜡

辣. 매울 랄. hot, spicy 맵다, 지독하다

辣椒 làjiāo 라쨔오 산초나무 초: 고추

蜡. 밀 랍. beeswax 납, 초 담황색의

蜡烛 làzhú 라쥬우 양초 촉: 양초, 바보

辣매울 랄= 辛매울 신 + 束묶을 속 → 매울 辛자를 묶어 매울 랄 자가 되었다.

垃쓰레기 랄= 土흙 토 + 立설 립 → 흙더미 옆에 세워진 쓰레기 더미

拉끌 랍= 扌손 수 + 立설 립 → 손을 들고 서있는 채로 끌고 간다.

蜡蠟양초/밀 랍= 虫벌레 충 + 昔옛 석 → 벌은 예로부터 밀을 만들어 집을 지었다.

拦攔. 막을 란. block 막다, 마주 대하다

蓝藍. 남빛 람. indigo 남빛, 남루하다

篮籃. 채롱 람. basket 바구니, 농구

打篮球 dǎlánqiú 다아랴안치우
칠 타/채롱 람/공 구: 농구하다

성조별 한국어 한자

	무성	1성	2성	3성	4성
란			拦		烂
람			篮,蓝		

71 lan 랴안

2 / 3 | 1 / 4

烂爛. 문드러질 란. rot 낡다, 곪다

[주]중국어에는 ㅁ 받침이 없어 ㅁ은 대개 ㄴ으로 변해 람은 란으로 변한다.

拦攔막을 란= 扌손 수 + 兰난초 난 → 난초의 향은 손으로 막을 수가 없다.

烂문드러질 란= 火불 화 + 兰난초 난 → 난초에 불을 붙이면 문드러진다.

蓝 藍남빛 람= 艹풀 초 + 监살필 감 → 풀색인줄 알고 살펴보았더니 남색이었다.

监살필 감= 刂칼 도 + 人사람 인 + 丶점 주 + 罒그물 망 → 칼든 사람을 점찍어 그물에 가두고 살펴라.

(용례) 天很蓝。 tiānhěnlán
티앤 허언랴안 하늘이 매우 파랗다.

篮籃 채롱 람= 竹대 죽 + 监살필 감 → 집어넣고 살피도록 대로 만든 채롱.

狼. 이리 랑. fox 이리, 흉악한

성조별 한국어 한자

	무성	1성	2성	3성	4성
랑			狼	朗	浪

72 lang 랴앙

2 / 3 | 1 / 4

朗. 밝을 랑. bright 밝다, 맑고 깨끗하다

浪. 물결 랑. wave 물결, 출렁이는 것

浪漫 làngmàn 랑만 질펀할 만: 낭만

浪费 làngfèi 랑뻬이 쓸 비: 낭비

浪물결 랑= 氵물 수 + 良어질/좋을 량 → 물이 어질게도 예쁜 물결을 보이며 흐른다.

狼이리 랑= 犭개 견 + 良어질/좋을 량 → 개 중에 좋은 개는 이리를 잡는다.

朗밝을 랑= 良어질/좋을 량 + 月달 월 → 달빛이 좋아 밤인데도 꽤 밝다.

劳勞. 수고할 로. work, labor 일하다, 애쓰게 하다

劳动 láodòng 라오똥 움직일 동: 노동
劳驾 láojià 라오쨔 탈것 가: 발걸음 시키다.
疲劳 píláo 피이라오 피곤할 피: 피로

성조별 한국어 한자

	무성	1성	2성	3성	4성
로			劳	老	
모				姥	

73 lao 라오

2 3 1 4

老. 늙을 로. old 늙다, 오래 된, 존칭

老师 lǎoshī 라오스 스승 사: 선생님
老虎 lǎohǔ 라오후우 호랑이 호: 호랑이
老百姓 lǎobǎixìng 라오바이씽 일백 백/성품 성: 백성
老板 lǎobǎn 라오바안 널조각 반: 주인, 사장
老鼠 lǎoshǔ 라오수 쥐 서: 쥐

姥. 할미 모. grandma 할머니, 노부인

姥姥 lǎolao 라오라오 외할머니

劳勞수고할 로= 艹풀 초 + 冖덮을 멱 + 力힘 력 → 풀로 덮여있는 곳에서 힘써 일하니 수고하는 것이다.
老늙을 로= 土흙 토 + 丿삐침 별 + 匕비수 비 → 땅에 지팡이를 짚고 있는 허리 굽은 사람을 그림
(용례) 爸爸今年老多了。 bàbà jīnniánlǎoduōle 빠아바 찌인니앤라오뚜오러 아빠는 금년 많이 늙으셨다.
老师在点名。 lǎoshī zàidiǎnmíng 라오스으 짜이디앤미잉 선생님이 출석을 부르신다.
姥할미 모= 女계집 녀 + 老늙을 로 → 여자가 늙어 할머니가 됨.

来來. 올 래. come 오다, 발생하다

起来 qǐ·lái 치이라이 일어날 기: 일어나다, 지속되다
来不及 láibují 라이뿌지이 아니 불/미칠 급: 못 미치다, 여유가 없다
来得及 láidejí 라이떠지이 얻을 득/미칠 급: 늦지 않다
来自 láizì 라이쯔 몸 자: 나오다 생겨나다
后来 hòulái 호우라이 뒤 후: 그 뒤에(온 사람)

성조별 한국어 한자

	무성	1성	2성	3성	4성
래			来		

74 lai 라이

2 3 1 4

来來올 래= 未아닐 미 + 人사람 인 + 人사람 인 → 이 사람도 아니고 저 사람도 아니고 그이는 언제 올려나?
(용례) 把孩子抱起来。 bǎháizi bàoqǐlái 바아하이즈 빠오치라이 아이를 안아 올리다.
外面竟下起雨来了。 wàimiàn jìngxiàqǐyǔláile
와이미앤 찡싸치이위이라이러 바깥에 갑자기 비가 내리기 시작했다.
看起来要下雨。 kànqǐlái yào xià yǔ 칸치이라이야오쌰위이 보아하니 비가 올 것 같다.
后来的事我也不知道。 hòuláideshì wǒyěbùzhīdào
호우라이더스 워어예에뿌즈으따오 이후의 일은 나도 모르겠다.

75
leng
려엉

冷. 찰 랭. cold 춥다, 차다, 냉정하다

冷静 lěngjìng 려엉찡 고요할 정: 조용한, 고요한
冷淡 ěngdàn 려엉딴 묽을 담: 쓸쓸한, 냉정한

성조별 한국어 한자

	무성	1성	2성	3성	4성
랭				冷	

冷찰 랭= 冫얼음 빙 + 令명령 령 → 명령이 어름같이 차갑다.
(용례) 北京的冬天很冷。 běijīngdedōngtiān hěnlěng
베이찌잉더 또옹티앤 허언려엉 북경의 겨울은 매우 춥다.

雷. 천둥 뢰. thunder 천둥, 폭발적인 것

76
lei
레이

성조별 한국어 한자

	무성	1성	2성	3성	4성
뢰			雷		
루					累,泪
류					类

累. 포갤/지칠 루. bind/tired 지치다, 과용하다
积累 jīlěi 찌레이 싸을 적: 누적되다
类類. 종류 류. kind, sort 종류, 닮다
类型 lèixíng 레이시잉 거푸집 형: 유형
人类 rénlèi 러언레이 사람 인: 인류
泪淚. 눈물 루. tear 눈물
流泪 liúlèi 리우레이 흐를 류: 눈물을 흘리다

泪淚눈물 루= 氵물 수 + 目눈 목 → 눈물이라는 뜻이 명확함.
雷천둥 뢰= 雨비 우 + 田밭 전 → 밭 위로 비가 내리면서 천둥이 쳤다.
累묶을 루= 田밭 전 + 糸실 사 → 밭이랑이 실을 묶어 엮어 놓은 모양을 하고 있다.
类類종류 류= 米쌀 미 + 大큰 대 → 쌀도 알의 크기가 종류에 따른다.

龙龍. 용 용. dragon 용, 천자, 거대 파충류

	무성	1성	2성	3성	4성
롱			龙		

성조별 한국어 한자

77
long
로옹

2
3
1
4

龙龍용 용= 용의 모습을 그림: 一한 일 丶점 주 는 머리와 뿔, ノ삐침 별 + 匕비수 비 는 몸통을 그려 준다.

楼樓. 다락 루. tall building 다층건물

성조별 한국어 한자

	무성	1성	2성	3성	4성
루			楼		漏

78
lou
로우

2
3
1
4

漏. 샐 루. leak 새다, 빠지다

楼다락 루= 木나무 목 + 米쌀 미 + 女계집 녀 → 여자가 쌀을 쌓아두려고 나무로 작은 건물을 만들었다.
漏샐 루= 水물 수 + 尸집 시 + 雨비 우 → 물이 집 안에서 빗방울처럼 떨어진다. 집이 샌다.

성조별 한국어 한자

	무성	1성	2성	3성	4성
란					乱

79
luan
루안

2
3
1
4

乱亂. 어지러울 란. dizzy 혼란시키다, 질서가 없다

乱亂어지러울 란= 千일천 천 + 口입 구 + 乚꼬리 찰 → 일천 마리의 짐승(입과 꼬리가 있는)으로 어지럽다.

逻邏. 돌 라. patrol 순찰하다

逻辑 luó·jí 루오찌 모을 집: 논리, 논리적

2
3

80
luo
루오

1
4

성조별 한국어 한자

	무성	1성	2성	3성	4성
라			逻		
락					洛,落

落. 떨어질 락. fall, drop 떨어지다, 쇠퇴하다

落后 luòhòu 루오후오 뒤 후: 낙후되다

降落 jiàngluò 찌앙루오 내릴 강: 내려오다

络. 그물 락. net 그물 그물모양의 것, 씌우다

网络 wǎngluò 와앙루오 그물 망: 인터넷

逻邏돌 라= 辶갈 착 + 罒그물 망 + 夕저녁 석 → 순라 꾼이 저녁에 그물을 가지고 나가 순라를 돈다.

络그물 락= 糸실 사 + 各각각 각 → 실이 각각 연결되어 그물을 이룬다.

落떨어질 락= 艹풀 초 + 水물 수 → 풀에서 물이 방울방울 (각각)떨어진다.

2
3

81
lu
루우

1
4

성조별 한국어 한자

	무성	1성	2성	3성	4성
로					路,露
록					录
륙					陆

路. 길 로. road 길, 노정, 노선

录錄. 기록할 록/ 깎을 록. record 기록하다, 보존하다

录取 lùqǔ 루취이 얻을 취: 채용하다

录音 lùyīn 루이인 소리 음: 녹음하다

记录 jìlù 찌루 기억할 기: 기록

陆陸. 뭍 륙. land 육지, 땅 뭍

陆地 lùdì 루띠 땅 지: 육지

陆续 lùxù 루쒸 이을 속: 계속하여

露. 이슬 로. dew 이슬, 한데에 있다

路길 로= 足발 족 + 各각각 각 → 발이 각각 가는 곳, 즉 여러 발이 모이는 곳은 바로 길.

(용례) 小心路滑。 xiǎoxīnlùhuá

시아오씨인루후아 길이 미끄러우니 조심해라.

录기록할/깎을 록= 彐돼지머리 계 + 水물 수 → 돼지가 물을 얻으려 땅을 깎아 판다는 뜻.

露이슬 로= 路길 로 + 雨비 우 → 이슬은 길 위에 뿌린 빗방울이다.

陆陸뭍 륙= 阝언덕 부 + 土흙 토 + 山멧 산 → 대륙(뭍)은 흙과 산과 언덕으로 이루어진다.

轮輪. 바퀴 륜. wheel 바퀴, 교대로 하다

轮流 lúnliú 루운리우 흐를 류: 돌아가면서 ~하다

성조별 한국어 한자

	무성	1성	2성	3성	4성
론					论
륜			轮		

2 3

82
lun
루운

1 4

论論. 논할 론. discuss 논하다, 언급하다

讨论 tǎolùn 타오루운 칠 도: 토론하다

无论 wúlùn 우우루운 없을 무: 을 막론하고

论文 lùnwén 루운워언 글월 문: 논문

轮輪바퀴 륜= **車**수레 차 + **侖**둥글 륜 → 차에 붙은 둥근 것은 바퀴다.

论論논할 론= **言**말씀 언 + **侖**둥글 륜 → 말을 둥글둥글 바퀴처럼 굴려가며 논한다.

성조별 한국어 한자

	무성	1성	2성	3성	4성
략					略

2 3

83
lüe
뤼에

1 4

略. 간략할 략. brief 간단하다, 단순하다, 대충

省略 shěnglüè 셩뤼에 덜어낼 생: 생략하다

略간략할/다스릴 략= **田**밭 전 + **各**각각 각 → 밭에서 각각 일한만큼 대충(간략한 셈법으로) 나눈다.

84 lü 뤼이

2 3 1 4

旅. 나그네 려. traveller 여행하다

旅游 lǚyóu 뤼이요우 헤엄칠 유: 여행, 관광

성조별 한국어 한자

	무성	1성	2성	3성	4성
여(려)				旅虑	
율(률)					律率
녹(록)					绿

律. 법률 률. law 법, 규율, 음률

律师 lǜshī 뤼쓰으 스승 사: 변호사, 스님

虑. 생각할 려. consider 생각하다, 걱정하다

考虑 kǎolǜ 카오뤼 상고할 고: 고려하다

率. 비율 률. ratio 율, 비율, 거느리다

效率 xiàolǜ 쌰오뤼 본받을 효: 효율

绿綠. 초록 록. green 초록색, 푸르다

旅나그네 려= 方모/사방 방 + 人사람 인 + 衣옷 의 → 옷을 차려 입고 사방을 찾아가는 사람, 나그네

虑생각할 려= 虎범 호 + 心마음 심 → 좀 더 깊이 생각하고 싶은 것이 호랑이의 마음이다.

绿綠초록 록= 糹실 사 + 彐돼지머리/손 계 + 水물 수 → 짐승들이 출몰하는 물가에 실 뽑는 나무가 초록색을 뽐낸다.

(용례) 开绿灯 kāi lǜdēng
카이뤼이떠엉 녹색불을 켜다, 허락하다.

律법률 률= 彳걸을 척 + 聿붓 률 → 행할 바를 붓으로 기록하여 율법화 한다.

率비율 률/거느릴 솔= 玄 검을 현 + 水물 수 + 十열 십
→ 검은 옷의 우두머리(亠머리 두)가 양 쪽에 두 사람씩 거느리고 아래 10 사람을 다스린다.

성조별 한국어 한자

	무성	1성	2성	3성	4성
락					乐
료	了				

85 le 르어

2 3 1 4

무성(경성)

了. 마칠 료. particle 완료를 나타내는 조사

乐樂. 즐거울 락. happy, delightful 즐겁다, 좋아하다

乐观 lèguān 르어꾸안 볼 관: 낙관(하다)

娱乐 yúlè 위이르어 즐거워할 오: 오락

快乐 kuàilè 콰이르어 쾌할 쾌: 즐겁다

乐樂즐거울 락= 厂기슭 엄 + 木나무 목 → 산기슭 나무 아래에서 즐겁게 논다.

了마칠 료= 갓 태어난 아이를 그린 것으로 고통을 마치고 태어났음을 의미함. 음절 87.了리아오 참조할 것.

(용례) 我买了股票。 wǒ mǎi le gǔpiào
워어마이러구우피아오 나는 주식을 샀다.
时间不多了。 shíjiānbùduōle
쓰으찌앤뿌뚜오러 시간이 얼마 남지 않았다.

俩倆. 둘 량. couple 두 개, 두 사람, 몇 개

성조별 한국어 한자

	무성	1성	2성	3성	4성
량			俩		

86 lia 리아

俩倆둘 량= 亻사람 인 + 丙남녘/밝을 병 + 人사람 인 → 남녘 사람이 한 사람을 더해 두 사람이 되었다.

聊. 한담할/편안할 료. chat 한담하다, 잠깐

聊天 liáotiān 리아오티앤 하늘 천: 채팅, 한담하다
无聊 wúliáo 우우리아오 없을 무: 심심하다

성조별 한국어 한자

	무성	1성	2성	3성	4성
료			聊	了	料

87 liao 리아오

了瞭. 밝을/이해할 료. finish 완결하다, 가능하다

了解 liǎojiě 리아오지에 풀 해: 알다, 이해하다
了不起 liǎo·buqǐ 리아오뿌치이 아니 불/일어날 기: 뛰어나다, 놀랍다

料. 헤아릴 료. count 예상하다, 돌보다, 재료

饮料 yǐnliào 이인 랴오 마실 음: 음료
材料 cáiliào 차이 랴오 재료 재: 재료

聊한담할 료= 耳귀 이 + 卯토끼 묘 → 귀를 토끼처럼 쫑긋 올리며 한담한다.

(용례) 我们一边散步一边聊天。 wǒmen yībiānsànbù yībiānliáotiān
워어먼 이이삐앤싼뿌 이이삐앤 리아오티앤 우리는 산보하면서 한담한다.

了瞭밝을/이해할 료= 갓 태어난 아이를 그린 것으로 고통을 마치고 태어났음을 의미함.

(용례) 他了解事情的真相。 tā liǎojiě shìqíngdezhēnxiàng
타아 리아오지에 쓰치잉더쩌언썅 그는 일의 진상을 안다.

料헤아릴 료= 米쌀 미 + 斗말 두 → 쌀은 한 말, 두 말 하며 '말'로 헤아린다.

(용례) 来点饮料吗？ láidiǎn yǐnliào ma
라이디앤 이인랴오마 마실 것을 좀 가져올까요?

凉涼. 서늘할 량. cool 서늘하다, 차다, 엷다

凉快 liáng·kuai 리앙콰이 쾌활할 쾌: 시원하다

着凉 zháoliáng 쟈오리앙 붙을 착: 감기 걸리다

粮糧. 양식 양. foodstuffs 양식, 곡물

粮食 liáng·shi 리앙스 밥 식: 양식, 식량

良. 좋을 량. good 좋다, 선량하다, 선량한 사람

良好 liánghǎo 리앙하오 좋을 호: 양호하다

善良 shànliáng 샤안리앙 착할 선: 착하다

성조별 한국어 한자

	무성	1성	2성	3성	4성
량			凉,粮,良	两	亮,凉,辆,量

88 liang 리앙

两兩. 둘 량. two 둘, 양쪽, 두어

亮. 밝을 량. bright 밝다, 환하다, 빛나다

漂亮 piàoliang 퍄오량 바랠 표: 아름답다

月亮 yuèliang 위에량 달 월: 달

量. 수량 량. quantity 재다, 추측하다, 용량

质量 zhìliàng 즈량 바탕 질: 품질

谅諒. 양해할 량. understand 용서하다, 짐작컨대

原谅 yuánliàng 위안량 근원 원: 양해하다

辆輛. 수레 량. vehicle 차량을 세는 양사

凉涼서늘할 량= 冫얼음 빙 + 京서울 경 → 이렇게 서늘하니 서울엔 얼음이 얼겠네?

谅諒믿을 량= 讠말씀 언 + 京서울 경 → 함께 서울 가자는 말을 믿어 줘.

亮밝을 량= 几안석 궤 + 高높을 고 → 안석을 높이 하여 앉으니 얼굴이 더욱 밝게 보인다.

(용례) 她长得很漂亮。 tā zhǎngdé hěnpiāoliàng

타아쟈앙더허언피아오량 그는 얼굴이 아주 예쁘다.

两兩둘 량= 丙남녘/밝을 병 + 人사람 인 → 남녘 사람이 사람을 하나 더 얻어 둘이 되었다.

(용례) 我要两房间。 wǒyàoliǎng fángjiān

워어야오량빵앙찌앤 방 두 개를 주세요.

辆輛수레 량= 車수레 차 + 两兩둘 량 → 차 중에서 두 바퀴로 끌려가는 것이 수레이다.

量수량/헤아릴 량= 旦아침 단 + 里마을 리 → 아침마다 온 마을이 먹을 양식을 헤아려 본다.

良좋을 량= 丶점 주 + 艮그칠/어긋날 간 → 한 점도 어긋남이 없는 좋은 사람.

粮糧양식 양= 米쌀 미 + 良좋을 량 → 쌀이 좋은 양식이 된다.

帘簾. 발 렴. bamboo curtain 발, 커튼, 깃발

窗帘 chuānglián 츄왕 리앤 창문 창: 창문 커튼

怜憐. 불쌍히 여길 련. pity 불쌍히 여기다, 동정하다

可怜 kělián 크어 리앤 옳을 가: 가련하다

联聯. 연합할 련. unite 연결하다, 합동하다

联系 liánxì 리앤 씨 실 사: 연락하다

互联网 hùliánwǎng 후리앤 와앙 서로 호/그물 망: 인터넷

89 lian 리앤

2 3 1 4

성조별 한국어 한자

	무성	1성	2성	3성	4성
검				脸	
련			怜,联		恋,练,炼
렴			帘		

脸. 뺨 검. cheek 얼굴, 정면, 면목

恋戀. 사모할 련. love 사랑하다, 사랑

恋爱 liàn'ài 렌아이 사랑 애: 연애하다

练練. 익힐 련. train 익히다, 생사

练习 liànxí 렌씨이 익힐 습: 연습

教练 jiàoliàn 쨔오렌 가르칠 교: 감독 코치

炼煉. 정련할 련. smelt 정제하다, 단련하다

锻炼 duànliàn 뚜안렌 쇠불릴 단: 단련

脸뺨 검= **月**몸 육 + **佥僉**여러/다 첨 → 몸의 여러 변화를 나타내는 뺨

练練익힐 련= **糸**실 사 + **柬**고를/편지 간 → 실을 골라낸다는 뜻에서 제대로 만들다, 익히다 뜻이 나옴

炼煉정련할 련= **火**불 화 + **柬**고를/편지 간 → 쇠를 정련할 때는 불로 달구고 두드린다.

(용례) **他锻炼身体已经一年多了。** tā duànliànshēntǐ yǐjīngyīniánduōle

타뚜안렌썬티 이이찌잉 이이니앤뚜오러 그는 이미 1년 이상 몸을 단련했다.

怜憐영리할 영/불쌍히 여길 련= **忄**마음 심 + **令**명령 령 → 마음의 명령을 이해하는 영리한 사람. 巾

联聯연합할/잇닿을 련= **耳**귀 이 + **关關**빗장 관 → 연합하려면 우선 자귀기를 닫아야 한다.

恋戀사모할 련= **亦**또/클 역 + **心**마음 심 → 사모한다는 것은 상대방을 크게 보는 마음이다.

帘簾발 렴= **穴**구멍 혈 + **巾**수건 건 → 창문을 열어 생긴 구멍에 수건을 걸어 막느니 발을 치는 것이 좋다.

俩倆. 둘 량. couple 두 개, 두 사람, 몇 개

90
lie
리에

2 3 1 4

성조별 한국어 한자

	무성	1성	2성	3성	4성
렬					列,劣,烈

列. 줄지을 렬. line up 늘어놓다, 배열

排列 páiliè 파이례 늘어설 배: 배열
列车 lièchē 례츠러 수레 차: 열차

劣. 못할 열. inferior 표준보다 못하다, 미숙하다

恶劣 èliè 으어례 모질 악: 열악, 아주 나쁜

烈. 매울 렬. intensive 강렬하다, 심하다

热烈 rèliè 르어 례 더울 열: 열렬
强烈 qiángliè 치앙례 굳셀 강: 강렬한

列줄지을/벌릴 렬= 歹뼈 앙상할 알/악할 대 + 刂칼 도 → 칼로 뼈를 벌려 놓는다는 뜻을 보임.
烈매울/세찰 렬= 列줄지을/벌릴 렬 + 火불 화 → 列자 밑에 불을 놓아 세차다는 뜻을 보임.
劣못할 열= 小적을 소 + 力힘 력 → 힘이 모자라 열등하다는 뜻

浏瀏. 맑을 류. clear 맑고 투명한

浏览 liúlǎn 리우라안 두루볼 람: 대충 훑어보다

流. 흐를 류. flow 흐르다. 순조롭다

交流 jiāoliú 찌아오리우 사귈 교: 교류하다
流利 liúlì 리우리 날카로울 리: 거침없다
流行 liúxíng 리우씨잉 갈 행: 유행
流泪 liúlèi 리우레이 눈물 루: 눈물을 흘리다

留. 머무를 류. stay 머무르다, 체재하다

留学 liúxué 리우쉬에 배울 학: 유학
保留 bǎoliú 바오리우 지킬 보: 보류

성조별 한국어 한자

	무성	1성	2성	3성	4성
류			浏,流,留		
륙					六

91
liu
리우

2 3 1 4

六. 여섯 륙. six 여섯

流흐를 류= 水물 수 + 去갈 거 + 川내 천 → 물이 내를 이루어 가다. 흐르다.
留머무를 류= 卯토끼 묘 + 田밭 전 → 토끼가 밭에 머무르는 형상.
(용례) 哥哥留学去中国了。 gēge liúxuéqùzhōngguóle
끄어거리우쉬에취쫑구오러 형은 중국에 유학 갔습니다.
浏瀏맑을 류= 氵물 수 + 文글월 문 + 刂칼 도 → 맑은 물가에서 칼을 내려놓고 글을 읽는다.
六여섯 륙= 팔과 다리를 벌리고 서 있는 사람의 모양. 머리, 팔 다리와 몸통을 합하면 6개임.

92 li 랴이

梨. 배나무 리. pear 배나무, 매

离離. 떠날 리. leave 분리하다, 떠나다

离开 líkāi 리이카이 열 개: 떠나다

距离 jùlí 쮜리이 떨어질 거: 거리

厘糎. 의성어 리. cm 千分之

厘米 límǐ 리이미이 쌀 미: 센티미터

里裏. 마을 리. town 속, 안 거친 면

理. 다스릴 리. govern 도리, 이치, 처리하다

理发 lǐfà 리이빠 머리 발: 이발

理解 lǐjiě 리이지에 풀 해: 이해

理论 lǐlùn 리이룬 논할 론: 이론, 의론하다

理想 lǐxiǎng 리이시앙 생각 상: 이상(적)

理由 lǐyóu 리이요우 말미암을 유: 이유

管理 guǎnlǐ 구안리이 대롱 관: 관리

经理 jīnglǐ 찌잉리이 날 경: 경영관리하다, 사장

公里 gōnglǐ 꼬옹리이 공변될 공: 킬로미터 km

礼禮. 예도 례(예). manners 의식, 예, 선물

礼物 lǐwù 리이우 만물 물: 선물

礼貌 lǐmào 리이마오 모양 모: 예의바르다

李. 오얏 리. plum 자두나무, 오얏나무 짐

行李箱 xínglixiāng 씨잉리씨앙 갈 행/상자 상: 트렁크

성조별 한국어 한자

	1성	2성	3성	4성
려				厉
력				力,历
례			礼	例
리		梨,厘离	李,理,里	利
립				立,粒

例. 본보기 례. example 예, 보기, 선례

比例 bǐlì 비이리 견줄 비: 비례 비율

例如 lìrú 리루우 같을 여: 예를 들면

利. 날카로울/이로울 리. sharp 예리하다, 이익

利润 lìrùn 리룬 윤택할 윤: 이윤

利息 lìxī 리씨이 숨쉴 식: 이식, 이자

利益 lìyì 리이 더할 익: 이익

利用 lìyòng 리용 쓸 용: 이용

流利 liúlì 리우리 흐를 류: 거침없다

顺利 shùnlì 쑨리 순할 순: 순리, 순조롭다

力. 힘 력. force 힘, 노력하다, 힘쓰다

努力 nǔlì 누우리 힘쓸 노: 노력

压力 yālì 야아리 누를 압: 압력

历曆歷. 책력 력. experience 역법, 행사일정

历史 lìshǐ 리쓰으 역사 사: 역서

经历 jīnglì 찌잉리 날줄 경: 겪다, 체험하다

厉厲. 엄할 려. serious 엄(격)하다

厉害 lì·hai 리하이 해칠 해: 사납다, 대단하다

立. 설 립. stand 서다, 세우다

立方 lìfāng 리빠앙 모 방: 입방 입방체

立即 lìjí 리찌이 다가갈 즉: 즉시 곧

立刻 lìkè 리크어 새길 각: 즉시 곧

独立 dúlì 두우리 홀로 독: 독립

成立 chénglì 처엉리 이룰 성: 성립, 창립

粒. 낟알 립. grain 알갱이, 입자 알

厉厲엄할 려= 厂기슭 엄 + 万일만 만 → 기슭에 일만 명사를 숨겨 놓으니 분위기가 엄하다.

力힘 력= 한 팔을 들어 근육을 과시하는 모습을 그림.

历曆책력 력= 厂기슭 엄 + 禾벼 화 + 日날 일 → 산기슭에 벼를 심어 놓고 날짜를 센다.(책력을 본다)

礼禮예절 례= 示보일 시 + 乚꼬리 찰 → 꼬리(뒤태)를 보이는 것은 예절이 아니다.

例본보기 례= **亻**사람 인 + **列**벌릴/줄 렬 →사람이 남에게 많은 것을 주어 본보기가 되다.

利날카로울/이로울 리= **禾**벼 화 + **刀**칼 도 → 벼를 베는 칼은 날카로워야 된다.

梨배나무 리 = **利**이로울 리 + **木**나무 목 → 배나무는 이로운 나무다.

里裏마을/속 리= **田**밭 전 + **土**흙 토 → 땅에 밭을 일구어 만든 마을. 마을 입구에 세워 놓은 표지판의 모양.

厘糎거리 리= **厂**기슭 엄 + **里**마을 리 → 기슭에서 마을까지 거리가 몇 리나 되나?

李오얏 리= **木**나무 목 + **子**아들 자 → 이 나무의 열매가 자두(오얏)야.

理다스릴 리= **王**임금 왕 + **里**마을 리 → 왕이 마을을 다스린다.

离離떠날 리= **亠**머리 두 + **凶**흉할 흉 + **内**발자국 유→ 두목이 흉한 발자국을 남기고 떠났다.

(용례) **他已经离开北京了。** tā yǐjīnglíkāiběijīngle

타아 이이찌잉리이카이베이찌잉러 그는 이미 북경을 떠났다.

立설 립= 사람이 팔을 벌리고 두 다리로 땅 위에 서 있는 모습.

粒낟알 립= **米**쌀 미 + **立**설 립 → 서 있는 쌀 한 알갱이를 낟알이라 한다.

林. 수풀 림. forest 숲, 수풀

森林 sēnlín 써언리인 수풀 삼: 삼림

临臨. 임할 임. face, confront 임하다, 면하다, 오다

临时 línshí 리인스으 때 시: 일시적인

面临 miànlín 미앤리인 얼굴 면: 직면하다

邻鄰. 이웃 린. neighbor 이웃, 인접한

邻居 línjū 리인쮜이 살 거: 이웃집

2

3

93
lin
리인

1

4

성조별 한국어 한자

	무성	1성	2성	3성	4성
린			邻		
림			林,临		

邻鄰이웃 린= **令**명령할 령 + **阝**고을 읍 : 이웃 고을 간에는 명령이 통용된다.

(용례) **邻居好, 胜金宝。** línjūhǎo shèngjīnbǎo

리인쮜이하오 셩찌인바오 좋은 이웃은 금은 보석보다 낫다.

林수풀 림= **木**나무 목 + **木**나무 목 → 나무가 많아 수풀을 이룬다.

临臨임할 임= **刂**칼 도 + **人**사람 인 + **丶**점 주+ **日**날 일 → 칼 든 자가 날을 잡아 점을 찍고 벼슬자리에 임한다.

铃鈴. 방울 령. ring 방울, 방울처럼 생긴 것

龄. 나이 령. age 나이, 연령, 연수

年龄 niánlíng 니앤리잉 해 년: 연령, 나이

零. 영 령. zero 영세하다, 소량이다, 우수리

零钱 língqián 리잉치앤 돈 전: 잔돈

零件 língjiàn 리잉찌앤 사건 건: 부속품

零食 língshí 리잉쓰으 먹을 식: 간식

灵. 신령 령. spirit 재빠르다, 혼백

灵活 línghuó 리잉후오 살 활: 민첩하다. 원활하다

성조별 한국어 한자

	무성	1성	2성	3성	4성
령			铃,零,龄,灵		令,另

94 ling 리잉

令. 명령할 령. order 명령하다, 명령

命令 mìnglìng 밍링 목숨 명: 명령

另. 다를 령. another 다른, 그 밖의, 별도로

另外 lìngwài 링와이 바깥 외: 별도의

令명령할 령= 今이제 금 + 丶심지 주 → '지금 당장 심지에 불을 붙여라.' 라고 명령을 내린다.

零영 령= 雨비 우 + 令명령할 령 → 빗속에서 하는 명령은 효력이 0 이다.

(용례) 年纪已经八十有几。 niánjìyǐjīng bāshíyǒujǐ

니앤치이이찌잉빠아쓰으요우리잉 나이가 이미 80여세이다.

铃방울 령= 钅쇠 금 + 令명령할 령 → 명령 내릴 때 쓰려고 쇠로 만든 방울.

龄나이 령= 齒이 치 + 令명령할 령 →나이가 들어 이가 다 빠지면 명령이 먹히지 않는다.

灵신령 령= 彐돼지머리 계 + 火불 화 → 불 속에서 돼지머리를 하고 나타나는 신령.

另다를 령= 口입 구 + 力힘 력 → 입에 힘이 있는 사람은 다르다.

무성(경성)

吗. 의문조사 마. questioning particle

麻. 삼 마. hemp 삼, 마

麻烦 má·fan 마아빤 괴로워할 번: 귀찮게 하다

성조별 한국어 한자

	무성	1성	2성	3성	4성
마	吗	妈		马	
매			麻		骂

妈. 어미 마. mother 엄마

妈妈 māma 어미 마: 어머니

95 ma 마아

马馬. 말 마. horse 말, 큰

马上 mǎshàng 마아쌍 윗 상: 빨리

马虎 mǎ·hu 마아후 범 호: 건성으로

骂罵. 욕할 마. curse, swear 욕하다, 따지다

马馬말 마= 말이 달리는 모습을 그림. 번체는 네 다리와 꼬리, 목털이 묘사되어 있다.
간체자는 고속으로 달리는 말의 모습을 보는 듯함.
(용례) 我们马上就动手。 wǒmen mǎshàng jiùdòngshǒu
워어먼마아쌍쮸똥쏘우 우리는 곧 일을 시작할 것이다.

妈어미 마= 女계집 녀 + 马말 마 → 옛날 사람들에게는 말이 경외의 대상이었다. 그런 여자가 바로 엄마.

骂罵욕할 마= 口입 구 + 口입 구 + 马말 마 → 입 두 개가 말 뛰는 것처럼 하는 말은 욕일 것이다.

麻삼 마= 广집 엄 + 木나무 목 + 木나무 목 → 집 안에서 삼나무를 말리는 광경. 나무가 이미 껍질을 벗긴 모습을 보임.

吗의문조사 마= 口입 구 + 马말 마 → 입이 있으면 말에게라도 물어봐라.

96 man 마안

馒. 만두 만. wonton 만두
馒头 mán·tou 마안토우 머리 두: 만두

성조별 한국어 한자

	무성	1성	2성	3성	4성
만			馒	满	慢,漫

满滿. 가득찰 만. full 가득하다, 모두의
满意 mǎnyì 마안이 뜻 의: 만족
充满 chōngmǎn 초옹마안 찰 충: 가득차다
满足 mǎnzú 마안주우 발 족: 만족, 넉넉

慢. 느릴 만. slow 느리다, 미루다
漫. 질펀할 만. overflowing 넘치다, 침수되다
浪漫 làngmàn 랑만 물결 랑: 낭만, 방탕

慢느릴 만= 忄마음 심 + 曼끌 만= 마음이 질질 끌리니 느릴 수밖에 없다.
曼끌 만= 日날 일 + 罒그물 망 + 又또 우 → 또 대낮에 그물을 꺼내 끌고 있다.

漫질펀할 만= 氵물 수 + 曼끌 만 → 물 바닥에서 끌어대니 질펀해진다.

馒만두 만= 食밥 식 + 曼끌 만 → 밥을 끌어내고 만두를 먹는다.

满滿가득찰 만= 氵물 수 + 十열 십 + 十열 십 + 兩두 량 → 물속에 수많이 들어와 가득 차다.
(용례) 满意的价格。 mǎnyì de jiàgé
마안이더 쨔그어 만족스런 가격, 가격 만족.

97 mang 마앙

忙. 바쁠 망. busy 바쁘다, 서두르다
帮忙 bāngmáng 빠앙마앙 도울 방: 도움을 주다
匆忙 cōngmáng 초옹마앙 바쁠 총: 매우 바쁘다

성조별 한국어 한자

	무성	1성	2성	3성	4성
망			忙		

忙바쁠 망 = 心마음 심 + 亡망할 망 → 망할 때가 되면 마음이 바쁘다. 亡자는 발음자로 많이 쓰인다.
(용례) 你给我帮忙吧。 nǐjǐwǒ bāngmángba
니이게이워어빠앙마앙바 너, 나를 좀 도와줘.

98 mao 마오

毛. 털 모. hair 털, 깃털

毛巾 máojīn 마오찌인 수건 건: 수건

毛病 máo·bìng 마오삥 아플 병: 약점, 나쁜 버릇

羽毛球 yǔmáoqiú 위이마아치우 깃 우/공 구: 배드민턴

矛. 창 모. spear 창

矛盾 máodùn 마오뚠 방패 순: 모순

성조별 한국어 한자

	무성	1성	2성	3성	4성
모			毛,矛		冒,帽,貌
묘		猫			
무					贸

猫貓. 고양이 묘. cat 고양이, 달아나다

熊猫 xióngmāo 씨옹마오 곰 웅: 판다

冒. 무릅쓸 모. against 무릅쓰다, 내밀다

感冒 gǎnmào 가안마오 느낄 감: 감기

冒险 màoxiǎn 마오씨앤 험할 험: 모험

帽. 두건 모. hat, cap 모자, 뚜껑

帽子 mào·zi 마오쯔 아들 자: 모자

貌. 모양 모. shape 용모, 겉보기

礼貌 lǐmào 리마오 예도 예: 예의범절

贸貿. 바꿀 무. exchange 바꾸다, 무역

贸易 màoyì 마오이 바꿀 역: 무역

冒 무릅쓸/가릴 모= 冃 쌍문 모(중국 글자) + 目 눈 목 → 눈을 겹문으로 막은 상태, 현실을 무릅쓰고 나선다.

(용례) 流行性感冒在全国流行。liúxíngxìnggǎnmào zàiquánguóliúxíng
리우시잉씽가안마오 짜이추앤구오리우시잉 전국적으로 독감이 돌고 있다.

帽 두건 모= 巾 수건 건 + 冒 무릅쓸/가릴 모 → 머리를 가리기 위해 수건으로 만든 것이 두건이다.

毛 털 모= 彡 터럭 삼 + 乚 꼬리 찰 → 짐승 꼬리에 난 털을 그림.

矛 창 모= 삼각형 날을 단 창 모양을 그림

貌 모양/얼굴 모= 豸 벌레 치 + 白 흰 백 + 人 사람 인 → 벌레 모양의 눈썹이 사람의 흰 얼굴 모양을 완성시킨다.

猫貓 고양이 묘= 犭 사슴 록 + 艹 풀 초 + 田 밭 전 → 사슴이 노는 초원에 밭을 가꾸었더니 고양이가 판치네?

(용례) 动物园里的熊猫非常可爱。 dòngwùyuánlǐdexióngmāo fēichángkěài
똥우위앤리더시옹마오 페이챵크어아이 동물원안 판다곰이 정말 귀엽네요.

贸貿 바꿀 역= 卯 토끼 묘 + 貝 조개/돈 패 → 토끼와 조개를 바꾸는 거래.

성조별 한국어 한자

	무성	1성	2성	3성	4성
매				买	卖
맥					麦

99 mai 마이

1

2

3

4

买買. 살 매. buy, purchase 사다, 이익내다

麦麥. 보리 맥. barley 밀, 맥류

麦克风 màikèfēng 마이커퍼엉 이길 극/바람 풍: 마이크

小麦 xiǎomài 샤오마이 작을 소: 보리

卖賣. 팔 매. sell 팔다, 힘을 다하다

买買살 매= 買= 罒그물 망 + 貝조개 패 → 망태기를 가지고 조개(돈)로 물건을 산다.

(용례) 我买了一本书。 wǒmǎileyīběnshū

워어마이러이이버언쑤우 나는 책을 한 권 샀다.

卖賣팔 매 =十열 십 + 买살 매 → 산 물건을 10배로 판다. 이렇게 두 글자를 구별하면 혼동 不可

(용례) 你想吃外卖吧? nǐ xiǎng chī wàimài ba

니시앙츠으 와이마이바 너, 배달음식 먹고 싶지?

麦麥보리 맥= 生날 생+ 夂뒤처질 치 → 보리이삭의 그림으로 벼보다 뒤처져 이삭이 나는 것을 나타냄.

무성(경성)

么麽. 그런가 마. particle 접미사

성조별 한국어 한자

	무성	1성	2성	3성	4성
마	么				

100 me 머

1

2

3

4

么麽그런가 마= 丿삐침 별 + 厶(某아무 모) → 그 삐딱한 아무개가 그런 사람인가?

门門. 문 문. door, gate 문, 출입구

专门 zhuānmén 즈루안머언 오로지 전: 전문적인

部门 bùmén 뿌머언 거느릴 부: 부문 분과

성조별 한국어 한자

	무성	1성	2성	3성	4성
문	们		门		

101
men
머언

2 3 1 4

무성(경성)

们們. 들 문. paticle making plural form 들

门門문 문= 문의 모양을 그림.

们們들 문= 亻사람 인 + 门문 문 → 문 안에도 사람이 있어 복수의 사람이 있음을 나타냄.

성조별 한국어 한자

	무성	1성	2성	3성	4성
몽					梦

102
meng
머엉

2 3 1 4

梦夢. 꿈 몽. dream 꿈, 공상(하다)

梦想 mèngxiǎng 멍시앙 생각 상: 꿈, 희망

夢꿈 몽 = 艹풀 초 + 目눈 목 + 冖덮을 미 + 夕저녁 석 → 저녁에 풀로 눈을 덮고 꿈을 꾼다는 것.

梦꿈 몽(번체) = 林수풀 림 + 夕저녁 석 → 저녁에 숲에서 꿈을 꾼다.

霉. 곰팡이 미. mold 곰팡이, 부패하다

倒霉 dǎo//méi 다오메이 넘어질 도: 재수 없다

没沒. 없을 몰. not have 없다, 아니다

没有 méi·yǒu 메이요우 있을 유: 없다, 아니다

没关系 méiguānxi 메이꾸안씨 빗장 관/맬 계: 괜찮다

煤. 그을음 매. smoke 석탄, 숯검정

煤炭 méitàn 메이탄 숯 탄: 석탄

眉. 눈썹 미. eyebrow 눈섭

眉毛 méi·mao 메이마오 털 모: 눈섭

103 mei 메이

每. 매양 매. every 매, 각, 늘, 항상

美. 아름다울 미. beautiful 아름답다, 아름답게 하다

美丽 měilì 메이리 고울 여: 미려, 아름다운

美术 měishù 메이쑤 꾀 술: 미술

성조별 한국어 한자

	무성	1성	2성	3성	4성
매			煤	每	妹,魅
몰			没		
미			眉,霉	美	

妹. 누이 매. younger sister 여동생

妹妹 mèi·mei 메이메이 누이 매: 누이동생

魅. 도깨비 매. goblin 귀신, 혹하게 하다

魅力 mèilì 메이리 힘 력: 매력

每매양/늘 매= 人 사람 인 + 母어미 모 → 인간과 엄마의 관계는 '늘', '매양'으로 표현될 수 있다.

妹누이 매= 女계집 녀 + 未아닐 미 → 누이는 여자가 아니라는 당연한 말

(용례) 她是远房妹妹。 tāshìyuǎnfáng mèimèi

타아쓰위앤빵앙메이메이　그녀는 먼 일가 여동생이야.

魅도깨비 매= 鬼귀신 귀 + 未아닐 미 → 도깨비는 귀신이 아니다.

煤그을음 매= 火불 화 + 甘달콤할 감 + 木나무 목 → 달콤한 나무도 불에 타면 그을음이 된다.

没沒없을 몰= 氵물 수 + 八여덟 팔 + 又손 우 → 물도 여덟 번을 손으로 치면 없어진다.

(용례) 你没有我想的那样单纯。 nǐméiyǒu wǒxiǎngde nàyàng dānchún

니이메이요우워어시앙더나양따안츄운　넌 내가 생각한 만큼 그렇게 단순하지 않아.

霉곰팡이 미= 雨비 우 + 每매양 매 → 매양 비가 오면 곰팡이가 낀다.

眉눈썹 미= 尸주검 시 + 丶점 주 + 目눈 목 → 주검의 눈에도 점처럼 눈썹이 보인다.

模. 본보기 모. model 법도, 표준. 본뜨다

模仿 mófǎng 모어f아앙 본뜰 방: 모방, 본받다

模糊 mó·hu 모어후 풀 호: 모호한

规模 guīmó 꾸이모어 법 규: 규모

摩. 갈 마. grind 갈다 마찰하다, 쓰다듬다

摩托车 mótuōchē 모어투오츠르어 맡길 탁/수레 차: 오토바이

성조별 한국어 한자

	무성	1성	2성	3성	4성
마			摩		
모		摸	模		
맥					陌

摸. 쓰다듬을 모. stroke 쓰다듬다, 모색하다

2 3

104
mo
모어

1 4

陌. 논두렁길 맥. path, road 논두렁길, 밭길

陌生 mòshēng 모어셔엉 날 생: 생소하다

美아름다울 미= 羊양 양 + 大큰 대 → 양이 크게 자라면 아름답다.

模본보기 모= 木나무 목 + 莫없을 막 → 나무로 만든 빈 공간 즉 거푸집이나 본보기.

摸쓰다듬을 모= 手손 수 + 莫없을 막 → 손으로 없어진 자리를 쓰다듬고 있었다.

陌논두렁길 맥= 阝언덕 부/고을 읍 + 百일백 백 → 언덕에 백 개의 논두렁길을 만들어 땅을 개간했다.

2 3

105
mou
모우

1 4

성조별 한국어 한자

	무성	1성	2성	3성	4성
모				某	

某. 아무 모. anyone 어느, 아무, 모

某아무 모= 甘달 감 + 木나무 목 → 나무 열매가 달다지만 아무 나무나 그런 것은 아니다.

106 mu 무우

2 / 3 | 1 / 4

母. 어미 모. mother 어머니, 모친

母亲 mǔqīn 무우치인 친할 친: 어머니

字母 zìmǔ 쯔무우 글자 자: 자모, 알파벳

성조별 한국어 한자

	무성	1성	2성	3성	4성
모				母	慕
목					木,目

目. 눈 목. eye 눈, 보다, 주시하다

目的 mùdì 무띠 과녁 적: 목적

目前 mùqián 무치앤 앞 전: 목전, 코앞

目标 mùbiāo 무빠오 우듬지 표: 목표

目录 mùlù 무루 적을 록: 목록, 목차

节目 jiémù 지에무 마디 절: 프로그램, 종목

慕. 그리워할 모. long 사모하다, 동경하다

羡慕 xiànmù 쌘무 부러워할 선: 부러워하다

木. 나무 목. tree, wood 나무, 목재, 목재의

木头 mùtou 무토우 머리 두: 나무

母어미 모= 엄마의 젖가슴을 형상화한 글자.

慕그리워할 모= 艹풀 초 + 日날 일 + 大큰 대 + 灬불 화 → 봄날 풀밭에 큰 불을 놓던 때를 그리워한다.

木나무 목= 큰 나무의 가지를 형상화 한 글자임.

目눈 목= 사람의 눈을 형상화 한 글자

(용례) 节目结束以后过来。 jiémùjiéshùyǐhòu·guòlái

지에무지에쑤 이이호우 꾸오라이 　 프로그램이 끝나면 와.

107 miao 미아오

描. 그릴 묘. describe 모사하다, 묘사하다

描写 miáoxiě 미아오시에 베낄 사: 묘사하다

苗. 싹 묘. sprout 모종, 새싹

苗条 miáo·tiao 미아오티아오 가지 조: 날씬한

성조별 한국어 한자

	무성	1성	2성	3성	4성
묘			描,苗		妙
초				秒	

2 / 3 | 1 / 4

秒. 초 초. second

妙. 묘할 묘. weird 교묘하다, 묘하게 아름답다.

巧妙 qiǎomiào 치아오먀오 공교할 교: 교묘하다

苗싹 묘 = 艹풀 초 + 田밭 전 → 밭 위에 풀, 즉 싹이 났다.

描그릴 묘 = 手손 수 + 苗싹 묘 → 싹을 손으로 그린다.

妙묘힌/예쁠 묘 = 女계집 녀 + 少적을/어릴 소 → 여자는 어릴 때 예쁘다.

眠. 잘 면. sleep 잠자다, 휴면하다

失眠 shīmián] 쓰으미앤 잃을 실: 불면증

棉. 목화 면. cotton 목화, 목화로 된 물건

棉花 mián·hua 미앤화 꽃 화: 목화

성조별 한국어 한자

	무성	1성	2성	3성	4성
면			棉,眠	免	面

2 108 1
mian
3 미앤 4

免. 면할 면. avoid 면제하다, 피하다

免费 miǎnfèi 미앤빼이 쓸 비: 무료

避免 bìmiǎn 삐미앤 피할 피: 피하다

面麵. 얼굴 면. face 얼굴, 쪽, (밀)가루

后面 hòumiàn 호우맨 뒤 후: 후면

面包 miànbāo 맨빠오 쌀 포: 빵

面条(儿) miàntiáo'er 맨티아올 가지 조: 국수

秒초 초= 禾벼 화 + 少적을 소 → 일 초는 벼만큼 작은 시간의 단위.

眠잘 면= 目눈 목 + 民백성 민 → 백성들은 눈감고 잘 수 있는 평화를 바란다.

棉목화 면= 木나무 목 + 白흰 백 + 巾수건 건 → 흰 수건을 만들려면 목화나무를 심어야 한다.

免면할 면= 刀칼 도+ 兄맏 형+ 丶점 주 → 형이 칼로 표적을 찍어내려 재앙을 면했다.

面麵얼굴/밀가루 면= 얼굴의 모양을 형상화 한 것. 번체자 麵은 발음이 같아 간체자로 채택.

(용례) 后面的人追上来了。hòumiànderén zhuīshàngláile 。

호우미앤더런 쭈이샤앙라이러 뒷사람이 쫓아왔어.

有喜欢的面包吗? yǒuxǐhuāndemiànbāoma

요우시이화안더 미앤빠오마 좋아하는 빵 있어요?

109 mi 미이

迷. 미혹할 미. be deluded, 헷갈리다, 애호가
迷路 mílù 미이루 길 로: 미로
球迷 qiúmí 치우미이 공 구: 축구 팬

米. 쌀 미. rice 쌀, 곡물, 미터
米饭 mǐfàn 미이빤 밥 반: 쌀 밥
玉米 yùm 위미이 구슬 옥: 옥수수

성조별 한국어 한자

	무성	1성	2성	3성	4성
미			迷	米	
밀					密,蜜
비					秘

密. 촘촘할 밀. dense 빽빽하다, 친하다 비밀
密码 mìmǎ 미마아 마노 마: 비밀번호
密切 mìqiè 미치에 절박할 절: 밀접하다

秘. 숨길 비. conceal 비밀의, 비밀을 지키다
秘书 mìshū 미쑤우 글 서: 비서
秘密 mìmì 미미 촘촘할 밀: 비밀

蜜. 꿀 밀. honey 꿀, 물엿, 달콤하다
蜜蜂 mìfēng 미쩌엉 벌 봉: 꿀 벌

密촘촘할/비밀 밀 = 宀집 면 + 必반드시 필 + 山뫼 산 → 산 위에 집을 지려면 반드시 알아야 할 비밀이 있다.
蜜꿀 밀= 宀집 면 + 必반드시 필 + 虫벌레 충 → 꿀은 반드시 벌레(벌)가 집 안에 모아 놓는다.
米쌀 미= 벼 송이에 벼 낟알이 붙은 모양을 연상시켜 줌.
(용례) 米饭太硬了不能吃。 mǐfàntàiyìngle bùnéngchī
미이빠안타이잉러 뿌너엉츠으 밥이 너무 굳어 먹을 수가 없다.
迷미혹할 미 = 米쌀 미 + 辶갈 착 = 땅에 米쌀 미 자를 그려놓고 어느 방향으로 갈지 헷갈린다.
秘숨길 비= 禾벼 화 + 必반드시 필 → 벼는 반드시 깊숙한 곳에 숨겨 놓아야 한다.

110 min 미인

民. 백성 민. people 백성, 국민
民族 mínzú 미인주우 겨레 족: 민족
民主 mínzhǔ 미인 쯔우 주인 주: 민주
移民 yímín 이이미인 옮길 이: 이민

敏. 재빠를 민. quick, agile 민첩하다, 노력하다
敏感 mǐngǎn 미인가안 느낄 감: 예민, 민감
过敏 guòmǐn 꾸오미인 지날 과: 과민 알러지

성조별 한국어 한자

	무성	1성	2성	3성	4성
민			民	敏	

民백성 민 = 冖덮을 멱 + 氏성씨 씨 → 여러 성씨를 덮어 백성을 이룬다.
敏재빠를 민= 每매양 매 + 攵칠 복 → 매양 매를 드니 재빨라질 수밖에.

名. 이름 명. name 이름, 명목, 이름을 ~라고 한다

名字 míng·zi 미잉쯔 이름 자: 이름, 사물의 명칭
名片 míngpiàn 미잉피앤 조각 편: 명함
名牌 míngpái 미잉파이 패 패: 명패
名胜古迹 míngshèng gǔjì 미잉썽구우찌 이길 승/옛 고/자취 적: 명승고적

明. 밝을 명 bright 밝다, 확실하다

明天 míngtiān 미잉티앤 하늘 천: 내일
明确 míngquè] 미잉취에 정확할 확: 확실한
明白 míng·bai 미잉빠이 흰 백: 명백한
明显 míngxiǎn 미잉시앤 밝을현: 뚜렷한, 분명한
明星 míngxīng 미잉씨잉 별 성: 연예인, 스타
明信片 míngxìnpiàn 미잉씬피앤 믿을 신/조각 편: 우편엽서

성조별 한국어 한자

	무성	1성	2성	3성	4성
명			名, 明		命

111
ming
미잉

2 3 1 4

命. 목숨 명. life 생명, 명령하다

生命 shēngmìng 썽밍 살 생: 생명
命令 mìnglìng 밍링 명령 령: 명령
命运 mìngyùn 밍윈 돌 운

名이름 명= 夕저녁 석 + 口입 구 →저녁에 식구들의 이름을 불러준다.

(용례) 那朵花的名字是什么？ nàduǒhuādemíngzì shì shénme
나두오후아더미잉쯔 써언머 이 꽃의 이름이 뭐지?

明밝을 명= 日해 일 + 月달 월 → 해와 달이 떴으니 밝을 수밖에.

命목숨 명= 合합할 합 + 卩벼슬 절 → 벼슬과 야합하려면 목숨을 걸어야 한다.

무성(경성)

吧. 어조사 파. particle 어기语气를 나타냄

성조별 한국어 한자

	무성	1성	2성	3성	4성
파	吧			把	爸
팔		八			

八. 여덟 팔. eight 여덟

112
ba
빠아

2 3 1 4

把. 잡을 파. hold 쥐다, 잡다, 핸들

把握 bǎwò 바아워 쥘 악: 쥐다, 파악하다

爸. 아비 파. father 아빠, 아버지

爸爸 bàba 빠바 아비 파: 아버지

爸아비 파= 父아비 부 + 巴고을 파/뱀 사 → 아버지가 고을에 다니면 진짜 아버지다.

把잡을 파= 手손 수 + 巴고을 파/뱀 사 → 손으로 뱀을 꽉 잡는다.

(용례) 两把刀在空中。 liǎngbǎ dāo zài kōngzhōng

리앙바아따오짜이코옹쪼옹 공중에 있는 두 자루의 칼.

请把名字告诉我。 qǐng bǎmíngzì gàsùwǒ

치잉바아미잉쯔 까오쑤워 이름을 나에게 알려 주세요.

吧어조사 파= 口입 구 + 巴고을 파/뱀 사 → (문장 끝에 붙여)'~하자', '~해 보자'의 뜻을 만드는 어조사.

八여덟 팔= 네 손가락을 편 손 두 개를 보이는 모습

113 ban 빠안

성조별 한국어 한자

	무성	1성	2성	3성	4성
반		般,搬,班			伴,半
분					扮
판				板,版	办

1

搬. 옮길 반. relocate, move 옮기다, 운반하다

般. 일반 반. kind 종류, 가지, ~와 같은 모양의

一般 yìbān 이빠안 한 일: 같다, 보통이다

班. 나눌 반. class 반, 조, 그룹

上班 shàngbān 쌍빠안 윗 상: 출근하다

航班 hángbān 하앙빠안 배 항: 항공편

班主任 bānzhǔrèn 빠안쭈우런 임금 주/맡길 임: 학급담임

2

3

版. 널 판. plate 판, 인쇄판

出版 chūbǎn 추우바안 날 출: 출판하다

黑板 hēibǎn 헤이바안 검을 흑: 칠판

老板 lǎobǎn 라오바안 늙을 로: 상점주인, 사장

板. 널빤지 판. wood board 널빤지, 판자

4

半. 반 반. half 절반

伴. 짝 반. pal 동반자, 반려

伙伴 huǒbàn 후오빤 세간 화: 동반, 전우

扮. 밀 분. decorate 분장하다, 출연하다

打扮 dǎ·ban 다아빤 칠 타: 분장하다, 화장

办辦. 힘쓸 판. exercise 하다, 취급하다, 운영하다

办法 bànfǎ 빤파아 법 법: 방법, 수단

办公室 bàngōngshì 빤꼬옹쓰으 공변될 공/방 실: 사무실

般돌/일반 반= 舟배 주 + 殳창 수 → 일반적으로 배는 창 같이 긴 노로 젓는다.

搬옮길 반= 扌손 수 + 般돌/일반 반 → 일반적으로 물건을 옮기려면 손을 써야 한다.

班나눌 반= 王구슬 옥 + 刂칼 도 + 王구슬 옥 → 구슬을 칼로 나누어 두 개가 되었다.

半절반 반= 八여덟 팔 + 二두 이 + 丨뚫을 곤 → 八 자와 二 자가 丨 자에 의해 절반으로 잘리는 모양이다.

伴짝 반= 人사람 인 + 半절반 반 → 좋은 짝은 자신의 절반이다.

版널 판= 片조각 편 + 反되돌릴 반 → 널빤지는 되돌려도 같은 모양인 넓은 조각이다.

板널빤지 판= 木나무 목 + 反되돌릴 반 → 나무로 된 널빤지.

114 bang 빠앙

성조별 한국어 한자

	무성	1성	2성	3성	4성
방		帮			傍
봉					棒

帮幫. 도울 방. help, assist 돕다, 삯일을 하다
帮助 bāngzhù 빠앙쭈 도울 조: 돕다
帮忙 bāngmáng 빠앙마앙 바쁠 망: 일을 돕다

棒. 몽둥이 봉. bat 막대기, 방망이, 옥수수

傍. 곁 방. side 인접하다, 다가가다, 임박하다
傍晚 bàngwǎn 빵와안 해질 만: 저녁 무렵, 황혼

邦나라 방= 丰예쁠 봉 + 阝언덕 부/고을 읍 → 예쁜 고을이 나라로 발전했다.
帮도울 방= 邦나라 방 + 巾수건 건 → 나라에서 수건을 주고 서로 도우라고 한다.
棒몽둥이 봉= 木나무 목 + 奉받들 봉 → 받쳐주는 나무 즉 몽둥이.
傍곁 방= 人사람 인 + 旁두루 방 → 사람들이 두루 두루 곁에 있다.

115 bao 빠오

성조별 한국어 한자

	무성	1성	2성	3성	4성
박			薄		
보				保,宝	报
포		包		饱	抱

包. 쌀 포. wrap 싸다, 따매다, 꾸러미
包子 bāo·zi 빠오쯔 아들 자: 만두, 찐빵
包裹 bāoguǒ 빠오구오 쌀 과: 포장, 찐빵
包含 bāohán 빠오하안 머금을 함: 포함하다
包括 bāokuò 빠오쿠오 묶을 괄: 포괄하다
面包 miànbāo 미앤빠오 얼굴 면: 빵

保. 보전할 보. preserve 지키다, 보호하다
保护 bǎohù 바오후 지킬 호: 보호
保证 bǎozhèng 바오정 증거 증: 보증

宝寶. 보배 보. jewel 진귀한(것)
宝贝 bǎobèi 바오뻬이 조개 패: 보배, 귀여운
宝贵 bǎoguì 바오꾸이 귀할 귀: 진귀한

饱飽. 배부를 포. full, stuffed 배부르다, 충분히

报報. 알릴 보. report 알리다, 보고하다, 응답하다
报名 bàomíng 빠오미잉 이름 명: 신청하다, 등록
报纸 bàozhǐ 빠오즈으 종이 지: 신문

抱. 안을 포. hug 안다, 포옹하다
抱歉 bàoqiàn 빠오챈 흉년들 겸: 미안하게 생각하다
拥抱 yōngbào 요옹빠오 이름 명: 포옹하다

薄얇을 박= 艹풀 초 + 氵물 수 + 尃오로지 전 → 풀이 약해지는(얇아지는 것은) 것은 오로지 물에 달렸다.
宝寶보배 보= 宀집 면 + 玉구슬 옥 → 옥은 집에서 으뜸가는 보배이다.
保보전할 보= 人사람 인 + 呆지킬 보 → 口입 구 + 木나무 목 → 입을 나무처럼 굳게 다물고 지킨다.
报報알릴/갚을 보= 扌손 수 + 卩벼슬 절 + 又또 우 → 또 벼슬(관청)을 만나 손을 비비며 알린다.
包쌀 포= 己자기 기 + 勹쌀 포 → 글자의 모양이 자기(口입 구)를 싸는 모습이다

(용례) **这个事情包不住了。** zhègèshìqíng bāobúzhùle

저꺼 쓰치잉빠오부우**쯔**러 이 일은 감추어 둘 수가 없어.

抱안을 포 → **扌**손 수 + **包**쌀 포 → 손으로 싸서 안는다.

饱飽배부를 포= **食**밥 식 + **包**쌀 포 → 밥을 싼 형국이니 배부를 수밖에.

(용례) **我吃饱了。** Wǒchībǎole

워어**츠**으바오러 저는 배부르게 먹었습니다.

116 bai 빠이

白. 흰 백. white 희다, 청결하다

성조별 한국어 한자

	무성	1성	2성	3성	4성
백			白	百	
배					拜
파				摆	
패					败

摆. 벌여놓을 파. spread 놓다, 들어내다, 흔들다

百. 백 백. hundred 백(100)

老百姓 lǎobǎixìng 라오바이씽 늙을 로/성품 성: 백성

败. 질 패. be defeated 지다, 망치다

失败 shībài 쓰으빠이 잃을 실: 실패

拜. 절 배. bow 절하다, 방문하다

礼拜天 lǐbàitiān 리이빠이티앤 예 례/하늘 천: 주일(날)

拜절 배= **手**손 수 + **一**한 일 → 두 손을 하나로 모아 절한다.

白흰 백= **日**해 일 + **丿**삐침 별 → 햇빛이 비스듬히 비추고 있어 하얗게 보인다.

百일백 백= **白**흰 백 + **一**한 일 → 주목 쥔 손의 모양. 고대 손가락을 모두 폈다 구부렸다 하며 셈을 셀 때 쓰던 방식임.

摆벌여놓을 파= **扌**손 수 + **罒**그물 망 + **去**갈 거 → 손으로 그물을 쳐 놓고 가니 물고기들의 잔치가 벌어졌다.

败질 패= **貝**조개 패 + **攵**칠 복 → 재물을 간수하지 못하고 처내면 패가망신한다. **貝**는 돈, 재물을 뜻함.

성조별 한국어 한자

	무성	1성	2성	3성	4성
본				本	
분					笨

117 ben 뻐언

2 3 1 4

本. 밑 본. base 뿌리나 줄기, 근본, 원래

本科 běnkē 버언크어 조목 과: 본과, 주요학과목
本来 běnlái 버언라이 올 래: 본래 응당
本领 běnlǐng 버언리잉 느릴 령: 재능, 기량
本质 běnzhì 버언즈르 모양 질: 본질 본성

笨. 거칠 분. clumsy 어리석다, 투박하다

本밑/근본 본= 木나무 목 + 一한 일 → 나무가 땅 밑으로 뿌리를 뻗어 근본을 확보한 형상.

(용례) 他本是山西人现在住在天津。 tāběnshìshānxīrén xiànzàizhùzàitiānjīn

타아버언스르사안씨이러언 씨앤짜이즈루짜이티앤찌인 그는 원래 산시 사람인데 지금 티엔진에 산다.

笨거칠 분= 竹대 죽 + 本밑 본 → 근본이 대밭에 묻히니 일이 거칠어진다.

성조별 한국어 한자

	무성	1성	2성	3성	4성
배		杯			背,辈
북				北	
비		悲			备
패					贝
피					被

118 bei 뻬이

2 3 1 4

悲. 슬플 비. sad 슬픔, 슬퍼하다, 불쌍히 여기다

悲观 bēiguān 뻬이꾸안 볼 관: 비관적인

杯. 잔 배. glass, cup 잔, 트로피

杯子 bēi·zi 뻬이즈 아들 자: 컵, 잔
干杯 gānbēi 까안뻬이 방패 간: 건배하다

北. 북녘 북. north 북, 북쪽 패배하다

北京 Běijīng 베이찌잉 서울 경: 북경
北方 běifāng 베이빠앙 모 방: 북방, 북부

辈. 무리 배. group 세대, 한평생

长辈 zhǎngbèi 즈라앙뻬이 어른 장: 집안어른
辈子 yíbèi·zi 이이뻬이즈 한 일/아들 자: 한평생

备. 갖출 비. prepare 구비하다, 설비

准备 zhǔnbèi 즈루운뻬이 허가할 준: 준비
设备 shèbèi 쓰어뻬이 베풀 설: 설비, 시설

背. 등 배. back 등, 뒤쪽

背景 bèijǐng 뻬이지잉 볕 경: 배경

被. 이불 피. blanket 이불, 덮다

被子 bèi·zi 뻬이즈 아들 자: 이불

贝. 조개 패. lam 조개, 보배

宝贝 bǎobèi 바오뻬이 보배 보: 아이, 보배

杯잔 배= 木나무 목 + 不아니 불 → 예로부터 술잔은 나무로 만들지 않았다.

(용례) 杯子里有沉积物。 bēizilǐ yǒuchénjīwù

빼이즈으리이 요우처언찌인우　잔 안에 침전물이 있다

辈무리 배= 非아닐 비 + 车수레 차 → 차로는 옮길 수 없는 많은 무리

背등/배반 배= 北북녘 북 + 月달 월 → 달을 등지고 북으로 떠난 배반자

北북녘 북= 匕비수 비 → 두 개의 비수를 놓아 북쪽을 가리킨다.

悲슬플 비= 非아닐 비 + 心마음 심 → 마음이 아니라고 하니 슬프다

备갖출 비= 夂천천히 걸을 쇠 + 田밭 전 → 천천히 밭 모습을 갖추어 간다.

(용례) 春节我不准备回家。 chūnjié wǒbùzhǔnbèi huíjiā

츠운지에 워 뿌 즈운빼이후이찌아　설에 나는 집에 돌아가지 않는다.

贝조개 패= 조개가 껍질을 벌리고 있는 모습을 보임.

被이불/입을 피= 衣옷 의 + 皮가죽 피 → 가죽으로 옷을 만들어 입는다.

119 bo 뽀어

膊. 어깨 박. shoulder 어깨, 상박

胳膊 gē·bo 끄어보 겨드랑이 각: 팔

博. 넓을 박. broad 많다, 크다, 아는 것이 많다

博士 bóshì 보어쓰 선비 사: 박사

博物馆 bówùguǎn 보어우과안 만물 물/집 관: 박물관

脖. 목 발. neck 목, 목처럼 생긴 것

脖子 bózi 보어즈 아들 자: 목

播. 뿌릴 파. spray 퍼뜨리다, 파종하다

广播 guǎngbō 구앙뽀어 넓을 광: 방송

播放 bōfàng 뽀어팡 놓을 방: 방영하다

玻. 유리 파. glass 유리, 파려옥

玻璃 bō·li 뽀어리 유리 리: 유리

성조별 한국어 한자

	무성	1성	2성	3성	4성
박			博,膊		
발			脖		
파		播,玻			

播뿌릴 파= 手손 수 + 番차례/갈마들 번 → 손을 바꾸어가며 씨를 뿌린다.

玻유리 파= 玉구슬 옥 + 皮가죽 피 → 유리는 옥(구슬)을 가죽처럼 넓게 만든 것이다.

膊어깨 박= 月달 월 + 專오로지 전 → 달빛아래 오로지 어깨를 나란히 하고.

博넓을 박= 十열 십 + 專오로지 전 → 열 가지에 전념하여야 박사가 된다.

脖목 발= 月달 월 + 一한 일 + 字글자 자 → 달빛아래 일념으로 글자를 쓰니 목이 뻣뻣해졌다.

不. 아니 불. not 아니다(주)

不必 búbì 부우삐 반드시 필: 필요 없다, 하지 마라
不但 búdàn 부우딴 다만 단: 부단, 뿐 아니라
不断 búduàn 부우뚜안 끊을 단: 끊임 없이
不过 búguò 부우꿔 지날 과: 에 지나지 않다, 그러나
不见得 bújiàn·dé 부우쨴드어 볼 견/ 얻을 득: 반드시 ~라고 할 수는 없다, ~라고는 생각되지 않는다
不客气 búkè·qi 부우크어치 나그네 객/기운 기: 무례하다, 천만에요
不耐烦 búnàifán 부우나이빠안 견딜 내/괴로워할 번: 못참다, 귀찮다
不要紧 búyàojǐn 부우야오지인 중요 요/팽팽할 긴: 문제없다 대수롭지 않다

성조별 한국어 한자

	무성	1성	2성	3성	4성
보				补	步
부					部
불			不		不
포					布

120 bu 뿌우

2 1
3 4

补補. 보수할 보. amend 보수하다, 메꾸다

补充 bǔchōng 부우초옹 찰 충: 보충, 보완

不. 아니 불. not 아니다, 않다

不安 bù'ān 뿌아안 편안 안: 불안
不仅 bùjǐn 뿌지인 겨우 근: 뿐만 아니라
不免 bùmiǎn 뿌미앤 면할 면: 면할 수 없다.
不然 bùrán 뿌라안 그러할 연: 그렇지 않으면
不如 bùrú 뿌루우 같을 여: 하는 편이 낫다
不足 bùzú 뿌주우 발 족: 부족, 모자라다
不行 bùxíng 뿌시잉 갈 행: 안 된다, 쓸모 없다
不管 bùguǎn 뿌구안 대롱 관: 관계하지 않고
不得不 bùdébù 뿌드어뿌 얻을 득: 할 수밖에 없는
不得了 bùdéliǎo 뿌드어랴오 얻을득/마칠료: 할 수밖에
不好意思 bùhǎoyì·si 뿌하오이쓰 좋을 호/뜻 의/생각 사: 부끄럽다, 하기 곤란하다

布. 베 포. both 천, 선포하다

宣布 xuānbù 쒸앤뿌 베풀 선: 선포하다, 공표
分布 fēnbù 뻐언뿌 나눌 분: 분포하다

步. 걸음 보. step 걸음, 보폭

步骤 bùzhòu 뿌저오우 달릴 취: 순서, 단계
散步 sànbù 싼뿌 헤칠 산: 산보
跑步 pǎobù 파오뿌 달릴 포: 달리다

部. 나눌 부. devide 나누다, 나눈 조각

部分 bù·fen 뿌뻔 나눌 분: 부분, 일부
部门 bùmén 뿌머언 문 문: 부문, 분과
全部 quánbù 취앤뿌 온전할 전: 전부

(주) 不는 4성이지만 뒤에 4성이 올 때는 2성으로 변한다.

步걸음 보= **止**발/멈출 지 + **少**적을 소 → 정지 상태에서 조금씩 나아간다. 즉 걷는다.

补補기울 보= **衣**옷 의 + **卜**점 복 → 옷을 크게 만들기 위해 기운다.

部거느릴/나눌 부= **立**설립 + **口**입 구 + **阝** 고을 읍 → 고을(관청) 앞에 서있는 사람들을 거느린다.

不아니 불= **一**한 일 + **小**작을 소 → 한 가지 일이라도 작게 대하면 안 된다.

(용례) **这本书好不好?** zhè běnshū hǎobùhǎo

쩌버언셔하오뿌하오 이 책 재미있어?

今天不下雨就去。 jīntiān búxiàyǔ jiùqù

찌인티앤부우쌰위이 쮸취 오늘 비 오지 않으면 바로 간다.

布베 포= **一**한 일 + **丿**삐침 별 + **巾**수건 건 → 빨래 줄에 비스듬히 걸려 있는 수건은 베로 만든 것이다.

성조별 한국어 한자

	무성	1성	2성	3성	4성
표		标		表	

标標. 표시할 표. standard 나무의 우듬지

- **标准** biāozhǔn 빠아오쥬룬 허가할 준: 표준
- **标志** biāozhì 빠아오즈 뜻 지: 표지, 명시
- **标点** biāodiǎn 빠아오디앤 점 점: 구두점

121
biao
삐아오

2 3 1 4

表. 걸 표. surface 겉, 용모, 들어내다

- **手表** shǒubiǎo 쏘우비아오 손 수: 손목시계
- **表演** biǎoyǎn 비아오얘앤 흐를 연: 공연하다
- **表达** biǎodá 비아오다아 통할 달: 표현하다
- **表格** biǎogé 비아오그어 바로잡을 격: 표, 도표
- **表面** biǎomiàn 비아오미앤 낯 면: 표면
- **表明** biǎomíng 비아오미잉 밝을 명: 표명하다
- **表情** biǎoqíng 비아오치잉 뜻 정: 표정
- **表示** biǎoshì 비아오쓰 보일 시: 표시
- **表现** biǎoxiàn 비아오쌘 나타날 현: 표현
- **表示** biǎoshì 비아오쓰 보일 시: 표시
- **表扬** biǎoyáng 비아오 야앙 오를 양: 표창, 표양

标標표시할/우듬지 표= **木**나무 목 + **示**보일 시 → 나무를 심어 잘 보이게 표시한다.

(용례) **他看看手表，离开办公室了。** tā kànkàn shǒubiǎo líkāi bàngōngshìle

타아칸칸쏘우비아오 리카이빤꼬옹스러 그는 손목시계를 보고나서 사무실을 떠나갔다.

表걸 표= **土**흙 토 + **衣**옷 의 → 흙의 옷은 곧 겉(표면)

성조별 한국어 한자

	무성	1성	2성	3성	4성
변		边			变,辩
편		编,鞭			便,遍

122
bian
삐앤

1

编编. 엮을 편. weave 엮다, 짜다, 책
编辑 biānjí 삐앤지이 모을 집: 편집, 편찬
鞭. 채찍 편. whip 채찍(으로 때리다)
鞭炮 biānpào 삐앤파오 대포 포: 폭죽
边邊. 갓 변. border 가장자리, 변 ~하면서 ~하다
旁边 pángbiān 파앙삐앤 곁 방: 옆, 부근
右边 yòu·biān 요우삐앤 오른쪽 우: 오른쪽

2

3

4

便. 편할 편. convenient 편리(하다), 정식이 아닌
方便 fāngbiàn 빠앙뺀 모 방: 편리한
随便 suíbiàn 수이뺀 따를 수: 마음대로
变. 변할 변. change, turn 바뀌다, 변하다, 변하는, 변한
变化 biànhuà 뺀화 될 화: 변화
改变 gǎibiàn 가이뺀 고칠 개: 바뀌다
辩. 말잘할 변. debate 변론하다, 논쟁하다
辩论 biànlùn 뺀룬 논할 론: 변론, 논쟁
遍. 두루 편. all over 널리 퍼지다, 전면적인
普遍 pǔbiàn 푸우뺀 널리 보: 보편적

编엮을 편= **糸**가는실 사 + **扁**넙적할 편 → 넙적한 것들을 골라 실로 엮는다.

便편할 편= **人**사람인 + **更**다시/고칠 경 → 사람들은 뭐든 고쳐서 편하게 만든다.

(용례) **有电话就方便。** yǒu diànhuà jiù fāngbiàn
요우띠앤화 쮸빠앙뺀 전화가 있으면 편리하다.

鞭채찍 편= **革**가죽 혁 + **便**편할 편 → 가죽으로 만든 편한 물건 채찍.

变변할 변= **亦**역시 역 + **又**또 우 → 역시 또 변하는구나.

辩말잘할 변= **辛**매울/고생할 신 + **言**말씀 언 → 양쪽 고통 속에 끼어 말을 잘 해 내다.

边邊갓 변= **力**힘 력 + **辶**갈 착 → 그들은 있는 힘을 다해 물가로 갔다.

(용례) **邮局不远, 就在旁边(儿)。** yóujúbùyuǎn jiùzàipángbiān(é)r
요우쥐이뿌위앤 찌우파앙삐앤(앨) 우체국은 멀지 않아요 바로 옆인걸요.

遍두루 편= **扁**작을 편 + **辶**쉬엄쉬엄 갈 착 → 쉬엄쉬엄 다니며 작은 것까지 두루 살핀다.

别. 다를 별. different 이별하다, 별개의, 딴

别人 bié·ren 비에러언 사람 인: 다른 사람

特别 tèbié 트어비에 특히 특: 특별

성조별 한국어 한자

	무성	1성	2성	3성	4성
별		别			

123
bie
삐에

2 1
3 4

别다를/나눌 별= 口입 구 + 力힘 력 + 刂칼 도 → 입을 악물고 칼로 자른다.

(용례) 这事我只对你说了 别人不知道。 zhèshìwǒzhǐduìnǐshuōle biérénbùzhīdào

쩌스워어즈뚜이니이쑤오러 비에러언뿌즈으따오 이건 너에게만 말했어. 다른 사람들은 몰라.

鼻. 코 비. nose 코, 코처럼 생긴 것, 처음

鼻子 bí·zi 비이즈 아들 자: 코

성조별 한국어 한자

	무성	1성	2성	3성	4성
비			鼻	比	
피				彼	避
필				笔	必,毕
폐					币,闭

124
bi
삐이

2 1
3 4

笔筆. 붓 필. brush 붓, 필기구, 글을 쓰다

笔记本 bǐjìběn 비이찌이버언 기억할 기/밑 본: 노트북

铅笔 qiānbǐ 치앤비이 납 연: 연필

比. 견줄 비. compare 비교하다, 비율

比例 bǐlì 비이리 본보기 례: 비례

比赛 bǐsài 비이싸이 겨룰 새: 시합

比如 bǐrú 비이루우 같을 여: 예를 들면

比较 bǐjiào 비이쨔오 견줄 교: 비교

彼. 저 피. that 그(것), 저(것), 저쪽

彼此 bǐcǐ 비이츠으 이 차: 피차, 상호

避. 피할 피. avoid 피하다, 예방하다

避免 bìmiǎn 삐미앤 면할 면: 피하다, 모면하다

逃避 táobì 타오 삐 달아날 도: 도피, 도망

必. 반드시 필. surely 반드시, 꼭, 할 필요가 있다

必须 bìxū 삐쒸이 모름지기 수: 꼭 해야 한다

必然 bìrán 삐라안 그러할 연: 필연적, 반드시

必需 bìxū 삐쒸이 구할 수: 꼭 필요로 하다

必要 bìyào 삐야오 구할 요: 필요

毕畢. 마칠 필. complete 마치다, 완결하다, 모든

毕业 bìyè 삐예 업 업: 졸업

毕竟 bìjìng 삐찡 끝날 경: 드디어, 필경

币幣. 재물 폐. coin 화폐

人民币 rénmínbì 러언미인삐 사람인/백성 민: 인민폐

闭. 닫을 폐. close 닫다, 통하지 않다

关闭 guānbì 꾸안삐 빗장 관: 닫다, 파산

比견줄 비= 匕비수 비 + 匕비수 비 → 두 개의 비수를 나란히 놓고 견주다.
鼻코 비= 自스스로 자 + 田밭 전 + 廾받들 공 → 갑골문의 얼굴모양인데 自는 코, 田은 입, 廾은 목선을 보인 것.
避피할 피= 辟임금 벽 + 辶쉬엄쉬엄 갈 착 → 임금이 쉬엄쉬엄 피난을 간다.
彼저 피= 彳두인 변/걸을 척 + 皮가죽 피 → 두 사람 중 가죽옷을 입은 저사람.
必반드시 필= 心마음 심 + 丿 삐침 별 → 마음에 새겨 반드시 실행한다.
笔붓 필= 竹대 죽 + 毛털 모 → 붓은 짐승 털을 참대 대롱에 꽂아 만든다.
毕마칠 필= 比견줄 비 + 十열 십 → 비교적 우수한 10명이 일을 마쳤다.
闭닫을 폐= 門문 문 + 才재주 재 → 재주꾼을 문 안에 넣고 닫아버렸다.
币재물 폐= 丿삐침 별 + 巾수건 건 → 재물로 준 비단을 비딱하게 잘라 수건으로 쓴다.

125 bin 삐인

성조별 한국어 한자

	무성	1성	2성	3성	4성
빈		宾			

1

宾. 손님 빈. guest 손님, 객

宾馆 bīnguǎn 삐인과안 집 관: 호텔
嘉宾 jiābīn 찌아삐인 아름다울 가: 귀한 손님

2

3

4

宾손님 빈= 宀집 면 + 兵군사 병 → 병사가 집에 들어와 손님대접을 받는다.

126 bing 삐잉

성조별 한국어 한자

	무성	1성	2성	3성	4성
병		兵		丙,饼	并,病
빙		冰			
품					

1

兵. 병사 병. soldier 병사, 병기

士兵 shìbīng 쓰삐잉 선비 사: 사병

冰. 얼음 빙. ice 얼음

冰箱 bīngxiāng 삐잉씨앙 상자 상: 냉장고
冰激凌 bīngjīlíng 삐잉찌이리잉 부딪칠 격/업신여길 릉: 아이스크림

2

3

丙. 셋째천간 병. particle 십간의 셋째, 3위

饼餅. 떡 병. cake (중국)떡, 둥글넓적한 것

饼干 bǐnggān 비잉까안 방패 간: 과자

4

并並. 아우를 병, and, also 합치다, 같이

并且 bìngqiě 삥치에 또 차: 또한, 그리고

病. 질병 병. disease 병, 병나다

生病 shēngbìng 셔엉 삥 날 생: 병에 걸리다
毛病 máo·bìng 마오삥 털 모: 고장 결점

兵병사 병= 丘언덕 구 + 八여덟 팔 → 언덕에 사람이 많다니 그들은 군인들이다. 八자는 꽤 많다는 의미를 갖는다.

丙셋째천간/남녁 병= 一한 일 + 内안 내 → 남녘에서는 집 안에 있는 것이 제일이다.

病질병 병= 疒병들 녁 + 丙남녁 병 → 병들면 따뜻한 남녘 생각이 난다.

(용례) 他生病住院了。 tā shēngbìng zhùyuànle

타아써엉삥 쮸위앤러 그는 병이 나서 병원에 입원하였다.

并並아우를/함께 병= 八여덟 팔 + 开열 개 → 여럿이 함께 문을 연다.

饼餅떡 병= 饣밥식 + 并並아우를/함께 병 → 밥과 아울려 떡도 먹는다.

冰얼음 빙= 冫어름 빙 + 水물 수 → 물이 얼어 얼음이 된다.

(용례) 搁在冰箱里冰着。 gēzàibīngxiānglǐ bīngzhe

끄어짜이삐잉씨앙리이 삐잉쩌 냉장고에 넣어서 차게 하다.

성조별 한국어 한자

	무성	1성	2성	3성	4성
쇄				洒	

127 sa 싸아

洒灑. 물뿌릴 쇄. sprinkle 물을 뿌리다, 살포하다

洒물뿌릴 쇄= 氵물 수 + 西서녁 서 → 서쪽으로 물을 뿌린다. 西자는 麗고울 려를 간소화 한 글자. 酒술 주와 구별

성조별 한국어 한자

	무성	1성	2성	3성	4성
삼		三			
산				伞	散

128 san 싸안

伞傘. 우산 산. umbrella 우산, 우산 같은 물건

散. 흩어질 산. scatter 흩어지다, 느슨해지다

散步 sànbù 싼뿌 걸을 보: 산보하다

伞우산 산= 사람(十열 십)이 우산을 펼친 모습

(용례) 伞是用来遮蔽风雨的。 sǎnshìyònglái zhēbìfēngyǔde

사안스용라이 쩌어삐펑위이더 우산은 비바람을 막는 데 쓰인다.

散흩어질 산= 昔예 석 + 攵칠 복 → 옛날에는 매를 쳐서 사람을 흩어트렸다.

성조별 한국어 한자

	무성	1성	2성	3성	4성
상				嗓	

2 3 **129 sang 싸앙** 1 4

嗓. 목구멍 상. throat 인후, 목(구멍), 목청

嗓子 sǎngzi 사앙쯔 아들 자: 목소리, 목청

嗓목구멍 상= 口입 구+ 桑뽕나무 상 → 뽕나무는 입이 곧 목구멍이다.

성조별 한국어 한자

	무성	1성	2성	3성	4성
소				扫	

2 3 **130 sao 싸오** 1 4

扫掃. 쓸 소. sweep 쓸다, 소제하다, 없애다

打扫 dǎsǎo 다아사오 칠 타: 청소하다

扫掃쓸 소= 扌손 수 + 彐손 계 → 손모양의 비를 들고 마당을 쓴다.

(용례) 不要扫他的兴。 bùyào sǎo tā de xīng

뿌야오사오타아더씨잉 그의 흥을 깨지 말아라.

성조별 한국어 한자

	무성	1성	2성	3성	4성
삼		森			

森. 울창할 삼. dense 숲, 수풀

森林 sēnlín 써언리인 수풀 림: 삼림

2 3 **131 sen 써언** 1 4

森울창할 삼= 木나무 목 → 나무가 겹쳐 있어 울창하다.

성조별 한국어 한자

	무성	1성	2성	3성	4성
송		松			送

132 song 쏘옹

2 3 1 4

松鬆. 소나무 송. pine tree 소나무, 느슨하다

放松 fàngsōng 빠앙쏘옹 놓을 방: 늦추다, 관대

轻松 qīngsōng 치잉쏘옹 가벼울 경: 수월하다

送. 보낼 송. send 보내다, 전달하다 배웅하다

松鬆소나무 송= 木나무 목 + 公공변될 공 → 소나무는 계절에 따라 변하지 않고 공변된 모습을 보인다.

送보낼 송= 关빗장 관 + 辶갈 착 → 빗장을 열어 보내주다.

(용례) 他送了我一本书。 tāsònglewǒ yīběnshū

타아쏭러 이이버언쑤우 그가 나에게 책한 권을 선물로 보내왔다.

성조별 한국어 한자

	무성	1성	2성	3성	4성
수		搜			

133 sou 쏘우

2 3 1 4

搜. 찾을 수. swarch for 찾다, 수색하다

搜索 sōusuǒ 쏘우수오 찾을 색: 수색, 수사

搜찾을 수= 扌손 수 + 叟늙은이 수 → 노인(경험이 많은)의 손이래야 찾아낼 수 있다.

성조별 한국어 한자

	무성	1성	2성	3성	4성
산		酸			算

134 suan 쑤안

2 3 1 4

酸. 초 산. acid 산, 시다, 신 것

算. 셀 산. count 세다, 셈

打算 dǎ·suàn 다아쏸 칠 타: 할 생각이다

计算 jìsuàn 찌이쏸 셀 계: 계산, 고려하다

算셀 산= 竹대 죽 + 目눈 목 + 廾받들 공 → 대나무에 눈금을 만들어 받들어가며 세어본다.

(용례) 你打算什么时候走? nǐdǎsuàn shénmeshíhouzǒu 니이다아쏸써언머쓰으호우조우 너 언제 가려고 하니?

성조별 한국어 한자

	무성	1성	2성	3성	4성
소				所	
쇄				锁	
축		缩			

135 suo 쑤오

2 3 1 4

缩. 줄어들 축. shrink 줄어들다, 물러나자

缩短 suōduǎn 쑤오두안 짧을 단: 단축하다

缩小 suōxiǎo 쑤오시아오 작을 소: 줄이다

所. 바 소. place 장소, 곳, 채(집을 세는 단위)

所以 suǒyǐ 수오이이 써 이: 그래서

所有 suǒyǒu 수오요우 있을 유: 소유(물)

所谓 suǒwèi 수오웨이 이를 위: 소위, ~란

锁. 자물쇠 쇄. key, lock 자물쇠, 쇠사슬

所바/곳 소= 戶집 호 + 斤도끼 근 → 집 도끼가 그 곳에 있어.

(용례) 由于忙, 所以我一直没给他回信。 yóuyúmáng suǒyǐwǒyīzhíméigěitāhuíxìn

요우위이마앙 수오이이 워어이이즈르으메이게이타아후이씬 바빴기 때문에 나는 그에게 답장하지 못했다.

锁자물쇠 쇄= 金쇠 금 + 小작을 소 + 貝조개/돈 패 → 돈을 넣고 잠글 수 있도록 쇠로 작게 만든 물건.

缩줄어들 축= 糸실 사 + 宿묵을 숙 → 실은 잘 감아 보관하지 (묶여두지)않으면 오그라든다.

성조별 한국어 한자

	무성	1성	2성	3성	4성
소					塑, 诉
속					速
숙					宿

136 su 쑤우

2 3 1 4

塑. 토우 소. clay doll 빚다, 깎아 만들다, 허소연하다

塑料袋 sùliàodài 쑤랴오따이 헤아릴 료/부대 대: 비닐봉지

宿. 묵을 숙. stay 묵다, 숙박하다, 밤 (밤을 세는 수사)

宿舍 sùshè 쑤써 집 사: 숙사, 기숙사

诉訴. 말할 소. speak 알리다, 털어놓다

告诉 gào·su 까오쑤 알릴 고: 알리다

速. 빠를 속. fast 빠르다, 초래하다, 속도

速度 sùdù 쑤뚜 법도 도: 속도

迅速 xùnsù 쒼쑤 빠를 신: 신속하다

诉訴말할/소송할 소= 讠말씀 언 + 斥물리칠 척 → 말로 물리치기 위해 소송한다.

(용례) 告诉我 出了什么事。 gàosùwǒ chūleshénmeshì

까오쑤워어 츄우러선머스 무슨 일이 생겼는지 말해 보아라.

宿묵을 숙= 宀집 면 + 人사람 인 + 百일백 백 → 집에 사람 100명이 묵는다.
速빠를 속= 束묶을/약속 속 + 辶갈 착 → 약속에 맞춰 가기 위해 빨리 가야 한다.
塑토우 소= 朔초하루 삭 + 土흙 토 → 초하루 날 흙으로 만든 토우.

성조별 한국어 한자

	무성	1성	2성	3성	4성
손		孙		损	

137 sun 쑤운

1 孙孫. 손자 손. grand son 손자, 후손
孙子 Sūnzǐ 쑤운즈으 아들 자: 손자

2 损損. 덜 손. reduce 줄다, 줄이다, 손상시키다
损失 sǔnshī 쑤운스으 잃을 실: 손실, 손해

孙孫손자 손= 子아들 자 + 小작을 소 → 아들보다 더 작은 손자
损損덜 손= 扌손 수 + 員관원 원 → 관원의 손으로 덜어낸다. 관원의 손이 가면 줄어든다.

138 sui 쑤이

1 虽雖. 비록 수. despite 비록이지만 (하지만)
虽然 suīrán 쑤이라안 그럴 연: 비록 ~하지만

2 随隨. 따를 수. follow 따르다, 따라가다, 하는 김에
随便 suíbiàn 수이뺸 편할 편: 마음대로
随时 suíshí 수이스으 때 시: 언제나
随着 suí·zhe 수이저 어조사 착: 따라서

4 岁歲. 해 세. year 해, 시간 나이
碎. 부서질 쇄. break 부서지다

성조별 한국어 한자

	무성	1성	2성	3성	4성
세					岁
쇄					碎
수		虽	随		

岁歲해 세= 山뫼 산 + 夕저녁 석 → 뒷산에 조각달(夕)이 걸릴 때 해가 저문다.
碎부서질 쇄= 石돌 석 + 卒군사 졸 → 군사들이 석포로 성문을 부수었다.
虽비록 수= 口입 구 + 虫벌레 충 → 비록 벌레지만 입 하나는 크다.
(용례) 他虽然工作很忙, 但是学习好。 tāsuīrángōngzuòhěnmáng dànshìxuéxíhǎo
타아쑤이라안꼬옹쭤허언마앙 딴스쉬에시이하오 그는 업무가 바쁘지만 공부를 열심히 한다.
随隨따를 수= 阝언덕 부/고을 읍 + 辶갈 착 + 有있을 유 → 고을로 가서 그 사람이 있으면 따라가라.

宣. 베풀 선. declare 선언하다, 공개하다

宣布 xuānbù 쒸앤뿌 베 포: 발표하다

宣传 xuānchuán 쒸앤촤안 전달할 전: 홍보하다

139
xuan
쒸앤

选. 뽑을 선. select 고르다, 정선 된 물건

选择 xuǎnzé 쉬앤즈어 들 거: 선택하다

选举 xuǎnjǔ 쉬앤쥐이 가릴 택: 선택

성조별 한국어 한자

	무성	1성	2성	3성	4성
선		宣		选	

宣베풀 선= 宀집 면 + 一한 일 + 日날 일 + 一한 일 → 집 안에 해가 있고 위아래로 하늘과 땅이 있어 베풀만하다.

选뽑을 선= 先먼저 선 + 辶갈 착 → 먼저 가는 사람이 뽑힌다.

(용례) 他作出适当的选择了。 tāzuòchū shìdàngdexuǎnzéle

타아주오추우 쓰땅더쉬앤즈어러 그는 적절한 선택을 했다.

学學. 배울 학. study 배우다, 학문

学生 xuésheng 쉬에셩 날 생: 학생

学校 xuéxiào 쉬에쌰오 학교 교: 학교

学术 xuéshù 쉬에수 꾀 술: 학술

学问 xué·wen 쉬에원 물을 문: 학문

学习 xuéxí 쉬에시이 배울 습: 학습

同学 tóngxué 토옹쉬에 같을 동: 학우, 동창

성조별 한국어 한자

	무성	1성	2성	3성	4성
설				雪	
학			学		
혈					血

140
xue
쒸에

雪. 눈 설. snow 눈, 희다, 씻다

血. 피 혈. blood 피, 혈연의

雪눈 설= 雨비 우+ 彐돼지머리 계 → 돼지머리 놓고 비를 빌었더니 눈이 왔다.

(용례) 雪下得很大。 xuěxiàdé hěndà

쉬에쌰더 허언따 눈이 대단히 많이 내렸다.

学배울 학= 丶점 주 + 丶점 주+ 字글자 자 → 글자 뿐 아니라 이것저것 모두 배운다.

血피 혈= 丶점 주 + 皿그릇 명 → (닭 잡을 때)그릇에 떨어지는 핏방울을 그린 것.

141 xu 쒸이

1

虚虛. 빌 허. void 공허하다, 비어있다

虚心 xūxīn 쒸이씨인 마음 심: 마음을 비다

谦虚 qiānxū 치앤쒸이 겸손할 겸: 겸허하다

需. 구할 수. look for 필요로하다, 수요

需要 xūyào 쒸이야오 중요 요: 요구되다

须須鬚. 마땅히 수. naturally 반드시 해야 한다

必须 bìxū 삐쒸이 반드시 필: 필수

2

3

许許. 허락할 허. allow, 칭찬하다, 혹시

许多 xǔduō 쉬이뚜오 많을 다: 매우 많다

也许 yěxǔ 예에쒸이 또 예: 어쩌면

성조별 한국어 한자

	무성	1성	2성	3성	4성
서					序,绪,**叙**
속					续
수		需,须			
허		虚		许	

4

序敘. 차례 서. order 순서(를 정하다)

顺序 shùnxù 쑨쒸 순할 순: 순서

程序 chéngxù 처엉쒸 단위 정: 절차, 단계

叙. 베풀 서. provide 말하다, 서술하다

叙述 xùshù 쒸쑤 기술 술: 서술하다

绪.緒 실마리 서. clue 실마리, 정서

情绪 qíng·xù 치잉쒸 뜻 정: 정서

续續. 이을 속. continue 이어지다, 계속하다

继续 jìxù 찌쒸 이을 계: 계속하다

持续 chíxù 츠으쒸 가질지: 지속하다

序차례 서= 广집 엄 + 予나 여 → 집 안에서 나의 차례.

绪緒실마리 서= 纟실 사 + 者놈 자 → 실타래를 가진 사람을 찾아라, 실이 실마리다.

叙베풀 서= 余남을(餘)/나 여+ 又또 우 → 얼마 남지 않은 것으로 또 베풀려고 하는가?

续續이을 속= 纟실 사 + 十열 십 + 买살 매 → 실을 열 번을 사서 이어나간다. (十열 십+ 买살 매 → 卖팔 매)

须마땅히/수염 수= 彡터럭 삼 + 頁머리 혈 → 머리에 난 터럭, 즉 수염.

(용례) **这是纪律, 必须服从。** zhèshìjìlǜ bìxūfúcóng

쩌쓰찌뤼 삐쒸이푸우초옹 이것은 기율이므로 반드시 복종해야 한다.

需구할 수= 雨비 우 + 而이을 이 → 비가 이어져 (피해자를)구해야 한다.

(용례) **需要付多少钱?** xūyàofù duōshǎoqián

쉬이야오푸 뚜오싸오치앤 얼마를 지불해야 합니까?

虚빌 허= 虍범 호 + 业일 업 → 범과 함께 일한다는 공허한 생각.

许허락할 허= 言말씀 언 + 午낮 오 → 말은 낮에만 허락된다.

寻尋. 찾을 심. search 탐구하다, 찾다

寻找 xúnzhǎo 쒸인자오 채울 조: 찾다

旬. 열흘 순. 10 days 열흘간, 1년

中旬 zhōngxún 즈옹쒸인 가운데 중: 중순

询詢. 물을 순. ask 묻다, 조회하다

询问 xúnwèn 쒸인원 물을 문: 알아보다

咨询 zīxún 쯔으쒸인 물을 자: 상의하다. 자문

성조별 한국어 한자

	무성	1성	2성	3성	4성
순			旬,询		
신					讯
심			寻		
훈					训

142 xun 쒸인

训訓. 가르칠 훈. teach 타이르다, 훈계

教训 jiào·xun 짜오쒼 가르칠 교: 교훈

训练 xùnliàn 쒼롄 익힐 련: 훈련

讯訊. 물을 신. ask 묻다, 소식을 전하다

旬열흘 순= 勹감쌀 포 + 日날 일 → 날을 열흘씩 묶으면 일순이 된다.

询詢물을 순= 言말씀 언 + 旬열흘 순 → 열흘마다 말로서 묻는다.

讯訊물을 신= 言말씀 언 + ㇂꼬리 + 十열 십 → 꼬리가 열 개나고 물어 본다.

寻찾을 심= 彐손 계 + 寸마디 촌 → 손으로 마디마디 더듬어 찾는다.

训訓가르칠 훈= 言말씀 언 + 川내 천= 그의 말은 흐르는 내와 같아 저절로 가르침이 된다.

143 se 쓰어

성조별 한국어 한자

	무성	1성	2성	3성	4성
색					色

色. 빛 색. color 색, 안색, 종류

颜色 yánsè 이앤써 얼굴 안: 안색, 색

色빛 색= 刀칼 도 + 巴뱀 파 → 칼과 뱀은 같은 빛을 낸다.

(용례) 颜色上得有点淡。 yánsè shàngdéyǒudiǎn dàn

이앤써 쌍더요우디앤딴 물감이 조금 연하게 칠해졌다.

성조별 한국어 한자

	무성	1성	2성	3성	4성
사		司,思,私,丝		死	似,四,寺
시		撕			

撕. 찢을 시. tear off 찢다, 뜯다

司. 맡을 사. take care of 주관하다, 경영하다

公司 gōngsī 꼬옹쓰으 공변될 공: 회사

司机 sījī 쓰으찌이 기계 기: 기사

思. 생각 사. thoughts 생각하다, 그리워하다, 사상

思想 sīxiǎng 쓰으시앙 생각할 상: 사상

思考 sīkǎo 쓰으카오 상고할 고: 사고하다

私. 사사로울 사. private 개인적인, 이기심

私人 sīrén 쓰으러언 사람 인: 사적인 것

自私 zìsī 쯔쓰으 몸 자: 이기적인

丝絲. 실 사. thread 실, 현악기

丝毫 sīháo 쓰으하오 잔털 호: 추호, 미세한

丝绸 sīchóu 쓰으처우 명주 주: 명주, 견직물

144 si 쓰으

1 2 3 4

死. 죽을 사 die, death 죽다, 죽을 때까지, 한사코

似. 닮을 사. resemble 닮다, ~듯 하다

相似 xiāngsì 씨앙쓰 서로 상: 비슷한

似乎 sì·hu 쓰후우 어조사 호: 마치 ~인 듯하다

寺. 절 사. temple 절, 사찰, 사원

寺庙 sìmiào 쓰먀오 사당 묘: 사원, 절

四. 넷 사. four 넷

司맡을 사= ㇂테두리 + 一한 일 + 口입 구 → 일정 영역 안에서 한 말만 하도록 하는 것. 곧 司(관장하는 것)

(용례) **为什么在公司?** wèishénme zàigōngsī?

웨이셔언머 짜이꼬옹쓰으 왜 회사에 있어?

司机不能酒后开车。 sījī bùnéngjiǔhòukāichē

쓰으찌이뿌너엉지우호우카이츠어 운전사는 음주운전을 하면 안 된다.

思생각 사= 田밭 전 + 心마음 심 → 마음은 콩밭에 가 있다 라는 말이 있다. 무슨 생각을 하는 것일까?

私사사로울 사= 禾벼 화 + 厶사사 사 → 모내기를 혼자 하는 사람은 사사로운 사람이다.

死죽을 사= 歹부서진 뼈 알 + 匕비수 비 → 부서진 뼈로 만든 비수가 죽음을 초래했다.

丝실 사= 幺작을 요 + 幺작을 요 + 一한 일 → 작은 것들을 이어 하나로 만들면 실이 된다.

似닮을 사= 人사람 인 + 以써 이 → 사람은 사람으로서 닮아야 할 것이다.

四넷 사= 세워 놓은 막대기 4개를 구부려 만든 글자.

寺절 사= 土흙 토 + 寸마디/법 촌 → 땅위에 법도를 세우는 절

撕쪼갤 시/훈계할 서= 扌손 수 + 其그 기 + 斤도끼 근 → 그 손도끼로 쪼개 버려라.

瞎 애꾸눈 할 one-eyed person, cyclops 눈이 멀다

145
xia
씨아

2 3 1 4

성조별 한국어 한자

	무성	1성	2성	3성	4성
하					下,夏
할		瞎			
혁					吓

吓嚇. 성낼 혁. get angry 놀라다, 위협하다

下. 아래 하. below 아래, 밑, 나중, 다음

下午 xiàwǔ 쌰우우 낮 오: 오후

下雨 xiàyǔ 쌰위이 비 우: 비가내리다

下载 xiàzài 쌰짜이 실을 재: 다운로드

夏. 여름 하. summer 여름

夏令营 xiàlìngyíng 쌰링이잉 명령 령/경영할 영: 여름학교

下아래 하= 一한 일 + 卜점 복 → 땅(一)밑의 아래 부분(卜)을 가리킨다.

(용례) 今天下午我去见朋友。 jīntiānxiàwǔ wǒqùjiànpéngyǒu

찌인티앤쌰우우 워어취쨴퍼엉요우 오늘 오후 나는 친구 만나러 간다.

夏여름 하= 頁머리 혈 + 夊서서히 쇠 → 머리가 서서히 뜨거워지는 여름.

瞎애꾸눈 할= 目눈 목 + 害해칠 해 → 눈 하나를 해치니 애꾸눈이 된다.

吓성낼 혁= 口입 구 + 下아래 하 → 목소리를 낮추어 화를 내다.

성조별 한국어 한자

	무성	1성	2성	3성	4성
교					校
소		消,销		小	笑
효					效,孝

146 xiao 씨아오

1

销銷. 녹일 소. melt 녹이다, 녹다

销售 xiāoshòu] 씨아오셔우 팔 수: 팔다

消. 사라질 소. disappear 사라지다, 소멸하다

消息 xiāo·xi 씨아오씨 숨쉴 식: 소식
消化 xiāohuà 씨아오화 될 화: 소화, 불끄다
消费 xiāofèi 씨아오뻬이 쓸 비: 소비
消失 xiāoshī 씨아오스으 잃을 실: 소실, 사라지다
消灭 xiāomiè 씨아오미에 다할 멸: 소멸, 없어지다

2

3

小. 작을 소. small 적다, 약간

小姐 xiǎo·jie 시아오찌에 누이 저: 아가씨
小时 xiǎoshí시아오스으 때 시: 시간(60분)
小心 xiǎo·xīn 시아오씨인 마음 심: 조심하다
小吃 xiǎochī 시아오츠으 먹을 흘: 전채
小麦 xiǎomài 시아오마이 보리 맥: 보리
小气 xiǎo·qi 시아오치 기운 기: 인색하다.
小说 xiǎoshuō 시아오슈오 말씀 설: 소설
小偷 xiǎotōu 시아오토우 훔칠 투 : 좀도둑
小伙子 xiǎohuǒ·zi 시아오후오즈 세간 화/아들 자: 젊은이, 총각

4

笑. 웃을 소. smile 웃다, 웃음

笑话 xiào·hua 쌰오화 말씀 화: 웃으운 이야기

孝. 효도 효. filial duty 효도, 효도하다,

孝顺 xiào·shùn 쌰오 쑨 순할 순: 효도하다.

校. 학교 교. school 학교

校长 xiàozhǎng 쌰오자앙 어른 장: 교장
学校 xuéxiào 쉬에쌰오 배울 학: 학교

效. 효과 효. effect 효과, 능률, 힘을 다하다

效果 xiàoguǒ 쌰오구오 열매 과: 효과
效率 xiàolǜ 쌰오뤼 율 률: 효율, 능률

校학교 교= 木나무 목 + 交사귈 교 → 꿈나무들이 사귀는 곳이 학교.

销銷녹일/소비 소= 金쇠 금 + 肖작을/닮을 초 → 쇠 덩어리를 작게 하려면 녹여야 한다.

消사라질 소= 氵물 수 + 肖작을/닮을 초 → 작은 물방울이 되어 사라진다.

小작을 소= 강보에 쌓인 어린이를 형상화 한 것임. 大큰 대는 어른이 팔과 다리를 벌인 형상.

(용례) **路上很滑, 一不小心就会跌交。** lùshànghěnhuá yībùxiǎoxīnjiùhuìdiējiāo

루쌍허언후아 이이뿌샤오씨인쮸후이디에찌아오 길이 미끄러워 자칫 조심하지 않으면 넘어진다.

笑웃을 소= 竹대 죽 + 夭어릴 요 → 어린 대나무가 쑥쑥 크는 것을 보니 웃음이 나온다.

孝효도 효= 耂늙을 로 + 子아들 자 → 늙은이를 아들이 부양하는 것이 효도.

效효과 효= 交사귈 교 + 攵칠 복 → 사귈 때는 사귀더라도 필요한 때는 치는 것이 효과적이다.

성조별 한국어 한자

	무성	1성	2성	3성	4성
상	相,箱	祥	想	像,橡,象	校
항				项	笑
향	乡,香		享,响	向	效,孝

详詳. 자세할 상. precise 상세하다, 설명하다

详细 xiángxì 시앙씨 가늘 세: 상세, 자세하다

相. 서로 상. mutual 생김새, 겉모양, 외관을 평가하다

相信 xiāngxìn 씨앙씬 믿을 신: 신임하다.
相同 xiāngtóng 씨앙토옹 한가지 동: 서로 같다.
相爱 xiāng'ài 씨앙아이 사랑 애: 서로 사랑하다.
相处 xiāngchǔ 씨앙추우 거처할 처: 함께 살다.
相当 xiāngdāng 씨앙따앙 마땅 당: 같다. 상당하다.
相对 xiāngduì 씨앙뚜이 대답할 대: 상대, 대립되다.
相反 xiāngfǎn 씨앙빠안 돌이킬 반: 상반, 반대되다.
相关 xiāngguān 씨앙꾸안 빗장 관: 상관, 관련되다.
相似 xiāngsì 씨앙쓰 같을 사 닮다, 비슷하다.

香. 향기 향. pragrance 향기롭다, 향기

香蕉 xiāngjiāo 씨앙찌아오 피초 초: 바나나
香肠 xiāngcháng 씨앙차앙 창자 장: 소시지

箱. 상자 상. box 상자(같이 생긴 것)

冰箱 bīngxiāng 삐잉씨앙 얼음 빙: 냉장고
行李箱 xíng·lixiāng 씨잉 리 씨앙 걸을 행/오얏 리: 트렁크

乡鄉郷. 시골 향. country 시골, 고향

家乡 jiāxiāng 찌아씨앙 집 가: 고향

2 | 1

147 xiang 씨앙

3 | 4

想. 생각 상. think 생각하다, 그리워하다, 바라다

想念 xiǎngniàn 시앙니앤 생각할 염: 그리워하다
想像 xiǎngxiàng 시앙썅 형상 상: 상상하다
理想 lǐxiǎng 리이시앙 다스릴 리: 소망, 꿈
思想 sīxiǎng 쓰으시앙 생각 사 : 사상, 의식

享. 누릴 향. enjoy 누리다, 대접하다

享受 xiǎngshòu 시앙쇼우 받을 수: 누리다, 향수

响響. 울림 향. echo 울림, 소리를 내다

影响 yǐngxiǎng 이잉시앙 다스릴 리: 영향을 주다

象. 코끼리 상. elephant 코끼리, 상아, 형상

象棋 xiàngqí 썅치 바둑 기: 중국장기
象征 xiàngzhēng 썅저엉 먼길 갈 정: 상징하다
印象 yìnxiàng 인썅 도장 인: 인상
形象 xíngxiàng 시잉썅 모양 형: 형상, 이미지

项項. 목덜미 항. neck 목(덜미), 조목

项目 xiàngmù 썅무 눈 목: 종목
项链 xiàngliàn 썅리앤 쇠사슬 련: 목걸이

橡. 상수리나무 상. oak tree 고무나무, 상수리나무, 침엽수

橡皮 xiàngpí 썅피이 가죽 피: 지우개
橡胶 xiàngjiāo 썅찌아오 아교 교: 고무, 생고무

像. 닮을 상. resemble 닮다, 마치 ~과 같다

好像 hǎoxiàng 하오썅 좋을 호: 마치 ~같다

向嚮. 향할 향. head to 방향, 향하다, 두둔하다

方向 fāngxiàng 빠앙썅 모 방: 방향

相서로 상= 木나무 목 + 目눈 목 → 나무의 눈인 잎은 다른 나무의 잎과 서로 닮았다.

箱상자 상= 竹대 죽 + 相서로 상 → 대나무를 서로 엮어 상자를 만들 수 있다.

想생각 상= 相서로 상 + 心마음 심 → 서로 마음이 통하면 서로 생각하게 된다.

(용례) 我相信他们的试验结果。 wǒxiāngxìn tāmende shìyànjiéguǒ

워어씨앙씬 타아먼더쓰얜지에구오 나는 그들의 시험결과를 믿는다.

今年考试科目跟去年相同。 jīnniánkǎoshìkēmù gēnqùnián xiāngtóng

찌인니앤카오쓰크어무 꺼언취니앤 씨앙토옹 금년 시험과목은 작년과 같다.

详詳자세할 상= 讠말씀 언 + 羊양/상서로울 양 → 양이 알아듣도록 하려면 자세히 말해야 한다.

象코끼리 상= 角뿔 각 + 豕돼지 시 → 멧돼지에 상아뿔을 붙이면 코끼리와 비슷한 모양을 낼 것이다.

橡상수리나무 상= 木나무 목 + 象코끼리 상 → 상수리나무는 코끼리처럼 덩치가 크다.

像닮을 상= 人사람 인 + 象코끼리 상 → 사람과 코끼리가 닮은 점이 있긴 있다.

(용례) 兄妹俩长得像极了。xiōngmèiliǎng zhǎngde xiàngjíle

씨옹메이리앙 쟈앙더썅지이러 오누이 둘은 쏙 빼닮았다.

項목덜미 항= 工만들 공 + 頁머리 혈 → 조각가가 머리를 만들어 붙이기 위해 목덜미를 만들었다.

向향할 향= 宀집 면 + 口입 구 → 집의 입구가 향하는 쪽이 중요하다.

乡鄉郷시골 향= 幺작을 요 + 丿삐침 별 → 시골은 현대문명이 빗겨가는 작은 마을이다.

香향기 향= 禾벼 화 + 日해 일 → 벼는 햇빛을 많이 쏘일수록 향기롭다.

(용례) 香蕉和苹果形状不同。 xiāngjiāohépíngguǒ xíngzhuàngbùtóng 。

씨앙찌아오흐어피잉구오 시잉쟈왕뿌토옹 바나나와 사과는 모양이 다르다.

享누릴 향= 亠머리 두 + 口입 구 + 子아들 자 → 우두머리가 된 후 아들과 함께 입을 호강시키며 누리고 산다.

响響울림 향= 口입 구 + 向향할 향 → 문을 향해 외치니 울림으로 돌아온다.

(용례) 不受气候或温度影响。 búshòu qìhòuhuòwēndù yǐngxiǎng

뿌쏘우 치호우후오워언뚜이잉시앙 기후나 온도의 영향을 받지 않다.

咸. 소금기 함. salty 짜다, 모두

闲. 한가 한. leisure 한가하다, 틈

空闲 kòngxián 콩시앤 빌 공: 한가한 시간

休闲 xiūxián 씨우시앤 쉴 휴: 한가하게 지내다

先. 먼저 선. first 앞, 앞서가다, 먼저

先生 xiān·sheng 씨앤셩 날 생: 선생님, 남편

鲜. 고울 선. fresh 신선하다, 선명하다

新鲜 xīn·xiān 씨인씨앤 새 신: 신선하다

海鲜 hǎixiān 하이씨앤 바다 해: 바다생선

鲜艳 xiānyàn 씨앤얜 고울 염: 산뜻하고 아름답다

148 xian 씨앤

显顯. 밝을 현. bright 분명하다, 명성이 있다

显得 xiǎn·de 씨앤떠 얻을 득: 들어나다

显然 xiǎnrán 씨앤라안 불사를 연: 명백하다

显示 xiǎn·shì 씨앤쓰 볼 시: 현시, 과시하다

明显 míngxiǎn 미잉씨앤 밝을 명: 분명하다

성조별 한국어 한자

	무성	1성	2성	3성	4성
선		先,鲜			羡
한			闲		限
함			咸		
현				显	现,县

现現. 지금 현. now 현재, 임시로, 현금

现在 xiànzài 쌘짜이 있을 재: 현재

现代 xiàndài 쌘따이 대신할 대: 현대

现金 xiànjīn 쌘찌인 쇠 금: 현금

现实 xiànshí 쌘스으 열매 실: 현실

现象 xiànxiàng 쌘 코끼리 상: 현상

发现 fāxiàn 빠아 쌘 쏠 발: 발견, 나타나다

羡羨. 부러워할 선. envy 흠모하다, 부러워하다

羡慕 xiànmù 쌘무 그리워할 모: 부러워하다

限. 경계 한. limit 한도, 제한(하다)

限制 xiànzhì 쌘즈르 지을 제: 제한하다, 속박

县縣. 매달 현. town, province 행정단위

先먼저 선= 牛소 우 + 人사람 인 → 소보다 사람이 먼저다.

(용례) 女士们先生们。 nǚshìmenxiānshēngmen
뉘이쓰먼씨앤써엉먼 신사숙녀 여러분.

鲜고울 선= 魚고기 어 + 羊양 양 → 신선한 물고기와 양고기로 마련한 차림상이 참 곱다.

(용례) 你这个提法很新鲜。 nǐ zhègè tífǎ hěn xīnxiān
니이쩌거티이빠아 허언씨인씨앤 너의 표현법은 매우 새롭다.

羡羨부러워할 선= 羊양/상서로울 양 + 次버금 아 → 양이 버금간다 할 정도이니 참 부럽다.

闲한가 한= 门문 문 + 木나무 목 → 대문 안 나무 밑에서 한가롭게 논다.

限경계 한= 阝언덕 부/고을 읍 + 艮어긋날 간 → 고을에서 어긋나지 않도록 경계를 처 놓았다.

显顯밝을 현= 日날 일 + 业일 업 → 해가 제 할 일을 하면 밝다.

现現지금 현= 王임금 왕 + 見볼 견 → 지금 당장 임금을 뫼러 갑니다.

县縣매달 현= 且또/잠간 차 + 厶사사 사 → 또 사사로운 것을 매달아 홍보하려 하나.

斜. 비낄 사. incline 경사지다

協协. 합할 협. unite, add 합하다, 협조하다

协调 xiétiáo시에티아오 고를 조: 협조

鞋. 신 혜. shoes 신(발)

皮鞋 píxié 피이시에 가죽 피: 가죽구두

성조별 한국어 한자

	무성	1성	2성	3성	4성
사		些	斜	写	谢
협			协		
혜			鞋		

些. 적을 사. few 적다

149 xie 씨에

寫写. 베낄 사. copy 글씨를 쓰다, 글을 짓다

写作 xiězuò 시에쭈오 지을 작: 글을 짓다

描写 miáoxiě 미아오시에 그릴 사: 묘사하다

谢謝. 사례할 사. show gratitude 감사하다, 사례

谢谢 xiè·xie 쎄시에 사례할 사: 감사하다

感谢 gǎnxiè 가안쎄 느낄 감: 고맙다

些적을 사= 此이 차 + 二두 이 → 이것 두 개는 너무 적다.

斜기울 사= 余남을 여 + 斗 말 두 → 남아있는 한 말의 곡식을 부었더니 저울이 기울어졌다.

鞋신 혜= 革가죽 혁 + 土흙 토 + 土흙 토 → 신발은 가죽으로 만드는데 흙을 막아준다.

(용례) 他新买的皮鞋很好看。 tāxīnmǎidepíxié hěnhǎokàn

타아씨인마이더 피이씨에 허언하오칸 그가 새로 산 구두는 참 예쁘다.

写베낄/쓸 사= 冖덮을 멱 + 与줄 여 → 비밀리에 준다고 써라.

谢謝사례할 사= 言말씀 언 + 身몸 신 + 寸법 촌 → 몸을 바쳐 법도에 맞는 말로 사례한다.

(용례) 谢谢你来为我送行。 xièxieni láiwèiwǒsòngxíng

쎄씨에니이 라이웨이워어쏭씨잉 나를 배웅해 주셔서 감사합니다.

协協합할 협= 十열 십 + 办힘쓸 판 → 열 명이 힘을 쓰려면 힘을 합해야 효과를 본다.

熊. 곰 웅. bear 곰

熊猫 xióngmāo 씨옹마오 고양이 묘: 판다 곰

雄. 수컷 웅. male 수컷, 강력한

英雄 yīngxióng 이잉씨옹 꽃부리 영: 영웅

胸. 가슴 흉. chest 가슴, 마음, 의지

兄. 맏 형. elder brother 형

兄弟 xiōngdi 씨옹띠 아우 제: 아우, 저

150 xiong 씨옹

성조별 한국어 한자

	무성	1성	2성	3성	4성
웅			熊,雄		
형		兄			
흉		胸			

胸가슴 흉= **月**달 월 + **勹**쌀 포 + **凶**흉할 흉 → 달밤에 흉한 물건을 싸들고 가슴을 노린다.

兄맏 형= 맏형이 엎드려 앉아 제사 지내는 모습을 형상화 한 글자임.

熊곰 웅= **能**능할 능 + **灬**(네 발 모양) → 네 발로 능하게 움직이는 곰.

雄수컷 웅= **厷**(팔뚝을 뜻하는 옛글자) + **隹**새 추 → 참새가 팔뚝을 내 보이며 수컷 행세를 하려 한다.

(용례) **动物园里的熊猫非常可爱。** dòngwùyuánlǐdexióngmāo fēichángkěài
똥우위앤더시옹마오 페이창크어아이 동물원의 판다는 아주 귀엽다.

성조별 한국어 한자

	무성	1성	2성	3성	4성
수		修,羞			秀
휴		休			

151
xiu
씨우

羞. 부끄러워할 수. feel ashamed 수줍다, 수치

害羞 hàixiū 하이씨우 해칠 해: 부끄러워하다

休. 쉴 휴. rest 쉬다, 정지하다

休息 xiūxi 씨우씨 숨쉴 식: 휴식, 휴업

退休 tuìxiū 투이씨우 물러날 퇴: 퇴직하다

休闲 xiūxián 씨우시앤 한가할 한: 묵히다; 레저활동

修. 닦을 수. clean 수식하다, 수리하다, 장식하다

修理 xiūlǐ 씨우리이 이치 리: 수리하다

修改 xiūgǎi 씨우가이 고칠 개: 고치다

秀. 빼어날 수. superior 빼어나다, 높이 솟다

优秀 yōuxiù 요우쓔 뛰어날 우: 우수하다

羞부끄러워할 수= **羊**양 양 + **丑**소 축 → 양 밑에 깔린 소가 부끄러워한다.

休쉴 휴= **人**사람 인 + **木**나무 목 → 사람이 나무 옆에서 쉰다.

(용례) **本公司每逢礼拜一休息。** běn gōngsī měiféng lǐbàiyī xiūxī
버언꼬옹쓰으 메이펑 리이빠이이이씨우씨이 당사는 매주 월요일에는 휴업합니다.

修닦을 수= **攸**다스릴/바 유 + **彡**터럭 삼 → 작은 터럭까지 다스려 수양한다.

秀빼어날 수= **禾**벼 화 + **乃**곧 내 → 벼는 곧 빼어난 곡식이다.

성조별 한국어 한자

	무성	1성	2성	3성	4성
서		西			
석		夕,惜	席		
세				洗	细
습			习		
식		息			
실		悉			
흡		吸			
희		希		喜	戏

席. 자리 석. seat 자리, 좌석, 관직

主席 zhǔxí 쥬우시이 주인 주: 의장, 주석

出席 chūxí 츄우시이 나올 출: 참석하다

习習. 배울 습. learn 연습하다, 익숙하다, 늘

习惯 xíguàn 시이꽌 익숙할 관: 습관, 익숙

学习 xuéxí 쉬에시이 배울 학: 학습하다

练习 liànxí 리앤시이 익힐 련: 연습하다

152
xi
씨이

西. 서녘 서. west 서쪽

东西 dōng·xi 또옹씨 동녘 동: 물품

西瓜 xīguā 씨이꾸아 오이 과: 수박

西红柿 xīhóngshì 씨이호옹스 붉을 홍/감나무 시: 토마토

希. 드물 희. rare 드물다, 희망하다

希望 xīwàng 씨이왕 바라볼 망: 희망하다

夕. 저녁 석. evening 저녁 때

除夕 chúxī 추우씨이 덜 제: 섣달 그믐밤

吸. 들숨 흡. in-hale 들어마시다, 흡수하다

吸收 xīshōu 씨이쏘우 거둘 수: 흡수

吸引 xīyǐn 씨이이인 당길 인: 흡인하다

惜. 아낄 석. economize 소중히/불쌍히 여기다

可惜 kěxī 크어씨이 옳을 가: 섭섭하다

爱惜 àixī 아이씨이 사랑 애: 아끼다

悉. 다 실. all 다하다, 상세하다

熟悉 shú·xī 슈우씨이 익을 숙: 숙지하다

息. 숨쉴 식. breath 숨쉬다, 휴식하다

休息 xiū·xi 씨우씨 쉴 휴: 휴식, 휴업

消息 xiāo·xi 씨아우씨 사라질 소: 소식, 정보

喜. 기쁠 희. glad 기쁘다, 좋아하다

喜欢 xǐ·huan 시이환 기뻐할 환: 좋아하다

恭喜 gōngxǐ 꼬옹시이 공손할 공: 축하하다

洗. 씻을 세. wash 씻다, 제거하다

洗澡 xǐzǎo 시이자오 씻을 조: 목욕하다

洗手间 xǐshǒujiān 시이 쏘우 찌앤 손 수/사이 간: 화장실

洗衣机 xǐyījī 시이이이찌이 옷 의/틀 기: 세탁기

细細. 가늘 세. fine 가늘다, 정교하다

仔细 zǐxì 즈으씨 자세할 자: 세심하다

详细 xiángxì 시앙씨 자세할 상: 상세하다

戏戲. 놀 희. play 놀이, 놀다, 연극

游戏 yóuxì 요우씨 놀 유: 게임

戏剧 xìjù 씨쮜 심할 극: 희극, 연극

西서녘 서= 兀절름발이 왕 + 口에워쌀 위 → 서양에서는 절름발이를 에워싸 보호해 준다.

(용례) 你有没有什么好玩的东西？ nǐyǒuméiyǒu shénmehǎowánde dōngxī

니이요우메이요우 셔언머 하오와안더똥씨이 　너는 무슨 재미난 물건 가진 게 없니?

夕저녁 석= 月달 월 에서 한 획이 안보이는 모양, 저녁에 달이 아직 다 안 떠서 조금만 보이는 것임.

席자리 석= 广집 엄 + 廿(20, 많다 의 뜻)+ 巾수건 건 → 집 안에 많은 수건을 깔아 자리를 만들었다.

惜아낄 석= 心마음 심 + 昔옛 석 → 옛것을 아끼는 마음.

洗씻을 세= 水물 수 + 先먼저 선 → 씻으려면 먼저 물을 준비하라.

细가늘 세= 糸실 사 + 田밭 전 → 실모양의 밭이랑이 가늘다.

习배울 습= 羽날개 우의 반쪽. 즉, 한쪽 날개로 나는 법을 배운다.

息숨쉴 식= 自스스로 자 + 心마음 심 → 호흡은 자기 마음에 의해 이루어진다. 억지가 아니다.

(용례) 本公司每逢礼拜一休息。 běn gōngsī měiféng lǐbàiyī xiūxī
버언꼬옹쓰으 메이떠엉 리이빠이이이씨우씨이 당사는 매주 월요일에는 휴업합니다.

悉다 실= 釆분별할 변 + 心마음 심 → 모두 다 분별할 마음뿐이다.

吸들숨 흡= 口입 구 + 及미칠 급 → 숨이 입에 미치지 못하면 더 들어 마셔야 한다.

戏戲놀 희= 又또 우 + 戈창 과 → 또 창을 갖고 노는구나.

希드물 희= 乄드물다는 뜻의 옛글자 + 布베 포 → 옛날에는 베가 드물었다.

(용례) 他从小就希望做一个医生。 tācóngxiǎojiù xīwàngzuòyīgèyīshēng
타아초옹시아오 쮸씨이왕쭈오 이이꺼이이써엉 그는 어렸을 때부터 의사가 되기를 희망하였다.

喜기쁠 희= 吉길할 길 + 艹 머리의 뜻 + 口입 구 → 머리(정신적인 것)부터 입(물질적인 것)까지 길해지니 기쁘다.

성조별 한국어 한자

	무성	1성	2성	3성	4성
신		新,辛			信
심		心			
흔		欣			

153 xin 씨인

1

心. 마음 심. mind 마음, 심장, 의지

心理 xīnlǐ 씨인리이 이치 리: 심리
心情 xīnqíng 씨인치잉 뜻 정: 심정, 기분
心脏 xīnzàng 씨인짱 오장 장: 심장, 중심부
放心 fàngxīn 빵씨인 놓을 방: 방심 마음을 놓다
小心 xiǎo·xīn 시아오씨인 작을 소: 조심하다

新. 새 신. new 새, 새롭다, 새롭게하다

新鲜 xīn·xiān 씨인씨앤 고울 선: 신선하다
新闻 xīnwén 씨인워언 들을 문: 뉴스, 신문, 새로운 일

欣. 기뻐할 흔. be pleased 즐겁다, 기쁘다

欣赏 xīnshǎng 씨인샤앙 칭찬할 상: 감상하다

辛. 매울 신. hot, bitter 맵다, 고통

辛苦 xīn·ku 씨인쿠우 쓸 고: 괴롭다, 수고하다

2

3

4

信. 믿을 신. trust 신임하다, 확실하다, 신용

相信 xiāngxìn 씨앙씬 서로 상: 믿다
信用卡 xìnyòngkǎ 씬용카아 쓸 용/의성어 가: 신용카드
信封 xìnfēng 씬떠엉 봉할 봉: 편지봉투
信号 xìnhào 씬하오 이름 호: 신호
信任 xìnrèn 씬런 맡길 임: 신임하다
信心 xìnxīn 씬씨인 마음 심: 확신
信息 xìnxī 씬씨이 숨쉴 식: (기쁜)소식

新새 신= 立설 립 + 木나무 목 + 斤도끼 근 → 서있는 나무를 도끼로 잘랐다. 왜? 새로운 것을 만들려고.

(용례) **报上有什么新闻没有?** bàoshàng yǒushénmexīnwén méiyǒu?
빠오쌍 요우셔언머씨인워언 메이요우? 신문에 뭔가 새로운 소식이 없니?

辛매울 신= 立설 립 + 十열 십 → 십자가 위에 서서 매운 형벌을 받다.

信믿을 신= 人사람 인 + 言말씀 언 → 사람이 말을 잘해야 믿음을 산다.

(용례) **我相信他们的试验结果。** wǒxiāngxìn tāmende shìyànjiéguǒ
워어씨앙씬 타아먼더쓰얜지에구오 나는 그들의 시험결과를 믿는다.

心마음 심: 심장의 모양을 그린 글자(핏줄이 뻗어 난 모습이 보임)

(용례) **你放心, 我不会误事的。** nǐ fàngxīn wǒbùhuìwùshìde
니이 빠앙씨인 워어뿌후이우쓰더 걱정 마, 일 망치지 않을 테니.
路上很滑, 一不小心就会跌交。 lùshànghěnhuá yībùxiǎoxīnjiùhuìdiējiāo
루쌍허언후아 이이뿌샤오씨인쮸후이디에찌아오 길이 미끄러워 자칫 조심하지 않으면 넘어진다.

欣기뻐할 흔= 斤도끼 근 + 欠빚질/하품 흠 → 도끼를 맡기고 돈을 빌려 기쁘다.

154 xing 씨잉

1

성조별 한국어 한자

	무성	1성	2성	3성	4성
성		星		醒	性
행			行		幸
형			型,形		
흥		兴			兴

兴興. 일어날 흥. rise 성행하다, 유행하다
兴奋 xīngfèn 씨잉뻔 떨칠 분: 흥분하다

星. 별 성. star 별, 천체, 스타
星期 xīngqī 씨잉치이 때 기: 요일
明星 míngxīng 미잉씨잉 밝을 명: 스타, 샛별

2

刑. 형벌 형. punishment 형벌, 형
大型 dàxíng 따시잉 큰 대: 대형
类型 lèixíng 레이시잉 무리 류: 유형

型. 거푸집 형. mold 본, 유형, 법식
形成 xíngchéng 시잉처러엉 이룰 성: 형성하다
形式 xíngshì 시잉쓰 법 식: 형식, 형태
形象 xíngxiàng시잉썅 코끼리 상: 형상, 이미지
形容 xíngróng 시잉로옹 얼굴 용: 형용하다
形势 xíngshì 시잉쓰 세력 세: 형편, 지세
形状 xíngzhuàng 시잉쫭 모양 상: 형상, 외관

形. 형상 형. shape 형상, 모양, 나타나다
行动 xíngdòng 시잉똥 움직일 동: 걷다 행동
行人 xíngrén 시잉러언 사람 인: 행인
行为 xíngwéi 시잉웨이 위할 위: 행위
行李箱 xínglixiāng 시잉리씨앙 오얏 리/상자 상: 트렁크

行. 걸을 행. walk 걷다, 여행, 줄

3

醒. 깰 성. awake (잠에서) 깨다, 또렷하다
提醒 tíxǐng 티이시잉 끌 제: 일깨우다

4

幸. 다행 행. lucky 다행히, 행복, 기뻐하다
幸福 xìngfú 씽f푸 복 복 행복
幸运 xìngyùn 씽윈 돌 운 운이 좋다
幸亏 xìngkuī 씽쿠이 이지러질 휴 다행히

性. 성품 성. character 성격, 화내다, 효력
性格 xìnggé 씽그어 바로잡을 격: 성격
性别 xìngbié 씽비에 다를 별: 성별
性质 xìngzhì 씽즈 모양 질: 성질, 천성

兴興. 기뻐할 흥. delight 취미, 재미
高兴 gāoxìng 까오씽 높을 고: 좋아하다
兴趣 xìngqù 씽취 달릴 취: 흥취, 재미

星별 성= 日날 일 + 生날 생 → 태어나는 날 별이 빛났다.

(용례) 还有两个星期就放暑假了。 háiyǒuliǎnggèxīngqī jiùfàngshǔjiàle

하이요우리앙꺼씨잉치이쮸 뺭수우지아러. 이주일 후면 여름 방학이다.

性성품 성= 心마음 심 + 生날 생 → 성품은 태어날 때부터 갖는 마음이다.

醒깰 성= 酉술/닭 유 + 星별 성 → 닭이 별 보고 우는 서리에 깨어났다.

行걸을 행= 걸을 때 왼발과 오른발의 모습을 형상화 한 글자.

幸다행 행= 一한 일 + 辛매울 신 → 한 번 매운 맛을 보고 깨달으니 다행이다.

刑형벌 형= 开열 개 + 刂칼 도 → 칼로 살을 여는 형벌.

型거푸집/본보기 형= 刑형벌 형 + 土흙 토 → 흙더미 위에서 형벌을 주어 본보기로 삼았다.

形형상/모양 형= 开열 개 + 彡터럭 삼 → 열면 터럭이 날리는 그 모양을 형상화 해 보자.

兴興기뻐할 흥= 丶점 주 + 丶점 주 + 六여섯 육 → 여섯 명에 두 명이 더 합쳐져 기뻐하였다.

(용례) 见到您很高兴。 jiàndàonín hěngāoxìng

찌앤따오니인허언까오씽 만나서 반갑습니다.

성조별 한국어 한자

	무성	1성	2성	3성	4성
사		沙		傻	
하					厦
살		杀			

155
sha
쌰아

1

沙. 모래 사. sand 모래, 채치다

沙发 shāfā 쌰아빠아 쏠 발: 소파

沙滩 shātān 쌰아타안 여울 탄: 모래톱, 사주

沙漠 shāmò 쌰아모 사막 막: 사막

杀殺. 죽일 살. kill 죽이다, 싸우다

2

3

傻. 어리석을 사. foolish 어리석다, 멍하다

4

厦. 집 하. mansion, building 큰 건물

大厦 dàshà 따쌰아 큰 대: 빌딩

沙모래 사= 氵물 수 + 少적을 소 → 바위가 물이 적으면 결국 부스러져 모래가 된다.

傻어리석을 사= 亻사람 인 + 囟정수리 신 + 八여덟 팔 + 夊천천히 걸을 쇠

→ 정수리에 八자를 그리고 천천히 걷는 사람은 어리석다.

杀殺죽일 살= 乂처벌할 애(옛 글자) + 木나무 목 → 나무로 처벌하여 죽이다.

厦큰집 하= 厂헛간 창 + 夏여름 하 → 헛간에 여름이 통채로 들어가니 큰 집이다.

성조별 한국어 한자

	무성	1성	2성	3성	4성
산		刪,山,			
삼		衫			
선					善,扇,
섬				闪	

156 shan 쌰안

1

刪. 깎을 산. deduct 삭제하다, 줄이다

刪除 shānchú 쌰안추우 덜 제: 삭제하다

山. 뫼 산. mountain 산

爬山 páshān 파아쌰안 긁을 파: 등산

衫. 적삼 삼. shirt 적삼, 내의, 윗옷

衬衫 chènshān 처런쌰안 속옷 친: 셔츠

2

3

闪閃. 번뜩일 섬. glitter 번개, 날쌔게 피하다

闪电 shǎndiàn 쌰안띠앤 번개 전: 번개

4

善. 착할 선. good 착하다, 착한 사람, 선

完善 wánshàn 와안쌰안 완전할 완: 완벽하게 하다

善良 shànliáng 쌴랴앙 어질 량: 완착한, 선량한

扇. 부채 선. fan 부채

扇子 40 쌴쯔 아들 자: 부채

刪깎을 산= **冊**책 책 + **刂**칼 도 → 책의 내용을 칼로 도려내듯 잘라낸다.

山뫼 산= 산의 모양을 그림.

(용례) **周末我们去爬山吧。** zhōumò wǒmenqùpáshānba

쪼로우모 워어먼취 파아쌰안바 주말에 우리 등산 가자.

衫적삼 삼= **衣**옷 의 + **彡**터럭 삼 → 터럭처럼 엉성하게 만든 옷.

(용례) **那件衬衫他穿起来非常合身。** nàjiànchènshāntāchuānqǐlái fēichánghéshēn

나쪤처런쌰안타아추완라이 뻬이챠앙흐어썬 그 셔츠는 그가 입으니 딱 맞다.

善착할 선= **羊**양 양 + **艹**풀 초 + **口**입 구 → 양처럼 풀만 먹는 착한 것

扇부채 선= **戶**집 호 + **羽**깃털/날개 우 → 집 안에서 펄럭이는 날개 즉 부채

闪閃번뜩일 섬= **门**문 문 + **人**사람 인 → 문에 비친 번뜩하는 빛의 모양을 그림

성조별 한국어 한자

	무성	1성	2성	3성	4성
상		伤,商		赏	上,尚

157
shang
쌰앙

1

伤傷. 상처 상. injury 상처, 상하게 하다, 슬퍼하다

伤害 shānghài 쌰앙하이 해칠 해: 상하게 하다
伤心 shāngxīn 쌰앙씨인 마음 심: 상심하다

商. 헤아릴 상. count 상의하다, 상업, 장수

商店 shāngdiàn 쌰앙띠앤 가게 점: 상점
商量 shāng·liáng 쌰앙리앙 헤아릴 량: 상의하다
商业 shāngyè 쌰앙예 업 업: 상업
商品 shāngpǐn 쌰앙피인 물건 품: 상품

2

3

赏賞. 상줄 상. praise 상, 상을 주다

欣赏 xīnshǎng 씨인쌰앙 기뻐할 흔: 감상하다

4

上. 위 상. upper 위, 앞의, 황제

上午 shàngwǔ 쌍우우 낮 오: 오전
上班 shàngbān 쌍빠안 나눌 반: 출근하다
上当 shàngdàng 쌍땅 맡을 당: 꾐에 빠지다
上网 shàngwǎng 쌍와앙 그물 망: 인터넷에 접속하다

尚. 숭상할 상. respect 존중하다, 숭상하다, 아직

时尚 shíshàng 쓰으쌍 때 시: 시대적, 유행

伤傷상처 상= 亻사람 인 + 人사람 인 + 力힘 력 → 사람이 사람 몸에 힘을 가해 입힌 상처.

商헤아릴/상인 상= 立설 립 + 冂문 문 + 人사람 인 + 口입 구 → 문을 세우고 사람들에게 외치며 장사하네?

(용례) 这家商店的生意十分冷淡。 zhèjiā shāngdiàn de shēngyì shífēn lěngdàn
쩌찌아쌰앙땐더셔엉이이 쓰으퍼언르엉딴 이 상점의 장사가 아주 한산하다.

尚숭상할 상= 小작을 소 + 冂문 문 + 口입 구 → 사람이 있는 성문 위에서 높은 사람이 좌우 호위를 받고 있다.

赏賞상줄 상= 尙숭상할 상 + 貝조개 패 → 숭상하기 위해 주는 재물, 즉 상.

上위 상= 一땅 지 + 卜윗부분을 가르킴 → 글자 모양이 땅 위의 것을 보이는 형상이다.

(용례) 他许久没上班了 tāxǔjiǔ méishàngbānle
타아쉬이지우 메이쌰앙빠안러 그는 오랫동안 출근하지 않았다.
你正在上网课啊。 nǐzhèngzàishàngwǎngkèa
니이 쩌엉짜이쌍와앙커아 당신 지금 온라인 수업 중이에요?

성조별 한국어 한자

	무성	1성	2성	3성	4성
소		烧		少	绍,少
초		稍			
작			勺		

158 shao 쌰오

烧. 불사를 소. burn 불사르다, 굽다

发烧 fāshāo 빠아쌰오 쏠 발: 열이 나나

燃烧 ránshāo 라안쌰오 불사를 연: 타다, 태우다

稍. 점점 초. gradual 약간, 잠시

稍微 shāowēi 쌰오웨이 작을 미: 조금 다소

少. 적을 소. few 적다, 부족하다

多少 duō·shao 뚜오쌰오 많을 다: 얼마?

减少 jiǎnshǎo 지앤쌰오 덜 감: 감소, 줄이다

少. 어릴 소. young 젊다, 어리다, 젊은이

青少年 qīngshàonián 치잉쌰오니앤 푸를 청/ 해 년: 청소년

绍. 이을 소. introduce 소개(하다), 이어받다

介绍 jièshào 찌에쌰오 낄 개: 소개, 중매

烧불사를 소= 火불 화 + 尧높을 요 → 불꽃이 높게 피어오르도록 불사른다.

少적을 소(3성)/어릴 소(4성)= 갑골문에서는 4개의 점으로 표현해 많지 않음을 보이려 했음.

(용례) 为什么这么少? wèishénme zhèmeshǎo

웨이셔언머쩌머쌰오 왜 이렇게 적어(부족해)?

少年易老学难成。 shàoniányìlǎo xuénánchéng

쌰오니앤이라오 쉬에나안청 소년은 늙기 쉽고 학문은 이루기 어렵다.

绍이을 소= 糸실 사 + 召부를 소 → 실을 땡겨서(가까이 불러서) 잇는다.

(용례) 给他介绍一个女朋友。 gěi tā jièshào yīgè nǚ péngyǒu

게이타아찌에쌰오 이이꺼뉘펑요우 그에게 여자 친구를 한 명 소개해 주었다.

勺구기 작= 勹쌀 포 + 丶점 주 → 작은 점 같은 물건을 싸서 떠 담을 수 있는 국자 같은 물건

稍점점 초= 禾벼 화 + 肖작을 초 → 벼가 마르며 점점 작아진다.

성조별 한국어 한자

	무성	1성	2성	3성	4성
쇄					晒

159 shai 쌰이

晒. 햇빛 쬘 쇄. ray 햇볕을 쬐다, 햇볕이 내리쬐다

晒햇빛 쬘 쇄= 日날 일 + 西서녘 서 → 해가 서쪽에서 질 때까지 햇볕을 쬘 수 있다.

什. 무엇 심. what 무엇, 무슨

什么 shén·me 셔언머 그런가 마: 무엇?

为什么 wèishén·me 웨이셔언머 위할 위: 무엇 때문에

神. 귀신 신. spirit 신, 정신

神话 shénhuà 셔언화 말할 화: 신화

神秘 shénmì 셔언미 숨길 비: 신비한

神经 shénjīng 셔언 찌잉 날줄 경: 신경

伸. 펼 신. spread, unfold 펴다, 해명하다

申. 납 신. express 설명하다, 12지(원숭이)

申请 shēnqǐng 셔언치잉 청할 청: 신청하다

深. 깊을 심. deep 깊숙하다, 심오하다

深刻 shēnkè 셔언크어 새길 각: 강렬하다, 깊다

身. 몸 신. body 몸, 자기, 생명

身体 shēntǐ 셔언티이 몸 체: 몸, 신체

身份 shēn·fen 셔언 펀 재목 분: 신분

身材 shēncái 셔언 차이 재목 재: 체격, 몸집

160 shen 셔언

甚. 심할 심. severe 심하다, 몹시

甚至 shènzhì 션즈르 이를 지: 심지어

성조별 한국어 한자

	무성	1성	2성	3성	4성
신		申,身,伸	神		
심		深	什		甚

申펼/납 신= 田밭 전 + 丨뚫을 곤 → 밭에 수로를 뚫어 밭을 펼친다.

伸펼 신= 人사람 인 + 申펼 신 → 사람이 기지개로 몸을 편다.

神귀신 신= 礻보일 시 + 申펼/납 신 → 귀신이 몸을 펴서 보이게 한다.

身몸 신= 임신한 여자의 옆모습을 그림

(용례) 你父母身体好吗？ nǐ fùmǔ shēntǐ hǎo ma ?

니이푸무우셔언티이하오마 너의 부모님 건강 좋으시니?

什甚무엇 심= 人사람 인 + 十열 십 → 저 사람이 무엇 때문에 10번을 반복하나?

深깊을 심= 氵물 수 + 穴구멍 혈 + 木나무 목 → 깊은 곳의 물이 구멍을 통해 나무로 올라온다.

甚심할 심= 甘달 감 + 匹짝 필 → 짝(이성)의 단맛은 심하다.

성조별 한국어 한자

	무성	1성	2성	3성	4성
생		生		省	
성		声			
승		升	绳		胜
잉					剩

绳. 노 승. wire 끈 바로잡다

绳子 shéng·zi 쎠엉쯔 아들 자: 새끼, 밧줄

161 sheng 써엉

升. 오를 승. clime, rise 오르다, 올리다

生. 날 생. born 낳다, 생기다, 삶

先生 xiān·sheng 씨앤써엉 먼저 선: 선생, 남편

生病 shēngbìng 써엉삥 병 병: 병나다

生产 shēngchǎn 써엉차안 낳을 산: 생산, 출산

生动 shēngdòng 써엉똥 움직일 동: 생동감 있는

生活 shēnghuó 써엉후오 살 활: 생활, 생계

生命 shēngmìng 써엉밍 목숨 명: 생명

生气 shēngqì 써엉치 기운 기: 화내다 생명력

生日 shēngrì 써엉르 날 일: 생일

声聲. 소리 성. sound 소리, 목소리

声音 shēngyīn 써엉이인 소리 음: 소리

声调 shēngdiào 써엉따오 뽑힐 조: 성조, 말투

省. 덜 생. reduce 아끼다, 빼다

省略 shěnglüè 써엉 뤼에 간략할 략: 생략, 간략

节省 jiéshěng 지에써엉 마디 절: 아끼다, 절약

胜勝. 이길 승. win, defeat 이기가, 아름답다

胜利 shènglì 썽리 날카로울 리: 승리 이기다

名胜古迹 míngshènggǔjì 밍썽구우찌 밝을 명/옛 고/자취 적: 명승고적

剩. 남을 잉. reside, remain 남다, 나머지

生날 생= 흙 위에서 싹이 나고 양 쪽에서 잎이 나는 모양을 형상화한 글자.

(용례) 女士们先生们。 nǚshìmenxiānshēngmen

뉘이쓰먼씨앤써엉먼　　신사숙녀 여러분

他生病住院了。tā shēngbìng zhùyuànle

타아써엉삥 쭈위앤러　　그는 병이 나서 병원에 입원하였다.

这个工厂已开始生产。zhègègōngchǎng yǐkāishǐshēngchǎn

쩌꺼꼬옹차앙이이 카이쓰으 써엉차안　　이 공장은 이미 생산을 시작하였다.

你别惹他，他生气了。nǐbiérětā tāshēngqìle

니이비에르어타아 타아써엉치러　　개 화났으니 건드리지 마.

省덜 생/살필 성 → 少적을/어릴 소 + 目눈 목 → 양이 적지만 눈으로 잘 보고 좀 덜어내라.

声聲소리 성= 士선비 사 + 戶집 호 → 선비의 집이라 글 읽는 소리가 들리는구나.

胜勝이길 승= 月몸 육 + 生날 생 → 몸에서 힘이 생겨 승리하다.

升오를 승= 一한 일 + 廾이 십 → 하나를 20으로 올린다.

绳노 승= 纟실 사 + 黾힘쓸 민 → 실을 힘을 드려 꼬아 노끈을 만든다.

剩남을 잉= 乖어그러질 괴 + 人사람 인 + 刂칼 도 → 어그러진 인간에게 칼을 주니 지나친(남아 돌아가는) 처사이다.

谁誰. 누구 수. who 누구, 아무

성조별 한국어 한자

	무성	1성	2성	3성	4성
수			谁		

162
shei
쉐이

谁누구 수= 言말씀 언 + 隹새 추 → 누가 새의 말을 하겠는가?

성조별 한국어 한자

	무성	1성	2성	3성	4성
수		收		守,手,首	受,寿,售,授,,瘦

163
shou
쏘우

收. 받을 수. receive 얻다, 거두다, 수확

收入 shōurù 쏘우루 들어올 입: 수입
收获 shōuhuò 쏘우후오 얻을 획: 수확하다
收据 shōujù 쏘우쮜 의거할 거: 영수증
收拾 shōu·shi 쏘우스 주을 습: 거두다, 없애다

手. 손 수. hand 손, 수단, (손에)잡다

手表 shǒubiǎo 쏘우비아오 표 표: 손목시계
手机 shǒujī 쏘우찌이 틀 기: 휴대전화
手工 shǒugōng 쏘우꼬옹 장인 공: 수공, 품삯
手术 shǒushù 쏘우쑤 꾀 술: 수술, 방법
手套 shǒutào 쏘우타오 클 투: 장갑
手续 shǒuxù 쏘우쒸 이을 속: 수속, 절차
手指 shǒuzhǐ 쏘우쯔으 손가락 지: 손가락

首. 머리 수. head 머리, 수령, 최고의

首都 shǒudū 쏘우뚜우 고을 도: 수도,
首先 shǒuxiān 쏘우씨앤 먼저 선: 먼저, 우선

守. 지킬 수. guard 지키다, 수비하다, 돌보다

遵守 zūnshǒu 쭈운쏘우 따라갈 준: 준수
保守 bǎoshǒu 빠오쏘우 보존할 보: 보수적

寿壽. 목숨 수. life 수명, 연령, 장수

寿命 shòuming 쏘우밍 목숨 명: 수명, 목숨

受. 받을 수. receive 받다, 받아드리다

受到 shòudao 쏘우따오 이를 도: 받다
接受 jiēshòu 찌에쏘우 받을 수: 접수
受伤 shòushāng 쏘우쌰앙 다칠 상: 부상당하다
受不了 shòubuliǎo 쏘우뿌랴오 아니 불/마칠 료: 참을 수 없다

授. 줄 수. give 수여하다, 주다, 전수하다

教授 jiàoshòu 쨔오쏘우 가르칠 교: 교수

售. 팔 수. sale 팔다, (계략을)부리다

销售 xiāoshòu 쌰오쏘우 녹을 소: 판매하다,
售货员 shòuhuòyuán 쏘우후오위앤 재화 화/인원 원: 점원

瘦. 파리할 수. thin 마르다, 꼭끼다

收받을 수= 丩(爿)쪽 판(옛 글자) + 攵칠 복 → 조각난 것을 잘 쳐서 받아드린다.

手손 수= 손가락을 편 손의 모양을 형상화한 글자

(용례) 要开会了，请关手机。 yàokāihuìle qǐngguānshǒujī
야오카이후이러 치잉꾸안쏘우찌이 회의를 시작하겠으니 휴대폰을 꺼 주세요.

首머리 수= 얼굴의 모양을 형상화 한 글자로 눈썹과 수염 기른 입모양이 부각되었다.

守지킬 수= 宀집 면 + 寸법/마디 촌 →집의 법도는 지켜야 한다

寿壽목숨 수= 丰예쁠 봉 + 寸법 촌 → 법도에 따라 예쁘게 살면 목숨을 오래 보존할 수 있다.

受받을 수= 爪손톱/손 조 + 冖덮을 멱 + 又또/손 우 → 손으로 덮어 무엇인가 또 받는다.

授줄 수= 扌손 수 + 受받을 수 → 주시니 손 내밀어 받겠습니다.

售팔 수= 隹새 추 + 口입 구 → 새처럼 입을 잘 놀려 팔았다.

瘦파리할 수= 疒병들 녁(역) + 叟늙은이 수 → 병든 늙은이처럼 파리하다.

(용례) 这件衣裳太瘦。 zhèjiànyīshang tàishòu

쩌짼이이쌍 타이쏘우 　 이 옷은 너무 꼭 낀다.

	무성	1성	2성	3성	4성
쇄		刷			

성조별 한국어 한자

164 shua 쑤아

刷. 닦을 쇄. wipe 솔로 닦다, 솔질하다, 솔

刷牙 shuāyá 쑤아야 어금니 아: 이를 닦다, 칫솔

印刷 yìnshuā 인쑤아 도장 인: 인쇄

刷닦을 쇄= 户문 호 + 巾수건 건 + 刂칼 도 → 집 안에서 수건을 잘라 닦는다.

성조별 한국어 한자

	무성	1성	2성	3성	4성
솔		摔		甩	
수					帅

165 shuai 쑤아이

摔. 내던질 솔. throw 내던지다, 추락하다, 쓰러지다

摔倒 shuāidǎo 쑤아이다오 넘어질 도: 자빠지다

甩. 버릴 솔. desert 흔들다, 내던지다, 벗어버리다

帅. 장수 수. general 지휘관, 통솔하다

摔내던질 솔= 扌손 수 + 率거느릴 솔 → 거느렸던 무리들을 제 손으로 내 던졌다.

甩버릴 솔= 用쓸 용 + 乚꼬리 찰 → 쓸모없는 꼬리를 잘라버려라.

帅장수 수= 刂칼 도 + 巾수건 건 → 칼 차고 수건으로 머리를 묶은 장수.

성조별 한국어 한자

	무성	1성	2성	3성	4성
쌍		双			

166
shuang
쑤앙

2
3
1
4

双雙. 쌍 쌍. pair 쌍의, 짝수의, 켤레

双方 shuāngfāng 쑤앙f앙 모 방: 쌍방

双雙쌍 쌍= 又또/다시 우 + 又또/다시 우 → 같은 글자가 또 겹쳐 쌍을 이룬다.

성조별 한국어 한자

	무성	1성	2성	3성	4성
석					硕
설		说			

167
shuo
쑤오

2
3
1
4

说說. 말할 설. talk 말하다, 설명하다, 주장

说服 shuōfú 쑤오f우 옷 복: 설득하다, 납득시키다

说明 shuōmíng 쑤오미잉 밝을 명: 설명하다,

说话 shuōhuà 쑤오후아 말씀 화: 말하다, 잡담하다

说不定 shuō·budìng 쑤오부띵 아니 불/정할 정: 단언하기 어렵다

硕碩. 클 석. big, large 크기

硕士 shuòshì 쑤오쓰 선비 사: 석사

说說말할 설= 讠말씀 언 + 八여덟 팔 + 兄맏형 형 → 8형제가 모여 말한다.

(용례) 他这句说话很在理。 tāzhèjùshuōhuà hěnzàilǐ

타아쩌쮜쑤오후아 허언짜이리이 그의 이 말은 매우 일리가 있다.

硕碩클 석= 石돌 석+ 頁머리 혈 → 돌머리가 크기만 하다.

성조별 한국어 한자

	무성	1성	2성	3성	4성
서		书,舒		鼠	
소		梳,蔬			
속					束
수		殊,输			数,树
숙		叔,	塾,熟	熟	
술					术,述

熟. 익을 숙. ripe 익다, 여물다, 상세히

熟悉 shú·xī 쑤우씨이 갖출 실: 숙지하다
熟练 shúliàn 쑤우롄 익힐 련: 숙련된, 능숙
成熟 chéngshú 처엉쑤우 이룰 성: 성숙하다

塾. 글방 숙. study 서당, 글방

私塾 sīshú 쓰으쑤우 개인 사: 글방
塾师 shúshī 쑤우쓰으 스승 사: 훈장

鼠. 쥐 서. mouse 쥐, 마우스

老鼠 lǎoshǔ 라오쑤우 늙을 로: 쥐
鼠标 shǔbiāo 쑤우빠오 우듬지 표: 마우스

属屬 무리 서. group 같은 종류, ~에 속하다

属于 shǔyú 쑤우위이 또 우: ~에 속하다

168
shu
쑤우

1 2 3 4

叔. 아재비 숙. uncle 아저씨, 숙부, 시동생

叔叔 shūshu 쑤우쑤 아재비 숙: 삼촌

梳. 빗 소. comb 빗, 머리를 빗다

梳子 shūzi 쑤우쯔 아들 자: 빗

书書. 글 서. writing 그을 쓰다, 서신

图书馆 túshūguǎn 투우쑤우구안 그림 도/집 관: 도서관
书架 shūjià 쑤우찌아 시렁 가: 서가, 책꽂이
秘书 mìshū 미쑤우 숨길 비: 비서직, 비밀문서

舒. 펼 서. spread 펴다, 느리다

舒服 shū·fu 쑤우푸 옷 복: 편한, 잘 맞는
舒适 shūshì 쑤우쓰 맞을 적: 기분이 좋은

蔬. 푸성귀 소. vegitable 푸성귀, 야채, 채소

蔬菜 shūcài 쑤우차이 나물: 채소

殊. 다를 수. differ 다르다, 특별하다, 극히

特殊 tèshū 트어쑤우 특히 특: 특수

输輸. 보낼 수. send 나르다, 바치다

输入 shūrù 쑤우루 들 입: 수입
运输 yùnshū 윈쑤우 돌 운: 운수 수송

数數. 숫자 수. number 수, 숫자, 세다

数字 shùzì 쑤우쯔 글자 자: 수자
数学 shùxué 쑤우쉬에 배울 학: 수학
数据 shùjù 쑤우쮜 일할 거: 통계수치
数量 shùliàng 쑤우량 헤아릴 량: 수량
数码 shùmǎ 쑤우마아 마노 마: 수자, 디지털

束. 묶을 속. bind 묶다, 속박하다, 묶음

结束 jiéshù 지에쑤우 맺을 결: 끝내다

术術. 꾀 술. wits, trick 기술, 수단

艺术 yìshù 이쑤우 재주 예: 예술
技术 jìshù 찌쑤우 재주 기: 기술

述. 말할 술. speak 진술하다, 계승하다

叙述 xùshù 쒸쑤우 차례 서: 서술, 진술

树樹. 나무 수/심을 수. plant, tree 나무(를 심다)

叔아재비 숙= 上윗 상 + 小작을 소 + 又손/또 우 → 손위 작은 사람도 또한 아재비이다.
书書글 서= 弓활 궁 + 丨뚫을 곤 + 丶점 주 → 활을 한(丶) 칼에 (丨) 잘라 버리고 책을 본다.
舒펼 서= 舍집 사 + 予나 여 → 집이 내 것일 때 기를 펼 수 있다.

(용례) 这儿坐着很舒服。 zhèérzuòzhe hěnshūfú

쩌얼쭈오쩌 허언쓔우yu우 이곳에 앉아있으니 아주 편하다.

蔬푸성귀 소= ⺾풀 초 + 疏트일 소 → 널리 트여 환영받는 풀, 즉 채소

殊벨/죽일 수= 歹죽을 알 + 朱붉을 주 → 죽어서 붉은 빛을 내다.

输보낼 수= 车수레 차 + 俞그러할/점점 유 → 그렇게 수레에 실어 보냈다.

熟익을 숙= 享누릴 향 + 丸알 환 + 火불 화 → 알약을 불에 잘 달구면(즐기면) 익을 것이다.

塾글방 숙= 享누릴 향 + 丸알 환 + 土흙 토 → 환약을 즐기도록 땅위에 지어 논 글방

数數숫자 수= 米쌀 미 + 女계집 녀 + 夂칠/힘쓸 복 → 여자가 쌀을 힘써 세고 있다.

束묶을 속= 木나무 목 + 口입 구 → 나무에 입 구자를 새겨 서로 묶는다.

术術꾀 술= 木나무 목 + 丶점 주 → 나무에 점을 찍는 기술

树樹나무/심을 수= 木나무 목 + 对대할 대 → 나무를 심을 때는 나무를 잘 대해야 한다.

169 shun 쓔운

성조별 한국어 한자

	무성	1성	2성	3성	4성
순					顺

顺. 순할 순. mild 순조롭다, 따르다, 하는 김에

顺序 shùnxù 쓔쒸 차례 서: 순서

顺便 shùnbiàn 쓔뺸 편할 편: 하는 김에

顺利 shùnlì 쓔리 날카로울 리: 순조롭다

顺순할 순= 川내 천 + 頁머리 혈 → 머리가 내처럼 잘 흐르는 순한 사람이다.

성조별 한국어 한자

	무성	1성	2성	3성	4성
세					税
수				水	睡

170 shui 쓔이

水. 물 수. water 물, 강등 물로 이루어지는 것

水果 shuǐguǒ 쓔이구오 실과 과: 과일

水平 shuǐpíng] 쓔이피잉 바를 평: 수평

睡. 잠잘 수. sleep 잠, 자다, 줍다

睡觉 shuìjiào 쓔이쨔오 깰 교: 자다

税稅. 세금 세. tax 세금(을 내다) 빌리다

水물 수= 물이 높은데서 모여 낮은 데로 내려가는 모습을 형상하한 글자.

(용례) 咱们要不要吃点儿水果？ zánmenyàobùyào chīdiǎnérshuǐguǒ

자안먼야오뿌야오 츠으디앤쓔이구오 우리 과일 좀 먹을까?

接近世界最高水平。 jiējìn shìjièzuìgāoshuǐpíng

찌에찐쓰찌에쭈이까오쑤이피잉 세계 최고 수준에 버금가다.

睡잠잘/졸릴 수= 目눈 목 + 垂드리울 수 → 눈을 드리우고 존다.

(용례) 昨晚我没睡觉。 zuówǎnwǒméishuìjiào

주오와안 워어메이쑤이쨔오 어젯밤에 나는 잠을 못 잤다.

税稅세금 세= 禾벼 화 + 兌바꿀/빛날 태 → 옛날에는 벼로 바꾸어 세금을 냈다..

171 she 쓰어

舌. 설 혀. tongue 혀, 언어

舌头 20 쓰어토우 머리 두: 혀

蛇. 뱀 사. snake 뱀

2 / 3 / 1 / 4

舍捨. 버릴 사. discard 버리다 바치다

舍不得 300 쓰어뿌떠 아니 불/얻을 득: 아쉽다

성조별 한국어 한자

	무성	1성	2성	3성	4성
사			蛇	舍	射,舍,社
설			舌		设
섭					摄

射. 쏠 사. shoot 쏘다, 내뿜다. 슛

射击 shèjī 쎠찌이 칠 격: 사격(경기)

摄攝. 당길 섭. draw 섭취하다, 사진을 찍다

摄影 shèyǐng 써이잉 그림자 영: 촬영(하다)

设設. 베풀 설. provide 세우다, 계획하다, 만약

设备 shè·bèi 쎠뻬이 갖출 비: 설비. 갖추다

设计 shèjì 쎠찌 셀 계: 계책을 꾸미다

社. 단체 사. organization 조직체, 조합

社会 shèhu 쎠후이 모일 회: 사회

报社 bàoshè 빠오쎠 묵을 숙: 숙

舍. 집 사. house 집, 우리집

宿舍 sùshè 쑤써 묵을 숙: 숙사, 기숙사

蛇뱀 사= 虫벌레 충 + 宀집 면 + 匕비수 비 → 벌레 같은데 비수(독)를 가지고 다님.

舌혀 설= 千일천 천 + 口입 구 → 혀를 밑으로 내민 모양임. 千은 코와 윗입술을, 口는 혀를 그린 것임.

舍집/버릴 사= 人사람 인 + 舌혀 설 → 집의 모양을 人사람 인자와 舌혀 설자로 그렸음.

舍는 3성인 경우 捨버릴 사의 간체자

捨버릴 사= 扌손 수 + 舍집/버릴 사 → 舍만으로도 버린다는 뜻인데 扌를 붙여 손을 써서 버린다는 뜻을 보임.

射쏠 사= 身몸 신 + 寸마디/법 촌 → 활을 쏘려면 몸을 법도에 맞추어야 한다.(자세를 옳게 잡아야 한다.)

摄攝당길 섭= 扌손 수 + 聶소곤거릴 섭 → 소곤거리려고 귀를 잡아당긴다.

设設베풀 설= 言말씀 언 + 几몇 기+ 又또 우 → 말을 몇 번이나 하고 또 하여 베푼다.

社단체 사/신 시= 示볼 시 + 土흙 토 → 단체나 회사를 설립할 때 땅을 보아야 한다. 즉 입지를 분석한다.

时時. 때 시. time 때, 시간

时候 shí·hou 스호우 물을 후: 때, 시간
时间 shíjiān 스찌앤 사이 간: 시간
时代 shídài 스따이 대신할 대: 시대, 당시
时刻 shíkè 스크어 새길 각: 시각
时髦 shímáo 스마오 다팔머리 모: 유행, 현대적
时期 shíqī 스치이 때 기: 시기, 특정시기
时尚 shíshàng 스샤앙 승상할 상: 당시의 풍조

实實. 열매 실. fruit 열매, 결실

实话 shíhuà 스후아 말씀 화: 실화
实际 shíjì 스찌 가장자리 제: 실제(적)
实践 shíjiàn 스짜앤 밟을 천: 실천 실행
实习 shíxí 스씨이 배울 습: 실습, 견습
实现 shíxiàn 스씨앤 지금 현: 실현하다
实行 shíxíng 스씨잉 걸을 행: 실행하다
实验 shíyàn 스얜 시험할 험: 실험하다
实用 shíyòng 스용 쓸 용: 실제로 쓰다
实在 shízài 스짜이 있을 재: 실재하다
其实 qíshí 치이스 그 기: 사실은, 실제는

识識. 알 식. know 식별(하다), 지식

认识 rèn·shi 런스 쓸지: 알다, 인식
常识 chángshí 차앙스 항상 상: 상식

食. 먹을 식. eat 음식(을 먹다)

食品 shípǐn 스피인 물건 품: 식품
食物 shíwù 스우 물건 물: 음식물
粮食 liángshi 리앙스 곡식 량: 양식, 식량
零食 língshí 리잉스 나머지 령: 간식

十. 열 십. ten 열(10)

十分 shífēn 스뻐언 나눌 분: 십분, 대단히

石. 돌 석. rock 돌, 석각

石头 shítou 스토우 머리 두: 돌, 악덕지주

失. 잃을 실. lose 잃다, 잘못하다, 실수

失望 shīwàng 스왕 바랄 망: 실망
失败 shībài 스빠이 깨뜨릴 패: 실패
失眠 shīmián 스미앤 잠잘 면: 불면
失去 shīqù 스취 갈 거: 잃다, 상실
失业 shīyè 스예 업 업: 직업을 잃다

湿濕. 축축할 습. moist 습기, 적시다

潮湿 cháoshī 차오스 조수 조: 축축한
湿润 shīrùn 스룬 젖을 윤: 습윤하다

师師. 스승 사. teacher 스승, 스님

老师 lǎoshī 라오스 늙을 로: 선생님
师傅 shī·fu 스푸 스승 부: 스승, 마스터

施. 베풀 시. service 시행하다, 베풀다

设施 shèshī 셔어스 베풀 설: 시설, 시책
措施 cuòshī 추오스 둘 조: 조치

狮獅. 사자 사. lion 사자

狮子 shī·zi 스쯔 사자 사: 사자

诗詩. 시 시. poem 시

성조별 한국어 한자

	무성	1성	2성	3성	4성
사		师,狮		使,史	事,士,似
석			石		释
세					世,势
습		湿			
시		施	时	始	市,是,示,视试
식			识,食		式,饰
실		失	实		室
십			十		
적					适

2 1
172
shi
스
3 4

使. 부릴 사. make one to work 하게 하다, 파견

使用 shǐyòng 스용 쓸 용: 사용하다
使劲 shǐjìn 스찐 굳셀 경: 힘을 쓰다
大使馆 dàshǐguǎn 따스구안 큰 대/객사 관: 대사관

世. 세상 세. world 역대, 세대

世界 shìjiè 스찌에 지경 계: 세계
世纪 shìjì 스찌 법 기: 세기, 시대

事. 일 사. duty 일, 사고, 직업

事情 shì·qing 스칭 뜻 정: 일 업무, 볼일
同事 tóngshì 토옹스 같을 동: 동료, 함께 일하다

(114p에 계속)

史. 사관 사. history 역사, 사관

历史 lìshǐ 리쓰으 책력 력: 역사, 이력

国史 guóshǐ 구오쓰으 나라 국: 국사

始. 처음 시. start 처음, 시작하다

始终 shǐzhōng 쓰으쯔옹 끝 종: 시종시말

开始 kāishǐ 카이쓰으 열 개: 시작되다 개시

士. 선비 사. scholar 선비, 지식인, 총각

势. 세력 세. force 기세, 형세, 권력

博士 bóshì 보오쓰 넓을 박: 박사, 명인

护士 hù·shi 후쓰 지킬 호: 간호사

形势 xíngshì 씨잉쓰 형상 형: 지세, 형편

趋势 qūshì 취이쓰 주창할 추: 추세

室. 방 실. room 방, 기관 등에서 업무의 단위

教室 jiàoshì 쨔오쓰 가르칠 교: 교실

办公室 bàngōngshì 빤고옹쓰 힘쓸 판/공변될 공: 사무실

市. 저자 시. market 저자, 도시

超市 chāoshì 차오쓰 뛰어넘을 초: 슈퍼마켓

城市 chéngshì 처엉쓰 성곽 성: 도시

式. 법 식. law 양식, 격식, 공식

正式 zhèngshì 즈엉쓰 바를 정: 정식의

形式 xíngshì 씨잉쓰 형상 형: 형식 형태

是. 옳을 시. correct 긍정하다, 맞다, 옳다

是否 shìfǒu 쓰 포우 아닐 부: 인지 아닌지

但是 dànshì 딴쓰 다만 단: 그러나, 단지

还是 háishi 하이쓰 다시 환: 그런데도

示. 보일 시. show 보다 가리키다, 보이다

表示 biǎoshì 비아오쓰 겉 표: 나타내다, 표시

显示 xiǎn·shì 시앤쓰 겉밝을 현: 현시, 과시하다

视視. 볼 시. see 보다, ~로 여기다

电视 diànshì 띠앤쓰 번개 전: 텔레비전

重视 zhòngshì 즈옹쓰 무거울 중: 중요시

试試. 시험할 시. test 시험하다, 시도하다

考试 kǎoshì 카오쓰 상고할 고: 시험, 고사

试验 shìyàn 쓰얜 시험할 험: 시험

适適. 맞을 적. fit 적합하다, 알맞다, 편하다

合适 héshì 흐어쓰 맞을 적: 적당하다, 적합

适应 shìyìng 쓰잉 응할 응: 적응, 적합하다

释釋. 풀 석. interpret 해석하다, 풀다

解释 jiěshì 지에쓰 풀 해: 해석하다

饰.꾸밀 식. decorate 장식하다, 분장하다

装饰 zhuāngshì 즈루앙쓰 차릴 장: 치장하다

似.같을 사. similar 닮다, 유사하다

似的 shìde 쓰떠 목적 적: 마치 ~같다

失잃을 실= 丿삐칠 별 + 夫지아비 부 → 삐친 지아비가 평정을 잃어버렸다.

湿濕축축할 습= 氵물 수 + 日날 일 + 业일 업 → 하루 종일 일하여 땀으로 몸이 젖었다.

师師스승 사= 刂칼 도 + 一한 일 + 巾수건 건 → 칼로 수건에 한일자를 새겨 주시는 스승님.

(용례) 王老师教我们数学。 wánglǎoshī jiàowǒmenshùxué

와앙라오스으 쨔오워어먼 쑤쉬에　왕 선생님은 우리들에게 수학을 가르친다.

施베풀 시= 方모 방 + 卜점 복 + 也또 야 → 또 점을 보고 4방에 시주한다.

狮獅사자 사= 犭개 견 + 师스승 사 → 사자는 개(짐승)에게는 선생이다.

诗詩시 시= 讠말씀 언 + 土흙 토 + 寸마디/법도 촌 → 흙을 밟고 하는 말이 법도에 맞으면 바로 시다.

时時때 시= 日날 일 + 寸마디/법도 촌 → 하루를 잘라 마디를 만든 것이 바로 시(时)이다.

(용례) 他去了多少时候？ tā qùleduōshǎoshíhòu

타아취러 뚜오쌰오스호우　그가 간지 얼마나 되니?

实實열매 실= 宀집 면 + 丶점 주 + 丶점 주 + 大큰 대 → 집안 큰 나무에 주렁주렁(丶丶) 열매가 달렸다.

识識알 식= 讠말씀 언 + 口입 구 + 八여덟 팔 → 입으로 여덟 번 같은 말을 했다면 그건 확실히 아는 것이다.

食먹을 식= 人사람 인 + 良좋을 량 → 사람에게 제일 좋은 것은 먹는 것이다.

使부릴 사= 亻사람 인 + 吏관리 리 → 관리가 사람을 부린다.

史사관 사= 中가운데 중 + 丿삐칠 별 → 중앙의 일과 변두리 일을 균형 있게 보는 사관

事일 사= 一한 일 + 口입 구 + 彐손 계 + 亅갈고리 궐 → 한 식구의 입을 위해 손이 갈고리처럼 일한다.

(용례) 我有点儿事情。 wǒyǒudiǎnér shìqíng 워어요우디알 쓰치잉　나는 볼일이 조금 있습니다.

他是我的同事。 tāshì wǒdetóngshì 타아스워어더 토옹스　그는 나의 직장 동료이다.

士선비 사= 十열 십 + 一한 일 → 선비는 하나를 보고 열을 깨우친다.

似같을 사= 亻사람 인 + 以써 이 → 사람으로써의 됨됨이가 늘 같아야 한다.

释釋풀 석= 釆분별할 변 + 睪엿볼 역 → 분별하고 두루 엿봐 가며 해석한다.

世세상 세= 十열 십 + 一한 일 + 廿스물 입 → 세상엔 일십 이십 등 온갖 일이 다 일어난다.

势세력 세= 扌손 수 + 丸알 환 + 力힘 력 → 손으로 총알을 잡을만한 힘이 있는 세력

市저자 시= 亠머리 두 + 巾수건 건 → 머리에 수건을 두르고 가는 곳.

(용례) 我家侧近就有一个大超市。 wǒjiācèjìnjiù yǒuyīgèdàchāoshì

워어찌아처찐쮸요우이이꺼따챠오스　우리 집 근처에 큰 상점이 있다.

中国沿海开放城市。 zhōngguóyánhǎi kāifàngchéngshì 。

쯔옹구오이옌하이 카이짱쳐엉스　중국의 연해안 개방 도시.

始처음 시= 女계집 녀 + 厶사사 사 + 口입 구 → 처음에는 여자가 사사로운 말로 시작한다.

(용례) 新的一年开始了 xīn de yīnián kāishǐ le

씨인더 이이니앤카이스으러　새로운 한 해가 시작되었다.

是옳을 시= 日날 일 + 疋필 필 → 하루는 포목으로 치면 한 필이라 하는 것이 옳다

(용례) 这个好是好，但是我不要。 zhègèhǎoshìhǎo dànshìwǒbùyào

쩌꺼하오스하오딴스워어뿌야오　이것은 좋기는 좋지만, 나는 안 갖겠다.

这件事 你满意还是不满意? zhèjiànshì nǐmǎnyì háishìbùmǎnyì ?

쩌 쨴스 니이마안이 하이스뿌마안이?　이 일에 대해 너는 만족하니 만족하지 않니?

示보일 시= 二두 이 + 小작을 소 → 작으면 두 번 보여줘라.

視視볼/살필 시= 示보일 시 + 見볼 견 → 보여주니 잘 살필 수 있다.

试試시험할 시= 讠말씀 언 + 式법 식 → 법을 설명하게 하여 시험하다.

(용례) 考试报名后天截止。kǎoshìbàomíng hòutiānjiézhǐ

카오쓰빠오미잉 호우티앤지에즈으 시험 신청이 모레 마감된다.

饰꾸밀 식= 饣밥 식 + 亻사람 인 + 巾수건 건 → 두건 쓴 사람이 밥을 먹고 나서 꾸민다.

式법 식= 弋주살 익 + 工장인 공 → 장인이 주살을 만드는 데 법이 있다.

室방 실= 宀집 면 + 至이를 지(一한 일 + 厶사사 사 + 土흙 토) → 집 안에서는 어느 방이나 도달할 수 있다.

适適맞을 적= 舌혀 설 + 辶갈/천천히 갈 착 → 말을 천천히 하는 것이 맞는 태도다.

石돌 석= 낭떠러지(丆) 아래 굴러 떨어져 있는 돌(口)을 그림.

阿. 호칭 아. ah 친밀한 뜻을 나타내는 호칭

阿姨 āyí 아아이이 이모 이: 이모

173
a
아아

무성(경성)

呵 꾸짖을 가/음역자 아. particle

문장 끝에 의미 없이 쓰임.

성조별 한국어 한자

	무성	1성	2성	3성	4성
아	呵	阿			

阿호칭 아= 阝언덕 부 + 可옳을 가 → 언덕 위의 군중에게 옳을 가(可)의 호칭을 준다.

呵음역자 아= 口입 구 + 可옳을 가 → 可 자와 같은 입 모양으로 발음한다.

(용례) 那个段子说得好呵。nàgèduànzi shuōdéhǎohē

나꺼똰즈 쑤오더어하오흐어 그 단락은 참 훌륭하게 말했다.

174 an 아안

安. 편안할 안. comfortable 안정되다, 편안하다

安静 ānjìng 아안찡 조용할 정: 평온하다
安排 ānpái 아안파이 늘어설 배: 안배하다
安全 ānquán 아안취앤 온전할 전: 안전하다
安慰 ānwèi 아안웨이 위로할 위: 위안
安装 ānzhuāng 아안즈루앙 차림 장: 설치하다

按. 누를 안. press 누르다, 억누르다

按时 ànshí 안쓰으 때 시: 제 때에
按照 ànzhào 안즈라오 비출 조: ~에 비추어

岸. 언덕 안. hill 언덕, 높고 크다

暗. 어두울 암. dark 어둡다, 우매하다

성조별 한국어 한자

	무성	1성	2성	3성	4성
안		安			按,岸,暗

安편안할 안= 宀집 면 + 女계집 녀 → 옛사람들은 여자는 집에 있는 것이 편안하다고 생각했다.
(용례) 孩子睡得很安静。 háizi shuìdéhěnānjìng
하이즈 쑤이더허언아안찡 어린애가 매우 편안하게 자고 있다.

按누를 안= 扌손 수 + 安편안할 안 → 손으로 편안하게 눌러준다.

岸언덕 안= 山뫼 산 + 厂기슭 엄 + 干방패 간 → 산기슭에 방패역할을 하는 언덕.

暗어두울 암= 日날 일 + 音소리 음 → 어두워지려면 해가 지고 소리도 잦아든다.

175 ai 아이

唉. 대답할 애. answer, reply 대답하는 소리

矮. 작을 왜. small 왜소하다

爱. 사랑 애. love 사랑, 좋아하다

爱好 àihào 아이하오 좋아할 호: 애호하다, 취미
爱护 àihù 아이후 지킬 호: 돌보다
爱情 àiqíng 아이치잉 뜻 정: 애정
爱惜 àixī 아이씨이 아낄 석: 아끼다
爱心 àixīn 아이씨인 마음 심: 사랑하는 마음

성조별 한국어 한자

	무성	1성	2성	3성	4성
애		唉			爱
왜				矮	

唉대답할 애= 口입 구 + 厶사사 사 + 矢화살 시 → 입에 사사롭게 화살을 물고 대답한다.

矮작을 왜= 矢화살 시 + 委맡길 위 → 화살을 만들라고 했더니 작게 만들어 놓았다.

爱사랑 애= 爫손톱 조 + 一한 일 + 友벗 우 → 손톱 하나에도 우정을 느껴 사랑하게 될 수 있다.
(용례) 你们俩的爱好一样。 nǐmenliǎngdeàihǎo yīyàng
니이먼 리앙더 아이하오이이양 너희 둘의 취미는 같구나.

牙. 어금니 아. **mola 아, 이, 상아**

牙膏 yágāo 야아까오 기름 고: 치약

刷牙 shuāyá 쑤아야아 닦을 쇄: 이를 닦다

压壓. 누를 압. **press 압박하다**

压力 yālì 야아리 힘 력: 압력

鸭鴨. 오리 압. **duck 오리**

烤鸭 kǎoyā 카오야아 구울 고: 오리구이

押. 누를 압. **press 저당 잡히다, 서명하다**

押金 yājīn 야아찌인 쇠 금: 보증금

176
ya
야아

亚亞. 버금 아. **secondary 제2의, 뒤떨어지다**

亚洲 Yàzhōu 야쪼우 섬 주: 아시아 주

성조별 한국어 한자

	무성	1성	2성	3성	4성
아			牙		亚
압		压,鸭,押			
하	呀				

牙어금니 아= 어금니의 모양을 본떠 만든 글자임.

(용례) **为什么刷牙的时候想吐？** wèishénme shuāyá de shíhòu xiǎng tǔ

웨이 셔언머쑤아야더쓰호우 시앙투우 왜 칫솔질할 때 구역질이 나죠?

亚亞버금 아= **一**한 일 + **业**일 업 → 일등은 못 하더라도 열심히 일해 버금은 가거라.

压壓누를 압= **厂**기슭 엄 + **土**흙 토+ **丶**점 주 → 기슭의 흙 한 줌이 한 점이 되도록 누른다.

鸭鴨오리 압= **甲**첫째 갑 + **乌**새 조→ 새 중의 첫째는 오리다.

押누를 압= **扌**손 수 + **甲**첫째 갑 → 손으로 첫째를 납작하게 눌러버렸다.

呀입벌릴 하= **口**입 구 + **牙**어금니 아 → 입을 열고 어금니로부터 날숨을 불어 소리를 냄.

扬揚. 오를 양. praise 높이 들다, 널리 알리다

表扬 biǎoyáng 비아오야앙 겉 표 칭찬하다

羊. 양 양. sheep 양, 온순한

羊肉 yángròu 야앙로우 고기 육: 양고기

阳陽. 양기 양. sun 태양, 양의

太阳 tàiyáng 타이야앙 클 태: 태양

阳光 yángguāng 야앙과앙 빛 광: 햇빛

阳台 yángtái 야앙타이 대 대: 베란다, 발코니

성조별 한국어 한자

	무성	1성	2성	3성	4성
양			扬,羊,阳	养,痒	样

177
yang
야앙

养. 기를 양. raise 먹여 살리다, 기르다

养成 yǎngchéng 야앙ㄹ처엉 이룰 성: 양성하다

培养 péiyǎng 페이야앙 북돋울 배: 배양하다

痒癢. 가려울 양. itchy 가렵다, 근질근질하다

痒痒 yǎngyang 야앙양 가려울 양: 가렵다

痛痒 tòngyǎng 토옹야앙 아파할 통: 아픔과 가려움

样樣. 모양 양. shape 모양, 본보기, 종류

怎么样 zěn·meyàng 저언머양 어찌 즘/그런가 마: 어떻하냐

一样 yíyàng 이이양 한 일: 같다, 동일하다

扬揚오를 양= 扌손 수 + 一한 일 + 勿없을/아니 물 → 손에 잡히는 것은 하나라도 놓치지 말고 올라가도록 하라.

阳陽양기 양= 阝언덕 부 + 日날 일 → 언덕에 해가 비치어 양기가 돈다.(언덕에 해가 비치어 볕이 든 양지가 된다.)

(용례) 地球围绕太阳转。 dìqiúwéirào tàiyángzhuǎn

띠치우웨이라오 타이야앙ㅈ루안 지구는 태양의 둘레를 돈다.

羊양 양= 뿔이 난 양의 모습을 그림.

养기를 양= 羊 양 양 + 介끼일 개 → 양이 새끼를 끼고 기른다.(양 새끼는 양떼들 사이에 끼워서 기른다.)

痒癢가려울 양= 疒병들 녁 + 羊 양 양 → 양이 병에 걸려 가려워한다.

样樣모양 양= 木나무 목 + 羊 양 양 → 나무 그늘에서 양이 풀을 뜯는 모양을 상상해 보자.

(용례) 今天的天气怎么样? jīntiāndetiānqì zěnmeyàng

찌인티앤더티앤치 저언머양 오늘 날씨 어때요?

他的文章写得不怎么样。 tādewénzhāng xiědébùzěnmeyàng

타아더워언ㅈ라앙 시에더뿌저언머양 그는 글을 그다지 잘 쓰지 못한다.

我跟你一样高兴。 wǒ gēnnǐyīyàng gāoxìng

워어꺼언니이이이양 까오씽 난 그와 마찬가지로 즐겁다.

搖搖. 흔들릴 요. shake 흔들다, 노를 젓다

腰. 허리 요. waist 허리

要. 구할 요. ask 요구하다, 강박하다, 약속

要求 yāoqiú 야오치우 구할 구: 요구하다

邀. 맞이할 요. welcome 초청하다, 초대하다

邀请 yāoqǐng 야오치잉 청할 청: 초청하다

178
yao
야오

2 1
3 4

咬. 씹을 교. chew 물다, 떼어 먹다

성조별 한국어 한자

	무성	1성	2성	3성	4성
교				咬	
약					药,钥
요		腰,要,邀	摇		要

药藥. 약 약. medicine 약(으로 치료하다)

要. 구할 요. require 중요하다, 요구하다, 필요하다

需要 xūyào 쒸이야오 구할 수: 요구되다

主要 zhǔyào 즈루우야오 주인 주: 주요하다

要不 yàobù 야오뿌 아니 부: 그렇지 않으면

要是 yào·shi 야오스 옳을 시: 만일 ~이라면

钥. 자물쇠 약. key 열쇠

钥匙 yào·shi 야오스 열쇠 시: 열쇠

咬씹을 교= 口입 구 + 交사귈 교 → 음식과 친숙해 지려면(사귀려면) 입에 넣고 씹어야 한다.

药藥약 약= ++풀 초 + 糸실 사 + 勺구기 작 → 약초를 실처럼 썰어 다린 후 구기로 떠 약병에 담는다.

钥자물쇠 약= 钅쇠 금 + 月달 월 → 감춰 둔 금 덩어리를 찾아오려고 달밤에 열쇠를 들고 나선다.

要구할/중요 요= 覀덮을 아 + 女계집 녀 → 여자에게는 덮을 것이 중요하다.

腰허리 요= 月몸 육 + 要구할/중요 요 → 몸의 중요한 부위인 허리.

邀맞이할 요= 白흰 백 + 方모 방 + 攵칠 복 + 辶갈 착 → 하얀 네모 너울 쓰고 북치며 가서 맞이한다.

摇搖흔들릴 요= 扌손 수 + 爪손톱 조 + 缶장군 부 → 모든 손의 손톱을 깎아 장군에 넣고 흔들어라.

儿兒. 아이 아. child 아이, 아동

儿子 ér·zi 어얼쯔 아들 자: 아들

女儿 nǚ'é 뉘이어얼 계집 녀: 딸

而. 말이을 이. and ~(하)고, 하고도

而且 érqiě 어얼치에 또 차: 게다가

然而 rán'ér 라안어얼 그럴 연: 그러나

성조별 한국어 한자

	무성	1성	2성	3성	4성
아			儿		
이			而	尔,耳	二

179 er 어얼

尔爾. 너 이. you 너, 그것

偶尔 ǒu'ěr 오우어얼 허수아비 우 때때로

耳. 귀 이. ear 귀

耳朵 ěr·duo 어얼뚜오 늘어질 타: 귀

耳环 ěrhuán 어얼후안 고리 환: 귀고리

二. 둘 이. two 둘, 2

儿兒아이 아= 兒는 아이가 입을 벌려 새로 난 이를 보이며 밥을 보채는 모습이고 儿은 아이의 하체만 보인 것.

而말이을 이= 코밑의 수염을 그림.

尔爾 너 이= 人사람 인 + 小작을 소 → 작은 사람이라 '너'라고 부른다.

耳귀 이= 귀의 옆모양을 그림.

二둘 이= 막대기 두 개로 2를 표현.

성조별 한국어 한자

	무성	1성	2성	3성	4성
구		欧			
우				偶	

欧歐. 유럽 구. Europe 유럽, 구주

欧洲 Ōuzhōu 오우쪼우 섬 주: 유럽

180 ou 오우

偶. 짝 우. couple 짝, 쌍, 배우자

偶尔 ǒu'ěr 오우어얼 너 이: 간혹

偶然 ǒurán 오우라안 그럴 연: 우연히

欧歐유럽 구= 区지역 구 + 欠하품 흠 → 구라파는 하품 나오는 지역이다.

偶짝/우연히 우= 人사람 인 + 田밭 전 + 禸짐승발자국 유 → 사람이 만든 밭에서 짐승발자국은 우연이다.

성조별 한국어 한자

	무성	1성	2성	3성	4성
말					袜

181
wa
와아

袜襪. 버선 말. socks 양말, 버선

袜子 wà·zi 와즈 아들 자: 양말

袜襪버선 말 = 衤옷 의 + 末끝 말 → 옷의 끝은 버선과 닿아 있다. 버선이 옷의 끝이다.

完. 완전할 완. perfect 완전하다, 완성하다

完成 wánchéng 와안처러엉 이룰 성: 완성하다
完全 wánquán 와안취앤 온전할 전: 완전하다
完美 wánměi 와안메이 아름다울 미: 완성미
完善 wánshàn 와안샨 착할 선: 완전하다, 완벽
完整 wánzhěng 와안저러엉 가지런할 정: 완전히 갖춘

玩. 희롱할 완. play 놀다, 장난하다, 감상품

开玩笑 kāiwánxiào 카이와안쌰오 열 개/웃을 소: 농담하다
玩具 wánjù] 와안쮜 갖출 구: 완구, 장난감

성조별 한국어 한자

	무성	1성	2성	3성	4성
만		弯		晩	万
완			完,玩	碗	

弯彎. 굽을 만. bent

拐弯 guǎiwān 과이와안 속일 괴: 굽이돌다

182
wan
와안

晩. 늦을 만. late 늦은, 저녁

晩上 wǎn·shang 와안샹 윗 상: 저녁
傍晩 bàngwǎn 빵와안 곁 방: 저녁 무렵

碗. 주발 완. bowl 주발, 주발모양의 물건

万萬. 일만 만. 10 thousand, 일만(10,000)

千万 qiānwàn 치앤완 일천 천: 제발
万一 wànyī 완이이 한 일: 만약에

弯彎굽을 만= 亦클/또 역 + 弓활 궁 → 역시 활은 굽은 것이다.

晩늦을 만= 日날 일 + 免면할 면 → 햇빛을 피하려면(면하려면) 늦게 나와라.

(용례) 这块玉晩上会发光。zhèkuàiyù wǎnshànghuìfāguāng
저콰이위 와안샹후이빠아꾸앙 이 옥은 밤에 빛이 난다.

完완전할 완= 宀집 면 + 元으뜸 원 → 집에서 으뜸이 되면 완전히 이루는 것이다.

(용례) 当天的工作 当天完成。dāngtiāndegōngzuò dāngtiānwánchéng
따앙티앤더 꼬옹쭈오 따앙티앤와안처엉 그날의 일은 그날 끝낸다.

玩희롱할/노리개 완= 玉구슬 옥 + 元으뜸 원 → 구슬은 으뜸의 노리개이다.

碗주발 완= 石돌 석 + 宛굽을 완 → 돌을 곡면(굽은 모양)으로 파내 주발을 만들었다.

万萬일만 만= 一한 일 + 力힘 력 → 단 하나이지만 힘을 받으면 만개가 될 수 있다.

183 wang 와앙

王. 임금 왕. king 왕, 군주

王子 wángzǐ 와앙즈으 아들 자: 왕자

성조별 한국어 한자

	무성	1성	2성	3성	4성
망				网	忘,望
왕			王	往	

往. 갈 왕. go 가다, 향하다, 이전의

往往 wǎngwǎng 와앙와앙 갈 왕: 왕왕, 자주

交往 jiāowǎng 찌아오와앙 사귈 교: 교제하다

网網. 그물 망. net 그물

上网 shàngwǎng 쌍와앙 윗 상: 인터넷하다

网球 wǎngqiú 와앙지우 공 구: 테니스

望. 바랄 망. hope 바라보다, 희망하다, 명성

希望 xīwàng 씨이왕 바라볼 희: 희망

失望 shīwàng 쓰으왕 잃을 실: 실망

忘 잊을 망. forget 잊어버리다, 소홀히 하다

忘记 wàng·jì 왕찌 기록할 기: 깜박 잊어버리다

网網그물 망= 冂문 경 + 乂징벌할 애 + 乂징벌할 애 → 그물을 그림.

望바랄 망= 亡망할 망 + 月달 월 + 王임금 왕 → 망한 임금이 달을 보며 부흥을 바란다.

忘잊을 망= 亡망할 망 + 心마음 심 → 망하고 나서 마음속으로 잊지 말자고 다짐한다.

(용례) 我们不能忘记历史。 wǒmenbùnéngwàngjì lìshǐ

워어머언 뿌너엉왕찌리 쓰으 우리는 역사를 망각해서는 안 된다.

王임금 왕= 4각 차양이 달린 왕관을 쓰고 왕좌에 앉아 있는 모습을 그림.

往갈 왕= 彳걸을/행할 행 + 主임금 주 → 임금이 실행하려고 직접 걸어간다.

184 wai 와이

歪. 비뚤 왜. slanting 기울다, 옳지 않다

성조별 한국어 한자

	무성	1성	2성	3성	4성
왜		歪			
외					外

外. 밖 외. outside 밖, 딴 곳

另外 lìngwài 링와이 딴 령: 다른, 별도의

意外 yìwài 이와이 뜻 의: 의외의, 밖의

歪비뚤 왜= 不아니 불 + 正바를 정 → 바르지 않으니 비뚤 수밖에.

外밖 외= 夕저녁 석 + 卜점 복 → 저녁이 되어 점을 보고자 밖으로 나갔다.

성조별 한국어 한자

	무성	1성	2성	3성	4성
영				永,泳	
옹		拥			
용				勇	用

185 yong 요옹

拥擁. 안을 옹. hug 끌어안다, 에워싸다

拥挤 yōngjǐ 요옹지이 밀칠지: 붐비다

拥抱 yōngbào 요옹빠오 안을 포: 포옹하다

勇. 날랠 용. nimble, agile 용감하다, 용기,

勇敢 yǒnggǎn 요옹가안 굳셀 강: 용감하다

勇气 yǒngqì 요옹치 기운 기: 용기

永. 길 영. long 영원히, 길다

永远 yǒngyuǎn 요옹위안 멀 원: 영원히

泳. 헤엄칠 영. swim 수영하다, 헤엄치다

游泳 yóuyǒng 요우요옹 헤엄칠 유: 수영하다

用. 쓸 용. use 쓰다, 사용하다, 비용

信用卡 xìnyòngkǎ 씬용카아 믿을 신/카드 카: 신용카드

作用 zuòyòng 쭈오용 지을 작: 작용

用途 yòngtú 용투우 길 도: 용도

永길 영= 丶점 주 + 水물 수 → 한 방울의 물이 모여 긴 강을 이룬다.

泳헤엄칠 영= 氵물 수 + 丶점 주 + 水물 수 → 물 위에서 물방울을 만들며 헤엄친다.

(용례) 游泳不好学。 yóuyǒngbù hǎoxué

요우요옹뿌하오쉬에 수영은 배우기가 쉽지 않아요.

拥擁안을 옹= 扌손 수 + 用쓸 용 → 손을 써서 껴안는다.

用쓸/부릴 용= 받침틀에 매달린 종 모양을 그린 글자이다.

아래 중간에 종을 치는 끈이 있다. 옛날에는 종을 쳐서 사람을 불러 부렸다.

(용례) 购物后, 用信用卡结账。 gòuwùhòu yòngxìnyòngkǎ jiézhàng

꼬우우호우 용씬용카아 지에쨩 쇼핑한 후 신용 카드로 결재하다.

勇날랠 용= 甬길 용 + 力힘 력 → 길 위에서 힘껏 날래게 달려간다.

尤. 더욱 우. moreover 특이하다, 더욱이
尤其 yóuqí 요우치이 그 기: 특히
油. 기름 유. oil 기름, 유류
加油站 jiāyóuzhàn 찌아요우쨔안 더할 가/우두커니 설 참: 주유소
酱油 jiàngyóu 찌앙요우 장 장: 간장
游遊. 헤엄칠 유. swim 헤엄치다, 한가롭게 거닐다
游泳 yóuyǒng 요우요옹 헤엄칠 영: 수영하다
游戏 yóuxì 요우씨 놀 희: 게임
邮郵. 우편 우. post 우편
电子邮件 diànzǐyóujiàn 띠앤즈으요우찌앤 번개 전/아들 자/사건 건: 이메일
邮局 yóujú 요우쥐이 판국 국: 우체국
犹猶. 오히려 유. rather 마치 ~과 같다. 여전히
犹豫 yóuyù 요우위 기뻐할 예: 주저하다
由. 말미암을 유. owing to 원인, ~때문이다
由于 yóuyú 요우위 어조사 우: ~로 인하여
自由 zìyóu 쯔르요우 스스로 자: 자유롭다

성조별 한국어 한자

	무성	1성	2성	3성	4성
우		优	尤,邮	友	右,又
유		幽,悠	油,游,犹,由	有	幼

优優. 뛰어날 우. superior, excellent 우수하다
优点 yōudiǎn 요우디앤 점 점: 장점
优秀 yōuxiù 요우씨우 우수할 수: 뛰어나다
优势 yōushì 요우쓰 세력 세: 우세, 우위
优惠 yōuhuì 요우후이 은혜 혜: 특혜의, 수수료
优美 yōuměi 요우메이 아름다울 미: 우아하고 아름답다
幽. 그윽할 유. secluded 깊고 멀다, 조용하다
幽默 yōumò 요우모 입다물 묵: 유머러스한
悠. 멀 유. remote 멀다, 한적하다, 오래되다
悠久 yōujiǔ 요우지우 오랠 구: 유구하다

186
you
요우

1 2 3 4

友. 벗 우. friend 동무, 친우
朋友 péng·you 퍼엉요우 벗 붕: 친구
友好 yǒuhǎo 요우하오 좋을 호: 우호적인
有. 있을 유. exist, have 가지고 있다. 생기다
没有 méiyǒu 메이요우 가라앉을 몰: 없다, 아니다

幼. 어릴 유. young 어리다, 유치하다, 유아
幼儿园 yòu'éryuán 요우어얼위앤 아이 아/동산 원: 유치원
右. 오른쪽 우. right side 오른쪽(으로)
右边 yòu·biān 요우삐앤 갓 변 오른쪽
左右 zuǒyòu 주오요우 왼쪽 좌 좌우
又. 또 우. also, too 그 위에, 거듭

尤더욱 우= 尢절름발이 왕 + 丶점 주 → 절름발이에 점까지 많아 더욱 가엽다.
邮郵우편 우= 由말미암을 유 + 阝고을 읍 → 우편물로 말미암아 고을을 방문하게 된다.
右오른쪽 우= 오른 손으로 밥공기를 잡고 있는 모습을 그림. 참고로 左자는 왼손으로 쟁기(工)를 잡고 있음을 그림. 즉 밥은 오른 손으로 쟁기는 왼손으로 잡는 다는 것을 암시.
友벗 우= 위에서 손을 잡고 매달린 사람을 끌어올리는 두 손의 모습을 그림.
又또/손 우= 彐손 계 의 변형으로 느슨한 상태의 오른 손 그림이다. 오른 손은 자주 쓰므로 '또 우'가 되었다.
优優뛰어날 우= 人사람 인 + 尤더욱 우 → 우수한 사람인데 더욱 뛰어나게 됐다.
犹猶오히려 유= 犭큰개 견 + 尤더욱 우 → 더욱 큰개가 오히려 순해 보인다.
幽그윽할 유= 山뫼 산 + 幺작을 요 + 幺작을 요 → 산골에 가득 찬 작은 집들이 그윽한 풍경을 자아낸다.
悠멀 유= 攸다스릴 유 + 心마음 심 → 다스려야 할 내 마음 아직 멀리 있네요.
由말미암을 유= 불이 켜있는 등잔을 그림. 불이 붙는 것은 기름 때문이므로 말미암을 유자가 되었다.
油기름 유= 氵물 수 + 由말미암을 유 → 由자에서의 기름을 액체(물 氵) 로 해석하여 기름 유자가 되었다.
游遊헤엄칠 유= 氵물 수 + 方모 방 + 人사람 인 + 子아들 자 → 물을 사방으로 튀기며 사람이 아들과 헤엄친다
(용례) 这个游戏好玩。zhègèyóuxì hǎowán 쩌꺼요우씨 하오와안 이 게임은 재미있다.
有있을 유= 손이 고기 덩어리를 잡고 있는 것을 그림. 손 안에 고기가 있음을 의미한다.
幼어릴 유= 幺작을 요 + 力힘 력 → 어릴 때는 힘이 약하다.

无無. 없을 무. not existing 없다, 아니다

无聊 wúliáo 우우랴오 애오라지 료: 심심하다
无论 wúlùn 우우룬 말할 론: ~을 막론하고
无数 wúshù우우쑤 셈 수: 무수하다, 잘 모르다
无奈 wúnài 우우나이 어찌 내: 어찌할 도리가 없다

성조별 한국어 한자

	무성	1성	2성	3성	4성
무			无	武,舞	务,雾
물					物
오		污		五,,午	误
옥		屋			

屋. 집 옥. house 가옥, 집, 거실

屋子 wū·zi 우우즈 아들 자: 방

污汙. 더러울 오. dirty 더러운(것), 혼탁한 물

污染 wūrǎn 우우라안 물들일 염: 오염

187
wu
우우

2 1
3 4

五. 다섯 오. five 다섯

午. 정오 오. noon 정오

下午 xiàwǔ 쌰우우 아래 하: 오후
上午 shàngwǔ 쌍우우 윗 상: 오전
武术 wǔshù 우우쑤 꾀 술: 무술
武器 wǔqì 우우치 그릇 기: 무기 병기

武. 굳셀 무. strong 무공, 용맹하다

跳舞 tiàowǔ 티아오우우 뛸 도: 춤을 추다
鼓舞 gǔwǔ 구우우우 두드릴 고: 격려하다

舞. 춤출 무. dance 춤(추다)

雾霧. 안개 무. fog 안개

务務. 일할 무. work 업무, 사정, 종사하다

服务员 fúwùyuán 푸우우위앤 옷 복/수효 원: 종업원
任务 rèn·wu 런우우 맡길 임: 임무

误誤. 틀릴 오. incorrect 틀리다, 실수

误会 wùhuì 우후이 모일 회: 해하다
错误 cuòwù 추오우 섞일 착: 착오, 모양, 질

物. 물건 물. material, thing 물건, 물질

动物 dòngwù 똥우 움직일 동: 동물
礼物 lǐwù 리이우 예도 례: 선물
物理 wùlǐ 우리이 이치 리: 만물의 이치
物质 wùzhì 우쯔 모양 질: 물질

无無없을 무= 一한 일 + 尢절름발이 왕 → 한 명의 절름발이라고 업신여기지 마라.

武굳셀 무= 一한 일 + 弋주살 익 + 止그칠지 → 한 개의 주살에 그칠지라도 굳세게 싸울 수 있다.

舞춤출 무= 亻사람 인 + 卌마흔 십 + 一한 일 + 舛어그러질 천 → 마흔이나 된 한 사람이 망가져서 춤을 춘다.

(용례) 像疯了似的跳舞。 xiàngfēnglesìde tiàowǔ
쌍뻐엉러쓰더 탸오우우 미친 듯이 춤을 추다.

务務일할 무= 夂천천히 쇠 + 力힘 력→ 느리지만 힘써 일한다.

雾霧안개 무= 雨비 우 + 务일할 무 → 비속에서 열심히 일하니 비가 안개처럼 느껴진다.

物물건 물= 牛소 우 + 勿없을/아닐 물 → 소가 없으면 쟁기(물건)라도 써야 한다. 맨 몸으로는 안 된다.

(용례) 送什么礼物好? sòngshénmelǐwù hǎo
쏭써언머리이우하오 어떤 선물을 하면 좋겠습니까?

污汙더러울 오= 氵물 수 + 亏모자랄 휴 → 물이 모자라면 탁해지기 마련이다.

误誤틀릴 오= 讠말씀 언 + 口입 구 + 天하늘 천 → 하늘에 대고 입을 벌려 말하는 짓은 틀린 짓이다.

五다섯 오= 다섯 개의 막대기로 된 글자

午낮 오= 대낮에 팔다리를 벌린 사람의 그림자 모양. 十은 팔을 벌린 것이고 그 위 부분은 다리다.

(용례) 今天下午我去见朋友。 jīntiānxiàwǔ wǒqùjiànpéngyǒu
찌인티앤쌰우우 워어취쨴퍼엉요우 오늘 오후에 나는 친구 만나러 간다.

屋집 옥= 尸주검 시 + 至이를 지 → 죽어서라도 돌아오는 곳은 집.

성조별 한국어 한자

	무성	1성	2성	3성	4성
아				我	
악					握
와					卧

188
wo
워어

2 / 3 / 1 / 4

我. 나 아. I, myself 나, 나의

我们 wǒ·men 워어먼 들 문: 우리

握. 쥘 악. grasp 잡다, 장악하다

掌握 zhǎngwò 쟈앙워 손바닥 장: 숙달하다

握手 wòshǒu 워쏘우 손 수: 악수하다

卧臥. 엎드릴 와. lie down 엎드리다, 눕다

卧室 wòshì 워쓰 방 실: 거실

我나 아= 牛소 우 + 戈창/싸울 과 → 소에게 창을 주어 무장시키느니 내가 직접 싸우겠다.

握쥘 악= 扌손 수 + 尸집/주검 시 + 至이를지 → 빈손으로 주검에 이르지 않으려면 그것을 꼭 잡아라.

卧臥엎드릴 와= 臣신하 신 + 卜점 복 → 한 신하가 점을 보려고 엎드린다.

文. 글월 문. sentence script 글, 글자, 언어

文化 wénhuà 워언화 될 화: 문화
中文 Zhōngwén 즈옹워언 가운데 중: 중국어문
文件 wénjiàn 워언찌앤 사건 건: 공문서, 문헌
文具 wénjù 워언쮜 갖출 구: 문구
文明 wénmíng 워언미잉 밝을 명: 문명
文学 wénxué 워언쉬에 배울 학: 문학
文章 wénzhāng 워언즈아앙 문채 장: 문장, 글월

闻. 들을 문. hear 듣다, 소식, 평판

新闻 xīnwén 씨인워언 새 신: 뉴스

189 wen 워언

吻. 입술 문. lips 입술

稳穩. 안온할 온. settled 안정되다, 온건하다

稳定 wěndìng 워언띵 정할 정: 안정시키다

성조별 한국어 한자

	무성	1성	2성	3성	4성
문			文,闻	吻,	问
온		温		稳	

温溫. 따뜻할 온. warm 따뜻하다, 온화하다

温度 wēndù 워언뚜 법도 도: 온도
温暖 wēnnuǎn 워언누안 따뜻할 난: 따뜻한
温柔 wēnróu 워언로우 부드러울 유: 온유

问問. 물을 문. ask, question 묻다, 위문하다

问题 wèntí 원티이 표제 제: 문제
提问 tíwèn 티이원 끌 제: 질문하다
问候 wènhòu 원호우 물을 후: 안부를 묻다

文글월 문= 亠머리 두 + 爻받들 효 → 우두머리가 문서를 받들고 읽어 내려간다.

(용례) 文化是生活方式的集合体。 wénhuàshì shēnghuófāngshìde jíhétǐ

워언화스 셩후오빠앙스더 지인흐어티이 문화는 생활 양식의 총체이다.

吻입술 문= 口입구 + 勿아니/하지 말 물 → 말을 하지 않으려고 입술을 깨문다.

闻들을 문 = 门문 문 + 耳귀 이 → 문에 귀를 대고 듣는다.

(용례) 报上有什么新闻没有? bàoshàng yǒushénmexīnwén méiyǒu

빠오썅 요우써언머씨인워언 메이요우 신문에 뭔가 새로운 소식이 없니?

问問물을 문= 门문 문 + 口입 구 → 문에 입을 가까이 대고 묻는다.

温溫따뜻할 온= 氵물 수 + 日날 일 + 皿그릇 명 → 물을 그릇에 담고 해 밑에 놓으면 따뜻해진다.

稳穩안온할 온= 禾벼 화 + 刀칼 도 + 彐손/돼지머리 계 + 心마음 심

→ 벼를 추수하려 손에 낫을 드니 마음이 편하다.

唯. 오직 유. only 다만, 오로지

唯一 wéiyī 웨이이 한 일: 유일한

围圍. 에울 위. surround 둘레싸다

围巾 wéijīn 웨이찌인 수건 건: 목도리

周围 zhōuwéi 쪄우웨이 두루 주: 주변

范围 fànwéi 빤웨이 법 범: 범위

围绕 wéirào 웨이라오 얽힐 요: 포위

为爲. 할 위. conduct 돕다, ~을 위하여

认为 rènwéi 런웨이 알 인: 여기다

成为 chéngwéi 처엉웨이 이룰 성: 로되다

维維. 맬 유. bind 매다, 묶어놓다

维修 wéixiū 웨이씨우 닦을 수: 수리하다.

维护 wéihù 웨이후 지킬 호: 지키다.

违違 어길 위. violate 어기다, 헤어지다

违反 wéifǎn 웨이빤안 되돌릴 반: 위반

委. 맡길 위. entrust 위임하다, 포기하다

委屈 wěi·qu 웨이취 굽을 굴: 억울하다

委托 wěituō 웨이투오 맡길 탁: 위탁, 의뢰

尾. 꼬리 미. tail 꼬리, 끝

尾巴 wěi·ba 웨이빠 땅이름 파: 꼬리

伟偉. 훌륭할 위. great 위대하다, 우수하다

伟大wěidà 웨이따아 큰 대: 위대하다

190 wei 웨이

성조별 한국어 한자

	무성	1성	2성	3성	4성
미		微		尾	味,未
위		危,威	围,为,违	伟,委	喂,位,卫,谓,为
유			唯,维		

威. 위엄 위. power 위엄, 존엄, 능력

威胁 wēixié 웨이시에 겨드랑이 협: 위협하다

危. 위태할 위. dangerous 위험, 위태롭다

危险 wēixiǎn 웨이시앤 험할 험: 위험하다

危害 wēihài 하이웨이 해칠 해: 위해하다

微. 작을 미. tiny 잘다, 경미하다

稍微 shāowēi 쌰오웨이 점점 초: 조금, 약간

微笑 wēixiào 웨이쌰오 웃을 소: 미소

喂. 부르는 소리 위. hello 여보세요

卫衛. 지킬 위 guard 지키다, 호위하다

卫生间 wèishēngjiān 웨이써엉찌앤 날 생/사이 간: 화장실

谓謂. 일컬을 위. call 말하다, 뜻

无所谓 wúsuǒwèi 우우수오웨이 없을 무/바 소: 상관없다

为為爲. 위할 위. take care 위하다

因为 yīn·wèi 이인웨이 인할 인: 때문에

为什么 wèishén·me 웨이써언머 어찌 즘/어조사 마: 왜

为了 wèile 웨이러 마칠 료: ~를 위하여

味. 맛 미. taste 맛, 맛보다, 음미하다

味道 wèi·dao 웨이다오 길 도: 맛

口味 kǒuwèi 코우웨이 입 구: 입맛

未. 아닐 미. not, yet 아직 ~하지 않다, ~이 아니다

未来 wèilái 웨이라이 올 래: 미래, 조만간

未必 wèibì 웨이삐 반드시 필: 꼭 그런 건 아니다

位. 자리 위. post 자리, 위치, 직위, 자리잡다

座位 zuò·wèi 쭈오웨이 앉을 좌: 좌석

位置 wèizhì 웨이쯔 둘 치: 위치

微작을 미= 彳행할 행 + 山뫼 산 + 一한 일 + 几몇 기 + 攵칠 복 → 한 번 산에 가 몇 번 (바위를)쳤지만 결과는 미미

尾꼬리 미= 尸집 시 + 毛털 모 → 집에 남긴 터럭 때문에 꼬리가 잡혔다.

味맛 미= 口입 구 + 未아닐 미 → 입에서는 아니지만 정말 맛있는 과일이 있다.

未아닐 미= 一한 일 + 木나무 목 → 한 그루 나무로 될 일이 아니다

位자리 위= 人사람 인 + 立설 립 → 사람이 제자리에 서있다.

威위엄 위= 戌개 술 + 女계집 녀 → 개가 여주인과 함께라고 위엄을 부린다.

危위태할 위= 刀칼 도 + 厄재앙 액 → 칼로 재앙을 불러 위태한 처지가 되었다.

围圍둘레 위= 口에워쌀 위 + 韦가죽 위 → 가죽옷 입은 사람들이 둘레를 에워쌌다.

为爲위할 위= 力힘 력 + 丶점 주 + 丶점 주 → 남을 위하여 땀방울이 떨어질 정도로 힘을 쓴다.

(용례) 我认为下周天气会转晴。 wǒrènwéi xiàzhōutiānqìhuìzhuǎnqíng 。

워어런웨이쌰ㅈ로우티앤치후이ㅈ루안치잉 나는 다음 주 날씨가 맑아질 것으로 생각한다.

因为今天有病，所以我没上学。 yīnwèijīntiānyǒubìng suǒyǐwǒméishàngxué

인웨이찌인티앤요우삥 수오이이워어메이쌍쉬에 오늘 병 때문에 나는 학교에 가지 않았다.

我为了得到它 下了血本。 wǒ wéiledédàotā xiàle xuèběn

워어웨이러드어따오타아 쌰러쉬에버언 이걸 구하느라 출혈이 컸어요.

违違어길 위= 辶갈 착 + 韦가죽 위 → 가죽옷을 입더니 약속을 어기고 가버렸다.

伟偉훌륭할 위= 人사람 인 + 韦가죽 위 → 사람이 가죽옷을 입으면 위대해 보인다.

委맡길 위= 禾벼 화 + 女계집 녀 → 벼는 (생산부터 소비까지) 여자들에게 맡겨야 된다.

喂부르는 소리 위= 口입 구 + 畏두려워할 외 → 두려운 나머지 입을 크게 벌려 부른다.

唯오직 유= 口입 구 + 隹새 추 → 새는 오직 입으로 쪼아 먹고 산다.

維맬/밧줄 유= 糸실 사 + 隹새 추 → 새를 실로 매어 놓아라.

缘. 말미암을 연. cause 까닭, 이유

圆圓. 둥글 원. circular 둥근

原. 벌판 원. origin 최초의, 원래의, 가공하지 않은

原来 yuánlái 위앤라이 올 래: 본래
原谅 yuánliàng 위앤량 서늘할 량: 용서하다
原料 yuánliào 위앤랴오 헤아릴 료: 원료
原因 yuányīn 위앤이인 인할 인: 원인
原则 yuánzé 위앤즈어 법칙 칙: 원칙

园園. 동산 원. garden 정원, 밭, 공공장소

公园 gōngyuán 꼬옹위앤 공변될 공: 공원
幼儿园 yòu'éryuán 요우어얼위앤 어릴 유/아이 아: 유치원

源. 근원 원. origin 근원

能源 néngyuán 너엉위앤 능할 능: 에너지
资源 zīyuán 쯔으위앤 재물 자: 자원

元. 으뜸 원. prime 으뜸, 처음

单元 dānyuán 따안위앤 홑 단: 단원, 현관
元旦 yuándàn 위앤딴 아침 단: 정월초하루

員. 수효 원. member 종사원, 구성원

服务员 fúwùyuán 푸우우위앤 옷 복/일 무: 종업원
演员 yǎnyuán 얜위앤 멀리흐를 연: 연기자, 연예인

191
yuan
위앤

성조별 한국어 한자

	무성	1성	2성	3성	4성
연			缘		
원			元,员,原,园,圆,源,	远	怨,愿,院

院. 담 원. wall 뜰, 기관

医院 yīyuàn 이이왠 의원 의: 병원
法院 fǎyuàn 빠아왠 법 법: 법원

怨. 원망할 원. reproach 원한, 원망

抱怨 bào·yuàn 빠오왠 안을 포: 원망하다

愿願. 바랄 원. want, wish 염원, 신중하다

愿意 yuànyì 왠이 뜻 의: 바라다
愿望 yuànwàng 왠왕 바랄 망: 희망, 소망

远遠. 멀 원. far 오래다, 멀다

永远 yǒngyuǎn 요옹위앤 길 영: 영원히

缘인연 연= 糸실 사 + 彑돼지머리 계 + 豕돼지 시 → 돼지머리와 돼지 몸통은 실로 꿰맨 인연이다.

元으뜸 원= 아침 바다 위로 태양이 떠오른 광경을 그림.

远멀 원= 元으뜸 원 + 辶갈 착 → 으뜸을 향해 가는 길은 멀다.

园園동산 원= 囗둘레 위 + 元으뜸 원 → 둘레를 으뜸으로 만들어 주는 동산.

(용례) 他带着家人去公园。 tādàizhejiārén qùgōngyuán
타따이져 찌아러언 취꼬옹위앤 그는 가족을 데리고 공원에 간다.

院담 원= 阝언덕 부 + 宀집 면 + 元으뜸 원 → 언덕 위 내 집이 으뜸으로 보이도록 담을 싸자.

原벌판 원= **广**기슭/집 엄 + **白**흰 백 + **小**작을 소 → 벌판 위에 희고 작은 집을 하나 지어보자.

源근원 원= **水**물 수 + **原**벌판 원 → 물과 평원이 나라의 근원이다.

愿願바랄 원= **原**벌판 원 + **心**마음 심 → 벌판위에 서면 무언가 바라는 마음이 생긴다.

員수효/인원 원= **口**입 구 + **貝**돈 패 → 인원들의 입에는 항상 대가를 주어야 한다.

(용례) **老板让服务员上茶了。** lǎobǎnràngfúwùyuán shàngchále

라오바안랑푸우우위앤 샹챠아러 주인이 종업원에게 차를 내오라고 시켰다.

圆圓둥글 원= **囗** 둘레 위 + **員**수효/인원 원 → 둘레의 인원들이 둥글게 모인다.

怨원망할 원= **夕**저녁 석 + **㔾** 벼슬/병부 절 + **心**마음 심 → 저녁이 되자 벼슬할 마음이 생겨 그를 원망한다.

192 yue 위에

1

约. 약속 약. promise, engagement 약속, 기약하다

节约 jiéyuē 지에위에 마디 절: 절약하다

大约 dàyuē 따위에 큰 대: 대략, 아마

约会 yuē·hu 위에후이 모일 회: 만날 약속

2

3

성조별 한국어 한자

	무성	1성	2성	3성	4성
악					乐
약		约			跃
열					阅
월					月,越

4

越. 뛰어넘을 월. jump over 넘다, 점점 더

乐樂. 음악 악. music 음악

音乐 yīnyuè 이인웨 소리 음: 음악

月. 달 월. moon, month 달, 월

月亮 yuè·liang 웨량 밝을 량: 달

跃躍. 뛸 약. jump 뛰다. 뛰어오르다

活跃 huóyuè 후오웨 살 활: 활기차다

阅閱. 점고할 열. inspect 열람하다, 검열하다

阅读 yuèdú 웨두우 읽을 독: 열독하다

乐樂음악/풍류 악= **厂**기슭 엄 + **木**나무 목 → 산기슭 나무 밑에서 풍류를 즐긴다.

跃躍뛸 약= **足**발 족 + **夭**어릴 요 → 발은 어리지만 뛸 수 있다.

约약속/묶을 약= **糸**실 사 + **勺**구기 작 → 구기로 술을 따르며 실과 같은 질긴 약속을 한다.

阅閱점고할 열= **门**문 문 + **兑**바꿀 태 → 문을 바꾸려면 먼저 점검해 보라.

越뛰어넘을 월= **走**달릴 주 + **戊**무성할/창 무 → 달려서 창을 든 병사를 뛰어 넘었다.

月달 월= 초승달과 그 안의 그림자(계수나무)를 그림

(용례) **十五的月亮溜圆。** shíwǔdeyuèliàng liūyuán

쓰으우우더웨량 리우위앤 보름의 달이 아주 동그랗다.

193
yu
위이

1

鱼魚. 물고기 어. fish 물고기, 어류

于於. 어조사 우. particle 에, 에서, 에게

关于 guānyú 꾸안위이 닫을 관: ~에 관하여

终于 zhōngyú 저로위이 끝날 종: 결국, 끝내

于是 yúshì 위이스르 옳을 시: 그래서, 그리하여

余餘. 남길 여. spare 남기다, 여분

业余 yèyú 예위이 업 업: 아마추어의

其余 qíyú 치이위이 그 기: 나머지

娱娛. 즐거워할 오. amuse 즐기다,, 오락

娱乐 yúlè 위이러 즐거울 락: 오락하다

愉. 기뻐할 유. happy 유쾌하다, 즐겁다

愉快 yúkuài 위이콰이 쾌할 쾌: 즐겁다, 유쾌

성조별 한국어 한자

	무성	1성	2성	3성	4성
서				屿	
어			鱼	语	
여			余	与	与
역					域
예					豫
오			娱		
옥					玉
우			于	宇,羽,雨	寓,遇
유			愉		
육					育

2

3

雨. 비 우. rain 비, 눈, 비가 오다

下雨 xià.yǔ 쌰위이 아래 하: 비가 오다

语. 말씀 어. words, speak 말, 말하다

汉语 Hànyǔ 한위이 한나라 한: 중국어

语法 yǔfǎ 위이빠아 법 법: 어법

语气 yǔqì 위이치 기운 기: 어세 말투

语言 yǔyán 위이얘앤 말씀 언: 언어

宇. 집 우. house 집, 처마, 세계

宇宙 yǔzhòu 위이쩌로우 집 주: 우주

与與. 줄 여. give 주다, 베풀다

与其 yǔqí 위이치이 그 기: ~하기 보다는

屿嶼. 작은섬 서. islet 작은 섬

岛屿 dǎoyǔ 다오위이 섬 도: 섬

羽. 깃 우. feather 깃털

羽毛球 yǔmáoqiú 위이마오치우 털 모/공 구: 배드민턴

4

与與. 참여할 여. participate 참여하다

参与 cānyù 차안위 간여할 참: 참여하다

玉. 옥 옥. marble 구슬, 옥

玉米 yùmǐ 위미이 쌀 미: 옥수수

育. 기를 육. raise 생육하다, 교육

体育 tǐyù 티이위 몸 체: 체육

教育 jiàoyù 쨔오위 가르칠 교: 교육

遇. 만날 우. meet, encounter 만나다, 마주치다

遇到 yùdào 위따오 이를 도: 만나다

待遇 dàiyù 따이위 기다릴 대: 대우, 대접

寓. 거주할 우. reside 거주하다

域. 지역 역. district 경계내의 땅

公寓 gōngyù 꼬옹위 공변될 공: 아파트

领域 lǐngyù 리잉위 지경 역: 영역

豫. 미리/즐거울 예. comfort 즐겁다, 안일하다

犹豫 yóuyù 요우위 오히려 유: 머뭇거리다

预. 미리 예. in advance 미리, 사전에

预报 yùbào 위빠오 알릴 보: 예보

预订 yùdìng 위띵 바로잡을 정: 예약

预防 yùfáng 위빠앙 막을 방: 예방

预习 yùxí 위시이 배울 습: 예습

屿嶼작은섬 서= **山**멧 산 + **与**줄 여 → 산이 만들어 준 작은 섬

鱼魚물고기 어= 물고기를 그림. 아래 一한 일자가 꼬리 부분임.

语말씀 어= **讠**말씀 언 + **吾**나 오 → 내가 하는 말이 진짜 말씀이니라.

余餘남길 여= **人**사람 인 + **一** 한 일 + **木**나무 목 → 수목장은 사람을 하나의 나무에 남기는 일이다.

与與줄/참여할 여= **卜**점 복 + **勹**쌀 포 + **一**한 일 → 점을 보니 (돈을)한 보따리 싸서 갖다 주라는 구나.

域지역 역= **土**흙 토 + **或**혹시 혹 → 혹시 땅을 뺏어 영역을 넓혀볼까 한다.

豫미리 예= **予**나/줄 여 + **角**뿔 각 + **豕**돼지 시 → 뿔난 돼지(**象**코끼리 상)를 줄 터이니 미리 준비하라.

娱娛즐거워할 오= **女**계집 녀 + **口**입 구 + **天**하늘 천 → 오락의 요소 중 여자와 음식(입 口)과 날씨는 필수.

玉옥 옥= 구슬 3개를 실로 꿴 모양. 점이 임금 왕자와 구별해 준다.

雨비 우= 하늘에서 물방울이 비가 되어 떨어짐을 그림.

(용례) **今天一直下雨**。 jīntiānyīzhíxiàyǔ

찌인티앤이이즈으쌰위이　　오늘 줄곧 비가 온다.

于於어조사 우= **二**두 이 + **丨**뚫을 곤 → 둘을 뚫어 하나로 만들 듯 말을 잇는 어조사

(용례) **关于这件事, 我全不知**。 guānyúzhèjiànshì wǒquánbùzhī

꾸안위이즈어쨴스 워어추앤뿌즈으　　이 일에 관해서 나는 전혀 모른다.

宇집 우= **宀**집 면 + **于**어조사 우 → 宀자에 발음자 于를 붙여 '집 우'가 됨.

羽깃털 우= 새의 양 날개를 그림.

寓거주할 우= **宀**집 면 + **禺**원숭이 우 → 집 안에 원숭이가 거주하고 있다.

遇만날 우= **辶**갈 착 + **田**밭 전 + **内**짐승발자국 유 → 밭에 남긴 발자국을 따라가 결국 만나다.

(용례) **遇到老朋友**。 yùdào lǎopéngyǒu

위따오라오퍼엉요우　　오랜 친구를 만나다.

愉기뻐할 유= **心**마음 심 + **俞**그러할/점점 유 → 네 마음이 그렇다면 나는 기쁘다.

育기를 육= **亠**머리 두 + **厶**사사 사 + **月**몸 육 → 자식은 어른이 사사롭게 몸을 바쳐 기른다.

194 yun 위인

云雲. 구름 운. cloud 구름

晕暈. 무리/현기증날 훈. dizzy 어지럽다, 기절

允. 승낙할 윤. consent 윤허하다

允许 yǔnxǔ 위인쉬이 허락할 허: 허가하다

孕. 아이밸 잉. bear 임신하다, 기르다

怀孕 huáiyùn 화이윈 품을 회: 임신하다

运運. 돌 운. circulate 돌다, 둔송하다, 운명

运动 yùndòng 윈똥 움직일 동: 운동

命运 mìngyùn 밍윈 목숨 명: 운명 운세

运气 yùnqi 윈치 기운 기: 운세 행운

运输 yùnshū 윈쑤우 보낼 수: 운수, 운송

运用 yùnyòng 윈용 쓸 용: 운용, 활용

성조별 한국어 한자

	무성	1성	2성	3성	4성
운			云,		运
윤				允	
잉					孕
훈		晕			

云雲구름 운= 二두 이 + 厶사사 사 → 두 사람이 사사롭게 뜬 구름 잡는 얘기를 하고 있다 .

运運돌 운= 云이를 운 + 辶갈 착 → 간다고 이르니 가려면 돌아가라 한다.

(용례) 晚上他常在操场上运动。 wǎnshàng tāchángzàicāochǎngshàng yùndòng

와안쌍타아챠앙짜이 차오챠앙쌍 윈똥 저녁에 그는 늘 운동장에서 운동을 한다.

允승낙할/진실로 윤= 厶사사 사 + 人사람 인 → 사람이라면 사사로운 일까지 진실해야 한다.

孕아이밸 잉= 乃이에/곧 내 + 子아들 자 → 그들은 곧 아들을 잉태하였다.

晕무리 훈= 日날 일 + 軍군사 군 → 군사들 위에 해가 비쳐 해무리가 생겨난다.

195 e 으어

恶惡. 모질 악. heartless 악행, 흉악하다

恶劣 èliè 어리에 못할 열: 열악하다

饿餓. 주릴 아. starving 배고프다, 굶주리다

성조별 한국어 한자

	무성	1성	2성	3성	4성
아					饿
악					恶

恶惡모질/악할 악= 亞버금 아 + 心마음 심 → 2인자로 밀려 그는 마음이 악랄해졌다.

饿餓주릴 아= 饣밥식 + 我나 아 → 내가 밥을 안 먹어 배가 고프다.

延. 끌 연. draw, pull 연장하다, 늦추다

延长 yáncháng 이앤차앙 길 장: 연장하다

言. 말씀 언. speech 말, 말하다, 말씀

发言 fāyán 빠아이앤 쏠 발: 발언하다

严嚴. 엄할 엄. strict 엄하다, 빈틈없다

严格 yángé 이앤끄어 바로잡을 격: 엄격하다

严重 yánzhòng 이앤쯔롱 무거울 엄: 중대하다

严肃 yánsù 이앤쑤 엄숙할 숙: 엄숙하다

研. 갈 연. grind 갈다, 연구하다

研究生 yánjiūshēng 이앤찌우썽 구할 구/날 생: 연구생

颜顔. 얼굴 안. face 얼굴

颜色 yánsè 이앤쓰어 빛 색: 안색

盐鹽. 소금 염. salt 소금

성조별 한국어 한자

	무성	1성	2성	3성	4성
안			颜	眼	
언			言		
엄			严		
연		烟	延,研	演	宴
염			盐		厌,艳
험					验

烟煙. 연기 연. smoke 연기, 담배

抽烟 chōuyān 처우이앤 뺄 추: 담배 피다

196 yan 이앤

2 1 3 4

演. 흐를 연. flow 발전하다, 서술하다

表演 biǎoyǎn 비아오이앤 겉 표: 공연하다

演员 yǎnyuán 이앤위앤 인원 원: 연기자

演出 yǎnchū 이앤츠루 날 출: 공연 상연

眼. 눈 안. eye 눈, 시력, 안목

眼睛 yǎnjing 이앤찡 눈동자 정: 눈

眼镜 yǎnjìng 이앤찡 거울 경: 안경

厌厭. 싫어할 염. dislike 실증나다, 만족하다

讨厌 tǎoyàn 타오앤 칠 토: 싫다

宴. 잔치 연. party 대접하다, 향연

宴会 yànhuì 앤후이 모일 회: 연회

验驗. 실험 험. experiment 검증하다, 효과

经验 jīngyàn 찌잉앤 날 경: 경험

实验 shíyàn 쓰으앤 열매 실: 실험

艳艷. 아름다울 염. beautiful 곱다, 화려하다

鲜艳 xiānyàn 씨앤앤 고울 선: 화려하다

眼눈 안= 目눈 목 + 艮그칠/어긋날 간 → 눈에서 어긋난 것이라도 보는 안목.

(용례) 眼睛发涩, 视力模糊。 yǎnjīng fāsè shìlìmóhú

얘앤찌잉빠아쓰어 쓰리모오후우　　눈(알)이 뻑뻑하고 시력이 흐릿하다.

颜顔얼굴 안= 彦선비 언 + 页쪽 엽 → 선비의 얼굴(쪽)

言말씀 언= 갓을 쓴 어른이 입을 벌려 말하는 모습을 그림

严嚴엄할 엄= 亞버금 아 + 厂기슭 엄 → 2인자가 (버금가는 두목)기슭에 올라 엄하게 훈시한다.

烟煙연기 연= 火불 화 + 因인연/원인 인 → 연기는 불이 원인이다. 불에서 생긴 것이다

延끌 연= 丿삐침 별 止멈출/발 지 + 廴당길/길 걸을 인 → 삐친 발로 걸으며 끌고 간다.

研갈 연= 石돌 석 + 開열 개 → 돌문을 열려면 갈아내야 한다.

演흐를 연= 氵물 수 + 寅호랑이 인 → 큰 물이 나면 호랑이라도 흘러 내려간다.

宴잔치 연= 宀집 면 + 日해 일 + 女계집 녀 → 해가 저물면 집에서 여인들과 함께 잔치를 벌일 것이다.

盐鹽소금 염= 土흙 토 + 卜점 복+ 皿그릇 명 → 흙으로 점보는 그릇을 만들고 그 안에 소금을 채운다.

厌厭싫어할 염= 厂기슭 엄 + 犬개 견 → 들개들이 산기슭까지 내려오니 싫다 싫어.

艳艷아름다울 염= 丰예쁠 봉 + 色빛 색 → 예쁜 색이라 아름답다.

验驗실험 험= 马말 마 + 佥여럿 첨 → 말을 타려면 여러 번 실험을 해 보아야 한다.

爷爺. 아비 야. grand father 부친, 조부, 영감님

爷爷 yé·ye 이에예 아비 야: 할아버지

성조별 한국어 한자

	무성	1성	2성	3성	4성
액					液
야			爷	也	夜
업					业
엽					叶,页

2 3

197 ye 이에

1 4

也. 또한 야. also 판단이나 의문의 어기를 표시

也许 yěxǔ 이에쉬이 허락할 허: 어쩌면

页頁. 쪽 엽. page 한 쪽 면, 페이지

讨厌 tǎoyàn 타오얜 칠 토: 싫다

夜. 밤 야. night 밤

熬夜 áoyè 아오예 뜨거울 열: 밤새다

叶葉. 잎 엽. leaf 잎새

叶子 yè·zi 예쯔 아들 자: 잎

业業. 직업 업. profession 직업

作业 zuòyè 쭈오예 지을 작: 숙제

专业 zhuānyè 쭈안예 오로지 전: 전공

业余 yèyú 예위이 남을 여: 여가

液. 즙 액. liquid 즙, 액

液体 yètǐ 예티이 몸 체: 액체

液즙 액= 氵물 수 + 夜밤 야 → 밤에 물인 줄 알고 먹은 것은 즙이었다.

爷爺아비/할애비 야= 父아비 부 + 卩병부 절 → 아버지보다 높은 할아버지.

(용례) 爷爷一直很疼我。 yéyéyīzhíhěnténgwǒ 。

예에예에이이즈르으허언터엉워어 할아버지께서는 줄곧 나를 귀여워해 주셨다.

也또한/어조사 야= ㄴ꼬리 인 + 力힘 력 → 꼬리의 힘 또한 대단하다 야.

夜밤 야 = 亠머리 두 + 人사람 인 + 月달 월 → 높은 사람이 달보고 노래하는 밤.

业業직업 업= 亚버금 아 - 一한 일 → 2인자가 감투(머리 부분의 한 일자)를 벗으니 직업이 생겼다.

(용례) 上次留的作业做好了吗? shàngcì liú de zuòyè zuòhǎo le ma

쌍츠리우더쭈오예 쭈오하오러마 저번에 내준 숙제 다 했습니까?

页頁쪽 엽= 丆둘레 주 + 人사람 인 → 둘레 사람들이 가진 한 쪽의 서류. 丆는 한국에서 안 쓰는 글자.

叶葉잎 엽= 口입 구 + 十열 십 → 바람이 불면 입이 열 개나 되듯 나뭇잎은 시끄럽다.

198
yi
이이

1

성조별 한국어 한자

	무성	1성	2성	3성	4성
억					忆
예					艺
유			遗		
을				乙	
의		依,衣,医	疑	椅	意,义,衣,谊,议
이			姨,移	已,以	易
익					益
일		一	一		一

依. 의지할 의. rely on 의지하다, ~에 의해서
- 依然 yīrán 이이라안 그럴 연: 여전하다

一壹. 하나 일. one 하나, 첫째, 같다

衣. 옷 의. clothes 옷(을 입다), 카버
- 衣服 yī·fu 이이후 옷 복: 옷, 의복
- 第一 dìyī 띠이이 차례 제: 최초, 제일

医醫. 치료할 의. cure 의사, 의학, 치료하다
- 医生 yīshēng 이이써엉 날 생: 의사
- 医院 yīyuàn 이이위앤 담 원: 병원

2

遗. 남길/끼칠 유. leave 잃다, 유실물
- 遗憾 yíhàn이이한 한할 감: 유감이다

姨. 이모 이. aunt 이모
- 阿姨 āyí 아이이이 호칭 아: 아주머니

疑. 의심할 의. suspect 의심(하다)
- 怀疑 huáiyí 화이이이 품을 회: 의심하다
- 疑问 yíwèn 이이원 물을 문: 의문

移. 옮길 이. relocate 이동하다, 변하다
- 移民 yímín 이이미인 백성 민: 이민(하다)
- 移动 yídòng 이이똥 움직일 동: 이동

一壹. 하나 일. one 하나, 첫째, 같다
- 一旦 yídàn 이이딴 아침 단: 하루아침 잠간
- 一定 yídìng 이이띵 정할 정: 반드시
- 一共 yígòng 이이꽁 함께 공: 한 묶에, 전부
- 一切 yíqiè 이이치에 끊을 절: 일체의, 모든
- 一致 yíqiè 이이치에 이를 치: 일치
- 一样 yíyàng 이이양 모양 양: 한 모양
- 一辈子 yíbèi·zi 이이뻬이즈 무리 배/아들 자: 한 평생
- 一会儿 yíhuìr 이이후얼 만날 회/어조사 아: 잠깐 동안
- 一路平安 yílùpíngān 이이루피잉아안 길 로/바를 평/편안할 안: 가시는 길 안녕히

3

以 써 이. with 써, ~을 가지고
- 以后 yǐhòu 이이호우 왕후 후: 그 후
- 以前 yǐqián 이이치앤 앞 전: 그 전
- 以为 yǐwéi 이이웨이 위할 위: 로 여기다
- 以及 yǐjí 이이지이 미칠 급: 그리고, 및
- 以来 yǐlái 이이라이 올 래: 이래, 동안
- 可以 kěyǐ 크어이이 옳을 가: 가능하다
- 所以 suǒyǐ 수오이이 바 소: 그러므로

椅. 의자 의. chair 의자
- 椅子 yǐ·zi 이이즈 아들 자: 의자

已. 이미 이. already 그치다, 이미, 나중에
- 已经 yǐ·jing 이이징 날 경: 이미

乙. 둘째 천간 을. second 을, 두 번째

4

谊誼. 우의 의. friendship 우의, 도리
- 友谊 yǒuyì 요우이 벗 우: 우정

议議. 의논할 의. discuss about 의논하다, 의견
- 议论 yìlùn 이룬 말할 론: 의론
- 会议 huìyì 후이이 모일 회: 회의
- 建议 jiànyì 찌앤이 세울 건: 제안

易. 쉬울 이. easy 쉽다, 용이하다
- 容易 róngyì 로옹이 얼굴 용: 쉽다
- 轻易 qīng·yì 치잉이 가벼울 경: 경솔

艺藝. 예술 예. arts 예술
- 艺术 yìshù 이쑤 꾀 술: 예술

义義. 옳을 의. righteous 의, 의로운 것
- 义务 yìwù 이우 일 무: 의무

(139p에 계속)

一壹. 하나 일. one 하나, 첫째, 같다

一般 yìbān 이빠안 돌릴 반: 일반적인

一边 yìbiān 이삐앤 갓 변: 한편,

一起 yìqǐ 이치이 일어날 기: 함께

一直 yìzhí 이즈ㄹㅇ 곧을 직: 똑바로

忆憶. 생각할 억. think 생각하다, 기억하다

回忆 huíyì 후이이 돌 회: 추억하다

记忆 jìyì 찌이 기록할 기: 기억

益. 더할 익. plus 이익, 유익하다, 도움

利益 lìyì 리이 날카로울 리: 이익

意. 뜻 의. meaning 생각, 뜻, 의견

意思 yì·si 이쓰 생각할 사: 의미

意見 yì·jiàn 이찌앤 볼 견: 의견

意外 yìwài 이와이 밖 외: 의외의

意义 yìyì 이이 옳을 의: 의의

愿意 yuànyì 위안이 성실할 원: 바라다

一壹는 원래 1성이지만 어휘를 이룰 때는 2, 3, 4성으로 변한다. 그러나 뜻이 변하지는 않는다.

乙둘째 천간 을= 오리모양을 그림. 오리는 새 중에서 甲은 못 된다.

忆憶생각할 억= 心마음 심 + 乙둘째 천간 을 → 오리(乙)도 가슴속에 생각이 있다.

艺藝예술/재주 예= 艹풀 초 + 乙둘째 천간 을 → 오리(乙)가 머리에 수초를 붙이고 나오니 완전 예술이네.

遗남길 유= 貴귀할 귀 + 辶갈 착 → 귀한 것이 모두 가기 전에 조금 남겨라

衣옷 의= 옛날 옷(상의)의 모양을 그림.

依의지할 의= 人사람 인 + 衣옷 의 → 사람은 옷에 의지한다.

医醫치료할 의= 匚상자 방 + 矢화살 시 → 의사는 상자 안에 화살촉과 같은 의료기기를 넣고 다닌다.

椅의자 의= 木나무 목 + 大큰 대 + 可옳을 가 → 의자는 나무로 만드는 것이 대개 옳다.

疑의심할 의= 匕비수 비 + 矢화살 시 + 矛창 모 + 疋발 소 → 비수, 화살, 창까지 갖고 발길을 돌려 의심받다.

谊誼우의 의= 讠말씀 언 + 宀집 면+ 且또 차 → 또 말하는데 집안의 우의를 지켜라.(宜는 마땅할 의)

义義옳을 의= 乂다스릴 이 + 丶점 주 → 점을 다스리는 것이 옳았다.

议議의논할 의= 讠말씀 언 + 义義옳을 의 → 옳은 말로 의논해 보자.

意뜻 의 = 立설 립 + 日날 일 + 心마음 심 → 해를 보고 서서 마음속에 큰 뜻을 갖는다.

姨이모 이= 女계집 녀 + 大큰 대 + 弓활 궁 → 큰 활을 가진 사람(오랑캐 이)에게 시집간 여자는 이모다.

移옮길 이= 禾벼 화 + 多많을 다 → 벼가 많으니 어디로 옮겨야겠다.

以써 이= 厶사사 사 + 人사람 인 → 사람은 인간으로써 사사로울 수 있다. (巳)

已이미 이= 巳뱀 사 - 丶점 주 → 뱀(巳)에서 살점이 떨어져(丶이 빠져) 이미 죽었다.

[주] 지금까지는 +를 써서 합자하는 방법만 썼는데 여기서 - 로 글자를 일부 제거하는 방법을 사용했다.

易쉬울 이= 日날 일 + 勿없을 물 → 해가 없어지는 것은 쉬운 일이다. 밤 되면 없어지니.

益더할 익= 八여덟 팔 + 一한 일 + 八여덟 팔 + 皿그릇 명 → 그릇 818개 더 줘.

성조별 한국어 한자

	무성	1성	2성	3성	4성
은			银		
음		音,阴		饮	
인		因,姻,		引	印

银. 은 은. silver 은, 은색, 은화
银行 yínháng 이인하앙 갈 행: 은행

音. 소리 음. sound 음, 음절, 소식
声音 shēngyīn 써엉이인 소리 성: 소리
音乐 yīnyuè 이인위에 즐길 락: 음악

因. 인할 인. cause 좇다, 의거하다, 연유
因为 yīn·wèi 이인웨이 위할 위: 왜냐하면
因此 yīncǐ 이인츠으 이 차: 그래서
因而 yīn'ér 이인어얼 말이을 이: 그러므로
因素 yīnsù 이인쑤 흴 소: 원인, 조건

姻. 혼인할 혼. marry 결혼, 혼인, 인척
婚姻 hūnyīn 후운이인 시집갈 인: 혼인

阴陰. 흐릴 음. cloudy 흐림, 음흉하다

199
yin
이인

引. 당길 인. pull 끌다, 이끌다
吸引 xīyǐn 씨이이인 들이쉴 흡: 빨아들이다
引起 yǐnqǐ 이인치이 일어날 기: 일으키다

饮飲. 마실 음 drink 마실 것, (술을)마시다
饮料 yǐnliào 이인랴오 되질할 료: 음료

印. 도장 인. stamp, seal 도장, 찍다, 흔적
打印 dǎyìn 다아인 당길 인: 인쇄하다
复印 fùyìn 푸인 돌아올 복: 복사하다
印象 yìnxiàng 이인썅 코끼리 상: 인상

银은 은= 钅쇠 금 + 艮그칠/어긋날 간 → 보자 하니 금과 같지 않은 은이로구나.

音소리 음= 立설 립 + 日날 일 → 우뚝 서서 태양을 향해 소리 지른다.

饮飲마실 음 = 饣밥 식 + 欠하품 흠 → 밥 먹다 하품하는 것을 보니 마실 것을 찾는구나.

阴陰흐릴 음= 阝언덕 부 + 月달 월 → 언덕 위에 달이 떴지만 흐려서 잘 안 보인다.

引당길 인= 弓활 궁 + 丨뚫을 곤 → 활에 화살(丨)을 메겨 시위를 당긴다.

印도장 인= 卬오를 앙 + 一한 일 → 오르고 또 한 번 더 오르려면 도장이 필요하다.

因원인 인= 口에울 위 + 大큰 대 → 큰 사람만 에워싸는 원인은 무엇?

姻혼인할 인= 女계집 녀 + 因원인 인 → 여자가 원인이 되어 혼인한다.

营. 경영할 영. manage 경영하다, 꾀하다, 병영

营养 yíngyǎng 이잉야앙 기를 양: 영양

营业 yíngyè 이잉예 업 업: 영업

迎. 맞이할 영. welcom 영접하다, ~을 향하여

欢迎 huānyíng 후안이잉 기쁠 환: 환영하다

迎接 yíngjiē 이잉찌에 사귈 접: 마중하다

성조별 한국어 한자

	무성	1성	2성	3성	4성
경					硬
영		英	迎,营	影	映
응		应			应

应應. 응할 응. respond 응답하다, 응당해야 한다

应该 yīnggāi 이잉까이 응할 응: 해야 한다

英. 꽃부리 영. flower 영재, 뛰어나다

英雄 yīngxióng 이잉씨옹 수컷 웅: 영웅

英俊 yīngjùn 이잉쮠 준수할 준: 잘생기다

2 1

200 ying 이잉

3 4

影. 그림자 영. shadow 그림자, 영상

电影 diànyǐng 띠앤이잉 번개 전: 영화

影响 yǐngxiǎng 이잉시앙 울림 향: 영향을 주다

影子 yǐngzi 이잉쯔 아들 자: 그림자

映. 비출 영. beam 비추다, 빛나다

反映 fǎnyìng 빠안잉 되돌릴 반: 반영하다

应應. 응할 응. agree 응답하다, 인정하다

应付 yìng·fù 잉푸 줄 부: 대응하다

应聘 yìngpìn 잉핀 부를 빙: 초대에 응하다

应用 yìngyòng 잉용 쓸 용: 사용하다, 쓰다

硬. 단단할 경. hard 단단하다, 완강하다, 억지로

硬件 yìngjiàn 잉찌앤 사건 건: 기계, 장비

硬币 yìngbì 잉삐 재물 폐: 금속화폐

硬단단할 경= 石돌 석 + 更다시 갱 → 돌이 다시 단해진다.(콘크리트에 사용되면)

英꽃부리/뛰어날 영= ++풀 초 + 门문 문 + 大큰 대 → 초원에 큰 문을 만든 뛰어난 인물.

映비출 영=日날 일 + 央가운데 앙 → 해가 하늘 가운데에 떠서 비추고 있다.

营경영할 영= ++풀 초 + 冖덮을 멱 + 呂음률 려→ 음률을 풀로 덮어 다스린다.

迎맞이할 영= 匚상자 방 + 卩병부 절 + 辶갈 착 → 상자를 들고 병부에 가서 맞이하라.

(용례) 我们很欢迎这种产品。 wǒmenhěnhuānyíng zhèzhǒngchǎnpǐn

워어먼 허언화안이잉 쩌 쭝옹 찬안피인 　우리는 이런 제품을 아주 환영합니다.

影그림자 영= 日날 일 + 京서울 경 + 彡터럭 삼 → 해가 서울 쪽으로 기우니 터럭의 그림자가 생긴다. 景은 경치 경

(용례) 我们一到那儿电影就开始了。wǒmen yīdàonàérdiànyǐng jiùkāishǐle

워어먼이이따오 나얼띠앤이잉 쮸카이스으러 　우리가 거기 도착하자 바로 영화가 사작되었다.

并没有影响他们的工作。bìng méiyǒuyǐngxiǎng tāmendegōngzuò

삥메이요우이잉시앙타아먼더 꼬옹쭈오 　결코 그들의 사업에 영향을 주지 않았다.

应應응할 응= 广집 엄 + 丶점 주 x 3 + 一한 일→ 집에서 종이 한 장에 점 셋을 찍어 응답했다.

(용례) 应该爱护公共财产。 yīnggāiàihù gōnggòngcáichǎn

이잉까이아이후 꼬옹꽁차이차안 　공공 재산을 소중히 해야 한다.

杂雜. 섞일 잡. mix 잡다한, 함께 섞이다

杂志 zázhì 자아즈르 뜻 지: 잡지
复杂 fùzá 푸자아 돌아올 복: 복잡하다

성조별 한국어 한자

	무성	1성	2성	3성	4성
잡			杂		

2 3 **201 za 짜아** 1 4

杂雜섞일 잡= 九아홉 구 + 木나무 목 → 9가지 나무가 섞이니 잡스럽다.

咱. 나 찰. I, myself 우리(들)

咱们 zán·men 자안먼 들 문: 우리

2 3 **202 zan 짜안** 1 4

성조별 한국어 한자

	무성	1성	2성	3성	4성
잠					暂
찬					赞
찰			咱		

暂. 잠시 잠. moment 잠간, 임시로

暂时 zán·men 짠쓰으 때 시: 잠깐

赞贊. 도울 찬. help 돕다, 칭찬하다

赞成 zànchéng 짠처엉 이룰 성: 찬성하다
称赞 chēngzàn 처엉짠 일컬을 칭: 칭찬하다
赞美 zànměi 짠메이 아름다울 미: 찬미하다

暂잠시 잠= 车수레 차 + 斤도끼 근 + 日날 일 → 대낮에 도끼를 들고 차에 올라 잠시 망서린다. 斬은 벨 참
赞贊도울 찬= 先먼저 선 + 先먼저 선 + 貝돈 패 → 도와주려고 서로 먼저 돈을 내려한다.
咱나 찰= 口입 구 + 自스스로 자 → 나는 내 입으로 살아간다.

성조별 한국어 한자

	무성	1성	2성	3성	4성
장		脏			脏

脏髒. 더러울 장. dirty 더러운, 더럽히다

2 3 **203 zang 짜앙** 1 4

脏臟. 오장 장. intestine 내장

心脏 xīnzàng 씨인짱 마음 심: 심장

脏더러울 장(髒)/오장 장(臟)= 月몸 육 + 庄농막/마을 장 → 몸이라는 마을 안에는 오장이 들어 있다.

성조별 한국어 한자

	무성	1성	2성	3성	4성
조		糟		早	燥,造

204
zao
짜오

1

糟. 잘못될 조. mistaken 못 쓰게 되다, 지게미

糟糕 zāogāo 짜오까오 떡 고: 엉망이 되다

2

3

早. 새벽 조. dawn 아침, 일찍이, 벌써

早上 zǎoshang 자오쌍 윗 상: 아침

4

燥. 마를 조. dry 마르다, 건조하다

干燥 gānzào 까안짜오 마를 간: 건조하다

造. 지을 조. make 만들다, 건조하다, 날조하다

创造 chuàngzào 추루앙짜오 비롯할 창: 창조하다

制造 zhìzào 즈르짜오 마를 제: 제조하다

糟잘못될 조= 米쌀 미 + 曹마을 조 → 쌀을 마을에 갖다 준 것은 잘못된 일.

早새벽 조= 日날 일 + 十열 십 → 해가 뜨지 10시간이나 지났는데 새벽이라니!

燥마를 조= 火불 화 + 品물건 품 + 木나무 목 → 나무로 된 물건이 불길에 말라 버렸다.

造지을 조= 告알릴 고 + 辶갈 착 → 미리 알리고 가서 지어라.

205
zai
짜이

1

灾. 재앙 재. disaster 재난, 재앙, 화

灾害 zāihài 짜이하이 해칠 해: 재해

2

3

성조별 한국어 한자

	무성	1성	2성	3성	4성
재		灾			再,在,载

4

再. 다시 재. again 재차, 다시

再见 zàijiàn 짜이쨴 볼 견: 또 뵐게요

再三 zàisān 짜이싸안 석 삼: 거듭

在. 있을 재. exist, be 생존, 존재, ~하고 있는 중이다

现在 xiànzài 쌘짜이 나타날 현: 지금

实在 shízài 쓰으짜이 열매 실: 성실하다

载. 실을 재. load 싣다, 적재하다, ~하면서 하다

下载 xiàzài 쌰짜이 아래 하: 다운로드하다

灾재앙 재= 宀집 면 + 火불 화 → 집에 불이 났으니 재앙이로다.

再다시 재= 一한 일 + 冂외곽 경(중국 글자) + 土흙 토 → 한 번 외곽 땅을 밟고 다시 온다.

(용례) 再见, 祝你周末愉快！ zàijiàn zhùnǐzhōumòyúkuài

짜이쨴 쭈우니 쪼우모 위이콰이 안녕히 가세요, 주말 잘 보내세요!

在있을 재= 人사람 인 + 一한 일 + 土흙 토 → 땅 위에 한 사람이 있다.

(용례) 弟弟现在在上网。 dìdì xiànzài zài shàngwǎng

띠디 쌘짜이 짜이쌰앙와앙 동생은 지금 인터넷을 하고 있다.

载실을 재= 土흙 토 + 戈창 과 + 车수레 차 → 흙과 창을 차에 실어라.

206
zen
쩌언

2 3 | 1 4

怎. 어찌 즘. how, why 왜, 어째서, 어떻게 어찌하여

怎么 zěn·me 저언머 그런가 마: 어떻게, 어째서

怎么样 zěn·meyàng 저언머양 그런가 마/모양 양: 어떠하냐

성조별 한국어 한자

	무성	1성	2성	3성	4성
즘				怎	

怎어찌 즘= 乍잠간 사 + 心마음 심 → 잠깐 마음을 놓았는데 어찌 그 사이에!

(용례) 他怎么到现在还没到呢？ tāzěnmedàoxiànzài háiméidàone ?

타아저언머따오 씨앤짜이하이메이따오너 그는 어째서 지금까지 오지 않지?

今天的天气怎么样? jīntiāndetiānqì zěnmeyàng

찌인티앤더티앤치 저언머양? 오늘 날씨 어때요?

他的文章写得不怎么样。 tādewénzhāng xiědébùzěnmeyàng

타아더워언짜앙 시에더뿌저언머양 그는 글을 그다지 잘 쓰지 못한다.

성조별 한국어 한자

	무성	1성	2성	3성	4성
증		增			

增. 불을 증. increase 늘다, 증가하다

增加 zēngjiā 쩌엉찌아 더할 가: 증가하다

增长 zēngzhǎng 쩌엉쟈앙 긴 장: 늘어나다

207
zeng
쩌엉

2 3 | 1 4

增불을 증= 土흙 토 + 曾층/일찍 증 → 흙이 층층이 쌓여 불어난다.

성조별 한국어 한자

	무성	1성	2성	3성	4성
종		综			
총				总	

综綜. 모을 종. collect 합치다, 모으다

综合 zōnghé 쪼옹흐어 합할 합: 종합하다

208
zong
쪼옹

2 3 1 4

总總. 합칠 총. add 총괄하다, 종합하다, 전부의

总是 zǒngshì 조옹쓰 옳을 시: 늘, 언제나, 반드시

总结 zǒngjié 조옹지에 맺을 결: 총괄하다

综綜모을 종= 糸실 사 + 宗종가/마루 종 → 실처럼 꿰인 일가친척들이 종가에서 모인다.

总總합칠 총= 八여덟 팔 + 口입 구 + 心마음 심 → 여덟 개의 입처럼 다양한 마음을 모두 합친다.

(용례) 他总是那样谦虚。 tāzǒngshì nàyàngqiānxū

타아조옹쓰나양치앤쒸이 그는 언제나 그렇게 겸손하다.

성조별 한국어 한자

	무성	1성	2성	3성	4성
주				走	

209
zou
쪼우

2 3 1 4

走. 달릴 주. run 걷다, 뛰(어가)다

走달릴 주= 달리는 사람의 모습을 그림= 土흙 토 + 止발 지 → 발로 흙먼지를 내며 달리다.

昨. 어제 작. yesterday 어제, 지나간

昨天 zuótiān 주오티앤 하늘 천: 어제

成조별 한국어 한자

	무성	1성	2성	3성	4성
작			昨		作
좌				左	坐,座
주					做

210 zuo 쭈오

作. 지을 작. build 창작하다, 일어나다, 작품

工作 gōngzuò 꼬옹쭤 장인 공: 직업, 일자리

作品 zuòpǐn 쭤피인 물건 품: 작품

坐. 앉을 좌. sit 앉다, 자리잡다

乘坐 chéngzuò 처러엉쭤 탈 승: 타다(교통수단)

座. 자리 좌. seat 자리, 받침

座位 zuò·wèi 쭤웨이 자리 위: 좌석

讲座 jiǎngzuò 지앙쭤 익힐 강: 강좌

做. 지을 주. make 제조하다, 만들다, 글을 쓰다

做生意 zuòshēngyi 쭤셔엉이 날 생/뜻 의 생업을 하다

左. 왼쪽 좌. left 왼쪽, 옆

左边 zuǒ·biān 주오삐앤 갓 변: 왼쪽

左右 zuǒyòu 주오요우 오른쪽 우: 좌우, 근처

昨어제 작= 日날 일 + 乍잠깐 사 → 해지고 잠간 만에 오늘이 아닌 어제가 되고 만다.

(용례) 祖国的昨天和今天。 zǔguóde zuótiānhéjīntiān

주우구오더 주오티앤흐어찌인티앤 조국의 어제와 오늘.

作지을 작= 人사람 인 + 乍잠깐 사 → 사람은 잠간 사이에 죄를 지을 수 있다.

(용례) 工作中没有发生异常。 gōngzuòzhōng méiyǒufāshēngyìcháng

꼬옹쭤 쪼옹메이요우빠아써엉이이차앙 근무 중 이상 무.

他的作品上杂志了。 tādezuòpǐn shàngzázhìle

타아더쭤피인 쌍자아즈르러 그의 작품은 잡지에 실렸다.

坐앉을 좌= 土흙 토 + 人사람 인 + 人사람 인 → 땅 위에 두 사람이 앉아 있다.

座자리 좌= 广집 엄 + 坐앉을 좌 → 집 안에는 앉을 자리가 있다.

左왼쪽 좌= 왼손으로 쟁기(工)를 잡고 있음을 그림.

참고로 右오른쪽 우= 쟁기가 입구(口)자로 바뀌어 밥공기를 표현. 밥은 오른 손으로 먹으므로 右자는 오른 쪽을 의미하게 됨.

做지을 주= 人사람 인 + 古옛 고 + 攵칠 복 → 사람들이 모여 옛 장구를 치면서 뭔가 만들고 있다.

211 zu 쭈우

1

租. 세낼 조. tax 세, 빌려주다, 임차하다

出租车 chūzūchē 츠우쭈우 츠어 나올 출/수레 차: 택시

2

族. 겨레 족. race 가족, 민족

民族 mínzú 민주우 백성 민: 민족

足. 발 족. foot 발, 다리, 축구

踢足球 tīzúqiú 티이주우치우 찰 척/옥 구: 축구하다

不足 bùzú 뿌주우 아니 불: 부족하다

3

组組. 짤 조. weave 조직하다, 그룹, 조

组织 zǔzhī 주우즈르으 짤 직: 조직하다

组合 zǔhé 주우흐어 합할 합: 조합하다

组成 zǔchéng 주우츠러엉 이룰 성: 조성하다

祖. 조상 조. ancester 조상, 할아버지벌 친족

祖國 zǔguó 주우구오 나라 국: 조국

祖先 zǔxiān 주우시앤 먼저 선: 선조

阻. 험할 조. rough 막다, 험하다, 요새

阻止 zǔzhǐ 주우즈르으 그칠 지: 저지하다

4

성조별 한국어 한자

	무성	1성	2성	3성	4성
조		租		组,祖,阻	
족			族,足		

租세낼 조= 禾벼 화 + 月달 월 + 一한 일 → 한 달에 한 번 벼로 세금을 냈다. 且는 또 차

(용례) 他是开出租车的司机。 tāshìkāi chūzūchēdesījī

타아스르 카이츠우쭈우 츠어더 쓰으찌이 그는 택시를 모는 기사이다.

组組짤 조= 糹실 사 + 月달 월 + 一한 일 → 한 달에 한 번 모여 실을 짰다.

祖조상 조= 礻보일 시 + 月달 월 + 一한 일 → 한 달에 한 번 조상에게 후손을 보여드렸다.

阻험할 조= 阝언덕 부 + 且또 차 → 또 언덕에 올라간다는 것은 험한 일이다.

族겨레 족= 方사방 방 + 人사람 인 + 矢화살 시 → 우리 겨레는 4방으로부터 큰 활을 가지고 모인 사람들이다.

足발 족= 발목(口입 구 자 부분)과 발가락(止멈출 지 자 부분)을 그림.

212 zun 쭈은

1

尊. 존경할 존. respect (서열이)높다, 존경하다

尊重 zūnzhòng 쭈운쫑 무거울 중: 중하다

尊敬 zūnjìng 쭈운찡 공경할 경: 존경하다

遵. 좇을 준. follow 따르다, 지키다

遵守 zūnshǒu 쭈운쏘우 지킬 수: 준수하다(규정)

2

성조별 한국어 한자

	무성	1성	2성	3성	4성
존		尊			
준		遵			

3

4

尊높을 존= 酋두목 추 + 寸법/마디 촌 → 두목과 촌수가 가까운 사람들은 높은 지위를 차지한다.

遵좇을/순종할 준= 尊높을 존 + 辶갈 착 → 순종하면 높은 대우를 받는 곳으로 간다.

213 zui 쭈이

2 | 3 | 1 | 4

嘴. 부리 취. beak 부리, 입

성조별 한국어 한자

	무성	1성	2성	3성	4성
죄					罪
최					最
취				嘴	醉

最. 가장 최. the most 가장, 최고

最后 zuìhòu 쭈이호우 뒤 후: 최후의
最近 zuìjìn 쭈이찐 가까울 근: 요즈음
最初 zuìchū 쭈이추우 처음 초: 최초의
最好 zuìhǎo 쭈이하오 좋을 호: 최선의

醉. 취할 취. intoxicated 취하(게 하)다

罪. 허물 죄. sin 죄, 과실, 벌하다

罪犯 zuìfàn 쭈이빤 범할 범: 범인, 범죄

罪허물 죄= 罒그물 망 + 非아니 비 → 그물에 걸리지 않는다고 죄가 아닌 것은 아니다.
最가장 최= 曰가로 왈 + 取취할 취 → 가로되 취하려거든 최고의 것을 취하라.

(용례) 这部新片最近就要开机了。 zhèbùxīnpiàn zuìjìnjiùyàokāijīle
쩌뿌씨인피앤 쭈이찐쮸야오카이찌이러 이 새 영화는 최근에 곧 촬영에 들어간다.
她是我最好的搭档。 tā shì wǒ zuì hǎo de dādàng
타아쓰 워어쭈이하오더 따아땅 그녀는 나의 가장 좋은 단짝이다.

嘴부리 취= 口입 구 + 此이 차 + 角뿔 각 → 입 이쪽에 뿔 모양의 것은 부리다.
醉취할 취= 酉술/닭 유 + 卒군사 졸 → 군사들에게 술을 먹여 취하게 만들었다.

214 juan 쮜앤

2 | 3 | 1 | 4

捐. 버릴/바칠 연. donate 버리다, 헌납하다

卷捲. 말 권. roll 말다, 감다

성조별 한국어 한자

	무성	1성	2성	3성	4성
권				卷	卷
연		捐			

卷. 책 권. sheet 책, 답안지

试卷 shìjuàn 쓰쮄 시험할 시: 시험지

卷捲책/두루마리 권 = 八여덟 팔 + 夫지아비 부 + 㔾벼슬/병부 절 → 사나이가 8번 벼슬하는 동안 만든 책 번체
捲는 扌손 수 변을 써서 동작을 나타냄.
捐버릴/바칠 연= 扌손 수 + 口입 구 + 月몸 육 → 만져보고, 맛보고, 느껴보고 버려라.

决決. 결단할 결. decide 정하다, 결단하다, 결코

决定 juédìng 쥐에띵 정할 정: 결정하다

决赛 juésài 쥐에싸이 겨룰 새: 결승전

决心 juéxīn 쥐에씨인 마음 심: 결심

解决 jiějué 지에쥐에 풀 해: 해결하다

绝絕. 끊을 절. cut 끈다, 다하다

拒绝 jùjué 쮜쥐에 막을 거: 거절하다

绝对 juéduì 쥐에뚜이 대답할 대: 절대적, 몹시

觉覺. 깨달을 각. realize 깨닫다, 느끼다, 감각

觉得 juéde 쥐에더 얻을 득: 라고 느끼다,

感觉 gǎnjué 가안쥐에 느낄 감: 느낌, 감각

角. 뿔 각. horn 뿔, 뿔모양의 악기, 각도, 1/4

角色 juésè 쥐에쓰어 빛 색: 배역, 역

성조별 한국어 한자

	무성	1성	2성	3성	4성
각			觉,角		
결			决		
절			绝		

2 3

215
jue
쮜에

1 4

觉覺깨달을 각= 学배울 학 + 見볼 견 → 배우고 살펴보니 깨닫게 된다.

(용례) 你觉得这个计划怎么样? nǐjuédé zhègèjìhuà zěnmeyàng

니이쥐에더 쩌거찌후아 저언머양 너는 이 계획을 어떻게 생각하느냐?

角뿔 각= 刀칼 도 + 月몸 육 + 丨뚫을 곤 → 뿔은 칼처럼 몸을 뚫을 수 있다.

决決결단할 결= 冫어름 빙(번체자는 氵물 수) + 夬터놓을 쾌/깍지 결 → 가둔 물을 터놓기로 결단한다.

(용례) 及时地作出了这项决定。 jíshídì zuòchūle zhèxiàngjuédìng

지이쓰으띠 쭈오추우러 쩌썅쥐에띵 시기적절하게 이 결정을 내렸다.

绝絕끊을 절= 糸실 사 + 色빛 색 → 실에서 잘못된 색을 잘라낸다.

216 ju 쮜이

居. 살 거. reside 살다, 거주하다, 거처, 주소

邻居 línjū 리잉쮜이 이웃 린: 이웃집

居然 jūrán 쮜이라안 그러할 연: 뜻밖에, 확연히

局. 구획 국. compart 형세, 형편 정세

邮局 yóujú 요우쥐이 역말 우: 우체국

桔. 귤나무 귤. orange 귤, 오렌지

桔子 júzi 쥐이쯔 아들 자: 귤

举. 들 거. lift 들어올리다, 거동, 행위

举办 jǔbàn 쥐이빤 힘쓸 판: 개최하다

举行 jǔxíng 쥐이시잉 갈 행: 거행하다

俱. 함께 구. together 모두, 전부

俱乐部 jùlèbù 쮜르어뿌 즐거울 락/거느릴 부: 클럽, 구락부, 동호회

句. 글귀 구. phrase 문장, 마디

句子 jùzi 쮜즈 아들 자: 문장

具. 갖출 구. prepare 기구, 용구, 도구

家具 jiā·ju 찌아쮜 집 가: 가구

工具 gōngjù 꼬옹쮜 장인 공: 공구

具备 jùbèi 쮜뻬이 갖출 비: 구비, 갖추다

具体 jùtǐ 쮜티이 몸 체: 구체적인, 특정의

剧. 연극 극. play 연극, 심하다

京剧 jīngjù 찌잉쮜 서울 경: 경극(중국 전통극)

戏剧 xìjù 씨쮜 놀 희: 희극, 연극

巨. 클 거. gigantic 크다, 거대하다

艰巨 jiānjù 찌앤쮜 어려울 간: 어렵고 힘들다

巨大 jùdà 쮜따 큰 대: 아주 크다

拒. 막을 거. block 저항하다, 거절하다

拒绝 jùjué 쮜쮜에 끊을 절: 거절하다

距. 떨어질 거. apart 거리, 간격, 사이를 두다

距离 jùlí 쮜리이 떠날 리: 거리(를 두다)

差距 chājù 차아쮜 어긋날 차: 차이, 격차

据. 의거할/일할 거. rely 의거하다, 근거하다, 증거

根据 gēn·jù 꺼언쮜 뿌리 근: ~에 근거하여

收据 shōujù 쇼우쮜 받을 수: 영수증

聚. 모일 취. gather 모이다, 집합하다

聚会 jùhuì 쮜후이 모일 회: 모임

성조별 한국어 한자

	무성	1성	2성	3성	4성
거		居		举	巨,拒,据,距,
구					俱,具,句
국			局		
귤			桔		
극					剧
취					聚

居살 거= 尸집/주검 시 + 古오랠 고 → 오래 된 집이 살기 좋다.

(용례) 邻居好, 胜金宝 línjūhǎo shèngjīnbǎo

리인쮜이하오 셩찌인바오 이웃이 좋으면 금은보석을 이긴다.

据의거할/일할 거= 扌손 수 + 居살 거 → 손을 쓰며 사는 사람은 의거할 수 있다.

(용례) **说话要有根据** shuōhuà yàoyǒugēnjù

쑤오후아야오요우껀쮜 말에는 근거가 있어야 한다.

巨클 거= 둥글게 휜 모양의 큰 뿔을 그림. 가운데에는 손잡이 고리가 있다.

拒막을 거= **扌**손 수 + **巨**클 거 → 큰 뿔을 들고 막는다.

距떨어질 거= **足**발 족 + **巨**클 거 → 크게 발을 띠어 떨어져 나간다.

举들 거= **兴**일어날 흥 + **二**두 이 + **丨**뚫을 곤 → 둘을 뚫어 하나로 만들어 일어남으로서 들어 올리다.

具갖출 구= **且**또 차 + **八**여덟 팔 → 또 여덟 가지를 갖추어야 하나?

俱함께 구= **人**사람 인 + **具**갖출 구 → 조건을 갖춘 사람이라면 함께 해야 한다.

句글귀 구= **勹**쌀 포 + **口**입 구 → 입에서 나오는 말을 싸면 글귀가 된다.

(용례) **句子的构成很合理。** jùzidegòuchéng hěnhélǐ

쮜즈더꼬우쳐엉 허언흐어리이 문장의 구조가 아주 적절하다.

局방 국/판 국= **尸**집/주검 시 + **可**옳을 가 → 주검을 옳은 것이라고 하는 판이다.

桔귤나무 귤= **木**나무 목 + **吉**길할 길 → 귤나무는 맛있는 과일을 주니 길한 나무다.

剧연극 극= **居**살 거 + **刂**칼 도 → 살려고 칼을 쓰는 것은 연극에서나 보는 일이다.

聚모일 취= **取**취할 취 + **豕**돼지 축 → 돼지를 잡으니 사람이 모인다.

217 jun 쮜인

1

均. 균등 균. even 균등하게 하다, 균등하다

平均 píngjūn 피잉쮜인 평평할 평: 평균의

均匀 jūnyún 쮜인위인 가지런할 윤: 고르다,

军軍. 군사 군. military 군대, 군단, 진을 치다

冠军 guànjūn 꾸안쮜인 갓쓸 관: 챔피언

军事 jūnshì 쮜인쓰 일 사: 군사, 군 업무

2

3

성조별 한국어 한자

	무성	1성	2성	3성	4성
군		军			
균		均			
준					俊

4

俊. 뛰어날 준. outstanding (용모가)준수하다, 준재

英俊 yīngjùn 이잉쮠 꽃 영: 잘생기다

军軍군사 군= **冖**덮을 멱 + **车**수레 차 → 차를 덮어 장갑차를 만들면 좋은 군사 무기가 된다.

均균등 균= **土**흙 토 + **匀**고를 균 → 땅을 잘 고르면 전체적으로 균등해진다.

俊뛰어날 준= **人**사람 인 + **夋**나아갈 준 → 사람이 나아갈 줄 알아야 뛰어나게 된다.

则則. 법칙 칙. law 규범, 모범, 본받다

否则 fǒuzé 포우즈어 아닐 부: 그렇지 않으면

规则 guīzé 꾸이즈어 법 규: 규칙, 규정

择擇. 선택할 택. choose 선택하다, 고르다

选择 xuǎnzé 쉬앤즈어 가릴 선: 선택하다

责責. 책임질 책. responsibility 책임지우다, 책무

负责 fùzé 푸즈어 짐질 부: 책임지다

责任 zérèn 즈어런 맡길 임: 책임

218
ze
쯔어

성조별 한국어 한자

	무성	1성	2성	3성	4성
책			责		
칙			则		
택			择		

则則법칙 칙= 贝돈 패 + 刂칼 도 → 돈을 칼로 다스리는 것이 법칙이다.

择擇선택할 택= 扌손 수 + 睪幸엿볼 역 → 엿보다가 꽉 잡아 선택한다.

(용례) 他失悔当初的选择。 tāshīhuǐdāngchūde xuǎnzé

타아스으후이따앙추우더 쉬앤저어 그는 애초의 선택을 후회한다.

责責꾸짖을 책= 主임금 주 + 貝돈 패 → 임금이 돈에 집착하면 백성으로부터 꾸지람을 받는다.

성조별 한국어 한자

	무성	1성	2성	3성	4성
자		咨,姿,资		仔,子,紫	字,自

219
zi
쯔으

1

咨. 물을 자. ask 자문(하다), 의논(하다)

咨询 zīxún 쯔으쒸인 물을 순: 자문하다, 상의

姿. 맵시 자. appearance 용모, 자태, 맵시

姿势 zīshì 쯔으쓰 세력 세: 자세

资資. 재물 자. goods, resources 재화, 재물

工资 gōngzī 꼬옹쯔으 장인 공: 월급

投资 tóuzī 토우쯔으 던질 투: 투자하다

资格 zīgé 쯔으끄어 바로잡을 격: 자격 경력

资金 zījīn 쯔으찌인 쇠 금: 자금

资料 zīliào 쯔으랴오 되질할 료: 자료

资源 zīyuán 쯔으위앤 근원 원: 천연자원

2

3

仔. 자세할 자. detail 작은, 자세하다

仔细 zǐxì 즈으씨이 가늘 세: 세심하다

紫. 자주빛 자. violet 자색(자주빛)의

子. 아들 자. son 아들, 사내아이, 명사 뒤에 붙임

椅子 yǐ·zi 이이쯔 교의 의: 의자

杯子 bēi·zi 뻬이쯔 잔 배: 컵, 잔

4

字. 글자 자. script, letter 글자, 문자,

字典 zìdiǎn 쯔디앤 법 전: 자전

字幕 zìmù 쯔무 막 막: 자막

数字 shùzì 쑤쯔 셀 수: 숫자

文字 wénzì 워언쯔 글월 문: 문자

自. 몸 자. body 자기, 자신, 스스로

自己 zìjǐ 쯔지이 자기 기: 자신

自行车 zìxíngchē 쯔시잉츠어 갈 행/수레 거: 자전거

自从 zìcóng 쯔초옹 좇을 종: ~에서, 이래

自动 zìdòng 쯔똥 움직일 동: 자발적으로

自豪 zìháo 쯔하오 뛰어날 호: 긍지를 느끼다

自觉 zìjué 쯔쥐에 깨달을 각: 자각하다

自然 zìrán 쯔라안 그러할 연: 자연, 저절로

自私 zìsī 쯔쓰으 사사로울 사: 이기적인

自信 zìxìn 쯔씬 믿을 신: 자신(하다)

自由 zìyóu 쯔요우 말미암을 치: 자유로운

咨물을 자= 次버금 차 + 口입 구 → 다음 사람(口입 구)은 질문을 한다.

姿맵시 자= 次버금 차 + 女계집 녀 → 원래 차녀가 장녀보다 맵시가 난다.

资資재물 자= 次버금 차 + 貝조개/돈 패 → 다음으로 돈을 벌어 재물을 모은다.

子아들 자= 강보(아기 이불)에 싸인 아기가 팔을 벌린 모습을 그림

(용례) 他把倒下的杯子立了起来。 tābǎdǎoxiàdebēizi lileqǐlái
타아바아다오쌰더뻬이즈 러러치이라이 그는 엎어진 컵을 다시 세웠다.

仔자세할 자= 人사람 인 + 子아들 자 → 사람들은 자기 자식들에게 더 자상하다.

字글자 자= 宀집 면 + 子아들 자 → 아이들이 학교 가기 전 집에서 글자를 배운다.

(용례) 他简直就是个活字典。 tājiǎnzhí jiùshì gèhuózìdiǎn
타아지앤즈으 쮸스 꺼후오쯔디앤 그는 그야말로 움직이는 사전이다.

大屏幕上不停的滚动着字幕。 dàpíngmùshàng bùtíngde gŭndòngzhe zìmù
따피잉무샹 뿌티잉더 구운똥저쯔무 대형 화면에서 자막이 끊임없이 돌아가고 있다.

自몸 자= 자기 얼굴의 모습을 그림. 머리 위는 상투, 아래는 입이 보인다.

(용례) 我的自行车有点旷档。 wŏdezìxíngchē yŏudiănkuàngdàng
워더쯔씨잉츠어 요우디앤쾅땅 내 자전거가 좀 삐걱거린다.

성조별 한국어 한자

	무성	1성	2성	3성	4성
가		加,嘉,家		假	假,价,架 稼,驾
갑				甲	
협		夹			

220 jia 찌아

1

加. 더할 가. add 더하다, 증가하다
参加 cānjiā 차안찌아 간여할 참: 참가하다
加班 jiābān 찌아빠안 나눌 반: 잔업하다

嘉. 아름다울 가. pretty 훌륭하다, 칭찬하다
嘉宾 jiābīn 찌아삐인 손님 빈: 귀한 손님

夹夾. 낄 협. sandwiched 끼우다, 끼다
夹子 jiāzi 찌아쯔 아들 자: 집게

家. 집 가. home, house 가정, 집안, 집
大家 dàjiā 따찌아 큰 대: 모두, 다들
国家 guójiā 구오찌아 나라 국: 국가, 나라

2

3

甲. 첫째 천간 갑. first 제일의, 우위의

假. 거짓 가. false 거짓, 가짜로, 만약

4

假. 틈 가. gap, holiday 휴가, 휴일
请假 qĭngjià 치잉쨔 청할 청: 휴가신청
寒假 hánjià 하안쨔 찰 한: 겨울방학

价價. 값 가. value 값, 가치
价格 jiàgé 쨔그어 바로잡을 격: 가격
价值 jiàzhí 쨔즈르으 값 치: 가치

架. 시렁 가. rack 시렁, 선반
吵架 chăojià 차오쨔 소리 초: 말다툼
书架 shūjià 슈우쨔 쓸 서: 책장

驾駕. 탈것 가. ride on 수레(차)를 몰다, 차량
驾驶 jiàshĭ 쨔스르으 달릴 사: 운전하다
劳驾 láojià 라오쨔 일할 로: 실례하다,

稼. 심을 가. implant (농작물을)심다, 곡식, 곡물

加더할 가= 力힘 력 + 口입 구 → 힘써 입에 음식을 더한다.

(용례) 今天的会议你参加不参加? jīntiāndehuìyì nĭcānjiābùcānjiā
찌인티앤더 후이이이 니이차안찌아뿌차안찌 오늘 회의에 너는 참석하느냐?

架시렁 가= 加더할 가 + 木나무 목 → 나무 부속을 더해 시렁을 완성시킨다.

驾駕탈것 가= 加더할 가 + 马말 마 → 말이 더해져야 탈 것이 된다.

嘉아름다울 가= 吉길할 길 + 加더할 가 → 길함(행운)이 가해지면 아름다워진다.

家집 가= 宀집 면 + 豕돼지 시 → 우리 집은 집 안에서 돼지를 기른다.

(용례) 大家坐好，现在开会了。 dàjiāzuòhăo xiànzàikāihuìle
따찌아쭈오하오 쌘짜이 카이후이러 다들 자리에 앉았으니, 지금부터 회의를 시작합니다.

稼심을 가= **禾**벼 화 + **家**집 가 → 벼농사 짓는 집에서 다른 곡물도 심는다.
假거짓/틈 가= **人**사람 인 + **叚**빌릴 가 → 사람이 돈을 빌리면 거짓이 생기게 된다.
(용례) **因病请假一天。** yīnbìng qǐngjiàyītiān
이인삥 치잉쨔이이티앤 병 때문에 하루의 휴가를 신청하다.
价價값 가= **人**사람 인 + **介**끼일 개 → 흥정 중에 사람이 끼면 값이 올라간다.
甲첫째 천간 갑= 거북이 등딱지 모양을 그림. 거북이 등딱지를 갑이라고 한다. 용례: 갑골문자
夹夾낄 협= **夫**지아비 부 + **八**여덟 팔 → 지아비가 여덟 명의 불한당 속에 끼어 있다.

성조별 한국어 한자

	무성	1성	2성	3성	4성
각				脚,角	觉
교		交,教,郊,胶,骄		狡,饺	教,较
규					叫
요		浇			
초		蕉			

221 jiao 찌아오

1

教. 가르칠 교. teach 가르치다, 전수하다
胶膠. 갖풀 교. glue 갖풀, 아교
胶水(儿) jiāoshuǐ 찌아오쑤이 물 수: 천연고무
蕉. 파초 초. banana 파초(같은 식물)
香蕉 xiāngjiāo 씨앙찌아오 향기 향: 바나나
郊. 성밖 교. suburbs 교외, 시외
郊区 jiāoqū 찌아오취이 지경 구: 변두리
骄. 교만할 교. arrogance 거만하다, 교만하다
骄傲 jiāo'ào 찌아오아오 업신여길 오: 오만하다
交. 건넬 교. hand in 제출하다, 만나다, 교차점
交通 jiāotōng 찌아오토옹 통할 통: 교통
交流 jiāoliú 찌아오류우 흐를 류: 교류하다
交换 jiāohuàn 찌아오후안 바꿀 환: 교환
交际 jiāojì 찌아오찌 가장자리 제: 교제(하다)
浇澆. 물댈 요. water, irrigate 물을 뿌리다, 물대다

2

饺. 경단 교. rice ball 교자, 만두
饺子 30 지아오쯔 아들 자: 만두, 餃子
狡. 간교할 교. cunning 교활하다, 간사하다
狡猾 32 지아오후아 교활할 활: 교활하다
角. 뿔 각. horn, 뿔, 뿔나팔,
角度 34 지아오뚜 법도 도: 각도
脚. 다리 각. leg 다리

3

4

叫呌. 부르짖을 규. shout, call 외치다, ~라 부르다
觉. 잠잘 각. sleep 잠, 수면
睡觉 shuìjiào 쑤이쨔오 잠잘 수: 잠을 자다
教. 가르칠 교. teach 지도하다, 교도하다
教室 jiàoshì 쨔오스 방 실: 교실
教授 jiàoshòu 쨔오쏘우 줄 수: 교수
教材 jiàocái 쨔오차이 재목 재: 교재
教练 jiàoliàn 쨔오리앤 익힐 련: 교련
教训 jiàoxun 쨔오쒼 가르칠 훈: 교훈, 훈계
较. 비교할 교. compare 비교하다
比较 bǐjiào 비이쨔오 견줄 교: 비교하다

角뿔 각 = **刀**칼 도 + **月**몸 육 + **丨**뚫을 곤 → 뿔은 칼처럼 몸을 뚫을 수 있다.(**角**은 **쮜에**로 발음되기도 한다}
脚다리 각= **月**몸 육 + **去**갈 거 + **卩**병부 절 → 몸을 끌고 벼슬하러 가려니 다리가 말을 안 듣는다.
觉깨달을 각= **觉**배울 학 + **見**볼 견 → 배우고 또 눈으로 보니 깨닫게 된다.(**쮜에**로 발음되기도 함)

(용례) 昨晚我没睡觉。 zuówǎn wǒméishuìjiào
주오와안 워어메이쑤이쨔오 어젯밤에 나는 잠을 못 잤다.

教가르칠 교= 孝효도 효 + 攵칠 복 → 효도는 때려가면서라도 가르쳐야 한다.

(용례) 教室里没座儿了。 jiàoshìlǐ méizuòérle
쨔오쓰리이 메이쭈오얼러 교실에 빈자리가 없다.

交사귈 교= 갓 쓴 선비가 친구를 만나러 활발히 걷는 모습을 그림.

胶膠갖풀 교= 月몸 육 + 交사귈 교 → 그들은 마치 아교풀처럼 끈끈하게 몸으로 사귄다.

饺경단 교= 饣밥식 + 交사귈 교 → 밥으로 사귀기 힘들면 경단을 줘라.

狡간교할 교= 犭큰개 견/짐승 록 + 交사귈 교 → 간교함은 개들의 사귐에나 맞는다.

较비교할 교= 车수레 차 + 交사귈 교 → 차타고 사귀는 사람하고는 비교하지 마라.

(용례) 我国四季比较分明。 wǒguó sìjìbǐjiàofēnmíng
워어구오 쓰찌비이쨔오 뻐언미잉 우리나라는 사계절의 구분이 비교적 뚜렷하다.

郊성밖 교= 交사귈 교 + 阝언덕 부/고을 읍 → 고을에 가서 사귀는 사람들은 성 밖 사람들이다.

骄교만할 교= 马말 마 + 乔높을 교 → 말에 높이 앉으면 교만한 생각이 절로 든다

叫呌부르짖을 규= 口입 구 + 丩꼬일 구 → 입이 꼬일 정도로 부르짖는다.

浇澆물댈 요= 氵물 수 + 戈창 과 + 兀절름발이 왕 → 절름발이 장수가 창을 들고 관개사업을 지휘한다.

蕉파초 초= 萑풀 많을 추 + 灬불 화 → 무성했던 풀밭을 태우고 파초를 심었다.

(용례) 香蕉和苹果形状不同。 xiāngjiāo hé píngguǒ xíngzhuàng bùtóng 。
씨앙찌아오흐어피잉구오 씨잉쭈앙뿌토옹 바나나와 사과는 모양이 다르다.

성조별 한국어 한자

	무성	1성	2성	3성	4성
강		江		讲	降
장		将		奖	匠,酱

222 jiang 찌앙

1

江. 강 강. river 강

长江 Chángjiāng 차앙찌앙 길 장: 양쯔강, 장강

将將. 장차 장. future 장래

将来 jiānglái 찌앙라이 올 래: 장래

2

3

奖. 권면할 장. recommend 장려하다, 상장

奖金 jiǎngjīn 지앙찌인 쇠 금: 상금, 보너스

讲究 jiǎng·jiu 지앙찌우 궁구할 구: 소중히 하다

讲講. 이야기할 강. tell story 이야기하다, 협의하다

演讲 yǎnjiǎng 이앤지앙 멀리 흐를 연 강연, 연설

4

匠. 장인 장. master craftsman 장인

画匠 huàjiàng 화쨩 그림 화: 화공

漆匠 qījiang 치이쨩 옻칠 칠: 칠공

降. 내릴 강. decend 떨어지다, 내리게 하다

降低 jiàngdī 쨩띠 낮을 저: 내리다

降落 jiàngluò 쨩루오 떨어질 락: 착륙

酱醬. 된장 장. soybean paste 된장(에 절이다)

酱油 jiàngyóu 쨩요우 기름 유: 간장

江강 강= 氵물 수 + 工만들/장인 공 → 물줄기들이 모여 강을 만든다.

讲講이야기할 강= 讠말씀 언 + 井우물 정 → 우물가에 모여 교재 없이 말로 강의한다.

降내릴 강= 阝언덕 부/고을 읍 + 夂천천히 걸을 쇠 + 牛소 우 → 소가 천천히 걸어 언덕을 내려간다.

将將장차/장군 장= 丬(爿)나무조각 장 + 夕저녁 석 + 寸마디/법 촌 → 장차 저녁마다 모여 나무 조각에 법을 새기겠다.

奖권면할 장= 丬(爿)나무조각 장 + 夕저녁 석 + 大큰 대 → 저녁에 나무 조각으로 큰 사업을 추진할 것을 권한다.

酱醬된장 장= 丬(爿)나무조각 장 + 夕저녁 석 + 酉술 유 → 저녁에 평상(丬)에 앉아 한 잔 하고 된장을 담그자.

匠장인 장= 匚상자 방 + 斤도끼 근 → 상자 안 도끼는 그 장인의 것이다.

성조별 한국어 한자

	무성	1성	2성	3성	4성
간		艰,间		简	
감				减	
건					件,健,建,键
검				捡,检	
견		坚,肩			见
겸		兼			
전		煎		剪	
점					渐
천					践
첨		尖			

223 jian 찌앤

1

坚堅. 굳을 견. hard 단단하다, 굳은 것
坚持 jiānchí 찌앤츠르으 가질지: 견지하다,
坚强 jiānqiáng 찌앤치앙 강할 강 굳세다
坚决 jiānjué 찌앤쥐에 결단할 결 단호하다

尖. 뾰족할 첨. pointed 날카롭다, 예민하다
尖锐 jiānruì 찌앤루이 날카로울 예: 뾰족하고 날카롭다

肩. 어깨 견. shoulder 어깨 메다
肩膀 jiānbǎng 찌앤바앙 쌍배 방: 어깨

艰艱. 어려울간. difficult 곤란하다, 어렵다
艰巨 jiānjù 찌앤쮜 클 거: 어렵고 힘들다
艰苦 jiānkǔ 찌앤쿠우 쓸 고: 어렵다

间間. 사이 간. gap 틈 사이, 사이를 두다
时间 shíjiān 쓰으찌앤 때 시: 시간
房间 fángjiān 파앙찌앤 방 방: 방

兼. 겸할 겸. concurrent 겸하다, 곱절의
兼职 jiānzhí 찌앤즈르으 벼슬 직: 겸직하다

煎. 지질 전. fry 지지다, (전을)부치다

2

3

剪. 자를 전. cut 자르다
剪刀 jiǎndāo 지앤따오 칼 도: 가위

减減. 덜 감. reduce 줄이다, 감하다
减肥 jiǎnféi 지앤페이 살찔 비: 살 빼다
减少 jiǎnshǎo 지앤싸오 적을 소: 감소

简簡. 대쪽 간. bamboo piece 간단하다, 편지
简单 jiǎndān 지앤따안 홑 단: 간단하다
简直 jiǎnzhí 지앤즈르으고를 직: 그야 말로
简历 jiǎnlì 지앤리 책력 력: 약력

检檢. 검사할 검. inspect 검사하다, 단속하다
检查 jiǎnchá 지앤차아 조사할 사: 점검하다

捡撿. 주울 검. pick up 줍다, 꺼내다

4

件. 사건 건. incident 일, 사건, 세는 단위 쨴쨴
电子邮件 diànzǐyóujiàn] 땐즈으 요우쨴 번개 전/아들 자/역참 우: 이메일
条件 tiáojiàn 타오쨴 가지 조: 조건

健. 튼튼할 건. stout 건강하다(하게 하다) ~을 잘한다
健康 jiànkāng 쨴카앙 편안 강: 건강하다
健身 jiànshēn 쨴써언 신체 신: 튼튼하게 하다

建. 세울 건. build up construct 세우다, 건설하다
建议 jiànyì 쨴이 의논할 의: 제안하다
建筑 jiànzhù 쨴쭈 쌓을 축: 건축물
建立 jiànlì 쨴리 설 립: 건립, 설치하다
建设 jiànshè 쨴써어 베풀 설: 건설하다

键鍵. 열쇠 건. key 열쇠
关键 guānjiàn 꾸안쨴 빗장 관: 관건
键盘 jiànpán 쨴파안 소반 반: 키보드

践踐. 밟을 천. step on 밟다, 짓밟다, 실행하다
实践 shíjiàn 쓰으쨴 열매 실: 실천하다

見. 볼 견. see, look 보(이)다, 노출되다, 견해
再见 zàijiàn 짜이쨴 다시 재: 또 봅시다
看见 kànjiàn 칸쨴 볼 간: 눈에 띠다
见面 jiànmiàn 쨴미앤 얼굴 면: 만나다

渐漸. 차차 점. gradual 점점
逐渐 zhújiàn 쭈우쨴 쫓을 축: 점차

间間사이 간= 门문 문 + 日해 일 → 문틈에 햇빛이 들어올 사이가 있다. 타오빠앙찌앤

(용례) 这套房子有四个房间。 zhè tàofángzi yǒusìgèfángjiān

쩌타오빠앙즈 요우쓰꺼빠앙찌앤　이 주택은 방이 네 칸이다.

简簡대쪽 간= 竹대 죽 + 间間사이 간 → 옛날 대의 마디 사이를 잘라 대쪽을 만들어 글을 썼다.

艰艱어려울 간= 又손/또 우 + 艮그칠/어긋날 간 → 또 어긋나다니 정말 만나기 어렵구나.

减減덜 감= 冫얼음 빙 + 咸다 함 → 얼음이 다 됐으니 이제 값을 덜어 줘라.

件사건 건= 人사람 인 + 牛소 우 → 사람과 소가 만나면 사건을 만들어 낸다.

(용례) 我收到了老师的电子邮件。 wǒshōudàole lǎoshīde diànziyóujiàn

워어쏘우따오러 라오스으더 띠앤즈요우짼　나는 선생님의 이메일을 받았다.

建세울 건= 律법 율 + 廴당길 인 → 법률을 당겨서라도(인용하여) 집을 세워야 한다.

健튼튼할 건= 人사람 인 + 建세울 건 → 사람을 제대로 만들려면 우선 튼튼해야 한다.

键鍵열쇠 건= 钅쇠 금 + 建세울 건 → 쇠를 제대로 만들려면(사용하려면) 열쇠를 만들어 봐라.

检檢검사할 검= 木나무 목 + 佥(僉)모두 첨 → 나무를 모두 검사해 보자.

(용례) 这套书编排得法, 检查方便。 zhètàoshū biānpáidéfǎ jiǎncháfāngbiàn

쩌타오쑤우 삐앤파이더빠아 지앤차아 빠앙뺀　이 총서는 조리 있게 배열되어서 찾기가 편하다.

捡撿주울 검= 扌손 수 + 佥(僉)모두 첨 → 손으로 모든 것을 주어 올려라.

肩어깨 견= 户집 호 + 月몸 육 → 집을 짓느라고 몸을 썼더니 어깨가 아프다.

坚堅굳을 견= 刂칼 도 + 又손/또 우 + 土흙 토 → 칼과 손으로 흙을 휘저어 굳게 만들었다.

見볼 견= 사람이 무릎을 구부리고 팔을 짚어 땅을 보는 모습을 그림.

(용례) 故意假装没看见。 gùyì jiǎzhuāng méikànjiàn

꾸이 지아쭈앙메이칸짼　일부러 못 본 척하다

下次再见面聊吧。 xiàcì zài jiànmiàn liáoba

쌰츠 짜이짼미앤리아오바　다음에 또 만나서 얘기하자.

看见은 처다보기만 하는 것, 见面은 만나서 뭔가 하는 만남.

兼겸할 겸= 并어우를 병 + 彐손 계 + 八여덟 팔 → 그 직책을 겸하려고 여덟 명의 손을 잡고 어울렸다.

剪자를/가위 전= 前앞 전 + 刀칼 도 → 가위는 칼의 앞부분만 날카롭게 갈아 만든다.

渐漸차차 점= 氵물 수 + 车수레 차 + 斤도끼 근 → 물에 차에 띄워 놓고 도끼를 실으니 점점 가라앉았다.

践踐밟을 천= 足발 족 + 戋(戔)쌓일 전 → 물건들이 발 위에 쌓이기 전에 밟고 올라서라.

尖뾰족할 첨= 小작을 소 + 大큰 대 → 위가 작고 밑이 크면 뾰족하다.

224 jie 찌에

1

接. 사귈 접. associate meet 접하다, 연결하다

接着 jiēzhe 찌에저 어조사 착: 이어서
接受 jiēshòu 찌에쎠우 받을 수: 받아들이다
接触 jiēchù 찌에추 닿을 촉: 접촉, 닿다
接待 jiēdài 찌에따이 기다릴 대: 접대하다
接近 jiējìn 찌에찐 가까울 근: 친근, 친하다

结結. 맺을 결. conclude 매다, 맺다

结实 jiēshi 찌에스으 열매 실: 열매를 맺다

街. 길 가. street 거리

街道 jiēdào 찌에따오 길 도: 길거리

阶階. 섬돌 계. step 계단

台阶 táijiē 타이찌에 대 대: 계단
阶段 jiēduàn 찌에 똰 구분 단: 단계

2

结結. 묶을 결. bind 매다, 엉기다, 매듭

结构 jiégòu 지에꼬우 얽을 구: 구성 구조
结束 jiéshù 지에쑤 묶을 속: 끝나다
结婚 jiéhūn 지에훈 혼인 혼: 결혼하다
结果 jiēguǒ 지에구오 과실 과: 결과, 결실
结合 jiéhé 지에흐어 합할 합: 결합, 결부하다
结论 jiélùn 지에룬 논할 론: 결론
结账 jiézhàng 지에쟝 장부 장: 결산하다

节節. 마디 절. joint, 절제하다, 절약하다, 마디, 단락

节日 jiérì 지에르 날 일: 명절
季节 jìjié 찌지에 끝 계: 계절
节目 jiémù 지에무 눈 목: 종목, 프로그램
节省 jiéshěng 지에셔엉 덜 생: 아끼다, 절약
节约 jiéyuē 지에위에 약속 약: 절약하다

3

姐. 누이 저. elder sister 누이

小姐 xiǎo·jie 샤오지에 어릴 소: 아가씨
姐姐 jiě·jie 지에지에 누이 저: 누나, 언니
解决 jiějué 지에쥐에 결단할 결: 해결하다
解释 jiěshì 지에쓰 풀 석: 해석하다
解放 jiěfàng 지에팡 놓을 방: 해방하다
解说员 jiěshuōyuán 지에쑤오위앤 말씀 설/인원 원: 해설원

解. 풀 해. solve, untie 나누다, 풀다, (수학)해

4

介. 낄 개. meddle 끼다, 소개하다

介绍 jièshào 쪠쌰오 이을 소: 소개하다
中介 zhōngjiè 죵쪠 가운데 중: 중개하다

借藉. 빌릴 차. borrow 빌리다, 꾸다

借口 jièkǒu 쪠코우 입 구: 핑계

界. 지경 계. border 경계, 분야

世界 shìjiè 쓰쪠 대 세: 세계

戒. 경계할 계. alert 경계하다, 타이르다

戒指 jièzhi 쪠즈르 손가락 지: 반지

성조별 한국어 한자

	무성	1성	2성	3성	4성
가		街			
개					介
결		结	结		
계		阶			戒,界
저				姐	
절			节		
접		接			
차					借
첩					
해				解	

街길 가= 行갈 행 + 土흙 토 + 土흙 토 → 통행을 위해 흙을 돋우어 길을 만들었다.

(용례) 这条街道的名称几度改易。 zhètiáojiēdàodemíngchēng jǐdùgǎiyì

쩌티아오찌에따오더미잉청엉 지이뚜가이이 이 거리의 명칭은 몇 번이나 바뀌었다.

介낄 개= 人사람 인 + 丨뚫을 곤 + 丨뚫을 곤 → 사람 인자 안에 두 사람이 끼어있는 모습.

结結맺을 결= 糸실 사 + 土흙 토 + 口입 구 → 밭과 사람을 실로 꿰매듯 맺어줬다.

(용례) 秋收快要结束了。 qiūshōu kuàiyàojiéshùle

치우쏘우콰이야오지에쑤러 추수가 막 끝나려고 한다.

阶階섬돌 계= 阝언덕 부 + 介낄 개 → 언덕에 층계를 위해 섬돌을 끼워 놓았다.

界지경 계= 田밭 전 + 介낄 개 → 밭에 사람들이 잘못 끼지 않도록 경계를 만들어 준다.

戒경계할 계= 戈창 과 + 廾받들 공 →창을 받들어 경계한다.

姐누나 저= 女계집 녀 + 且또 차 → 또 태어난 여자도 나에게는 누나다.

节節마디 절= 艹풀 초 + 卩병부 절 → 풀에 계급장처럼 생기는 마디

(용례) 韩国人最重视哪个节日？ hánguórén zuìzhòngshì nǎgèjiérì

하안구오러언 쭈이쫑쓰나아꺼지에르 한국인은 어떤 명절을 가장 중요시 하나요?

接사귈 접= 扌손 수 + 立설 립 + 女계집 녀→ 여자가 일어서서 손을 내밀어 사귀게 되었다.

借藉빌릴 차= 人사람 인 + 昔옛 석 → 빌리는 것은 예로부터 내려오는 사람의 행태.

解풀 해= 角뿔 각 + 刀칼 도 + 牛소 우 → 뿔로 칼을 만들어 소를 해부했다.

성조별 한국어 한자

	무성	1성	2성	3성	4성
구		究		九,久	救,臼,舅
주				酒	
취					就

225 jiu 찌우

究. 궁구할 구. reseach 연구하다, 결국, 도대체

研究 yánjiū 얜찌우 갈 연: 연구하다

究竟 jiūjìng 찌우찡 끝날 경: 결말, 도대체

酒. 술 주. liquor 술

啤酒 píjiǔ 피이지우 맥주 비: 맥주

酒吧 jiǔbā 지우빠아 아이다툴 파: 술집

久. 오랠 구. long time 오래다, 오래동안, 오랜 시간

悠久 yōujiǔ 요우지우 멀 유: 유구하다

九 아홉 구. nine 아홉, 9

就. 이룰 취. accomplish 다가가다, ~에 관하여

成就 chéngjiù 처엉쮸 이룰 성: 성취, 업적

救. 구원할 구. save 구원하다

救护车 jiùhùchē 쮸후 츠어 지킬 호/수레 차: 구급차

舅. 외숙 구. uncle 외삼촌, 처남

舅舅 jiù·jiu 쮸쮸 외숙 구: 외삼촌, 외숙

究궁구할 구= 穴구멍 혈 + 九아홉 구 → 9 구멍을 다 파헤치며 끝까지 찾아보았다.

久오랠 구= 人사람 인 + 人사람 인 → 오랜만에 만나 두 사람이 껴안는 모습.

九아홉 구= 十열 십 + 乙굽어질 을 → 열 개 중 하나가 굽어져 아홉 개만 쓸 수 있다.

舅외숙 구= 臼절구 구 + 男사내 남 → 머리가 절구통 같은 그 사내가 우리 외숙이다.

救구원할 구= 求구할 구 + 攵칠 복 → 일단 구해내 매를 쳐 구원하였다.

酒술 주= 氵물 수 + 酉닭 유 → 물과 닭이 있으니까 술 한 잔 하자.

(용례) 啤酒跑气了, 所以不好喝。 píjiǔ pǎo qì le suǒyǐ bùhǎo hē

피이지우파오치러 수오이이 뿌하오흐어 맥주의 김이 빠져서 맛이 없다.

就이룰/나아갈 취= 京서울 경 + 尤더욱 우 → 서울에 오니 더욱 더 이룰 욕심이 난다.

急. 급할 급. urgent 급하다, 초조해하다

着急 zháojí 쟈오지이 붙을 착: 조급해 하다

急诊 jízhěn 지이저언 보배 진: 응급 진료

极極. 다할 극. utmost 절정, 절정에 이르다

积极 jījí 찌이지이 쌓을 적: 적극적이다

消极 xiāojí 쌰오지이 사라질 소: 소극적이다

即. 다가갈 즉. approach 다가가다, 때(기회)에

即使 jíshǐ 지이쓰으 부릴 사: 설령 ~더라도

立即 lìjí 리지이 설 립: 곧, 즉시

集. 모일 집. gather 모이다, 모으다

集合 jíhé 지이흐어 합할 합: 집합하다

集中 jízhōng 지이쭝 가운데 중: 집중하다

辑輯. 모을 집. edit 모으다, 수집하다

编辑 biānjí 삐앤지이 엮을 편: 편집하다

逻辑 luójí 루오지이 돌 라: 논리

级級. 등급 급. class 등급, 학년

年级 niánjí 니앤지이 해 년: 학년

高级 gāojí 까오지이 높을 고: 고급

及. 미칠 급. reach 달하다, 미치다, ~하는 틈에

及时 jíshí 지이쓰으 때 시: 때가 맞다

来不及 láibují 라이뿌지이 올 래/아니 불: 미처 ~못하다

基. 터 기. site 기초(적인), 토대

基础 jīchǔ 찌이추우 주춧돌 초: 기초

基本 jīběn 찌이버언 근본 본: 기본의

几幾. 거의 기. almost 몇, 얼마나, 거의

几乎 jīhū 찌이후우 어조사 호: 거의, 하마터면

击擊. 칠 격. strike 치다, 부딪치다, 공격하다

射击 shèjī 쓰찌이 쏠 사: 사격하다

机機. 틀 기. fame, machine 기계, 비행기

机场 jīchǎng 찌이차앙 마당 장: 비행장

机会 jī·huì 찌이후이 모일 회: 기회

机器 jī·qì 찌이치 그릇 기: 기계

飞机 fēijī 뻬이찌이 날 비: 비행기

手机 shǒujī 쏘우찌이 손 수: 휴대폰

激. 격할 격. violent 격렬하다, 급격하다

激动 jīdòng 찌이똥 움직일 동: 흥분하다

激烈 jīliè 찌이례 굳셀 렬: 격렬하다

刺激 cìjī 츠찌이 찌를 자: 자극하다

鸡雞鷄. 닭 계. chicken 닭, 화폐의 단위

鸡蛋 jīdàn 찌이딴 새알 단: 계란

积積. 쌓을 적. pile 쌓다, 누적된

积累 jīlěi 찌이레이 포갤 루: 누적하다

面积 miànjī 미앤찌이 얼굴 면: 면적

肌. 살 기. flesh 근육, 살

肌肉 jīròu 찌이로우 고기 육: 근육

2 1

226
ji
찌이

3 4

(162p에 계속)

226 ji 찌이

2 3 | 1 4

己. 몸 기. body 자기, 자신

自己 zìjǐ 쯔지이 몸 자: 자기

성조별 한국어 한자

	무성	1성	2성	3성	4성
구		究		九,久	救,臼,舅
주				酒	
취					就

4성방(계속)

绩績. 공적 적. contribution (실을)잣다, 뽑다

成绩 chéngjì 청지 이룰 성: 성적

业绩 yèjì 예찌 업 업: 업적

迹跡. 자취 적. trait 자취, 유적, 고찰하다

奇迹 qíjì 치이찌 기이할 기: 기적

名胜古迹 míngshèng gǔjì] 미잉셩구우찌 이름 명/이길 승/옛 고: 명승고적

际際. 가장자리 제. border 가장자리, 속, 경계

实际 shíjì 쓰으찌 열매 실: 실제

国际 guójì 구오찌 나라 국: 국제

季. 계절 계. season 계절, 시기

季节 jìjié 찌지에 마디 절: 계절

寂 고요할 적. silent 조용하다, 적적하다

寂寞 jìmò 찌모 적막할 막: 외롭다

技. 기술 기. skill 기능, 기술, 솜씨

技术 jìshù 찌수 꾀 술: 기술

既. 이미 기. already 이미, 할 뿐만 아니라

既然 jìrán 찌라안 그러할 연: ~된 바에야

济濟. 건널 제. cross 건너다, 도움이 되다

经济 jīngjì 찌잉찌 경영할 경: 경제

纪紀. 기율 기. rule 기율, 기록하다

世纪 shìjì 쓰찌 대 세: 세기

纪录 jìlù 찌루 기록할 록: 기록

继繼. 이을 계. connect 계속하다, 그 다음에

继续 jìxù 찌쒸 이을 속: 계속하다

记記. 기록할 기. record 기억하다, 적다, 기록

忘记 wàng·jì 왕찌 잊을 망: 잊어버리다

记得 jì·de 찌떠 얻을 득: 기억하고 있다

计計. 셀 계. count 계산하다, 계획하다, 계량기

计划 jìhuà 찌후아 그을 획: 계획하다

估计 gūjì] 꾸우찌 값 놓을 고: 예측하다

击擊칠격= 二두 이 + 山멧 산 → 두 사람이 산에 올라가 격돌한다.

激부딪칠 격= 氵물 수 + 白흰 백 + 方모 방 + 攵칠 복 → 사방에서 흰 물결이 치고 올라와 부딪친다.

鸡鷄닭계= 又손/또 우 + 鳥새 조 → 맨손으로 잡을 수 있는 새는 닭.

(용례) 他每天早上都要吃一个鸡蛋。 tāměitiānzǎoshàngdōu yàochīyīgèjīdàn 。

타아메이티앤자오쌍또우 야오츠으이이꺼찌이딴 그는 매일 아침에 달걀을 한 개씩 먹는다.

季 계절 계= 禾벼 화 + 子아들 자 → 아들과 함께 벼를 추수하는 계절이다.

(용례) 秋天是一个丰收的季节。qiūtiānshì yīgèfēngshōude jìjié

치우티앤쓰 이이꺼 펑엉쏘우더찌지에 가을은 수확의 계절이다.

计計셀 계= 讠말씀 언 + 十열 십 → 열까지 소리 내어(말로) 세어 보거라.

极極다할극= 木나무 목 + 及미칠/이를 급 → 나무로 만든 배로는 극지에 미칠 수 없다.

及미칠/이를 급= 人사람 인 + 乃곧/이에 내 → 사람이 곧 이곳에 이를 것이다.

级級등급 급= 纟실 사 + 及미칠/이를 급 → 실이 어디에 미치는지 여부로 등급을 매긴다.

(용례) **你今年读几年级了?** nǐjīnnián dújǐniánjíle

니이찌인니앤 두우지이니앤지이러 너 올해 몇 학년이니?

急급할 급 = 刀칼 도 + 彐손/고슴도치머리 계 + 心마음 심 → 칼을 손에 쥐면 마음이 급해진다.

(용례) **别着急, 有问题商量着解决。** biézháojí yǒuwèntíshāngliàngzhe jiějué

비에쟈오지이 요우원티이 샤앙량쪄지에쥐에 조급해 하지 말고 문제가 있으면 상의해서 해결하자.

技기술 기= 扌손 수+ 支가를 지 → 손으로 가르려면 기술이 필요하다.

既이미 기= 艮어긋날 간+ 旡목멜 기 → 이미 어긋나고 말아 목이 멘다.

基터 기= 其그 기+ 土흙 토 → 그곳의 흙을 고르니 터전이 만들어졌다.

几幾몇 기/안석 궤= 작은 책상 모양을 그림. 발음이 같아 幾의 간체자로도 씀.

(용례) **不是你提醒我, 我几乎忘了。** búshìnǐtíxǐngwǒ wǒjīhūwàngle

부우스니이티이시잉워어 워어찌이후우왕러 당신이 나를 일깨워주지 않았다면 하마터면 잊어버릴 뻔 했다.

机機틀 기/기계 게= 木나무 목+ 几幾몇 기 → 옛날에는 기계를 나무로 만들었으므로 木자를 붙여 썼음.

(용례) **要开会了, 请关手机** yàokāihuìle qǐngguānshǒujī

야오카이후이러 치잉꾸안 쇼우찌이 회의를 시작하겠으니 휴대폰을 꺼 주세요.

肌살 기= 月몸 육+ 几幾몇 기 → 몸을 만드는 몇 가지 중 살을 나타냄.

己몸 기= 엎드려 절하는 모습을 그림.

(용례) **这是我自己写的文章。** zhè shì wǒ zìjǐ xiě de wénzhāng

쩌스 워어쯔지이시에더 워언쨔앙 이것은 내 자신이 쓴 글이다.

纪紀기율 기= 纟실 사 + 己몸 기 → 몸을 실로 묶어 기율을 보인다.

记記기록할 기= 讠말씀 언 + 己몸 기 → 스스로에게 말을 해 가면 기록해 둔다.

(용례) **他还记得年少时的承诺。** tā hái jìdé nián shǎoshí de chéngnuò

타아하이찌더 니앤샤오스으더 쳐엉누오 그는 아직 어릴 때의 약속을 기억하고 있다.

继繼이을 계= 纟실 사 + ㄴ숨을 은 + 米쌀 미 → 쌀을 갈고리에 넣고 한 알 씩 실로 꿰어 이어나간다.

积積쌓을 적= 禾벼 화 + 口에울 위 + 八여덟 팔 → 벼를 네모 상자에 넣고 八자 다리로 받쳐 쌓아둔다.

绩績공적/이을 적= 纟실 사 + 主주인 주+ 貝돈 패 → 주인이 돈을 벌어 실로 꽁꽁 묶어 둬 큰 공적을 세웠다.

寂고요할 적= 宀집 면 + 叔아재비 숙 → 집에 아재비가 버티고 있을 때만 조용하다.

济濟건널 제= 氵물 수 + 齐가지런할 제 → 물은 파도가 가지런할 때 건너야 한다.

际際가장자리 제= 阝언덕 부/고을 읍 + 示보일 시 → 언덕에 올라가면 가장자리를 볼 수 있다.

即다가갈/곧 즉= 艮그칠/어긋날 간 + 卩병부 절 → 벼슬이 끝나면 즉시 조처하라.

集모일 집= 隹새 추 + 木나무 목 → 새들이 나무 위에 모인다.

辑輯모을 집= 车수레 차 + 口입 구 + 耳귀 이 → 입 가진 사람, 귀 가진 사람들이 차를 타고 모인다.

성조별 한국어 한자

	무성	1성	2성	3성	4성
건		巾			
경					劲
근		斤		仅,谨	仅,近
금		今,金			禁
긴				紧	
진				尽	尽,进

227 jin 찌인

1

今. 이제 금. present, now 지금, 오늘의

今天 jīntiān 찌인티앤 하늘 천: 오늘

如今 rújīn 루우찌인 같을 여: 이제

巾. 수건 건. towel 수건, 두건, 천조각

毛巾 máojīn 마오찌인 털 모: 수건

围巾 wéijīn 웨이찌인 에울 위: 목도리

斤. 도끼 근. ax 무게의 단위

公斤 gōngjīn 꼬옹찌인 공변될 공: 킬로그램, kg

金. 쇠 금. gold 금속, 돈 황금

现金 xiànjīn 씨앤찌인 나타날 현: 현금

奖金 jiǎngjīn 지앵찌인 꾸밀 장: 상금, 보너스

2

3

仅僅. 겨우 근. barely 겨우, 근근이, 다만

不仅 bùjǐn 뿌지인 아니 불: ~뿐만 아니라

尽儘. 다할 진. as far as possible 되도록 ~하다

尽管 jǐnguǎn 지인구안 피리 관: 비록, 더라도

尽快 jǐnkuài 지인콰이 쾌할 쾌: 되도록 빨리

紧緊. 팽팽할 긴. tight, tense 팽팽하다, 죄다

紧张 jǐnzhāng 지인좌앙 펼 장: 긴장해 있다

抓紧 zhuānjǐn 쭈안지인 긁을 조: 단단히 잡다

紧急 jǐnjí 지인지이 급할 급: 긴급, 절박

谨謹. 삼갈 근. abstain from 삼가다, 조심하다, 공손히

谨慎 jǐnshèn 지인썬 삼갈 신: 신중하다

4

仅僅. 겨우 근. almost, nearly 거의, 대체로

进進. 나아갈 진. proceed 나아가다, 전진하다

进行 jìnxíg 찐씨잉 갈 행: 진행하다

进步 jìnbù 찐 뿌 걸을 보: 진보하다

进口(儿) jìnkǒu 찌인코우(ㄹ) 입 구: 출입구

近. 가까울 근. near 가깝다, 가까이 하다

附近 fùjìn 푸찐 붙을 부: 근처

最近 zuìjìn 쭈이찐 가장 최: 최근

劲勁. 굳셀 경. solid,strong 힘, 의욕, 열의

使劲儿 shǐ jìn(r) 쓰으찌인(ㄹ) 부릴 사: 힘껏

尽盡. 다될 진. exhaust 다쓰다, 극치에 달하다

尽力 jìn lì 찐리 힘 력: 진력하다

尽量 jǐnliàng 찌인량 헤아릴 량: 가능한 한

禁. 금할 금. prohibit 금하다, 금지령

禁止 jìnzhǐ 찐즈으 멈출 지: 금지하다

巾수건 건= 걸려있는 수건의 모양을 그림.

劲勁굳셀 경= **坙**물길 경 + **力**힘 력 → 물길이 힘을 만나면 굳센 힘을 발휘한다.

斤도끼 근= 도끼의 모양을 그림.

(용례) **他体重达到一百公斤。** tā tǐzhòng dádào yìbǎigōngjīn

타아티이쭝 다아따오 이이바이꼬옹찌인　　그는 체중이 100킬로그램이나 나간다.

近가까울 근= **斤**도끼 근 + **辶**갈 착 → 도끼를 들고 갈만한 가까운 거리이다.

(용례) **这部新片最近就要开机了。** zhèbùxīnpiàn zuìjìnjiùyàokāijīle

쩌뿌씨인팬 쭈이찐쮸야오카이찌이러　　이 새 영화는 최근에 곧 촬영에 들어간다.

仅僅겨우/거의 근= 人사람 인+ 又손/또 우 → 또 사람이 찾아와 겨우 살아날 수 있었다.
谨謹삼갈 근= 讠말씀 언 + 堇황토 근 → 황토방에서는 말을 삼가야 한다.
禁禁금할 금= 林수풀 림 + 示신/보일 시 → 수풀이 보이면 금해야 한다.
今이제 금= 일출 직전 산이 바다에 그림자를 비치는 모습을 그림.
金쇠 금= 제련소의 모양을 그림. 지붕 아래에서 두 사람이 용광로에 불을 지피고 있음.
紧緊팽팽할 긴= 刂칼 도 + 又손/또 우 + 糸실 사 → 손을 묶은 실을 칼로 자르려니 너무 팽팽하네?
尽盡다할 진 3, 4성= 尺자 척 + 丶점 주 + 丶점 주 → 자로 한 점 한 점 물건을 잴 때 정성을 다하여야 한다.
进進나아갈 진= 井우물 정 + 辶갈 착 → 우물에 가려면 앞으로 똑바로 나아가라.

성조별 한국어 한자

	무성	1성	2성	3성	4성
경		京,经,惊		景,警	境,敬,竟,竞,镜
정		睛,精			净

京. 서울 경. capital 서울, 수도
北京 Běijīng 베이찌잉 북녘 북: 베이징
京剧 jīngjù 찌잉쮜 연극 극: 경극

睛. 눈동자 정. pupil 눈알, 눈동자
眼睛 yǎn·jing 얘앤찡 눈 안: 눈

精. 찧을 정. refine 정제한, 순수한
精彩 jīngcǎi 찌잉차이 무늬 채: 뛰어나다
精力 jīnglì 찌잉리 힘 력: 정력
精神 jīngshen 찌잉션 귀신 신: 정신

经經. 날실 경. longitude 날실, 경맥, 경영하다
已经 yǐjing 이이찌잉 이미 이: 이미
经过 jīngguò 찌잉꾸오 지날 과: 지나다
经常 jīngcháng 찌잉츠라앙 항상 상: 늘
经典 jīngdiǎn 찌잉디앤 법 전: 고전
经济 jīngjì 찌잉찌 건널 제: 경제
经理 jīnglǐ 찌잉리이 이치 리: 사장, 경영
经历 jīnglì 찌잉리 책력 력: 경력
经验 jīngyàn 찌잉얜 시험할 험: 경험
经营 jīngyíng 찌잉이잉 경영할 영: 경영

惊. 놀랄 경. be surprised 놀라다, 놀라게 하다
吃惊 chījīng 츠르찌잉 어눌할 흘: 깜짝 놀라다

2 3 **228 jing 찌잉** 1 4

(166p에 계속)

228 jing 찌잉

警. 경계할 경. alert 경계하다, 예민하다

警察 jǐngchá 지잉차라아 살필 차: 경찰

景. 경치 경. scenery 경치, 풍경 형편

景色 jǐngsè 지잉쓰어 빛 색: 풍경

背景 bèijǐng 뻬이지잉 등 배: 배경

境. 경계 경. border, limit 경계, 구역, 형편

环境 huánjìng 후안찡 고리 환: 환경

敬. 공경할 경. respect 존경(하다), 공경(하다)

尊敬 zūnjìng 쭈운찡 높을 존: 존경하다

敬爱 jìng'ài 찡아이 사랑 애: 경애하다

净淨. 깨끗할 정. clean 깨끗하다(하게 하다)

干净 gānjìng 가안찡 방패 간: 깨끗한

镜鏡. 거울 경. mirror 거울, 렌즈, 귀감으로 삼다

镜子 jìng·zi 찡쯔 아들 자: 거울

眼镜 yǎnjìng 얘앤찡 눈 안: 안경

竟. 끝날 경. conclude 마치다, 처음부터 끝까지의

竟然 jìngrán 찡라안 그러할 연: 의외로

究竟 jiūjìng 찌오찡 궁구할 구: 도대체

竞競. 겨룰 경. compete 다투다, 경쟁하다, 강하다

竞争 jìngzhēng 찡즈러엉 다툴 쟁: 경쟁하다

京서울 경= 亠머리 두 + 口입 구 + 小작을 소 → 임금과 말이 적은 백성이 사는 서울.

惊놀랄 경= 忄마음 심 + 京서울 경 → 서울 갈 마음만으로도 놀란다.

景경치 경= 日날 일 + 京서울 경 → 해 뜬 날 서울의 경치.

敬공경할 경= 艹풀 초 + 句글귀 귀 + 攵칠 복 → 풀로 채찍질하고 글귀를 외워가며 부모를 공경한다.

警경계할 경= 敬공경할 경 + 言말씀 언 → 공경하는 말만 하는 사람은 경계하라.

竞競겨룰 경= 立설 립 + 兄맏 형 → 동생이 아니라 형과 맞서서 경쟁하라.

竟끝날 경= 音소리 음 + 人사람인 → 사람이 소리를 내면 (인공호흡을)끝내라.

镜鏡거울 경= 金쇠 금 + 竟끝날 경= → 쇠를 끝까지 연마하면 거울이 된다.

境경계 경= 土흙 토 + 竟끝날 경 → 땅이 끝나는 곳이 경계다.

经經날실 경= 糹실 사 + 巠물길 경 → 날실은 실처럼 선이지만 물길처럼 위에서 아래로 흐르는 즉 세로향이다.

净淨깨끗할 정= 冫얼음 빙 + 争다툴 쟁 → 깨끗한 상자가 준비되자 얼음을 차지하려고 다툼이 일어났다.

(용례) 你洗的干净吗? nǐxǐde gānjìng ma

니이시이더 까안찡마 너 깨끗이 닦았니?

睛눈동자 정= 目눈 목 + 青푸를 청 → 눈 안에 푸른색을 띠는 원이 눈동자이다.

精찧을 정= 米쌀 미 + 青푸를 청 → 쌀에서 푸른빛이 돌도록 잘 찧어라.

229 zha 쟈아

摘. 딸 적. pick 따다, 꺾다 (1 / 4)

窄. 좁을 착. narrow 좁다, 옹졸하다 (2 / 3)

성조별 한국어 한자

	무성	1성	2성	3성	4성
적		摘			
착				窄	

摘딸/지적할 적= 扌손 수 + 立설 립 + 门문 문 + 古옛 고 → 손을 들어 옛날부터 서 있는 문을 지적했다.

窄좁을 착= 穴구멍 혈 + 乍잠간 사 → 잠시만 숨어 있으려 했지만 구멍이 너무 좁았다.

230 zhan 쟈안

粘. 끈끈할 점. sticky 붙다, 달라붙다, 붙이다

粘贴 zhāntiē 쟈안티에 붙을 첩: 붙이다, 바르다

(1 / 4)

占. 차지할 점. occupy 차지하다, 점령하다

占线 zhànxiàn 쟌씨앤 실 선: 통화중

战戰. 싸울 전. fight 싸움, 전쟁(하다)

挑战 tiǎozhàn 탸오쟌 휠 도: 도전

战争 zhànzhēng 쟌 저엉 다툴 쟁: 전쟁

站. 설 참. stop 일어서다, 정차하다

火车站 huǒchēzhàn 후오츠어쟌 불 화/수레 차: 기차역

网站 wǎngzhàn 와앙쟌 그물 망: 웹사이트

(2 / 3)

展. 펼 전. spread 펴다, 발휘하다, 전람(하다)

展开 zhǎnkāi 쟈안카이 열 개: 펼치다

展览 zhǎnlǎn 쟈안 라안 두루볼 람: 전람

发展 fāzhǎn 빠아쟈안 쏠 발: 발전하다

성조별 한국어 한자

	무성	1성	2성	3성	4성
전				展	战
점		粘			占
참					站

展펼 전= 尸주검/집 시 + 艹풀 초 + 衣옷 의 → 풀로 짠 옷을 주검위에 펼친다.

占차지할/점칠 점= 卜점 복 + 口입구 → 점을 보고 말해 준다.

粘끈끈할 점= 米쌀 미 + 占차지할/점칠 점 → 쌀은 끓이면 점점 끈끈해진다.

战戰싸울 전= 占차지할/점칠 점 + 戈창 과 → 점을 쳐 본 후 창을 들고 나가 싸운다.

站설 참= 立설립 + 占차지할/점칠 점 → 서서 점을 치려고 일어선다.

(용례) 她直接从火车站赶到会场。 tā zhíjiēcónghuǒchēzhàn gǎndàohuìchǎng

타아즈으찌에초옹후오츠어쟌 가안따오후이차앙 그녀는 기차역에서 곧장 회의장으로 서둘러 갔다.

성조별 한국어 한자

	무성	1성	2성	3성	4성
장		张	长	掌	丈,账
창				涨	

张. 펼 장. spread 늘어놓다

长. 긴 장. long 길다, 오래다, 길이

231 zhang 즈ㅏ앙

2 3 1 4

涨. 물 불을 창. expand 물이 붇다, 값이 오르다

掌. 손바닥 장. palm 손바닥(으로 치다)

掌握 zhǎngwò 즈ㅏ앙워 쥘 악: 파악하다

丈. 장부 장. husband 남자 노인, 10척(3.33m)

丈夫 zhàngfū 즈ㅏ앙f우 지아비 부: 장부

账. 회계장부 장. accounting book 회계, 장부

账户 zhànghù 즈ㅏ앙후 지게 호: 계정, 계좌

长長어른/길 장= 머리털이 긴 혹은 머리 장식을 한 어른의 모습을 그림.

张펼/베풀 장= 弓활 궁 + 长長어른 장 → 활을 가진 어른 즉 족장은 수하에게 베풀어야 한다.

账회계장부 장= 貝돈 패 + 长長어른 장 → 족장이 돈을 관리하려면 장부가 필요하다.

掌손바닥 장= 尙높을 상 + 手손 수 → 손을 높이 들어 손바닥을 펴 보인다.

丈장부/어른 장= 十열 십 + ㇏지팡이 모양 → 키가 열(十) 자인 어른이 지팡이를 짚은 모습.

(용례) 她丈夫人很老实。 tā zhàngfū rén hěn lǎoshí

타아즈ㅏ앙f우러언허언라오스ㅡ 그녀의 남편은 아주 착하다.

涨물 불을 창= 氵물 수+ 张펼/베풀 장 → 물이 퍼진다는 것은 물이 불어난다는 뜻.

着著. 붙을 착. stick together 하는 중이다, ~해 있다

着急 zháojí 쟈오지이 급할 급: 조급해 하다
着凉 zháoliáng 쟈오리앙 서늘할 량: 감기 걸리다

招. 부를 초. call 손짓하다, 끌어드리다

招聘 zhāopìn 쟈오핀 찾아갈 빙: 모집하다
招待 zhāodài 쟈오따이 기다릴 대: 초청하다
打招呼 dǎzhāo·hu 다아쟈오후 칠 타/내쉴 호: 가볍게 인사하다

232 zhao 쟈오

找. 채울/찾을 조. search 찾다

성조별 한국어 한자

	무성	1성	2성	3성	4성
소					召
조				找	照
착			着		
초		招			

照. 비출 조. light up, ray 비추다, 빛나다, 사진

照顾 zhào·gù 쟈오꾸 돌아볼 고: 보살피다
护照 hùzhào 후쟈오 지킬 호: 여권
照片 zhàopiàn 쟈오팬 조각 편: 사진
照常 zhàocháng 쟈오챠앙 항상 상: 평소대로 하다
照相机 zhàoxiàngjī 쟈오썅찌이 서로 상/기계 기: 사진기

召. 부를 소. call 불러 모으다

召开 zhàokāi 쟈오카이 열 개: 열다, 개최하다

召부를 소= 刀칼 도 + 口입 구 → 칼을 입에 물고 오라고 부른다. 강제성을 보임.

找채울/찾을 조= 扌손 수 + 戈창 과 → 손에 창을 들고 찾아 나선다.

照비출 조= 日날 일 + 召부를 소 + 灬불 화 → 해를 불러 불을 태워 밝게 비춘다. 昭는 밝을 소.

着著붙을 착= 羊양 양 + 目눈 목 → 양치기의 눈은 항상 양에 따라 붙는다.

招부를 초= 扌손 수 + 召부를 소 → 손짓하여 부른다. 부탁한다는 의미가 있음.

摘. 딸 적. pick 따다, 지적하다

233 zhai 쟈이

窄. 좁을 착. narrow 좁다, 옹졸하다, 옹색하다

성조별 한국어 한자

	무성	1성	2성	3성	4성
적		摘			
착				窄	

摘지적할/딸 적= 扌손 수 + 啇뿌리/오래 될 적 → 손으로 오래 된 것을 지적한다.

窄좁을 착= 穴구멍 혈 + 乍잠간 사 → 구멍에 잠깐만 넣으려 하는데 너무 좁다.

折. 꺾을 절. bend 꺽다, 부러뜨리다, 손해보다

打折 dǎzhé 다아저어 칠 타: 할인하다

哲. 밝을 철. bright 총명하다, 총명한 사람, 철학

哲学 zhéxué 저어쉬에 배울 학: 철학

성조별 한국어 한자

	무성	1성	2성	3성	4성
자				者	
저					这
절			折		
착	着				
철			哲		

2 234 1

zhe

3 저어 4

者. 놈 자. guy ~하는 자/것, 이것

或者 huòzhě 후오저어 미혹할 혹: 혹시

记者 jìzhě 찌저어 기록할 기: 기자

这這. 이 저. this 이, 이것, 이때, 지금

这个 zhège 저거어 이 저: 이, 이것

무성

着. 어조사 착. particle 해 있다, 하는 중이다

接着 jiē·zhe 찌에저 사귈 접: 받다, 연이어

者놈 자 = 족장이 상을 앞에 놓고(曰 자 부분) 무릎에는 곤장을 놓은 모습. '놈'은 남자의 뜻.

这這이 저= 文글월 문 + 辶갈 착 → 글 공부하러 가고 싶으면 이곳에서 하라.

折꺾을 절= 扌손 수 + 斤도끼 근 → 손으로 안 되면 도끼질을 해서 꺾어라.

着著붙을 착= 羊양 양 + 目눈 목 → 양치기의 눈은 항상 양에 따라 붙는다.

哲밝을 철= 折꺾을 절 + 口입 구 → 꺾어서 얘기 했는데 환하게 알아듣는구나.

성조별 한국어 한자

	무성	1성	2성	3성	4성
진		珍,真		诊	振,震
침		针			

235 zhen 즈러언

1

珍. 보배 진. treasure 보배, 귀중하(게 여기)다

珍惜 zhēnxī 즈러언 씨이 아낄 석: 귀중히 여기다

真. 참 진. true, real 진실하다, 진실로

真实 zhēnsh 즈러언 쓰으 열매 실: 진실한

真理 zhēnlǐ 즈러언 리이 다스릴 리: 진리

真正 zhēnzhèng 즈러언즈렁 바를 정: 진정한

认真 rènzhēn 런즈러언 알 인: 진지하다, 정말로

传真 chuánzhēn 추루안 즈러언 전할 전: 팩스

针針. 바늘 침. needle 바늘, 바늘 모양의 물건

打针 dǎzhēn 다아즈러언 칠 타: 주사 맞다/놓다

针对 zhēnduì 즈러언뚜이 대답할 대: 겨누다 견주다

2

3

诊診. 볼 진. examine 진찰하다

急诊 jízhěn 지이즈러언 급할 급: 응급진료

诊断 zhěnduàn 즈러언 뚜안 끊을 단: 진단하다

4

振. 떨칠 진. vibrate 떨다, 진동하다

振动 zhèndòng 즈런 똥 움직일 동: 진동하다

震. 벼락 진/흔들릴 진. shake 진동하다, 울리다, 대단하다

地震 dìzhèn 띠 즈런 땅 지: 지진

珍보배 진= 玉구슬 옥 + 人사람 인 + 彡터럭 삼 → 사람 머리에 장식하는 구슬은 보배로 만든다.

诊診볼/진단 진= 讠말씀 언 + 人사람 인 + 彡터럭 삼 → 사람의 머리털까지 물어보면서 진단한다.

真眞참 진= 直곧을 직 + 八여덟 팔 → 팔자대로 곧게 사는 것이 참된 삶이다.

振떨칠 진= 扌손 수 + 辰별 진 → 손으로 별을 딸 만큼 기개를 떨친다.

震벼락/흔들릴 진= 雨비 우 + 辰별 진 → 비가 별을 가리면서 벼락이 떨어졌다.

针針바늘 침= 钅쇠 금 + 十열 십 → 쇠를 10번, 100번 갈면 바늘이 된다.

성조별 한국어 한자

	무성	1성	2성	3성	4성
쟁		争			铮,争
정		征,睁		整	政,正
증					证
징					

236 zheng 즈어엉

1

睁. 눈뜰 정. awaken 눈을 뜨다

征徵. 먼길갈 정. go far 먼길을 가다, 토벌하다

象征 xiàngzhēng 썅즈어엉 형상 상: 상징하다

特征 tèzhēng] 트어즈어엉 특히 특: 특징

征求 zhēngqiú 즈어엉치우 구할 구: 널리 구하다

争爭. 다툴 쟁. compete 다투다, 논쟁하다

竞争 jìngzhēng 찡즈어엉 겨룰 경: 경쟁하다

争取 zhēngqǔ 즈어엉취 취할 취: 얻어내다

争论 zhēnglùn 즈어엉룬 논할 논: 논쟁하다

2

3

整. 가지런할 정. in order 완전하다, 정연하다

整理 zhěnglǐ 즈어엉 리이 다스릴 리: 정리정돈

整齐 zhěngqí 즈어 엉 치이 가지런할 제: 깔끔하다

4

政. 정사 정. politics 정치, 정무, 정사

政府 zhèngfǔ 즈렁f우 곳집 부: 정부

政治 zhèngzhì 즈렁즈르 다스릴 치: 정치

政策 zhèngcè 즈렁츠어 대쪽 책: 정책

正. 바를 정. straight, correct 곧다, 앞면

正在 zhèngzài 즈렁짜이 있을 재: 지금 ~하고 있다

真正 zhēnzhèng 즈어엉 즈렁 바를 정: 진정한

正常 zhèngcháng 즈렁차앙 항상 상: 정상적인

正好 zhènghǎo 즈렁하오 좋을 호: 꼭 알맞음

正式 zhèngshì 즈렁쓰 법 식: 정식의, 공식의

正确 zhèngquè 즈렁취에 정확할 확: 정확하다

证證. 증명할 증. prove 증거하다, 증거, 증명서

保证 bǎozhèng 바오즈렁 보전할 보: 보증하다

证明 zhèngmíng 즈렁미잉 밝을 명: 증명하다

挣. 찌를 쟁. tab 쟁취하다, 필사적으로 애쓰다

挣钱 zhèngqián 즈렁치앤 돈 전: 돈을 벌다

争爭다툴 쟁= 刀칼 도 + 尹다스릴 윤 → 서로 다스리려고 칼을 들고 다툰다.

挣찌를 쟁= 扌손 수 + 争爭다툴 쟁 → 몸(손)을 써서 다투면 칼로 찌르는 일로 발전한다.

睁크게 눈뜰 정= 目눈 목 + 争爭다툴 쟁 → 눈싸움을 하려면 눈을 크게 뜬다.

正바를 정= 一한 일 + 止그칠 지 → 한 마음에 그치고 두 마음을 먹지 않으니 바른 심성이다.

(용례) 他们正在开会。 tāmen zhèng zài kāihuì

타아먼 즈렁짜이 카이후이 그들은 지금 회의 중이다.

征徵먼길 갈 정= 彳갈 행 + 正바를 정 → 먼 길을 가려면 처음부터 바르게 가야 한다.

整가지런할 정 = 束묶을 속 + 攵칠 복 + 正바를 정 → 묶어서 톡톡 쳐 바르게 하여 가지런하게 놓도록 해라.

政정사 정= 正바를 정 + 攵칠 복 → 정사는 바르게 하되 칠 것은 엄하게 쳐서 다스려야 한다.

证證증명할 증= 讠말씀 언 + 正바를 정 → 말을 바르게 하면 증명이 따로 필요 없다.

성조별 한국어 한자

	무성	1성	2성	3성	4성
종		终,钟		种	
중		中			众,重

237
zhong
즈로옹

1

中. 가운데 중. middle, center
한가운데, 치우치지 않다

中国 Zhōngguó 즈로옹구오 나라 국: 중국
中间 zhōngjiān 즈로옹찌앤 사이 간: 중간
中介 zhōngjiè 즈로옹찌에 낄 개: 중개, 매개
中文 Zhōngwén 즈로옹워언 글월 문: 중국어
中午 zhōngwǔ 즈로옹우우 정오 오: 점심(밥/때)
中心 zhōngxīn 즈로옹씨인 마음 심: 중심
中旬 zhōngxún 즈로옹쒸인 열흘 순: 중순

终終. 마칠 종. finish 끝, 죽음

终于 zhōngyú 즈로옹위이 어조사 우: 마침내
始终 shǐzhōng 쓰으즈로옹 끝날 종: 시종일관

钟鍾. 쇠북 종. bell 종, 시계

分钟 fēnzhōng fen언즈로옹 나눌 분: 분(시간단위)

2

3

种種. 씨 종. seed 종, 종류, 부류

种类 34 즈로옹레이 무리 류: 종류

4

重. 무거울 중. heavy 무게, 무겁다, 겹치다

重要 zhòngyào 즈롱야오 필요할 요: 중요하다
重点 zhòngdiǎn 즈롱디앤 점 점: 중점, 중심점
重量 zhòngliàng 즈롱량 헤아릴 량: 중량, 무게
重视 zhòngshì 즈롱쓰 볼 시: 중요시하다

众衆. 무리 중. group 많다, 많은 사람

观众 guānzhòng 꾸안즈롱 볼 관: 관중

终終마칠 종= **纟**실 사 + **冬**겨울 동 → 실처럼 이어지는 4계절이 겨울에 끝난다.
(용례) **终于轮到我了。** zhōngyú lún dào wǒ le
즈로옹위이 루운따오워어러　　드디어 내 차례가 왔구나.
钟鍾쇠북 종= **钅**쇠 금 + **中**가운데 중 → 쇠 덩이 가운데를 파고 추를 달아 만드는 종.
种種씨 종= **禾**벼 화 + **中**가운데 중 → **中**종의 발음을 따고 **禾**벼 화 자를 변으로 붙여 씨종자가 된다.
中가운데 중= 물건의 한 가운데를 막대기가 꿰뚫는 모양.
重무거울 중= **千**일천 천 + **里**마을 리 → 천리를 걸으면 다리가 무거워진다,
众衆무리 중= **人**사람 인 + **从**좇을 종 → 한 사람을 여럿이 좇아 무리를 만드는 것을 보여줌.

성조별 한국어 한자

	무성	1성	2성	3성	4성
주		周,洲			

周. 두루 주. widely 주위, 주일, 돌다

周末 zhōumò 저우모 끝 말: 주말
周围 zhōuwéi 저우 웨이 둘레 위: 주위, 주변
周到 zhōudào 저우따오 이를 도: 세심하다. 주도면밀한

洲. 섬 주. continent 대륙의 이름에 붙임

亚洲 Yàzhōu 야저우 버금 아: 아시아주
欧洲 Ōuzhōu 오우저우 토할 구: 유럽

238
zhou
저우

2 3 1 4

周두루 주= 冂외곽 정(중국 글자) + 土흙 토 + 口입 구 → 성 외곽의 토지와 인구에도 두루 미치도록 하라.

(용례) 周末我们一起出去玩儿，好不好？ zhōumò wǒmenyīqǐchūqùwánér hǎobùhǎo

저우모 워어먼 이이치 추우취 와안얼, 하오뿌하오 주말에 우리 함께 놀러가자, 좋아?

洲섬 주= 氵물 수 + 川내 천 + 丶점 주 x 3 → 물이 여러 갈래로 내를 이루면 군데군데 섬이 생긴다.

성조별 한국어 한자

	무성	1성	2성	3성	4성
조		抓			

抓. 긁을 조 scratch 잡다, 긁다

抓紧 zhuājǐn 쥬아 지인 팽팽할 긴: 꽉 쥐다

239
zhua
쥬아

2 3 1 4

抓긁을 조= 扌손 수 + 爪손톱 조 → 손에 붙은 손톱이 하는 것은 긁는 일이다.

성조별 한국어 한자

	무성	1성	2성	3성	4성
전		专		转	
렴					赚

240 zhuan 쥬안

专專. 오로지 전. concentrate 전문적이다, 오로지

专家 zhuānjiā 쥬안 찌아 집 가: 전문가
专门 zhuānmén 쥬안 머언 문 문: 전문
专心 zhuānxīn 쥬안씨인 마음 심: 전심하다
专业 zhuānyè 쥬안 예 집 가: 전공

转轉. 옮길 전. relocate 달라지다, 돌리다

转变 zhuǎnbiàn 쥬안 뺀 변할 변: 바뀌다, 전환
转告 zhuǎngào 쥬안까오 고할 고: 전달하다, 전언

赚賺. 벌 렴. earn 벌다, 이윤

赚賺 벌 렴/이익얻을 잠= 貝 조개/돈 패 + 兼 겸할 겸 → 이윤은 돈과 겸(함께)하는 것이다. 돈의 파트너인 셈이다.
专專 오로지 전= 二 두 이 + 丨 뚫을 곤 + 又 손/또 우 → 전문가는 두 가지를 한 목에 뚫는 손을 가진 사람이다.
转轉 옮길 전= 车 수레 차 + 专 오로지 전 → 차는 오로지 무언가를 옮겨주는 물건이다.

성조별 한국어 한자

	무성	1성	2성	3성	4성
당					撞
상					状
장		装			

241 zhuang 쥬앙

装裝. 차릴 장. prepare

装修 zhuāngxiū 쥬앙씨우 닦을 수: 내장 공사하다
装饰 zhuāngxiū 쥬앙스 꾸밀 식: 장식하다

撞. 부딪칠 당. collide 부딪히다

状狀. 모양 상. shape, condition 상태, 상황, 형용하다

形状 xíngzhuàng 시잉 좡 형상 상: 형태, 겉모습
状态 zhuàngtài 좡 타이 모양 태: 상태, 컨디션
状况 zhuàngkuàng 좡 쾅 하물며 황: 상황, 형편

状狀 모양 상= 丬(爿) 장수/나무조각 장 + 犬 개 견 → 나무 조각에 뭐든 (개라도)모양을 그려 넣을 수 있다.
撞 부딪칠 당= 扌 손 수 + 立 설 립 + 里 마을 리 → 마을에 서서 노는 아이(童 아이 동)를 손으로 쳤다.
装裝 차릴 장= 丬(爿) 장수 장 + 士 선비 사 + 衣 옷 의 → 장수인지 선비인지 옷을 차려입어야 알 수 있다. 壮 씩씩할 장

성조별 한국어 한자

	무성	1성	2성	3성	4성
탁		桌			

桌. 탁자 탁. table 탁자, 테이블

桌子 zhuō·zi 져우오즈 아들 자: 탁자

242
zhuo
져우오

桌탁자 탁= 卜점 복 + 曰가로 왈 + 木나무 목 → 점괘가 어떻게 말하는지 책을 만들어 올려놓으려고 나무로 탁자를 만들었다.

(용례) **这个桌子死沉沉的。** zhègè zhuōzi sǐ chénchén de

저꺼 **져우**오즈 쓰으 **천**언**천**언더。　이 탁자는 아주 무겁다.

竹. 대 죽. bamboo 참대, 대나무로 만든 악기

竹子 zhú·zi 져우즈 아들 자: 대나무

逐步 zhúbù 져우뿌 걸음 보: 점차

逐渐 zhújiàn 져우찌앤 점점 점: 점점

逐. 쫓을 축. chase 쫓다, 쫓아내다

성조별 한국어 한자

	무성	1성	2성	3성	4성
자				煮	
저		猪			著
조					助
주				主	住,注
죽			竹		
촉				嘱	
축			逐		祝,筑

猪豬. 돼지 저. pig 돼지

243
zhu
져우

主. 주인 주. master, 임자, 주인, 구세주

主要 zhǔyào 져우야오 필요할 요: 주요한

主意 zhǔyi 져우이 뜻 의: 방법, 의견

主持 zhǔchí 져우츠르으 가질지: 주관하다

主动 zhǔdòng 져우똥 움직일 동: 능동적이다

主观 zhǔguān 져우꾸안 볼 관: 주관적인

主人 zhǔ·rén 져우러언 사람 인: 주인, 소유자

嘱. 부탁할 촉. request, 분부하다, 의뢰하다

嘱咐 zhǔ·fù 져우푸 분부할 부: 분부하다 설득

煮. 끓일 자. boil 끓이다

住. 살 주. reside 살다, 숙박하다, 거주하다

忍不住 rěnbuzhù 러언부우져우 참을 인/아니 불: 견딜 수 없다

著. 나타날 저. appear 현저하다, 들어나다, 저명하다

著名 zhùmíng 져우미잉 이름 명: 저명하다

助. 도울 조. help 돕다, 협조하다

帮助 bāngzhù 빠앙져우 도울 방: 돕다

注註. 흐를 주. flow 쏟다, 한 곳에 붓다

注意 zhùyì 져우이 뜻 의: 주의하다

注册 zhùcè 져우츠어 책 책: 등록하다

祝. 빌 축. wish 축하하다

祝贺 zhùhè 져우흐어 하례 하: 축하

祝福 zhùfú 져우푸우 복 복: 축복하다

筑築. 싸을 축. erect 세우다, 쌓다

建筑 jiànzhù 찌앤져우 세울 건: 건축

煮끓일 자= 者놈 자 + 灬불 화 → 불에 굽는 것도 끓여 먹는 것이 좋다.
著나타날 저= ++풀 초 + 者놈 자 → 머리에 풀을 얹은 놈만 나타난다.
助도울 조= 且또 차 + 力힘 력 → 또 힘써 도와야 한다.
主주인 주= 丶점 주 + 王임금 왕 → 왕이 머리에 깃을 달고 주인이 된다.
住살 주= 人사람 인 + 主주인 주 → 그 사람이 주인이 되어 살고 있다.
注註흐를/물댈 주= 氵물 수 + 主주인 주 → 강의 주인이 주변 논에 물을 댄다.
(용례) 你要注意, 恐怕内有文章。 nǐyàozhùyì kǒngpànèiyǒu wénzhāng
니이야오쭈이 코옹파네이요우 워언짜앙 조심해라, 무슨 꿍꿍이가 있는 듯하다.
竹대 죽= 잎이 난 대나무 두 그루를 그림.
嘱부탁할 촉= 口입 구 + 属붙을 촉/예속할 속 → 자신을 예속시켜 달라고 말로 부탁한다.
祝빌 축= 示신 시 + 兄맏 형 → 맏형이 신에게 빈다.
筑築싸을 축= 竹대 죽 + 工장인/만들 공 + 凡무릇 범 → 집은 무릇 장인이 대로 만들어야 한다.
巩견고할 공= 工장인/만들 공 + 凡무릇 범
逐쫓을 축= 豕돼지 시 + 辶갈 착 → 돼지가 도망가니 쫓는다.

244 zhun 쭈룬

성조별 한국어 한자

	무성	1성	2성	3성	4성
준				准	

准. 허가할 준. allow, permit 허락하다, 준하다, 표준

准备 zhǔnbèi 쭈룬뻬이 갖출 비: 준비하다
准确 zhǔnquè 쭈룬취 정확할 확: 확실하다
准时 zhǔnshí 쭈룬쓰으 때 시: 정확한 시간
标准 biāozhǔn 삐아오쭈룬 우듬지 표: 표준

准허가할/정확할 준= 冫얼음 빙 + 隹새 추 → 새가 얼음 알을 쪼아 먹으려고 정확하게 조준한다.
(용례) 春节我不准备回家。 chūnjié wǒbùzhǔnbèi huíjiā
추룬지에 워어뿌쭈룬뻬이 후이찌아 설에 나는 집에 돌아가지 않을 작정이다.

245 zhui 쭈루이

성조별 한국어 한자

	무성	1성	2성	3성	4성
탁		桌			

追. 쫓을 추. follow 쫓아가다, 추궁하다

追求 zhuīqiú 쭈루우치우 구할 구: 추구하다

追쫓을 추= 𠂤언덕 부 + 辶갈 착 → 언덕으로 가면 쫓아가라.

246 zhi 즈ㄹ으

1

知. 알 지. know 알다, 이해하다, 알게 하다, 지식
知道 zhīdào 즈ㄹ으따오 길 도: 알다
通知 tōngzhī 토옹즈ㄹ으 통할 통: 통지
知识 zhī·shi 즈ㄹ으스ㄹ 적을지: 지식

之. 갈 지. go 가다, 이르다, 그 사람, 그것
百分之 bǎifēnzhī 바이뻐언 즈ㄹ으 일백 백/나눌 분: %
总之 zǒngzhī 조옹즈ㄹ으 합칠 총: 요컨대,

只隻. 마리 척. single 단독의, 쪽

支. 지탱할 지. support 괴다, 받치다, 세우다
支持 zhīchí 즈ㄹ으 츠ㄹ으 가질 지: 지탱하다
支票 zhīpiào 즈ㄹ으 퍄오 쪽지 표: 수표

2

值. 값 치. value 가치, 가격, 가격이 ~이다
值得 zhíde 즈ㄹ으드어 얻을 득: 할 가치 있다
价值 jiàzhí 쨔즈ㄹ으 값 가: 가치

执執. 잡을 집. hold 잡다, 쥐다, 장악하다, 증명서
执照 zhízhào 즈ㄹ으자ㄹ오 비출 조: 자격증
执行 zhíxíng 즈ㄹ으시잉 갈 행: 집행

植. 심을 식. plant 심다, 재배하다, 세우다
植物 zhíwù 즈ㄹ으우 만물 물: 식물

直. 곧을 직. straight 곧다, 수직이다, 곧게하다
一直 yìzhí 이즈ㄹ으 한 일: 줄곧
直接 zhíjiē 즈ㄹ으찌에 사귈 접: 집적적인

职. 벼슬 직. role 직무, 직책, 직위
职业 zhíyè 즈ㄹ으예 업 업: 직업
兼职 jiānzhí 찌앤즈ㄹ으 겸할 겸: 겸직하다

3

只. 다만 지. but, yet 다만, 오직, 겨우, 한갖
只有 zhǐyǒu 즈ㄹ으요우 있을 유: ~만 있다
只好 zhǐhǎo 즈ㄹ으하오 좋을 호: 부득이,

止. 멈출 지. stop 정지하다, 멈추다, 그만두다
禁止 jìnzhǐ 찐즈ㄹ으 금할 금: 금지하다
阻止 zǔzhǐ 주우즈ㄹ으 험할 조: 저지하다

纸紙. 종이 지. paper 종이, 매, 장, 통 등 수량
报纸 bàozhǐ 빠오즈ㄹ으 갚을 보: 신문

址. 터 지. site 위치, 지점, 소재지
地址 dìzhǐ 띠즈ㄹ으 땅 지: 주소

指. 손가락 지. finger 손가락, 의향, 의도
指挥 zhǐhuī 즈ㄹ으후이 휘두를 휘: 지휘하다
手指 shǒuzhǐ 쇼ㄹ우즈ㄹ으 손 수: 손가락
指导 zhǐdǎo 즈ㄹ으다오 이끌 도: 지도하다

성조별 한국어 한자

	무성	1성	2성	3성	4성
식			植		
제					制
지		之,支,知		只,址,指,止纸	志,智,至
직			直,职		
질					秩,质
집			执		
척		只			
치			值		治,致

4

制製. 지을 제. make, 제조하다, 만들다, 제도
制度 zhìdù 즈ㄹ뚜 법도 도: 제도, 규정
制定 zhìdìng 즈ㄹ띵 정할 정: 제정하다
制造 zhìzào 즈ㄹ으짜오 지을 조: 제조하다
制作 zhìzuò 즈ㄹ으쭈오 지을 작: 제작하다
控制 kòngzhì 콩즈ㄹ 당길 공: 제어하다
限制 xiànzhì 씨앤즈ㄹ 한계 한: 제한하다

秩. 차례 질. order 순서, 차례, 질서
秩序 zhìxù 즈ㄹ후이 차례 서: 질서

致緻. 이를 치. arrive 주다, 집중하다, 흥미
一致 yízhì 이이즈ㄹ 한 일: 일치하다
导致 dǎozhì 다오즈ㄹ 이끌 도: 초래하다

质質. 성질 질. quality 성질, 본질, 솔직하다
质量 zhìliàng 즈ㄹ량 헤아릴 량: 품질
本质 běnzhì 버언즈ㄹ 밑 본: 본질

志誌. 뜻 지. meaning 뜻, 목표, 무게를 달다
杂志 zázhì 자아즈ㄹ 섞일 잡: 잡지
标志 biāozhì 비아오즈ㄹ 우듬지 표: 표지
志愿者 zhìyuànzhě 즈ㄹ위안즈ㄹ어 바랄 원/놈 자: 지원자

治. 다스릴 치. govern 다스리다, 관리하다
治疗 zhìliáo 즈ㄹ 리아오 고칠 료: 치료하다
政治 zhèngzhì 즈렁즈ㄹ 정사 정: 정치
治疗 zhìliáo 즈ㄹ랴오 고칠 료: 치료

至. 이를지. reach 이르다, 도달하다, 지극히
甚至 shènzhì 쎤즈ㄹ 심할 심: 심지어
至少 zhìshǎo 즈ㄹ쌰오 적을 소: 적어도
至于 zhìyú 즈ㄹ위이 어조사 우 에 이르다
至今 zhìjīn 즈ㄹ찌인 이제 금 지금까지,

智. 슬기 지. wisdom 지혜(롭다), 슬기롭다, 견식
智慧 zhìhuì 즈ㄹ후이 비자루 혜: 지혜

秩. 차례 질. order 순서, 질서
秩序 zhìxù 즈ㄹ쒸 차례 서: 질서

植심을 식= 木나무 목 + 直곧을 직 → 나무를 심을 때 곧게 심어야 한다.

制製지을/마를 제= 牛소 우 + 巾수건 건 + 刂칼 도 → 가죽을 만들 때 소의 눈을 수건으로 가리고 칼을 써야 한다.

知알 지= 矢화살 시 + 口입 구 → 矢: 머리에 손을 대고 안다고 하는 모습.` 口: 듣는 사람.

(용례) 百度一下，你就知道。 bǎidùyīxià nǐ jiùzhīdào

바이뚜이이쌰 니이쮸 즈ㄹ으따오 (바이뚜로)검색 한 번이면 금방 알게 될 것입니다.

智슬기 지= 知알 지 + 日날 일 → 지식이 빛을 받으면 지혜가 생긴다.

支지탱할/가지 지= 十열 십 + 又손/또 우 → 손에서 열 손가락이 가지 친다.

之갈 지= 丶점 주 + 乙새 을 → 입을 벌리고 쫓아가는 오리를 그림.

纸紙종이 지= 纟실 사 + 氏각시 씨 → 여자들이 실을 짜듯 종이도 만들어 낸다.

止멈출 지= 멈춰 서 있는 (누워 있는)왼발 발바닥의 모양을 그림. 오른쪽 수평으로 뻗은 부분이 엄지발가락임.

址터 지= 土흙 토 + 止멈출 지 → 땅 위에 멈추어 터를 잡아라.

指손가락 지= 扌손 수 + 旨뜻/맛있을 지 → 손의 뜻은 손가락으로 표현한다.

至이를 지= 一한 일 + 厶사사 사 + 土흙 토 → 하나의 사사로운 토지라도 가 보아야 한다.

致緻이를/보낼 치= 至이를지 + 夂칠 복 → 말에 채찍질하여 목적지에 이르렀다.

志誌뜻 지= 士선비 사 + 心마음 심 → 선비의 마음속에는 뜻이 있다.

直곧을 직= 十열 십+ 且또 차 + 一한 일 → 열 번을 틀리고 또 틀려도 곧게 나가라.

值값 치= 亻사람 인 + 直곧을 직 → 사람이 곧으면 더 가치가 있느니라.

只다만 지= 口입 구 + 八여덟 팔 → 다만 입으로 팔자타령만 하면 되는 일이 없다.

(용례) 你只有十天准备时间。nǐ zhǐyǒu shítiānzhǔnbèishíjiān 。

니이즈ㄹ으요우 쓰ㄹ으티앤즈루운뻬이쓰ㄹ으찌앤 준비할 수 있는 시간은 오직 열흘뿐이다.

职벼슬 직= 耳귀 이 + 只다만 지 → 벼슬을 하려면 다만 듣기만 하고 말은 하지 말라.

秩차례 질= 禾벼 화 + 失잃을 실 → 벼를 잃지 않으려면 차례로 쌓아 놓아라.

质質성질 질= 斤도끼 근 + 貝돈 패 → 도끼를 들고 돈을 벌려는 성질이다.

执執잡을 집= 扌손 수 + 丸알 환 → 손으로 총알을 잡다.

只隻마리 척 = 口입 구 + 八여덟 팔 → 오징어는 머리에 다리가 여덟 개 붙었다.

治다스릴 치= 氵물 수 + 台돈대 대 → 물이 돈대까지 이르지 않도록 다스려야 한다.

성조별 한국어 한자

	무성	1성	2성	3성	4성
찰		擦			

擦. 비빌 찰. rub, mix 비비다, 닦다

247
ca
차아

2 3 1 4

擦비빌 찰= 扌손 수 + 察살필 찰 → 손을 살펴주는 방법은 비벼주는 것이다.

성조별 한국어 한자

	무성	1성	2성	3성	4성
잔			残		
찬		餐			
참		参	惭		

残. 모자랄 잔. defective 결함이 있다, 잔인하다

残疾 cán·ji 차안찌 병 질: 장애, 장애인

惭. 부끄러워 할 참. ashamed 부끄러워하다

惭愧 cánkuì 차안쿠이 부끄러워할 괴: 창피하다

参參. 섞일 참. mix 참가하다, 참고하다

参加 cānjiā 차안찌아 더할 가: 참여하다

参观 cānguān 차안꾸안 볼 관: 참관하다

参考 cānkǎo 차안카오 상고할 고: 참고하다

参与 cānyù 차안위 참여할 여: 참여

餐. 먹을 찬. eat, dine 먹다, 요리

餐厅 cāntīng 차안티잉 마을 청: 식당

248
can
차안

2 3 1 4

残해칠 잔= 歹죽음 알 + 戔싸일 전 → 죽음의 위협을 쌓아가면서 해쳤다.

餐먹을 찬=人사람 인 + 夕저녁 석 + 又손/또 우 + 食밥 식 → 사람들이 또 저녁에 모여 밥을 먹는다.

惭부끄러워 할 참= 忄마음 심 + 斬벨 참 → 마음으로나마 사람을 베려하는 것은 부끄러운 일이다.

参參섞일 참= 厶사사 사 + 大큰 대 + 彡터럭 삼 → 사사로이 긴 수염 패거리에 섞였다.

(용례) 今天的会议你参加不参加? jīntiāndehuìyì nǐcānjiā bùcānjiā

찌인티앤더후이이이 니이차안찌아뿌차안찌아 오늘 회의에 너는 참석하느냐?

藏. 감출 장. conceal 숨기다, 간수하다

躲藏 duǒcáng 두오차앙 피할 타: 도망쳐 숨다

249
cang
차앙

2 3 1 4

藏감출/창고 장= ++풀 초 + 丬(爿)나무조각 장 + 臣신하 신 + 戈창 과

→ 신하와 무기를 나무 조각과 풀 더미로 감춘다.

250 cao 차오

操. 잡을 조. catch, hold 잡다, 종사하다

操场 cāochǎng 차오차앙 마당 장: 운동장

操心 cāoxīn 차오씨인 마음 심: 걱정하다

草. 풀 초. grass 풀, 짚

성조별 한국어 한자

	무성	1성	2성	3성	4성
조		操			
초				草	

操잡을 조= 扌손 수 + 品물건 품 + 木나무 목 → 손으로 재물(品과 木)을 움켜쥐다.

草풀 초= 艹풀 초 + 日해 일 + 十열 십 → 논 밭 가장자리에 난 풀을 묘사함.
日은 밭을 표현하고 艹와 十은 풀임.

251 cai 차이

才纔. 재주 재. talent 재능, 재주, 재능있는 사람

刚才 gāng·cái 까앙차이 굳셀 강: 방금

人才 réncái 러언차이 사람 인: 인재

材. 재목 재. timber 재목, 재료, 처리하다

材料 cáiliào 차이랴오 헤아릴 료: 재료, 원료

教材 jiàocái 쨔오차이 가르칠 교: 교재

裁. 마를 재. design 재단하다, 덜다

总裁 zǒngcái 조옹차이 합칠 총: 총재, 총수

财財. 재물 재. property 재물, 가치있는 물건

财产 cáichǎn 차이차안 낳을 산: 재산

草. 풀 초. grass 풀, 짚

성조별 한국어 한자

	무성	1성	2성	3성	4성
시		猜			
재			才,材,裁,财		
채				彩,采,踩	采,菜

猜. 의심할 시. suspect, doubt 추측해서 풀다, 의심하다

菜. 나물 채. vegitable 채소, 반찬

菜单 càidān 차이따안 홑 단: 메뉴, 식단

蔬菜 shūcài 쑤우차이 푸성귀 소: 야채

采. 녹봉 채. salary 따다, 캐내다, 수집하다

猜의심할/시기할 시= 犭짐승 록 + 青푸를 청 → 짐승의 푸른 눈으로 의심하고 시기한다.

才纔재주재= 버팀목을 사용하여 목재를 세우려는 모습을 그림. 집 지으려면 재주가 있어야 함을 의미.

材재목 재= 木자무 목 + 才재주 재 → 원목에 재주를 부려 재목으로 만듦.

裁마를 재= 土흙 토 + 衣옷 의 + 戈창 과 → 땅이나 옷을 창과 같은 도구를 써서 마른다.

财財재물 재= 贝조개 패 + 才재주 재 → 조개(돈)로 재주를 부리면 재물이 된다.

采캘/녹봉 채= 爫손톱 조 + 木나무 목 → 손톱과 나무 막대기로 나물을 캔다.

菜나물 채= 艹풀 초 + 采캘 채 → 풀밭에서 캐내는 것이 나물

(용례) **服务员，请把菜单拿过来！** fúwùyuán qǐngbǎcàidān náguòlái

쭈우위앤 치잉바아차이따안 나아꾸오라이 종업원, 메뉴판을 가져다 주세요!

彩무늬 채= 采캘 채 + 彡터럭 삼 → 나물을 캐서 물감을 만들고 터럭(붓)에 묻혀 무늬를 만들어 낸다.

踩밟을 채= 足발 족 + 采캘 채 → 발로 나물을 캐려다가 밟고 만다.

从從. 쫓을 종. chase 쫓다, ~을 따르다, 수행원

从来 cónglái 초옹라이 올 래: 여태껏
从事 cóngshì 초옹쓰 일 사: 종사하다
从此 cóngc 초옹츠으 이 차: 이제부터
从而 cóng'ér초옹어얼 말이을 이: 따라서
从前 cóngqián 초옹치앤 앞 전: 종전, 이전

匆忽. 바쁠 총. busy 바쁘다, 총망하다

匆忙 cōngmáng 초옹마앙 바쁠 망: 매우 바쁘다

聪聰. 밝을 총. bright 귀가 밝다, 총명하다

聪明 cōng·ming 초옹미잉 밝을 명: 영리하다

252 cong 초옹

2 3 1 4

성조별 한국어 한자

	무성	1성	2성	3성	4성
총		匆,聪	从		

匆忽바쁠 총= 勿없을/말 물 + 丶점 주 → 없는 데서 점 하나라도 만들려면 바삐 돌아가야 한다.

聪聰밝을 총= 耳귀 이 + 总다스릴 총 → 총명한 지도자는 잘 들은 후 다스린다.

(용례) 思虑恂达, 耳目聪明。 sīlǜxúndá ěrmùcōngmíng
쓰으뤼수운다아 어얼무초옹미 생각이 막힘이 없고 똑똑하다.

从從쫓을 종= 人사람 인 + 人사람 인 → 사람이 사람을 쫓는다.

253 cuo 추오

2 3 1 4

성조별 한국어 한자

	무성	1성	2성	3성	4성
착					错
조					措

错錯. 섞일 착. mix 뒤섞여 복잡하다, 틀리다

错误 cuòwù 추오우 그릇될 오: 착오, 잘못
不错 búcuò 부우추오 아니 불: 괜찮다, 좋다

措. 놓을 조. lay 배치하다, 준비하다

措施 cuòshī 추오쓰으 베풀 시: 조치, 대책

措놓을 조= 扌손 수 + 昔옛 석 → 옛 물건은 두 손으로 조심스럽게 잡아 옮겨야 한다.

错錯섞일 착= 钅쇠 금 + 昔옛 석 → 금은 옛날부터 다른 물질과 섞여 나온다.

254
cu
추우

粗麤. 거칠 조. rough 굵다, 크다, 대충

粗心 cūxīn 추우씨인 마음 심: 소홀하다

粗糙 cūcāo 추우차아 거칠 조: 투박하다, 조잡

促. 재촉할 촉. hurry 촉박하다, 촉진하다

促进 cùjìn 추찐 나아갈 진: 촉진시키다

促使 cùshǐ 추쓰으 시킬 사: 재촉하다

醋. 초 초. acid 식초, 질투, 샘

성조별 한국어 한자

	무성	1성	2성	3성	4성
조		粗			
초					醋
촉					促

粗麤거칠 조= 米쌀 미 + 且또 차 → 쌀은 벼 껍질을 벗겨도 너무 거칠어 깎고 또 깎아야 된다.(이를 도정이라 함)

促재촉할 촉= 亻사람 인 + 足발 족 → 사람은 재촉하면 움직이게 된다.

醋초 초= 酉술/닭 유 + 昔옛/오래 석 → 술을 오래 두면 초가 된다.

255
cun
추운

存. 있을 존. exist 존재하다, 살아남다, 남은 돈

存在 cúnzài 추운짜이 있을 재: 존재하다

保存 bǎocún 바오추운 보전할 보: 보전하다

村. 마을 촌. villiage 마을, 촌스럽다

农村 nóngcūn 노옹추운 농사 농: 농촌

성조별 한국어 한자

	무성	1성	2성	3성	4성
존			存		
촌		村			寸

存있을 존= 人사람 인 + 一한 일 + 子아들 자 → 사람은 아들을 하나 낳을 때 존재감을 느낀다.

村마을 촌= 木나무 목 + 寸마디 촌 → 일가친척들이 모여 나무를 키우며 사는 마을.

256 cui 추이

催. 재촉할 최. urge, hurry 독촉하다, 촉진시키다

脆. 무를 취. soft, runny 무르다, 약하다

干脆 gāncuì 까안추이 방패 간: 명쾌, 솔직하다

성조별 한국어 한자

	무성	1성	2성	3성	4성
최		催			
취					脆

催재촉할 최= 亻사람 인 + 山멧 산 + 隹새 추→ 사람이 산새에게 재촉한다고 노래하나? 崔는 높을 최

脆무를 취= 月몸 육 + 刀칼 도 + 厄재앙 액 → 몸이 칼의 재앙을 받고 물러졌다(약해졌다)

257 quan 취앤

拳. 주먹 권. fist 주먹, 권법

太极拳 tàijíquán 타이지이취앤 클 태/다할 극: 태극권

权權. 저울추 권. balance 저울추, 권력, 무게를 달다

权力 quánlì 취앤리 힘 력: 권력, 권한

权利 quánlì 취앤리 날카로울 리: 권리

泉. 샘 천. fountain 샘, 우물

矿泉水 kuàngquánshuǐ 쾅취앤쉐이 쇠돌 광/물 수: 광천수

全. 온전할 전. complete 완전하다(하게 하다), 전체의

全部 quánbù 취앤뿌 거느릴 부: 전부

全面 quánmiàn 취앤맨 낯 면: 전면적

完全 wánquán 와안취앤 완전할 완: 완전히

圈. 동그라미 권. circle 원, 동그라미

劝勸. 권할 권. recommend 권하다, 설득하다

성조별 한국어 한자

	무성	1성	2성	3성	4성
권		圈	拳,权		劝
전			全		
천			泉		

圈울타리 권= 口에울 위 + 卷쇠뇌/책 권 → 책을 에워싸 보호하는 울타리.

拳주먹 권= 龹말 권 + 手손 수 → 손을 말아 주먹을 쥔다.

劝勸권할 권= 又손/또 우 + 力힘 력 → 손을 힘있게 내밀어 권한다.

权權저울추/권세 권= 木나무 목 + 又손/또 우 → 나무 몽둥이를 손으로 휘두르는 권세.

全온전할 전= 人사람 인 + 王임금 왕 → 왕이 사람의 밑에 있고 사람이 왕을 보호하는 온전한 나라.

泉샘 천= 白흰 백 + 水물 수 → 깨끗한 물이 나오는 샘.

缺. 이지러질 결. deficient 모자라다, 파손하다

缺点 quēdiǎn 취에디앤 점 점: 결점, 단점
缺少 quēshǎo 취에싸오 적을 소: 부족하다
缺乏 quēfá 취에빠아 모자랄 핍: 결핍

258
que
취에

성조별 한국어 한자

	무성	1성	2성	3성	4성
권		圈	拳,权		劝
전			全		
천			泉		

却卻. 물리칠 각. defeat 후퇴하다, 도리어, 오히려

确確. 정확할 확. accurate 진실하다, 확실히

确实 quèshí 췌쓰으 열매 실: 확실하다
确认 quèrèn 췌런 알 인: 확인(하다)
准确 zhǔnquè 쥬운췌 허가할 준: 정확

却卻물리칠 각= 去갈 거 + 卩병부 절 → 벼슬하러 갔다가 물리침만 받았다.
缺이지러질 결= 缶장군 부 + 夬터놓을/깍지 쾌 → 장군(액체를 담는 주둥이가 작은 용기)의 꼭지가 열리면 이지러진다.
确確확실할 확= 石돌 석 + 角뿔 각 → 돌이나 뿔로 만들면 확실하다.

성조별 한국어 한자

	무성	1성	2성	3성	4성
거					去
구		区			
굴		屈			
추		趋			
취				取	趣

区區. 지경 구. district 구별(하다), 지역, 지구

区别 qūbié 취이비에 다를 별: 구별, 차이
郊区 jiāoqū 쨔오취이 가르칠 교: 시외곽

屈. 굽을 굴. bend 구부리다, 굽히다, 도리에 맞지 않다

委屈 wěi·qu 웨이취 맡길 위: 억울하다

趋趨. 달릴 추. run, chase 빨리가다, 향하다

趋势 qūshì 취이쓰 세력 세: 추세

259
qu
취이

取. 취할 취. adopt 찾아가지다, 선발하다

采取 cǎiqǔ 차이취이 캘 채: 채택하다,
录取 lùqǔ 루취이 적을 록: 채용하다
取消 qǔxiāo 취쌰오 사라질 소: 취소

去. 갈 거. go, leave 떠나다, 잃어버리다, 과거의

去年 qùnián 취니앤 해 년: 작년
过去 guòqù 꾸오취 지날 과: 지나가다
去世 qùshì 취쓰 대 세: 세상 뜨다

趣. 재미 취. interest 취미, 재미(있다), 취지

感兴趣 gǎnxìngqù 가안씽취 느낄 감/일어날 흥: 취미가 있다

去갈 거= 도랑을 뛰어 넘는 모습을 그림.

(용례) 他的父亲去年去世了。 tādefùqīn qùnián qùshile

타아더푸치인 취니앤 취스러 　그의 아버지는 작년에 돌아가셨다.

区區지경/구별할 구= 匚상자 방 + 乂징벌할 애 → 징벌할 사람을 가두어 두는 경계.

屈굽을 굴= 尸주검/집 시 + 出나갈 출 → 집에서 빠져 나가려면 허리를 구부리고 나가야 한다.

趋趨달릴 추= 走달릴 주 + 刀칼 도+ ⺕짐승머리 계 → 짐승을 잡으려고 칼을 들고 달려간다.

取취할 취= 耳귀 이 + 又손/또 우 → 귀를 손으로 잡아 취했다.

趣재미 취= 走달릴 주 + 取취할 취 → 달려가 잡아야 재미가 난다.

260 qun 취인

群. 무리 군. group 군중, 무리(를 이루다)

裙. 치마 군. skirt 치마(같은 것), 스커트

裙子 qún·zi 취인쯔 아들 자: 스커트

성조별 한국어 한자

	무성	1성	2성	3성	4성
군			群,裙		

2 3 1 4

群무리 군= 君임금 군 + 羊양 양 → 군중은 임금에게 양떼와 같은 존재.

裙치마 군= 衤옷 의 + 君임금 군 → 치마는 원래 임금의 옷이었다.

261 ce 츠어

2 3 1 4

성조별 한국어 한자

	무성	1성	2성	3성	4성
책					册
측					厕,测

册冊. 책 책. book 책, 봉작하다

注册 zhùcè 쭈츠어 물댈 주: 등록하다, 등기

厕廁. 뒷간 측. washroom 화장실, 끼어들다

厕所 cèsuǒ 츠어쑤오 바 소: 화장실

测測. 잴 측. survey 측량하다, 예측하다

测验 cèyàn 츠어얜 증험할 험: 테스트하다

册冊책 책= 대쪽으로 엮은 책의 모양.

厕廁뒷간 측= 厂기슭 엄 + 則법칙 칙 → 옛날에는 뒷간은 의례히 산기슭에 만들었다.

测測잴/측량할 측= 氵물 수 + 則법칙 칙 → 측량은 물이 흐르듯 법칙에 따라 해야 한다.

层. 층 층. floor 층, 벌, 겹친

曾. 일찍 증. early 의외로, 어찌하여

曾经 céngjīng 츠엉찌잉 날 경: 이전에, 벌써

성조별 한국어 한자

	무성	1성	2성	3성	4성
증.			层		
층			曾		

262
ceng
츠엉

曾일찍 증= 八여덟 팔 + 四넉 사= 曰가로 왈 → 일찍부터 4방에서 많은 사람들(8명이나)이 모여 토의해 왔다.

层층 층= 尸주검/집 시 + 云이를 운 → 집 안에서 말이 많은 다층 집.

磁. 지남석 자. magnet 자성, 자기

磁带 cídài 츠으따이 띠 대: 자기테이프

词. 말씀 사. word 말, 문구, 단어

词典 cídiǎn 츠으디앤 법 전: 사전

词语 cíyǔ 츠으위이 말씀 어: 단어와 어구

辞辭. 사양할 사. decline 말, 고별하다

辞职 cízhí 츠으즈르으 벼슬 직: 사직하다

推辞 tuīcí 투이츠으 옮을/천거할 추: 거절하다

성조별 한국어 한자

	무성	1성	2성	3성	4성
사			词,辞		
자			磁,		刺
차				此	次

263
ci
츠으

此. 이 차. this 이, 이것, 이때

此外 cǐwài 츠으와이 바깥 외: 이 밖에

因此 yīncǐ 이인츠으 인할 인: 이로 인하여

彼此 bǐcǐ 비이츠으 저 피: 피차, 상호

刺. 찌를 자. stab 찌르다, 자극하다, 가시

刺激 cìjī 츠찌이 부딪칠 격: 자극하다

讽刺 fěngcì 뻐엉츠 외울 풍: 풍자하다

次 버금 차. secondary 다음의, 제2의, 순서

其次 qícì 치이츠 그 기: 그 다음

次要 cìyào 츠야오 구할 요: 부차적인

词말 사= 讠말씀 언 + 司맡을/벼슬 사 → 일을 맡으려면 말을 좀 잘 해야 한다.

(용례) 学外语的时候，外语词典是必备品。xuéwàiyǔdeshíhòu wàiyǔcídiǎnshì bìbèipǐn
쉬에와이위이더 쓰으호우 와이위이츠으디앤쓰 삐뻬이피인 외국어를 공부할 때 어학사전은 필수이다.

辞辭사양할 사= 舌혀 설 + 辛매울 신 → 혀가 매우니 사양한다.

磁지남석 자= 石돌 석 + 兹검을 자 → 지남석(자석)의 원광은 검은 돌이다.

刺찌를 자= 朿가시 자 + 刂칼 도 → 가시나 칼은 사람을 찌른다.

次버금 차= 冫얼음 빙 + 欠하품 흠 → 2인자는 마음은 차갑게 먹지만 겉으론 하품하고 있어야 한다.

此이 차= 止멎을/발 지 + 匕비수/숟가락 비 → 이제 이곳에서 멎고 식사하자.(숟가락 질)

264 qiao 치아오

2
3
1
4

桥橋. 다리 교. bridge 다리, 교량

瞧. 볼 초. look at 보다, 구경하다

悄. 고요할 초. quiet 조용하다, 은밀하다

悄悄 치아오치아오 고요할 초: 조용하다

敲. 두드릴 고. knock, beat 두드리다

巧. 공교할 교. elaborate 교묘하다, 공교롭다.

巧克力 qiǎokèlì 치아오커리 이길 극/힘 력: 초콜릿

巧妙 qiǎomiào 치아오먀오 묘할 묘: 교묘하다

悄. 근심할 초. worry, 조용하다, 근심스럽다

悄悄 qiǎoqiǎo 치아오치아오 근심할 초: 근심하는 모양

성조별 한국어 한자

	무성	1성	2성	3성	4성
고		敲			
교			桥	巧	
초		悄	瞧		

敲두드릴 고= 高높을 고 + 支칠/채찍 복 → 높이 들고 북을 치듯 두드려라.

桥橋다리 교= 木나무 목 + 乔높을 교 → 나무를 높게 가설해 다리를 만든다.

乔높을 교= 夭어릴 요 + 刂칼 도→ 어려도 칼을 차니 높은 대접을 받는다.

巧공교할 교= 工장인 공 + 丂교묘할 교 → 교묘하게 만들어서 공교하다.(예쁘다)

悄근심할/고요할 초= 忄마음 심 + 肖작을/닮을 초 → 마음이 작아지면 근심이 많아진다.

瞧몰래 볼 초= 目눈 목 + 焦그을릴/애태울 초 → 눈을 떼지 못하고 애타게 몰래 본다.

265 qiang 치앙

2
3
1
4

墙墻. 담 장. fence 담, 벽, 울타리

强強. 강할 강. strong 강하다, 세다

强烈 qiángliè 치앙례 매울 렬: 강렬하다

强调 qiángdiào 치앙따오 뽑힐 조: 강조하다

枪槍. 창 창. spear 창, 대역을 쓰다

抢搶. 빼앗을 창. rob, deprive 빼앗다, 앞을 다투다

성조별 한국어 한자

	무성	1성	2성	3성	4성
강			强		
장			墙		
창		枪		抢	

强 強강할 강= 弓활 궁 + 虽비록 수 → 활은 비록 옛 것이지만 강한 무기이다.

墙 墻담 장= 土흙 토 + 土흙 토 + 八여덟 팔 + 回돌 회 → 4방8방으로 돌아가며 흙을 쌓아 담장을 만든다.

抢搶빼앗을 창= 扌손 수 + 仓(倉)창고 창 → 맨손으로 창고에 들어가 뺏어 냈다.

枪槍창 창= 木나무 목 + 仓(倉)창고 창 → 나무를 잘라 창고에 숨어들어 창을 만들었다.

前. 앞 전. front 앞(으로 나아가다)

前面 qiánmian 치앤미앤 얼굴 면: 앞부분

前途 qiántú 치앤투우 길 도: 전도, 앞길

以前 yǐqián 이이치앤 써 이: 이전, 예전

钱錢. 돈 전. monet 화폐, 동전, 값

零钱 língqián 리잉치앤 나머지 령: 잔돈

牵牽. 끌 견. pull 끌다, 이끌다

谦謙. 겸손할 겸. humble 겸손하다, 겸허하다

谦虚 qiānxū 치앤쒸이 공허할 허: 겸손하다

签簽籤. 서명할 첨. sign 서명하다

签证 qiānzhèng 치앤쩡 증명할 증: 비자

签字 qiānzì 치앤쯔 글자 자: 서명, 조인하다

铅鉛. 납 연. lead 납, 연, 흑연, 연필심

铅笔 qiānbǐ 치앤비이 붓 필: 연필

千. 일천 천. thousand 일천

千万 qiānwàn 치앤완 일만 만: 부디, 제발

266 qian 치앤

浅淺. 얕을 천. swallow 얕다, 정도가 낮다

성조별 한국어 한자

	무성	1성	2성	3성	4성
견		牵			
겸		谦			歉
연		铅			
전			前钱		
천		千		浅	
첨		签			
흠					欠

欠. 하품 흠. yawn 하품(하다)

歉. 흉년 들 겸. bad harvest 미안해하다, 흉년 들다

抱歉 bàoqiàn 파오챈 안을 포: 미안해하다

道歉 dàoqiàn 따오챈 길 도: 사과하다

牵牽끌 견= 大큰 대 + 冖덮을 멱 + 牛소 우 → 큰 소가 포장으로 덮여 있는 물건을 끌고 간다.

谦謙겸손할 겸= 讠말씀 언 + 兼겸할 겸 → 그는 말에 겸하여 행동으로 겸손함을 보인다.

歉흉년 들/불만족스런 겸= 兼겸할 겸 + 欠하품/부족할 흠 → 겸해도 부족하여 불만스럽다.

铅鉛납 연= 钅쇠 금 + 八여덟 팔 + 口입 구 → 납은 여덟 식구가 다 나서야 얻을 수 있는 광물(金)이다.

(용례) 他喜欢用铅笔写字。 tāxǐhuān yòngqiānbǐ xiězì

타아 씨이후안 용치앤비이 시에쯔 그는 연필로 글 쓰는 것을 좋아한다.

前앞 전= 亠머리 두 + 丶점 주 + 月몸 육 + 刂칼 도 → 머리에 장식을 한 사람이 몸만한 칼을 들고 앞장선다.

钱錢돈 전= 钅쇠 금 + 戔쌓일 전 → 돈을 금처럼 많이 싸 놓는다.

浅淺얕을 천= 氵물 수 + 戔쌓일 전 → 물속에 무엇인가 쌓이면 물은 얕아진다.

千일천 천= 사람이 팔을 내밀고 서 있는 모습인데 [一한 일]자 밑 부분이 발이다. 발가락 하나를 100으로 센한다.

签籤서명할/제비뽑을 첨 = 竹대 죽 + 佥僉여럿/다 첨 → 여러 개의 죽간을 만들어 제비뽑기를 한다.

欠하품 흠= 冖덮을 멱 + 人사람 인 → 사람(人)이 입을 크게 벌리고 하품하는 모습을 그림.

성조별 한국어 한자

	무성	1성	2성	3성	4성
절		切			切
차				且	

切. 끊을 절. cut 끊다, 썰다

267
qie
치에

且. 또 차. again 잠시, 한참동안, 다시금

而且 érqiě 어얼치에 어조사 이: 게다가

并且 bìngqiě 삥치에 아우를 병: 그리고

切. 절박할 절. desperate 밀접하다, 부합하다

一切 yíqiè 이이체 한 일: 전부, 모든

密切 mìqiè 미체 빽빽할 밀: 밀접하다

且또 차= 그릇에 떡을 싸고 또 싼다

切절박할/끊을 절= 七일곱 칠 + 刀칼 도 → 일곱 번을 칼질하여 겨우 (받줄을)끊었다.

(용례) 不仅要改而且要赶快改。 bùjǐnyàogǎi érqiě yàogǎnkuàigǎi 。

뿌지인야오가이 얼치에 야오가안콰이가이 고쳐야 할 뿐만 아니라, 서둘러 고쳐야 한다.

窮. 다할 궁. poor 가난하다

성조별 한국어 한자

	무성	1성	2성	3성	4성
궁			穷		

268
qiong
치옹

穷다할/가난 궁= 穴구멍 혈 + 力힘 력 → 구멍 속에서 아무리 힘을 궁하다.

求. 구할 구. rescue 청하다, 추구하다, 탐구하다

要求 yāoqiú 야오치우 구할 요: 요구하다

追求 zhuīqiú 쭈이치우 쫓을 추: 추구하다, 탐구

球. 공 구. ball 구형, 구형 물체

打篮球 dă lánqiú 다아라안치우 칠 타/대그릇 롱: 농구를 하다

踢足球 tīzúqiú 티이주우치우 찰 축/발 족: 축구를 하다

球迷 qiúmí 치우미이 미혹할 미: 구기광

2

3

269

qiu

치우

1

4

秋. 가을 추. autumn, fall 가을, 가을철, 한 해

성조별 한국어 한자

	무성	1성	2성	3성	4성
구			求,球		
추		秋			

求구할 구= 一한 일 + 丶점 주 + 水물 수 → 한 방울의 물이라도 구해야 한다.

(용례) 看台上有数万球迷观阵。 kàntáishàng yǒushùwànqiúmí guānzhèn 。

카안타이샹 요우 쑤완치우미이 꾸안쩐 관람대 위에는 수많은 축구팬들이 경기를 관람하고 있다.

球공 구= 玉구슬 옥 + 求구할 구 → 발음이 같아 구슬 玉자를 붙여 둥글다는 것을 나타냈음.

秋가을 추= 禾벼 화 + 火불 화 → 벼가 불처럼 뜨겁게 익어가는 계절, 가을.

骑. 말탈 기. ride(horse) 올라타다, 말

奇. 기이할 기. strange 기이하다(하게 여기다)

奇怪 qíguài 치이콰이 의심할 괴: 기이하다
好奇 hàoqí 하오치이 좋을 호: 호기심 큰
奇迹 qíjì 치이찌 자취 적: 기적

其. 그 기. the, it 그(의), 그들(의), 그것들(의)

其实 qíshí 치이쓰으 열매 실: 사실
其他 qítā 치이타아 다를 타: 기타,
其次 qícì 치이츠 버금 차: 그 다음
其中 qízhōng 치이쫑 가운데 중: 그 중에서
其余 qíyú 치이위이 남을 여: 나머지

齐齊. 가지런할 제. even 가지런하다, 단정하다

整齐 zhěngqí 저엉치이 가지런할 정: 정연하다

270 qi 치이

2 3 1 4

企. 도모할 기. intend 기도하다, 발돋음하다

企业 qǐyè 치이예 업 업: 기업
企图 qǐtú 치이투우 그림 도: 의도

启啓啟. 열 계. open 열다, 계몽하다, 짧은 편지

启发 qǐfā 치이빠아 쏠 발: 계발, 깨우침

起. 일어날 기. stand up 일어서다, 떠나다

起床 qǐchuáng 치이추루앙 평상 상: 기상
起来 qǐlái 치이라이 올 래: 일어서다
起飞 qǐfēi 치이뻬이 날 비: 이륙하다
一起 yìqǐ 이치이 한 일: 같이, 함께
对不起 duìbuqǐ 뚜이뿌치이 대답할 대/ 아니 불: 미안합니다

성조별 한국어 한자

	무성	1성	2성	3성	4성
계				启	
기		期	其,奇,骑	企,起	器,弃,汽,气
제			齐		
처		妻			妻
척		戚			
칠		七			

七. 일곱 칠.. seven 일곱(7)

戚. 겨레 척. race 친척

亲戚 qīn·qī 치인치이 친할 친: 친척

期. 때 기. time, period 시간기 기간

期待 qīdà 치이따이 기다릴 대: 기대
期间 qījiān 치이찌앤 사이 간: 기간
星期 xīngqī 씨잉치이 별 성: 요일
学期 xuéqī 쉬에치이 배울 학: 학기

妻. 아내 처. wife 처, 아내

妻子 qī·zi 치이즈 아들 자: 아내

器. 그릇 기. bowl 그릇, 도구, 용기

机器 jī·qì 찌이치 기계 기: 기계, 기기
乐器 yuèqì 위에치 즐거울 락: 악기

弃棄. 버릴 기. give up 버리다, 잊어버리다

放弃 fàngqì 빵치 놓을 방: 버리다, 포기

汽. 김 기. steam 김, 증기

公共汽车 gōnggòng qìchē 꼬옹꽁치츠어 공변될 공/함께 공/수레 차: 시내버스
汽油 qìyóu 치요우 기름 유: 휘발유, 가솔린

气氣. 기운 기. gas 기체, 공기, 화내다

气氛 qìfēn 치뻐언 기운 분: 분위기
气候 qìhòu 치호우 물을 후: 기후, 동향
天气 tiānqì 티앤치 하늘 천: 날씨
不客气 búkè·qi 부우커치 아니 불/나그네 객: 무례하다

妻. 아내 처. marry off a girl 시집 보내다

启啓열 계= 戶집 호 + 口입 구 → 집을 열려면 집의 입인 문에서 연다.
其그 기= 甘달 감 + 二두 이 + 八여덟 팔 → 달콤한 2개와 별로인 8개 중 어떤 것을 택할까? 그것이 그것이야.
期때 기= 其그 기 + 月달 월 → 같은 발음의 어휘에 달月자를 붙여 '때期'로 만듬 ·
奇기이할 기= 大큰 대 + 可옳을 가 → 크게 옳은 것은 기이한 것이다.
骑말탈 기= 馬말 마 + 奇기이할 기 → 같은 발음의 어휘에 말馬 자를 붙여 '말탈 骑'로 만듬.
企도모할 기= 人사람 인 + 止멈출/발 지 → 사람이 멈추어 서서 무엇인가 도모한다.
起일어날 기= 走달릴 주 + 己몸/자기 기 → 달리려면 우선 몸을 일으켜야 한다.

(용례) 病了两个月才起床。 bìngle liǎnggèyuè cáiqǐchuáng 。

삥러 리앙꺼위에 차이치이촹앙 병에 걸려 두 달을 앓고서야 겨우 일어났다.

看起来要下雨。 kànqǐlái yào xià yǔ

칸치이라이 야오쌰위이 보아하니 비가 올 것 같다.

刚才有一架飞机起飞了。 gāngcái yǒuyījiàfēijī qǐfēi le

까앙차이 요우이이쨔뻬이찌이 치이뻬이 조금 전에 비행기 한 대가 이륙했다.

器그릇 기= 口입 구 + 口입 구 + 犬개 견 + 口 + 口 → 몹시 우는 개에게 밥 두 그릇을 준다. 哭울 곡
弃棄버릴 기= 亠머리 두 + 厶사사 사 + 廾받들 공 → 사사롭게 머리위로 받들던 자를 버린다.
气氣기운 기= 氣는 밥(米쌀 미)에서 나오는 김을 형상화 한 것이다. 气는 무(無)에서 나오는 기운을 뜻한다.
汽김 기= 氵물 수 + 气氣기운 기 → 물에서 나오는 기운 즉 '김' 이다.
齐齊가지런할 제= 文글월/무늬 문 + 刂칼 도 → 무늬가 칼로 자른 듯 가지런하다.
妻아내 처=一한 일 + 肀(彐)돼지머리 계 + 女계집 녀 → 헝클어진 머리에 비녀(一한 일)를 꽂은 여자가 내 아내다.

(용례) 妻子的厨艺很好。 qīzidechúyì hěnhǎo

치이즈더추우이 허언하오 아내는 요리 솜씨가 좋다.

戚겨레 척= 戊무성할 무 + 上윗 상 + 下아래 하 → 위아래 사람들이 무성하게 커가는 사람들, 즉 겨레다.
七일곱 칠= 북두칠성의 모양을 그림.

271 qin 치인

1

侵. 침노할 침. invade 침입하다, 침범하다

侵略 qīnlüè 치인뤼에 간략할 략: 침략

亲親. 친할 친. intimate 부모, 육친, 친하다

亲戚 qīn·qī 치인치이 겨레 척: 친척,
亲切 qīnqiè 치인치에 절박할 절: 친절,
亲爱 qīn'ài 치인아이 사랑 애: 사랑하다
亲自 qīnzì 치인쯔 몸 자: 친히, 몸소
母亲 mǔ·qīn 무우치인 어미 모: 어머니
父亲 fù·qīn 푸우치인 아비 부: 아버지

2

勤. 부지런할 근. diligent 부지런하다, 빈번하다

勤奋 qínfèn 치인뻔 떨칠 분: 꾸준하다
勤劳 qínláo 치인라오 수고할 로: 근로, 부지런히 일하다

3

성조별 한국어 한자

	무성	1성	2성	3성	4성
근			勤		
친		亲			
침		侵			

4

勤부지런할 근= 堇무궁화 근 + 力힘 력 → 무궁화처럼 끝없이 힘써 일하는 부지런 함.
亲親친할/어버이 친= 立설 립 + 木나무 목 → 나무 위에 높이 서서 자식을 돌보는 어버이
侵침노할 침= 亻사람 인 + 彐돼지머리 계 + 冖덮을 멱 + 又또 우 → 사람이 돼지머리 탈을 덮어쓰고 또 침범했다.

情. 뜻 정. emotion 감정, 정분, 체면, 분명히

情景 qíngjǐng 치잉지잉 경치 경: 광경, 장면
情况 qíngkuàng치잉콰앙 하물며 황: 상황, 형편
情緒 qíng·xù 치잉쒸 실마리 서: 정서, 기분
事情 shì·qing 쓰칭 일 사: 일, 사고
热情 rèqíng 르어치잉 더울 열: 열정적이다

清. 맑을 청. clear 깨끗하다(하게 하다), 맑다

清楚 qīng·chu 치잉추 선명할 초: 명백하다
清淡 qīngdàn 치잉딴 싱거울 담: 담백하다

轻輕. 가벼울 경. light 가볍다, 작다, 경시하다

年轻 niánqīng 니앤치잉 해 년: 젊다
轻松 qīngsōng치잉쏘옹 소나무 송: 수월하다
轻视 qīngshì 치잉쓰 볼 시: 얕보다, 경시

青. 푸를 청. blue 푸르다, 푸성귀

青春 qīngchūn 치잉츄루운 봄 춘: 청춘
青少年 qīngshàonián] 치잉샤오니앤 어릴 소/해 년: 청소년

272
qing
치잉

2 1
3 4

庆慶. 경사 경. happy event 축하하다, 경사

庆祝 qìngzhù 칭쥬루 빌 축: 경축하다
国庆节 guóqìngjié 꾸오칭지에 나라 국/절기 절: 중국 국경절

请請. 청할 청. request, 요청하다, 초빙하다, 존칭

请假 qǐngjià 치잉찌아 틈 가: 휴가를 받다
请客 qǐngkè 치잉크어 나그네 객: 손님을 초대하다
请求 qǐngqiú 치잉치우 구할 구: 청구하다
申请 shēnqǐng 써언치잉 납 신: 신청하다
邀请 yāoqǐng 야오치잉 맞이할 요: 초청하다

성조별 한국어 한자

	무성	1성	2성	3성	4성
경		轻			庆
정			情		
청		清,青		请	

轻輕가벼울 경= **车**수레 차 + **巠**물길 경 → 수레도 물속에서는 가볍다.

庆慶경사 경= **广**집 엄 + **大**큰 대 → 큰놈이 집에 들어오니 이 아니 경사이겠느냐?

情뜻 정= **忄**마음 심 + **青**푸를 청 → 마음이 푸르니 정을 느낀다.

青푸를 청= **主**임금 주 + **月**달 월 → 임금이 달 위에 올라가니 하늘이 푸르게 개인다.

清맑을 청= **氵**물 수 + **青**푸를 청 → 물이 푸르니 맑을 수밖에.

请請청할 청= **讠**말씀 언 + **青**푸를 청 → 무엇을 청하려면 가장 좋은 말, **青**한 말로 해야 한다.

273 cha 차아

茶. 차나무 다. tea 차, 차나무

察. 살필 찰. watch 살피다, 관찰하다

警察 jǐngchá 지잉차아 경계할 경: 경찰

观察 guānchá 꾸안차아 살필 찰: 관찰하다

查. 실사할 사. investigate 검사하다, 조사하다

检查 jiǎnchá 지앤 차아 조사할 검: 검사하다

调查 diàochá 띠앤차아 고를 조: 조사하다

差. 다를 차. different 차이 상이점, 거의

差距 chājù 차아쮜 떨어질 거: 격차

差别 chābié 차아 비에 나눌 별: 차이

差不多 chà·buduō 차라뿌뚜오 아니 불/많을 다: 차이가 크지 않다

叉. 깍지낄 차. interdigitate 포크, 쇠시랑, x표

叉子 chā·zi 차아쯔 아들 자: 포크

差. 어긋날 차. out of joint, 다르다, 모자라다

성조별 한국어 한자

	무성	1성	2성	3성	4성
다			茶		
사			查		
차		叉,差			差
찰			察		

茶차나무 다= 艹풀 초 + 人사람 인 + 木나무 목 → 풀 같지만 사람이 키우는 나무 차나무.

查실사할 사= 木나무 목 + 旦아침 단 → 나무의 상태를 실사하려면 아침에 하는 것이 좋다.

差어긋날/다를 차= 羊양 양 + 工장인 공 → 공장 주인이 양을 찾아 나섰지만 길이 어긋나고 말았다.

叉깍지낄 차= 又손/또 우 + 丶점 주 → 안에 점을 품고 두 손을 깍지 끼었다.

察살필 찰= 宀집 면 + 祭제사 제 → 집에서 제사 지내는지 살펴봐라.

274 chan 차안

产産. 낳을 산. produce 출산하다, 생산하다, 생산품

破产 pòchǎn 포어 차안 깨질 파: 파산하다

生产 shēngchǎn 써엉 차안 날 생: 생산하다

성조별 한국어 한자

	무성	1성	2성	3성	4성
산				产	

产産낳을 산= 文글월 문 + 厂기슭 엄 → 산기슭에서 글을 읽으면서 자식도 낳았다.

尝嘗. 맛볼 상. taste 맛보다, 시험해보다, 일찌기

偿償. 갚을 상. pay back 갚다, 변상하다

赔偿 péicháng 페이 츠라앙 물어줄 배: 배상하다

常. 항상 상. always 일반적인, 불변의, 자주

非常 fēicháng 뻬이 츠라앙 아니 비: 매우, 아주

经常 jīngcháng 찌잉 츠라앙 날 경: 평소, 보통

肠腸. 창자 장. intestine 마음, 창자

香肠 xiāngcháng 씨앙츠라앙 향기 향: 소시지

长長. 긴 장. long 길다(공간적/시간적)

长城 chángchéng 츠라앙 츠러엉 성곽 성: 만리장성

长江 chángjiāng 츠라앙 찌앙 강 강: 양쯔장

长途 chángtú 츠라앙투우 길 도: 장거리

성조별 한국어 한자

	무성	1성	2성	3성	4성
상			偿,尝,常		
장			肠,长	场	
창				厂	唱
찰			察		

275
chang
츠라앙

1 2 3 4

场場. 마당 장. yard 장소, 무대, 장면

机场 jīchǎng 찌이 츠라앙 기계 기: 공항

市场 shìchǎng 쓰 츠라앙 저자 시: 시장

厂廠. 헛간 창. barn shed 공장, 장치, 설비

工厂 gōngchǎng 꼬옹 츠라앙 장인 공: 공장

唱. 노래할 창. sing 노래(하다), 외치다

唱歌 chànggē 츠랑끄어 노래 가: 노래 부르다

尝嘗맛볼/시험할 상= 尙높은 상 + 云이를 운 → 높은 사람들은 말로 일러서 부하를 시험한다.

偿償갚을 상= 亻사람 인 + 尝시험할 상 → 시험을 받은 사람에게는 보상해야 한다.

常항상 상= 尙높은/오히려 상 + 巾수건 건 → 수건은 항상 높이 걸어라.

长長긴/어른 장= 長은 머리에 긴 깃털을 단 추장이 팔을 벌리고 있는 모습. 长은 이를 간소화 한 것.

肠腸창자 장= 月몸 육 + 昜햇빛 양 → 몸이 햇빛을 받는 것이 창자에 좋다.

场場마당 장= 土흙 토 + 昜햇빛 양 → 마당은 땅이 햇빛을 잘 받도록 잡는다.

厂廠헛간 창= 헛간의 모습을 그림.

唱노래할 창= 口입 구 + 日날일 + 曰가로 왈 → 입이 해를 보고 지껄이니 바로 노래다.

(용례) 他给大家唱了一首歌。 tāgěidàjiā chàngle yīshǒugē

타아게이따찌아 츠랑러이이쏘우끄어 그녀는 모두에게 노래를 한 곡 불러주었다.

276 chao 차오

朝. 아침 조. morning 아침
- 朝代 cháodài 차오 따이 대신할 대: 왕조연대
- 潮湿 cháoshī 차오 쓰으 축축할 습: 습하다
- 高潮 gāocháo 까오차오 높을 고: 절정, 고조

潮. 조수 조. tide 조수, 밀물과 썰물

抄. 베낄 초. copy 베껴쓰다, 표절하다, 초록본

超. 뛰어넘을 초. exceed 넘다, 초과하다, 벗어나다
- 超市 chāoshì 차오 쓰 저자 시: 슈퍼마켓
- 超过 chāoguò 차오 꾸오 지날 과: 초과

炒. 볶을 초. fry 볶다, 투기하다, 해고하다

吵. 소리 초. noise 시끄럽다, 떠들어 대다
- 吵架 chǎojià 차오찌아 시렁 가: 시끄럽다

성조별 한국어 한자

	무성	1성	2성	3성	4성
조			朝,潮		
초		抄,超		炒,吵	

朝아침 조= 十열 십 + 日날 일 + 十열 십 + 月달 월 → 해가 창틀에 끼어 보이고 달도 아직 지지 않은 아침이다.

潮조수 조= 氵물 수 + 朝아침 조 → 아침에 몰려오는 물, 조수이다.

抄베낄 초= 扌손 수 + 少적을 소 → 베낄 때는 요점만 추려 손으로 적는다.

炒볶을 초= 火불 화 + 少적을 소 → 불에 볶으면 분량이 적어진다.

吵소리/말다툼할 초= 口입 구 + 少적을 소 → 말다툼을 하더라도 적은 소리로 하라.

超뛰어넘을 초= 走달릴 주 + 召부를 소 → 부름을 받고 달려가다가 장애물을 만나면 뛰어 넘는다.

(용례) 我妈妈喜欢在超市购物。 wǒmāmaxǐhuān zàichāoshìgòuwù 。

워어마마씨이후안 짜이차오쓰꼬우우 우리 엄마는 슈퍼마켓에서 물건을 구매하는 걸 좋아한다.

277 chai 차이

柴. 땔나무 시. firewood 장작, 땔감
- 火柴 huǒchái 후오 차이 불 화: 성냥

拆. 터질 탁. burst, pop 뜯다, 헐다

差. 보낼 차. send 파견하다, 파견된 사람
- 出差 chūchāi 추우 차이 날 출: 출장가다

성조별 한국어 한자

	무성	1성	2성	3성	4성
시			柴		
차		差			
탁		拆			

柴땔나무 시= 此이 차 + 木나무 목 → 가까이에 있는 이런 나무는 땔나무로 쓰자.

差어긋날 차= 羊양 양 + 工장인 공 → 양의 털은 장인이래야 어긋남 없이 잘 깎는다.

拆터질 탁= 扌손 수 + 斥물리칠 척 → 손으로 물리치려다가 잘못하여 터뜨려 버렸다.

沉沈. 가라앉을 침. sink 가라앉다, 함몰하다, 심하다

沉默 chénmò 처언모 입다물 묵: 침묵, 과묵

2

3

278
chen
처언

1

4

趁. 좇을 진. follow ~하는 틈을 타서, 편승

衬襯. 속옷 친. underwear 받쳐입다, 속옷

衬衫 chènshān 처런싸안 적삼 삼: 셔츠

성조별 한국어 한자

	무성	1성	2성	3성	4성
진					趁
친					衬
침			沉		

趁좇을 진= 走달릴 주 + 人사람 인 + 彡터럭 삼 → 달려가 사람의 터럭을 잡으려고 좇아간다.

衬襯속옷 친= 衤옷 의 + 寸마디 촌 → 가까운 친척에게만 선물할 수 있는 옷 속옷.

(용례) 那件衬衫他穿起来非常合身。 nà jiàn chènshān tā chuān qǐ lái fēicháng héshēn

나찌앤 처런싸안 타아 추안치이라이 빼이 차앙 흐어셔언　　그 셔츠는 그가 입으니 딱 맞다.

沉沈가라앉을 침= 氵물 수 + 冖덮을 멱 + 几몇 기 → 물에 뚜껑을 덮어 몇 개 넣었더니 모두 가라앉았다.

乘. 탈 승. ride on 타다, (기회를)이용하다

乘坐 chéngzuò 처엉쭈오 앉을 좌: 타다(교통)

乘客 chéngkè 처엉크어 손님 객: 승객

城. 성곽 성. castle 성벽, 도시, 축성하다

城市 chéngshì 처엉스 저자 시: 도시

长城 chángchéng 차앙처엉 긴 장: 만리장성

成. 이룰 성. complete 이루다, 완성하다, 성공하다

成绩 chéngjì 처엉 찌 쌓을 적: 성적

完成 wánchéng 와안처엉 완전할 완: 완성하다

程. 한도 정. course 규정, 규율, 과정

过程 guòchéng 꾸오처엉 지날 과: 과정

程度 chéngdù 처엉뚜 법 도: 정도

程序 chéngxù 처엉쒸 차례 서: 순서

承. 받들 승. support 받들다, 지지하다

承认 chéngrèn 처엉런 알 인: 인정하다, 승인

承受 chéngshòu 처엉쏘우 받을 수: 견뎌내다

承担 chéngdān 처엉따안 멜 담: 담당하다

诚誠. 정성 성. sincere 진심의, 성실하다

诚实 chéng·shí 처엉스으 열매 실: 성실하다

诚恳 chéngkěn 처엉커언 정성 ;간: 간절하다

성조별 한국어 한자

	무성	1성	2성	3성	4성
칭		称			
승			乘,承.		
성			成,城诚		
정			程.		

称稱. 일컬을 칭. be called 부르다, 불리우다

称呼 chēng·hu 처엉후 숨내쉴 호: 호칭

称赞 chēngzàn 처엉짠 도울 찬: 칭찬하다

2 3 **279 cheng 처엉** 1 4

诚誠정성 성= 讠말씀 언 + 成이룰 성 → 정성은 말부터 이루어가야 한다.

.承받들 승= 丞도울 승 + 二두 이 → 두 번 도와주셨으니 이제 받들어 모셔라.

乘탈 승= 禾벼 화 + 北북녘 북 → 벼를 북쪽으로 가져가려면 차를 자고 가라.

程거리/단위 정= 禾벼 화 + 呈드릴 정 → 벼를 보낼까 하는데 거리가 얼마나 먼가요?

成이룰 성= 戊무성할 무 + 丁장정 정 → 무성한(마구 자라난) 장정들이라 이루어냈다.

城성곽 성= 土흙 토 + 成이룰 성 → 흙으로 이루어 성곽을 쌓았다

(용례) 城市开发的负面影响。 chéngshìkāifāde fùmiàn yǐngxiǎng

처엉스 카이빠아더 쭈미앤 잉시앙 도시 개발에 따른 부작용

称稱일컬을 칭= 禾벼 화 + 尔(爾)당신 이 → 벼를 보내주신 당신을 뉘시라 칭할까요?

280 chong characters (ㅊ로옹)

重. 무거울 중. heavy 무게, 중량, 무겁다

重新 chóngxīn ㅊ로옹씨인 새 신: 다시, 재차

重复 chóngfù ㅊ로옹푸 다시 부: 중복

虫蟲. 벌레 충. insect 벌레, 곤충, 벌레같은 놈

昆虫 kūnchóng 쿠운ㅊ로옹 형 곤: 곤충

冲衝. 부딪칠 충. colide 돌진하다, 돌파하다, 요충

充. 찰 충. full 가득하다, 채우다

补充 bǔchōng 부우ㅊ로옹 기울 보: 보충하다

充分 chōngfèn ㅊ로옹펀 직분 분: 충분하다

充满 chōngmǎn ㅊ로옹마안 찰 만: 가득 채우다

充电器 chōngdiànqì ㅊ로옹띠앤치 번개 전/그릇 기: 충전기

2 3 **280 chong ㅊ로옹** 1 4

宠寵. 사랑할 총. favor, like 총애, 편애, 첩

宠物 chǒngwù ㅊ로옹우 물건 물: 애완동물

성조별 한국어 한자

	무성	1성	2성	3성	4성
중			重		
총				宠	
충		充,冲	虫		

重무거울/거듭할 중= 千일천 천 + 里마을 리 → 천리를 걸으면 다리가 무거워진다.

宠寵사랑할 총= 宀집 면 + 龙용 용 → 그는 집 안에 용을 들여놓고 사랑하고 있다.

冲衝부딪칠 충= 冫얼음 빙 + 中가운데 중 → 얼음을 깨려면 한 가운데를 부딪쳐야 한다.

充찰 충= 亠머리 두 + 允진실할 윤 → 머리부터 진실하여 그는 충분히 알찬 사람이다.

虫蟲벌레 충= 기어 다니는 벌레의 모습을 보임.

281 chou characters (ㅊ로우)

성조별 한국어 한자

	무성	1성	2성	3성	4성
수			愁		
추		抽		丑	
취					臭

抽. 뺄 추. subtraact, pull out 꺼내다, 추출하다

抽烟 chōuyān ㅊ로우얜 연기 연: 흡연하다

抽象 chōuxiàng ㅊ로우씨앵 코끼리 상: 추상적이다

抽屉 chōu·ti ㅊ로우티 언치 체: 서랍

愁. 근심할 수. worry, concern 근심(하다/스럽다)

2 3 **281 chou ㅊ로우** 1 4

丑醜. 추할 추. ugly 추하다, 밉살스럽다

臭. 냄새 취. smell 구리다, 역겹다, 썩다

愁근심할 수= 秋가을 추 + 心마음 심 → 가을이 되면 마음이 수심에 쌓인다.

抽뺄 추= 扌손 수 + 由 말미암을/따를 유 → 손버릇이 나쁜 관계로 추출 당했다.

丑醜추할 추/소 축= ㅋ돼지머리 계 + ㅣ뚫을 곤 → 돼지머리에 막대기를 꽂았으니 추하다.

臭냄새 취= 自스스로 자 + 犬개 견 → 자기 개는 냄새로 알 수 있다.

传傳. 전할 전. convey 전하다, 전파하다

传真 chuánzhēn 추안쩐 참 진: 팩스
传统 chuántǒng 추안토옹 큰줄기 통: 전통
传播 chuánbō 추안뽀오 뿌릴 파: 흩뿌리다, 전파
传递 chuándì 추안띠 갈마들 체: 전달하다, 패스
传说 chuánshuō 추안쑤오 말할 설: 소문, 읊전하다
传染 chuánrǎn 추안라안 물들일 염: 전염, 감염

船. 배 선. ship 배, 선박

성조별 한국어 한자

	무성	1성	2성	3성	4성
선			船		
전			传		
천		穿			

穿. 뚫을/옷입을 천. pierce/wear 구멍(을 뚫다), 옷(을 입다)

282 chuan 추안

船배 선= 舟배 주 + 八여덟 팔 + 口입 구 → 배(舟)는 여덟 사람 정도는 탈 수 있지만 더 큰 배는 船舶이라 한다.
传傳전할 전= 亻사람 인 + 专오로지 전 → 오로지 사람만이 전할 수 있다.
穿뚫을/옷 입을 천= 穴구멍 혈 + 牙어금니 아 → 옷을 어금니로 구멍을 내서 입고 다닌다.

床牀. 평상 상. bed 침대

起床 qǐchuáng 치이추앙 일어설 기: wake up 일어나다

성조별 한국어 한자

	무성	1성	2성	3성	4성
상			床		
창		窗			创
츰				闯	

窗窻. 창문 창. window 창문

窗户 chuāng·hu 추앙후 지게 호: 창문
窗帘 chuānglián 추앙리앤 발 렴: 커튼, 블라인드

283 chuang 추앙

闯. 엿볼 틈. peep 돌입하다, 충돌하다

创創. 비롯할 창. create 창조하다, 발명하다

创造 chuàngzào 추왕짜오 지을 조: 창조하다

床牀평상 상= 广집 엄 + 木나무 목 → 집안에서 쓰려고 목제 평상을 만든다.
(용례) 病了两个月才起床。 bìngle liǎnggèyuè cáiqǐchuáng 。
삥러 리앙꺼위에 차이치이추앙 병에 걸려 두 달을 앓고서야 겨우 일어났다.
创創비롯할 창= 仓창고 창 + 刂칼 도 → 그들은 창고에 모여 칼을 들고 시작하였다.
窗窻창문 창= 穴구멍 혈 + 丶점 주+ 囗에울 위 + 夕저녁 석 → 저녁에 벽(囗)한 지점에 구멍을 내 창문을 만들자.
闯엿볼 틈= 门문 문 + 马말 마 → 문 안에 말이 있는지 문틈으로 엿본다.

성조별 한국어 한자

	무성	1성	2성	3성	4성
제			除		
주			厨		
처				处	处
초		初		楚,础	
촉					触
출		出			

厨廚. 부엌 주. kitchen 부엌, 주방

厨房 chúfáng 츄우 f앙 방 방: 주방, 부엌

除. 덜 제. exclude 제거하다, 제외하다, 섬돌

除了 chúle 츄우 러 마칠 료: ~을 제외하고

除非 chúfēi 츄우 f에이 아닐 비: 오직 ~하여야

出齣. 날 출. exit, 나가다, 나오다, 참가하다

演出 yǎnchū 이앤 츄우 흐를 연: 공연하다

出版 chūbǎn 츄우 바안 널 판: 출판

出差 chūchāi 츄우 차이 사신보낼 차: 출장보내다

出发 chūfā 츄우 f아 쏠 발: 출발

出口 chūkǒu 츄우 코우 입 구: 출구

出色 chūsè 츄우 쓰어 빛 색: 보통을 넘은

出生 chūshēng 츄우 셔엉 날 생: 출생

出现 chūxiàn 츄우 씨앤 나타날 현: 출현하다

出租车 chūzūchē 츄우 쭈우 처어 세금 조/수레 차: 택시

初. 처음 초. initial 최초(의), 첫 번째(의)

初级 chūjí 츄우 지이 등급 급: 초급, 초등

最初 zuìchū 쭈이 츄우 가장 최: 최초, 처음

284
chu
츄우

2 / 1 / 3 / 4

处處. 거처할 처. reside 거주하다, 존재하다

处理 chǔlǐ 츄우 리이 이치 리: 처리하다

楚. 가시나무 초. thorn 고통, 분명하다

清楚 qīng·chu 치잉 츄우 맑을 청: 분명하다

础礎. 주춧돌 초. corner tone 주춧돌, 초석, 기초

基础 jīchǔ 찌이 츄우 터 기: 기초, 근본

处處. 곳 처. place 살다, 거주하다, 존재하다

到处 dàochù 따오 츄우 도달할 도: 곳곳

触觸. 다을 촉. contact 접촉하다, 감동하다

接触 jiēchù 찌에 츄우 사귈 접: 접촉하다

除덜 제= 阝언덕 부/고을 읍 + 余남을/나 여 → 언덕에 남은 것은 덜어 내라.

(용례) 他除了吃，就是睡。 tā chúlechī jiùshìshuì

타아 츄우러 츠으 쮸쓰쑤이　　그는 먹지 않으면 잠잔다.

厨廚부엌 주= 厂기슭 엄 + 豆콩 두 + 寸법도/마디 촌 → 기슭에서 재배한 콩을 법도에 따라 요리하는 주방.

处處거처할/곳 처= 夊천천히 걸을 쇠 + 卜점 복 → 무당이 천천히 걸어 점을 치러 거처로 간다.

初처음 초= 衤옷 의 + 刀칼 도 → 옷 입고 칼 차는 것이 처음이었다.

楚가시나무 초= 林수풀 림 + 疋발 소 → 수풀의 발 쪽, 즉 가장자리에는 가시나무를 키워 진입을 막아라.

础礎주춧돌 초= 石돌 석 + 出날 출 → 돌을 꺼내 주춧돌로 쓰자.

触觸다을 촉= 角뿔 각 + 虫벌레 충 → 뿔 달린 벌레가 촉감도 좋다.

出齣날 출= 屮싹날 철 + 凵입벌릴 감 → 그릇에서 싹이 나오는 모습.

纯純. 순수할 순. pure 깨끗하다, 순수하다

单纯 dānchún 따안 츄운 홑 단: 단순하다

春. 봄 춘. spring 봄, 생기, 정욕

青春 qīngchūn 치잉 츄운 푸를 청: 청춘

285
chun
츄운

2 3 1 4

성조별 한국어 한자

	무성	1성	2성	3성	4성
순			纯		
춘		春			

纯純순수할/생사 순= **纟**실 사 + **屯**진칠/모을 둔 → 생사는 실을 모아서 가공하여 만든다.

春봄 춘= **二**두 이 + **大**큰 대 + **日**해 일 → 봄에는 하늘과 땅 사이에 큰 태양이 뜬다.

성조별 한국어 한자

	무성	1성	2성	3성	4성
취		吹			

吹. 불 취. blow 바람이 불다, 입으로 불다

286
chui
츄이

2 3 1 4

吹불 취= **口**입 구 + **欠**하품 흠 → (숨을)불 때는 입을 하품하듯 벌리는 것이 아니다.

성조별 한국어 한자

	무성	1성	2성	3성	4성
차		车			
철					彻

车車. 수레 차. vehicle 차, 수레, 바퀴달린 기구

出租车 chūzūchē 츠우쭈우츠어 날 출/구실 조: 택시
火车站 huǒchēzhàn 후오 츠어 즈안 불 화/설 참: 기차역

287
che
츠어

2 3 1 4

彻徹. 통할 철. pierce 꿰뚫다, 끝내다

彻底 chèdǐ 츠어 디이 밑 저: 철저하다

车車수레 차= 번체 車는 고대 수레를 위에서 본 그림이다. 아래 위의 一 자는 양쪽 바퀴이고 가운데 田자는 몸체이다.

彻徹통할 철= 彳두인변 + 切끊을 절 → 두 사람 사이를 끊어야 통할 것 같다.

迟遲. 더딜 지. slow 더디다, 늦다

迟到 chídào 츠으따오 이를 도: 지각하다
推迟 tuīchí 투이 츠으 밀 추: 늦추다

持. 가질 지. posses 가지다, 장악하다

持续 chíxù 츠으쒸 이을 속: 지속하다
支持 zhīchí 즈으 츠으 가를지: 지지하다
坚持 jiānchí 찌앤 츠으 굳을 견: 견지하다

池. 못 지. pond 못, 해자

电池 diànchí 띠앤 츠으 번개 전: 전지

吃. 먹을 흘. eat 먹다, 마시다, 피우다

好吃 hǎochī 하오츠으 좋을 호: 맛있다
小吃 xiǎochī 샤오 츠으 작을 소: 가벼운 식사
吃惊 chījīng 츠으 찌잉 놀랄 경: 놀라다
吃亏 chī kuī 츠으쿠이 이지러질 휴: 손해

288
chi
츠으

2 3 1 4

尺. 자 척. ruller 길이의 단위, 척, 자, 재는 것

尺子 chǐ·zi 츠으 즈 아들 자: 자, 척도

齿齒. 이 치. tooth 치아, 이, 언급하다

牙齿 yáchǐ 야아 츠으 어금니 아: 치아

翅. 날개 시. wing 날개

翅膀 chìbǎng 츠르바앙 옆구리 방: 날개

성조별 한국어 한자

	무성	1성	2성	3성	4성
시					翅
지			持,池,迟		
척				尺	
치				齿	
흘		吃			

翅날개 시= 支갈릴 지 + 羽깃털 우 → 날개는 몸과 갈라져 깃털로 쌓여 있다.

持가질 지= 扌손 수 + 寺절 사 → 빈손으로 절에 가도 가져올 것은 없다.

池못 지= 氵물 수 + 也또 야 → 물이 많은 곳에는 또한 연못이 있다.
迟 遲더딜지 = 辶갈 착 + 尺자 척 → 일일이 자로 재며 가면 더디다.
尺자 척= 尸주검/집 시 + 乀꼬리 이 → 집 질 때 길이를 재는 자.
齿 齒이 치= 웃을 때 드러내 보이는 이를 형상화 한 글자임. 위의 止자는 코를 상징함.
吃먹을/말더듬을 흘= 口입 구 + 乞구걸할 치 → 말더듬이라면 구걸을 하더라도 입은 놀리지 말아야 한다.
(용례) 她做的蛋糕特别好吃。 tā zuò de dàngāo tèbié hǎochī
타쭈오더딴까오 터비에하오츠으　그녀가 만든 케이크는 유난히 맛있다.

성조별 한국어 한자

	무성	1성	2성	3성	4성
가				卡	

289 ka 카아

2 / 3 / 1 / 4

卡. 카소리 가. ka(sound) 카(소리), 카드, 카고
信用卡 xìnyòngkǎ 씬용카아 믿을 신/쓸 용: 신용카드
卡车 kǎchē 카아 처어 수레 차: 트럭

卡카소리/조를 가= 上윗 상 + 下아래 하 → 上 下 두 글자를 붙여서 만든 글자며 조른다는 뜻을 보임. 중국어에서는 '카' 소리를 표기하는 음역자로 쓰임.

성조별 한국어 한자

	무성	1성	2성	3성	4성
간					看
감				砍	

290 kan 카안

2 / 3 / 1 / 4

砍. 쪼갤 감. split 찍다, 감소하다

看. 볼 간. look at, see ~을 보다, 살피다
看见 kàn·jiàn 칸쨘 볼 견: 보이다
看来 kàn·lai 칸라이 올 래: 보기에
看法 kàn·fǎ 칸빠 법 법: 견해
看不起 kàn·buqǐ 칸뿌치이 아니 불/일어설 기: 보지 못하다

看볼 간= 手손 수 + 目눈 목 → 손을 이마(눈 위)에 얹고 바라보다
(용례) 故意假装没看见。 gùyì jiǎzhuāng méikànjiàn
꾸이 지아쭈앙메이칸쨘　일부러 못 본 척하다.

下次再见面聊吧。 xiàcì zài jiànmiàn liáoba
쌰츠 짜이쪤미앤랴아오바 다음에 또 만나서 얘기하자.
看见은 처다보기만 하는 것, 见面은 만나서 뭔가 하는 만남.

砍쪼갤 감= 石돌 석 + 欠하품 흠 → 돌을 쪼개고 나서 자신의 힘에 놀라 하품을 한다.

291 kang 카앙

康. 편안 강. confortable 건강하다, 풍족하다
健康 jiànkāng 찌앤카앙 튼튼할 건: 건강하다

抗. 막을 항. block 막다, 저항하다, 거절하다
抗议 kàngyì 캉이이 의논할 의: 항의(하다)

성조별 한국어 한자

	무성	1성	2성	3성	4성
강		康			
항					抗

康편안 강= 广집 엄 + 彐돼지머리 계 + 水물 수 → 집 안에 돼지머리와 물이 있으면 편안하다.
抗막을 항= 扌손 수 + 亢높을/목 항 → 손으로 목을 보호하며 공격을 막는다.

292 kao 카오

성조별 한국어 한자

	무성	1성	2성	3성	4성
고				考,烤	靠

考. 상고할 고. consider 시험(을 보다) 검사(하다)
考试 kǎoshì 카오쓰 시험할 시: 시험, 고사
考虑 kǎolǜ 카오뤼 생각할 려: 고려하다
烤鸭 kǎoyā 카오야아 오리 압: 오리구이

烤. 그슬릴 고. scorch 불에 그슬리다, 굽다

靠. 기댈 고. lean 기대자, 기대어 세우다
可靠 kěkào 크어카오 옳을 가: 확실하다

考상고할/시험 고= 耂늙을 로 + 丂교묘할 교 → 늙으면 교묘한 생각을 잘 하게 된다. 耂는 변으로 쓰임.
(용례) 考试报名后天截止。 kǎoshìbàomíng hòutiānjiézhǐ
카오쓰빠오미잉 호우티앤지에즈으 시험 신청이 모레 마감된다.
烤그슬릴 고= 火불 화 + 考상고할/시험 고 → 불을 보고 딴 생각만 하고 있으면 그슬릴 수 있다.
靠기댈 고= 告알릴 고 + 非아니 비 → (내 맘을)알리지 않고서는 기댈 수 없다.

성조별 한국어 한자

	무성	1성	2성	3성	4성
개		开			

293
kai
카이

1 2 3 4

开開. 열 개. open 넓히다, 개척하다

开始 kāishǐ 카이쓰으 시작할 시: 시작하다
开心 kāi xīn 카이씨인 마음 심: 기쁘다
开发 kāifa 카이빠아 쏠 발: 개발(하다)
开放 kāifàng 카이빵 놓을 방: 개방, 해제하다
开幕式 kāimùshì 카이무쓰 장막 막/법 식: 개막식
开玩笑 kāi wánxiào 카이와안쌰오 희롱할 완/웃을 소: 농담하다

开開열 개= 开는 문의 빗장이 열려있는 모습, 闭닫을 폐 안의 才는 닫혀있는 모습을 보임.

(용례) 新的一年开始了。 xīn de yīnián kāishǐ le
씨인더 이이니앤카이쓰으러 새로운 한 해가 시작되었다.

294
kang
카앙

1 2 3 4

肯. 즐겨할 긍. affirmative 승낙하다, 기꺼이 하다

肯定 kěndìng 커언띵 정할 정: 틀림없이, 긍정적

恳懇. 정성 간. devoted 간절하다, 간청하다, 정성스럽다

诚恳 chéngkěn 처엉커언 정성 성: 성실하다

성조별 한국어 한자

	무성	1성	2성	3성	4성
간				恳	
긍				肯	

恳懇정성/간절할 간= 艮어긋날/그칠 간 + 心마음 심 → 마음이 어긋나지 않도록 간절히 빈다.
肯즐겨할/긍정 긍= 止그칠/발 지 + 月몸 육 → 몸이 지쳐 그칠 때까지 긍정적으로 살 것.

성조별 한국어 한자

	무성	1성	2성	3성	4성
공		空		恐	控,空

295 kong 코옹

空. 빌 공 empty 텅비다, 내용이 없다
空调 kōngtiáo 코옹티아오 고를 조: 에어컨
空气 kōngqì 코옹치이 기운 기: 공기
空间 kōngjiān 코옹찌앤 사이 간: 공간

恐. 두려워할 공. fear 두려워하다, 놀라다, 혹시
恐怖 kǒngbù 코옹뿌 두려워할 포: 공포, 테러
恐怕 kǒngpà 코옹파 두려워할 파: 아마. 일 것이다

控. 당길 공. pull 당기다, 매달다, 고소하다
控制 kòngzhì 콩ㅈ르 지을 제: 통제하다

空. 비울 공. empty 비우다, 비어있다
空闲 kòngxián 콩씨앤 한가할 빈: 여가

空빌 공 = 穴구멍 혈 + 工장인 공 → 장인이 구멍을 파 빈 공간을 만들었다.
恐두려워할 공= 工장인 공 + 凡무릇 범 + 心마음 심 → 두려워하는 마음은 무릇 장인이 가져야 할 마음이다.
控당길 공= 扌손 수 + 空빌 공 → 무엇인가 당겨보려면 일단 손을 비워야 한다.

296 kou 코우

口. 입 구. entrance 말, 맛, 입
入口 rùkǒu 루코우 들 입: 입구
人口 rénkǒu 러언코우 사람 인: 인구
口味 kǒuwèi 코우웨이 맛 미: 입맛, 식욕

성조별 한국어 한자

	무성	1성	2성	3성	4성
구				口	

口입 구= 벌린 입의 모양을 그림.

성조별 한국어 한자

	무성	1성	2성	3성	4성
과		夸			

297 kua 쿠아

夸誇. 자랑할 과. boast of 과장하(여 말하)다
夸张 kuāzhāng 쿠아zㅏ앙 베풀 장: 과장하다

夸誇자랑할 과= 大큰 대 + 亏虧이지러질/모자랄 휴 → 자기 자랑은 곧 크게 모자람을 발로하는 것이다.

298 kuai 쿠아이

2 3 | 1 4

성조별 한국어 한자

	무성	1성	2성	3성	4성
괴					块
쾌					快,筷
회					会

块. 덩어리 괴. lump, mass 덩어리, 조각

快. 쾌할 쾌. quick, fast 빠르다, 예민하다, 민감하다

快乐 kuàilè 콰이러 즐거울 락: 즐겁다

凉快 liáng·kuai 리앙콰이 서늘할 량: 시원하다

会. 모일 회. gather 통계, 합계(하다)

会计 kuáijì 콰이찌 셀 계: 회계

筷. 젓가락 쾌. chopsticks 젓가락

筷子 kuài·zi 콰이쯔 아들 자: 젓가락

块塊덩어리 괴= 土흙 토 + 夬鬼귀신 귀 → 흙을 귀신이 덩어리로 만들었다.

快쾌할 쾌= 忄마음 심 + 夬鬼귀신 귀 → 마음이 귀신같이 쾌해졌다.

(용례) 祝你新年快乐！ zhùnǐ xīnniánkuàilè

쭈니이 씨인니앤콰이러 새해 복 많이 받아라!

筷젓가락 쾌= 竹대 죽 + 快빠를 쾌 → 대나무로 빠르게 젓가락을 만들 수 있다.

会모일 회= 人사람 인 + 云이를 운 → 회의는 사람들이 모여 말하는 것이다.

299 kuan 쿠안

2 3 | 1 4

宽寬. 넓을 관. broad, wide 넓다, 넓이, 느긋하다

款. 정성 관. sincere 성실하다, 초대하다

贷款 dài kuǎn 따이쿠안 빌려줄 대: 대출하다

성조별 한국어 한자

	무성	1성	2성	3성	4성
관		宽		款	

宽寬넓을 관= 宀집 면 + 艹풀 초 + 见볼 견 → 집안의 풀밭을 보니 매우 넓다.

款정성 관= 士선비 사 + 示보일 시 + 欠하품 흠 → 선비가 하품을 보여 정성이 부족함을 알 수 있다.

狂. 미칠 광. crazy 미치다, 미쳐 날뛰다, 심하다

疯狂 fēngkuáng 퍼엉콰앙 광증 풍: 미치다

2 3 **300 kuang 쿠앙** 1 4

성조별 한국어 한자

	무성	1성	2성	3성	4성
광			狂		矿
황					况

况況. 하물며 황. besides 모양, 상태

情况 qíngkuàng 치잉쾅 뜻 정: 상황

何况 hékuàng 흐어쾅 어찌 하: 더군다나

矿礦. 쇠돌 광. mineral 광물, 광산, 광석

矿泉水 kuàngquánshuǐ 쾅취앤쉐이 샘 천/물 수: 광천수, 미네랄워터

矿礦쇠돌 광= 石돌 석 + 广(廣)집 엄(넓을 광) → 돌이 넓게 묻혀있는 것이 광석이다.

狂미칠 광= 犭짐승 록/큰개 견 + 王임금 왕 → 왕이 짐승같이 미쳐 날뛰었다.

况況하물며 황= 冫얼음 빙 + 兄만형 형 → 형이 얼음 같은데 하물며 동생이야 어떻겠느냐?

성조별 한국어 한자

	무성	1성	2성	3성	4성
괄					括
확					扩

2 3 **301 kuo 쿠오** 1 4

括. 묶을 괄. bind 묶다, 동여매다, 포괄하다

概括 gàikuò 까이쿼 평미레 개: 개괄하다

包括 bāokuò 빠오쿼 쌀 포: 포함하다

扩擴. 넓힐 확. widen 넓히다, 확대하다

扩大 kuòdà 쿼따 큰 대: 확대하다

括묶을 괄= 扌손 수 + 舌혀 설 → 손은 기록을 통하여 혀로 말한 것을 묶을 수 있다.

扩擴넓힐 확= 扌손 수 + 广집 엄/넓을 광 → 손을 부지런히 써서 넓게 만들었다.

[주] 广은 그 자체로 '집 엄' 자 이지만 廣의 간체자로 쓰이기 때문에 '넓을 광' 으로 해석할 수도 있다. 그러나 이는 번체를 아는 사람만이 이해할 수 있다. 중국어는 간체자 도입으로 많은 글자가 본래의 뜻을 잃었다.

성조별 한국어 한자

	무성	1성	2성	3성	4성
고				苦	库,裤
곡		哭			

哭. 울 곡. weep (소리내어)울다

302
ku
쿠우

苦. 쓸 고. bitter 쓰다, 고생스럽다, 괴롭히다
辛苦 xīn·ku 씨인쿠우 매울 신: 고생스럽다
痛苦 tòngkǔ 통쿠우 아플 통: 고통, 아픔

库. 창고 고. warehouse 창고, 곳간
车库 chēkù 츠어쿠 수레 차: 차고

裤. 바지 고. trouser 바지
裤子 kùzi 쿠즈 아들 자: 바지
牛仔裤 niúzǎikù 니이우자이쿠 소 우/새끼 자: 청바지

苦쓸 고= 艹풀 초 + 古오랠 고 → 古는 음역자. 풀은 대개 맛이 쓰기 때문에 艹로 쓰다는 뜻을 부여함.
库창고 고= 广집 엄/넓을 광 + 车수레 차 → 수레를 넣을 만큼 넓은 곳간.
裤바지 고= 衤옷 의 + 库창고 고 → 库는 음역자, 衤변을 써서 옷이라는 것을 말해줌.
(용례) 裤子洗过之后变短了。 kùzixǐguòzhīhòu biànduǎnle
쿠즈 시이꾸오즈으호우 삐앤두안러 바지를 빨았더니 길이가 줄었다.
哭울 곡= 口입 구 + 口입 구 + 犬개 견 → 개처럼 여럿이 입을 맞추어 같이 운다.

성조별 한국어 한자

	무성	1성	2성	3성	4성
곤		昆			困

昆. 형 곤. elder brother 형, 후대, 후손
昆虫 kūnchóng 쿠운초옹 벌레 충: 곤충

303
kun
쿠운

困. 궁할 곤. poor, deficient 곤경에 빠지다, 괴롭히다
困难 kùn·nan 쿤난 재앙 난: 곤란, 어려움

昆형 곤= 日날 일 + 比견줄 비 → 산 날수를 비교하여 형 동생이 정해진다.
困궁할 곤= 口에울 위 + 木나무 목 → 나무가 상자에 갇혔으니 궁하게 되었다.

304 kui 쿠이

2 / 3 | 1 / 4

성조별 한국어 한자

	무성	1성	2성	3성	4성
괴					愧

愧. 부끄러워할 괴. ashamed 부끄럽다, 부끄러워하다

惭愧 cánkuì 차안쿠이 부끄러워할 참: 부끄럽다, 창피하다

愧부끄러워할/모욕 줄 괴= 忄마음 심 + 鬼귀신 귀 → 마음에 신이 내려 부끄럽다.

305 ke 크어

2 / 3 | 1 / 4

성조별 한국어 한자

	무성	1성	2성	3성	4성
가				可	
각					刻
갈				渴	
객					客
과		棵,科,颗			课
극					克
해			咳		

咳. 기침 해. cough 기침하다, 노하다

咳嗽 ké·sou 크어쏘우 기침할 수: 기침하다

可. 옳을 가. righteous, possible 동의, 가능을 나타냄

可以 kěyǐ 크어이이 써 이: 가능하다

可能 kěnéng 크어너엉 능할 능: 아마도

可爱 kě'ài 크어아이 사랑 애: 사랑스럽다

可见 kějiàn 크어찌앤 볼 견: ~을 알 수 있다

可靠 kěkào 크어카오 기댈 고: 믿을만하다

可怜 kělián 크어리앤 불쌍히 여길 련: 가련하다

可怕 kěpà 크어파 두려워할 파: 두렵다,

可是 kěshì 크어스 옳을 시: 그러나

可惜 kěxī 크어씨이 아낄 석: 섭섭하다, 아깝게도

渴. 목마를 갈. thirsty 목타다, 간절하다

棵. 그루 과. head(counting unit) 그루, 포기

颗顆. 낟알 과. grain 알, 방울

科. 과정 과. subject (조직의)과, 부과하다

科学 kēxué 크어쉬에 배울 학: 과학

内科 nèikē 네이크어 안 내: 내과

克剋. 이길 극. defeat 할 수 있다, 능히 ~하다

克服 kèfú 커f우 옷 복: 극복하다

巧克力 qiǎokèlì 치아오커리 공교할 교/힘 력: 초콜릿

刻. 새길 각. carve 새기다, 15분

刻苦 kèkǔ 커쿠우 쓸 고: 고생을 참아내다

深刻 shēnkè 쓰언 커 깊을 심: 깊다.

课課. 부과할 과. lesson 수업, 과목

课程 kèchéng 커 츠어엉 한도 정: (교육)과정

客. 나그네 객. guest 소님, 고객

客人 kè·rén 커러언 사람 인: 손님

客厅 kètīng 커티잉 마을 청: 객실, 응접실

客观 kèguān 커꾸안 볼 관: 객관적

不客气 búkè·qi 부우커치 아니 불/기운 기: 괘념마세요, 사양하지 않는다

可옳을 가= 丁고무래 정+ 口입 구 → 사람이 허리를 깊이 굽혀 긍정하는 모습을 그림. 口가 머리 부분임.

(용례) 我的东西 你都可以拿。 wǒdedōngxī nǐdōukěyǐná
워어더또옹씨이 니또우크어이이나아 내 물건, 네가 다 가져가도 돼.
那家伙真可爱。 nà jiāhuǒ zhēn kěài
나찌아후오 쩐크어아이 고 녀석 참 귀엽네.

刻새길 각= 亥돼지 해 + 刂칼 도 → 주인이 돼지에 칼로 번호를 새긴다.

渴목마를 갈= 氵물 수 + 曷어찌 갈 → 목이 마른데 물이 없어 어찌하나?

客나그네 객= 宀집 면 + 各각각 각 → 집안에 사람이 다 각각인 것은 모두가 나그네인 까닭.

(용례) 餐厅里坐满了客人。 cāntīnglǐ zuò mǎnlekèrén
차안티잉리이 쭈오마안러 커러언 식당에 손님들이 꽉 차 있다.

颗顆낟알 과 = 果실과 과 + 頁머리 혈 → 과실을 머리로 생각해 낟알로 센다.

课課부과할/수업 과 = 讠말씀 언 + 果실과 과 → 수업은 말로 거두는 과실이다.

棵그루/나무이름 과= 木나무 목 + 果실과 과 → 나무는 대개 실과가 달려 棵는 모든 나무를 셀 때 쓴다.

科과정/과목 과= 禾벼 화 + 斗말 두 → 한 과목 과정이 벼 몇 말 값은 한다.

克剋이길 극= 十열 십 + 兄맏형 형 → 형이 많아서 이겨낼 수 있었다.

咳기침 해= 口입 구 + 亥돼지 해 → 기침을 많이 해 입에서 돼지소리가 난다.

성조별 한국어 한자

	무성	1성	2성	3성	4성
답				塔	
타		他,她,它,			

306 ta 타아

1 他. 남 타. he 그, 그이
其他 qítā 치이타아 그 기: 기타
她. 그녀 타. she 그녀, 그 여자
它. 그것 타. it 그것

3 塔. 탑 탑. tower 탑(모양의 것)

他남/그 사람 타= 亻사람 인 + 也또 야 → 또 다른 사람, 그 사람.

(용례) 除了工资，她还有其他收入。 chúlegōngzī tāháiyǒu qítāshōurù 。
추우러꼬옹쯔으 타아하이요우치이타아 쏘우루 급여 외에 그녀는 또 다른 수입이 있다.

她그녀 타= 女계집 녀 + 也또 야 → 또 다른 여자, 그 여자.

它그것 타= 宀집 면 + 匕비수 비 → 집에 있다는 비수가 그것이야?

塔탑 탑= 土흙 토 + 艹풀 초 + 合합할 합 → 흙과 풀을 합쳐서 탑을 만들었다.

谈談. 이야기 담. story 말하다, 토론하다, 담화

谈判 tánpàn 타안판 가를 판: 담판하다

弹彈. 쏠 탄. shoot, fire 발사하다, 탄력(있다)

弹钢琴 tángāngqín 타안까앙치인 강철 강/거문고 금: 피아노를 치다

성조별 한국어 한자

	무성	1성	2성	3성	4성
담			谈,	毯	
탄		滩	弹	坦	炭

滩灘. 물가 탄. waterside 사주, 여울, 개펄

沙滩 shātān 쌰아타안 모래 사: 모래사장

307
tan
타안

2 3 1 4

坦. 평평할 탄. flat 평탄하다, 솔직하다

坦率 tǎnshuài 타안쏴이 거느릴 솔: 솔직하다

毯. 담요 담. blanket 담요, 모포

地毯 dìtǎn 띠타안 땅 지: 양탄자, 카펫

炭. 숯 탄. carbon 목탄, 석탄

煤炭 méitàn 메이탄 그을음 매: 석탄

毯 담요 담= 毛 털 모 + 炎 불탈/불꽃 염 → 털로 만든 불꽃처럼 따뜻하고 부드러운 담요.

谈談 이야기 담= 讠 말씀 언 + 炎 불탈/불꽃 염 → 말이 불꽃처럼 피어 이야기가 되다.

炭 숯 탄= 山 뫼 산 + 灰 재 회 → 숯은 타면 재가 되어 산에 묻힌다.

滩灘 물가 탄= 氵 물 수 + 难 어려울 난 → 물가에서는 물이 들락날락하며 어려움을 겪는다.

弹彈 쏠/탄알 탄= 弓 활 궁 + 单 홑 단 → 활에 화살을 하나씩 매겨 쏜다.

坦 평평할 탄= 土 흙 토 + 旦 아침 단 → 땅위에 아침이 오면 세상이 평탄해 지는 듯하다.

糖. 사탕 당. sugar 설탕, 캔디, 과자

塘. 못 당. pond 둑, 제방, 저습지

池塘 chítáng 츠르으타앙 못 지: 연못

성조별 한국어 한자

	무성	1성	2성	3성	4성
당			塘,糖	躺	趟
탕		汤			烫

汤湯. 국 탕. hot soup, 탕, 끓는 물, 온천

308
tang
타앙

2 3 1 4

躺. 누울 당. lie down 옆으로(혹은 가로) 눕다,

趟. 물건널 당. go cross 차례, 번 행렬

烫. 데울 탕. heat 데우다, 데다, 지나치게 뜨겁다

糖사탕 당= 米쌀 미 + 唐당나라 당 → 사탕은 당나라 때 쌀로 만든 것이 처음이다.

塘연못 당= 土흙 토 + 唐당나라 당 → 당나라 사람들은 땅을 파 연못을 만들곤 했다.

躺누울 당= 身몸 신 + 尙높을/오히려 상 → 높은 곳에 올라가 몸을 뉘어라.

趟건널 당= 走달릴 주 + 尙높을/오히려 상 → 달려서 높이 올라가 건너라.

汤湯국/끓을 탕= 氵물 수 + 昜햇볕/밝을 양 → 물이 햇볕에 끓을 수 있다.

烫데울 탕= 汤湯국/끓을 탕 + 火불 화 → 탕이 식으면 불에 데운다.

桃. 복숭아 도. peach 복숭아(나무)

淘. 일 도. wash rice (쌀을)일다, 씻다

淘气 táoqì 타오치 기운 기: 장난이 심하다

萄. 포도나무 포. grape vine 포도

葡萄 pútáo 푸우타오 포도나무 도: 포도

逃. 달아날 도. escape 달아나다, 피하다

逃避 táobì 타오삐 피할 피: 도피하다

성조별 한국어 한자

	무성	1성	2성	3성	4성
도			桃,淘,萄,逃		
토				讨	
투					套

309
tao
타오

讨討. 칠 토. subjugate 징벌하다, 청구하다

讨厌 tǎoyàn 타오얜 싫어할 염: 미워하다

讨论 tǎolùn 타오룬 논할 논: 토론하다

套. 덮개 투. cover 덧 씌우다, 덮개

手套 shǒutào 쏘우타오 손 수: 장갑

淘일 도(쌀을)= 氵물 수 + 匋질그릇 도 → (쌀을)질그릇에 담고 물을 부어 인다.

桃복숭아 도= 木나무 목 + 兆조짐 조 → 복숭아나무는 나무로서 점괘 조짐이 좋지 않다고 알려져 있다.

逃달아날 도= 辶갈 착 + 兆조짐 조 → 조짐이 안 좋다하며 가버렸다.

讨討칠 토= 讠말씀 언 + 寸마디 촌 → 친척끼리 말을 나누며 토의한다.

套덮개/봉투 투= 大큰 대 + 長길 장 → 덮개는 물건보다 크고 길게 만들어야 한다.

萄포도나무 포= 艹풀 초 + 勹쌀 포+ 甫클 보 → 포도나무는(포도송이를) 크게 싼 식물이다.

抬擡. 맞들 대. lift 올리다, 함께 들다

台檯臺颱. 돈대 대. plateau, 대, 누대, 부대

台阶 táijiē 타이지에 섬돌 계: 계단, 섬돌

柜台 guìtái 꾸이타이 버드나무 거: 계산대

2
3

310
tai
타이

1
4

성조별 한국어 한자

	무성	1성	2성	3성	4성
대			台,抬		
태					太,态

太. 클 태. great, grand 몹시, 지나치게, 대단히

太阳 tàiyáng 타이야앙 볕 양: 태양, 해

太太 tài·tai 타이타이 클 태: 처, 아내

太极拳 tàijíquán 타이찌이취앤 다할 극/주먹 권: 태극권

态態. 모양 태. shape 모양, 태도

态度 tài·du 타이두 법도 도: 태도, 표정

状态 zhuàngtài 쭈왕타이 형상 상: 상태, 컨디션

台臺돈대 대/클 태= 厶사사 사 + 口입 구→ 사사로이 높은 곳에(口의 위) 올라가 크게 생각해라.

(주) 한자는 그림으로 뜻을 나타내면서 발전하였기 때문에 본영의 뜻과 달리 그림의 모양으로 다른 뜻을 나타낼 때도 있다.
口입 구자는 입이란 뜻이지만 모양자체로 의미를 전달할 때도 있다.

抬擡맞들 대= 扌손 수 + 台돈대 대 → 돈대에 올라가 두 손으로 맞는다.

太클 태= 大큰 대 + 丶점 주 → 그렇지 않아도 큰데 점까지 찍어 더 커졌다.

态態모양 태= 太클 태 + 心마음 심 → 마음을 크게 먹어야 모양도 커진다.

疼. 아플 동. painfull 아프다, 몹시 귀여워하다

疼爱 téng'ài 트엉아이 사랑 애: 몹시 사랑하다

성조별 한국어 한자

	무성	1성	2성	3성	4성
동			疼		

2
3

311
teng
터엉

1
4

疼아플 동= 疒병들 녁 + 冬겨울 동 → 겨울엔 병들어 아프기 쉽다. 痛아파할 통(토옹 tong)과 혼동하지 말 것.

同. 같을 동. same 같다, ~을 같이하다

同学 tóngxué 토옹쒸에 배울 학: 동창생, 동급생
同事 tóngshì 토옹쓰 일 사: 동료
同意 tóngyì 토옹이 뜻 의: 동의(하다)
同情 tóngqíng 토옹치잉 뜻 정: 동정(하다), 공감
同时 tóngshí 토옹쓰으 때 시: 동시, 같은 시기

童. 아이 동. child 아이, 어린이

儿童 értóng 어얼토옹 아이 얼: 어린이

铜銅. 구리 동. copper 구리, 구리로 만든 관악기

성조별 한국어 한자

	무성	1성	2성	3성	4성
동			同,童,铜		同
통		通		桶,统	痛

通. 통할 통. go through 관통하다, 잇다

通常 tōngcháng 토옹차앙 항상 상: 평상시
通知 tōngzhī 토옹즈으 알지: 통지하다
通话 tōnghuà 토옹화 말할 화: 통화하다
通过 tōngguò 토옹꾸오 지날 과: 통과하다
通讯 tōngxùn 토옹쒼 빠를 신: 통신하다, 뉴스

312
tong
토옹

2
3
1
4

桶. 통 통. container 통, 초롱, 배럴

垃圾桶 lājītǒng 라아찌이토옹 진토쌓일 랄/위태할 급: 쓰레기통

统 거느릴 통. command 거느리다, 종합하다, 계통

统一 tǒngyī 토옹이이 한 일: 통일, 일치한
统治 tǒngzhì 토옹즈르 다스릴 치: 통치, 지배(하다)

同. 거리 동. street 거리

胡同 hú·tòng 후우통 오랑캐 호: 골목

痛. 아파할 통. painful 아픈, 괴로운

痛苦 tòngkǔ 통쿠우 쓸 고: 고통, 아픔
痛快 tòng·kuai 통콰이 빠를 쾌: 통쾌하다

同같을/거리 동= 冂외곽 경(중국글자) + 一한 일 + 口입 구 → 문 안에서는 입이 하나이다, 즉 의견이 같다.

(용례) 他和我是高中同学。 tāhéwǒshì gāozhōng tóngxué
타아흐어워어쓰 까오쯔로옹토옹쉬에 그와 나는 고교 동창이야.
我们同事十年了。 wǒmen tóngshì shíniánle
워어먼 토옹쓰 쓰니앤러 우리는 함께 일한 지 10년이 되었다.
大家同意你的观点。 dàjiā tóngyì nǐ de guāndiǎn
따찌아토옹이 니이더 꾸안디앤 모든 사람이 너의 관점에 동의한다.

铜銅구리 동= 钅쇠 금 + 同같을 동 → 铜은 쇠와 같이 금속이지만 발음이 '동'이다.

童아이 동= 立설 립 + 里마을 리 → 한 아이가 마을 앞에 서있다.

桶통 통= 木나무 목 + 甬솟을/길 용 → 나무토막 안에 솟아오르는 구멍을 파서 통으로 쓴다.

通통할 통= 辶갈 착 + 甬솟을/길 용 → 그 길로 죽 가면 통한다.

痛아파할 통= 疒병들 녁 + 甬솟을/길 용 → 병이 솟아나면 몸이 아프다.

统거느릴 통= 纟실 사 + 充가득찰 충 → 가득 모인 사람들을 마치 실로 엮듯이 하여 거느린다.

投. 던질 투. throw 던지다, 뛰어들다

投入 tóurù 토우루 들 입: 투입하다

投资 tóuzī 토우쯔으 재물 자: 투자하다

头頭. 머리 두. head 머리, 머리카락, 꼭대기

头发 tóu·fa 토우빠 쏠 발: 머리카락

馒头 mán·tou 마안토우 만두 만: 찐빵, 만두

성조별 한국어 한자

	무성	1성	2성	3성	4성
두			头		
투			投		透

313 tou 토우

2 3 1 4

透. 통과할 투. pass through 침투하다, 통과하다

透明 tòumíng 토우미잉 밝을 명: 투명하다

投던질 투= 扌손 수 + 殳창 수 → 투창(投槍)은 손으로 창을 던지는 운동이다.

头頭머리 두= 大큰 대 + 丶점 주 + 丶점 주 → 큰 사람에게 두 가지 벼슬(권한)을 주어 우두머리로 삼는다.

透통과할 투= 辶갈 착 + 秀빼어날 수 → 빼어난 사람이 지나가면 통과시킬 것이다.

秀= 禾벼 화 + 乃곧/이에 내

团團. 모일 단. gather 덩어리, 둥글게 빚다

성조별 한국어 한자

	무성	1성	2성	3성	4성
단			团		

314 tuan 투안

2 3 1 4

团團모일 단= 口에울 위 + 才재주 재 → 재주 있는 사람들이 한 지역(口)에 모여 단체를 이룬다.

성조별 한국어 한자

	무성	1성	2성	3성	4성
탁		托			
탈		脱			

脱. 벗을 탈. undress 벗다, 벗어지다, 이탈하다

托. 밀 탁. push 밀어올리다, 받치다, 받침

摩托车 mótuōchē 모오투오츠어 갈 마/수레 차: 오토바이

315 tuo 투오

托맡길 탁= 扌손 수 + 乇부탁할 탁 → 손을 내밀며 부탁하니 맡길 수밖에 없었다.

脱벗을 탈= 月몸 육 + 兑바꿀/빛날 태 → 몸을 바꾸어 구태를 벗는다.

涂塗. 진흙 도. mud 진흙, 바르다, 지우다

糊涂 hú·tú 후우투우 풀 호: 흐리멍덩하다

图圖. 그림 도. painting 그림, 계획하다

地图 dìtú 띠투우 땅 지: 지도

图书馆 túshūguǎn 투우쑤우구안 쓸 서/집 관: 도서관

성조별 한국어 한자

	무성	1성	2성	3성	4성
도			图,涂		
돌		突			
토				土	兔,吐

突. 부딪힐 돌. collide 충돌하다, 돌파하다, 갑자기

突然 tūrán 투우라안 그러할 연: 갑자기

突出 tūchū 투우 츠우 나갈 출: 돌출하다

316 tu 투우

土. 흙 토. soil 흙, 땅, 토속적인

土豆 tǔdòu 투우또우 콩 두: 감자

土地 tǔdì 투우띠 땅 지: 토지

兔. 토끼 토. rabbit 토끼

兔子 tù·zi 투즈 아들 자: 토끼

吐. 토할 토. vomit 토하다, 내놓다

涂塗진흙 도= 氵물 수 + 余남을/나 여 → 큰물이 지나가면 진흙이 남는다.

兔토끼 토= 免면할 면 + 丶점 주 → 토끼가 점을 빼면 형벌을 면할 수 있을까?

图圖그림 도= 囗에울 위 + 冬겨울 동 → 겨울 풍경을 화폭(囗)에 담으면 좋은 그림이 된다.

(용례) 到图书馆借阅图书。 dào túshūguǎn jièyuè túshū

따오투우쑤우과안 쪠위에투우쑤우　도서관에 가서 책을 빌려 읽었다.

把这张折好的地图展开吧！ bǎ zhè zhāng zhé hǎo de dìtú zhǎnkāi ba

바아저러짜앙저허하오더 띠투우 짜안카이바　이 잘 접어놓은 지도를 펼쳐라!

突부딪힐 돌= 穴구멍 혈 + 犬개 견 → 개가 개구멍으로 나와 돌진해 나갔다.
(용례) 成功来得太突然了。 chénggōng láidé tàitūránle
청엉꼬옹 라이더 타이투우라안러 너무 뜻밖에 성공을 거두다.

土흙 토= 땅(흙) 위에 선돌이 서 있는 모양을 그림.

吐토할 토= 口입 구 + 土흙 토 → 입에 흙을 먹이면 토하게 된다.

317 tui 투이

성조별 한국어 한자

	무성	1성	2성	3성	4성
추		推			
퇴				腿	退

1 脱. 벗을 탈. undress 벗다, 벗어지다, 이탈하다

托. 밀 탁. push 밀어올리다, 받치다, 받침
摩托车 mótuōchē 모오투오츠흐어 갈 마/수레 차: 오토바이

3 腿. 넓적다리 퇴. thigh 다리, 바지가랑이

4 退. 물러날 퇴. retreat 물러나다, 뒤로 물리다
退休 tuìxiū 투이씨우 쉴 휴: 퇴직하다
退步 tuìbù 투이뿌 걸음 보: 퇴보하다, 양보하다

推밀/헤아릴 추= 扌손 수 + 隹새 추 → 손으로 새를 새장 안으로 밀어 넣는다.

退물러날 퇴= 艮그칠/어긋날 간 + 辶갈 착 → 하던 일을 그치고 걸어서 물러난다.

腿넓적다리 퇴= 月몸 육 + 退물러날 퇴 → 그 거대한 몸이 물러날 수 있었던 것은 튼튼한 넓적다리 덕이었다.

318 te 트어

성조별 한국어 한자

	무성	1성	2성	3성	4성
특					特

4 特. 특별할 특. special 특수하다, 특별하다, 아주
特别 tèbié 터비에 나눌 별: 특별하다
特点 tèdiǎn 터디앤 점 점: 특징, 특색
特殊 tèshū 터쑤우 죽일 수: 특수
特意 tèyì 터이 뜻 의: 특별히 일부러
特征 tèzhēng 터저러엉 먼길갈 정: 특징, 특별소집

特특별할 특= 牛소 우 + 寺절 사 → 소가 절로 걸어들어 오니 매우 특별하다.
(용례) 我特别喜欢看这部电影。 wǒtèbiéxǐhuān kàn zhèbùdiànyǐng
워어 터비에 시이화안 칸저러뿌 띠앤이잉 나는 이 영화를 아주 좋아한다.

319 tiao 티아오

条條. 가지 조. branch 나뭇가지, ~같은 것
面条 miàntiáo 미앤 티아오 얼굴 면: 국수
条件 tiáojiàn 티아오 찌앤 사건 건: 조건

调調. 고를 조. regular 고르다, 적절하다, 알맞다
空调 kōngtiáo 콩티아오 빌 공: 에어컨
调皮 tiáopí 티아오 피이 가죽 피: 장난스럽다
调整 tiáozhěng 티아오 쩌엉 가지런할 정: 조정

성조별 한국어 한자

	무성	1성	2성	3성	4성
도				挑	跳
조			条,调		

挑. 집어낼 도. pick 선택하다, 집어내다.
挑战 tiǎozhàn 티아오 짠 싸움 전: 도전하다

跳. 뛸 도. jump 뛰(어오르)다. 도약하다
跳舞 tiàowǔ 티아오 우우 춤 무: 춤을 추다

挑집어낼 도= 扌손 수 + 兆조짐 조 → 그의 손의 조짐이 물건을 집어 낼 것 같았다.
跳뛸 도= 足발 족 + 兆조짐 조 → 사람이 뛰어 오르려면 그런 의지(조짐)를 발에 전달해야 한다.
条條가지 조= 攵천천히 걸을 쇠 + 木나무 목 → 나무로 천천히 걸어가 가지 하나만 꺾어 오너라
(용례) 用手把面团扯成面条儿。 yòngshǒu bǎ miàntuán chěchéng miàntiáoér
용쇼우 바아맨투안 처어처엉 미앤티아얼 손으로 반죽을 당겨 국수로 만든다.
调調고를 조= 讠말씀 언 + 周두루 주 → 두루 두루 말해 준다는 말은 말을 고르게 한다는 것이다.
(용례) 这空调凉劲儿不够。 zhè kōngdiào liáng jìnger bùgòu
쩌러코옹따오 리앙찌얼 뿌꼬우 이 에어컨은 덜 시원하다.

320 tian 티앤

填. 채울 전. fill, stuff 채우다, 보충하다
填空 tiánkòng 티앤콩 빌 공: 빈자리를 메우다

田. 밭 전. field 밭, 논, 경작지
田野 tiányě 티앤예에 들 야: 논밭과 들판

甜. 달콤할 첨. sweet 달다, 즐겁다, 행복하다

天. 하늘 천. sky 하늘, 꼭대기, 하루
天气 tiānqì 티앤치 기운 기: 날씨
今天 jīntiān 찌인티앤 이제 금: 오늘
天空 tiānkōng 티앤코옹 빌 공: 하늘, 공중
天真 tiānzhēn 티앤쩌언 참 진: 천진하다, 꾸밈없다

성조별 한국어 한자

	무성	1성	2성	3성	4성
전			填,田		
천		天			
첨			甜		

填채울 전= 土흙 토 + 眞참 진 → 흙의 진실은 모든 것을 채워준다.
田밭 전 = 땅을 골아 밭 모양을 만든 것을 표현함.
天하늘 천= 수평선 위에 뜬 해가 바다에 그림자를 보이는 모양.
(용례) 今天天气真好。 jīntiān tiānqì zhēn hǎo
찌인티앤 티앤치 쩌언 하오 오늘 날씨가 참 좋아요.
甜달콤할 첨= 舌혀 설 + 甘달 감 → 혀가 달다고 느끼는 것이 달콤한 것이다.

321 tie 티에

贴貼. 붙을 첩. stick 붙이다, 달라붙다, 보조금
粘贴 zhāntiē 쯔안티에 끈끈할 점: 붙이다
体贴 tǐtiē 티이티에 몸 체: 자상하게 돌보다

铁鐵. 쇠 철. iron 쇠, 무기, 굳세다
地铁 dìtiě 띠티에 땅 지: 지하철
钢铁 gāngtiě 까앙티에 강철 강: 강철

성조별 한국어 한자

	무성	1성	2성	3성	4성
철				铁	
첩		贴			

贴貼붙을 첩= 贝조개 패 + 占차지할/점볼 점 → 조개로 점을 쳐 보니 그 둘은 붙을 운명이다.
铁鐵쇠 철= 钅쇠 금+ 失잃을 실 → 금은 잃었지만 쇠를 얻었다.(철광석을 제련하여 금을 빼내려던 사람)

322 ting 티응

厅廳. 마을 청. villiage 큰방, 홀, (행정)청
餐厅 cāntīng 차안티응 먹을 찬: 식당
客厅 kètīng 크어티응 나그네 객: 객실

听聽. 들을 청. hear, listen 듣기, 들리다
打听 dǎtīng 다아티응 칠 타: 물어보다

庭. 뜰 정. garden 뜰, 대청, 법정
家庭 jiātíng 찌아티응 집 가: 가정

停. 멈출 정. stand, stall 멎다, 정지하다, 체류하다
停止 tíngzhǐ 티응 즈르으 그칠 지: 정지하다

挺. 곧을 정. straight 꼿꼿하다, 뛰어나다 곧게 펴다

성조별 한국어 한자

	무성	1성	2성	3성	4성
정			停,庭	挺	
청		厅,听			

㈜ ting: '티잉' 이 아니고 '티응' 이라 발음함에 유의.

庭뜰 정= 广집 엄/넓을 광 + 廴당길 인+ 壬짊어질 임 → 짊어지고 당기고 해 가며 집 안에 만들어 놓은 뜰(정원).
停멈출 정= 亻사람 인 + 亭정자 정 → 사람들이 늘 정자 앞에서 멈춘다.
挺 곧을 정= 扌손 수 + 廷조정/관청 정 → 관청은 손을 곧게 써야 한다.
厅廳마을 청= 厂기슭 엄 + 丁장정 정 → 기슭에 사는 장정들은 모두 마을로 들어갔다.
听聽 들을 청= 口입 구 + 斤도끼 근 → 도끼를 들고 입을 여니 모두가 조용히 들었다.

提. 들 제. lift 들다, 들어올리다, 쥐다

提高 tígāo 티이까오 높을 고: 향상시키다
提供 tígōng 티이꼬옹 이바지할 공: 제공, 공급
提倡 tíchàng 티이챵 부를 창: 제창하다
提纲 tígāng 티이까앙 벼리 강: 대강大綱
提前 tíqián 티이치앤 앞 전: 앞당기다
提问 tíwèn 티이원 물울 문: 질문하다
提醒 tíxǐng 티이시잉 깰 성: 일깨우다, 각성

题題. 제목 제. subject 제목, 문제, 적다

问题 wèntí 원티이 물을 문 문제
题目 tímù 티이무 눈 목 제목, 테마

성조별 한국어 한자

	무성	1성	2성	3성	4성
제		梯	提,题		
척		踢			
체				体	替

梯. 사다리 제. ladder 사다리, 계단, 엘리베이터

电梯 diàntī 띠앤티이 번개 전: 엘리베이터

踢. 찰 척. qick 차다, 때려부수다

踢足球 tīzúqiú 티이주우치우 발 족/공 구: 축구하다

323
ti
티이

2 3 1 4

体體. 몸 체. body 몸, 신체, 체제

身体 shēntǐ 셔언티이 몸 신: 몸, 신체
体育 tǐyù 티이위 기를 육: 체육
体会 tǐhuì 티이후이 모일 회: 체득하다. 이해
体积 tǐjī 티이찌이 쌓을 적: 체적 부피
体贴 tǐtiē 티이티에 붙을 첩: 자상하게 돌보다
体现 tǐxiàn 티이씨앤 지금 현: 구현하다
体验 tǐyàn 티이얜 시험할 험: 체험하다

替. 바꿀 체. replace,change 버리다, 대신하다

代替 dàitì 따이티 대신할 대: 대체하다

梯사다리 제= 木나무 목 + 弟아우 제 → 사다리는 아우 몫을 해주는 나무라 하겠다.

提들/끌 제= 扌손 수 + 是옳을 시 → 물건을 들려면 우선 손으로 옳게 잡아야 한다.

(용례) 大幅提高学习效率。 dàfú tígāo xuéxí xiàolǜ
따쭈우 티이까오 쉬에시이 쌰오뤼 학습 능률을 크게 향상하다.

题題제목 제= 是옳을 시 + 頁머리 혈 → 제목은 말 머리로 적합한(옳은) 것이어야 한다.

踢찰 척= 足발 족 + 易쉬울 이/바꿀 역 → 발로 쉽게 할 수 있는 일이 차는 동작이다.

体體몸 체= 亻사람 인 + 本밑/근본 본 → 사람의 근본은 몸이다.

(용례) 他对体育非常痴恋。 tāduìtǐyù fēichángchīliàn
타아뚜이티이위 뻬이챠앙츠르랜 그는 체육에 지나치게 애착을 둔다.

替바꿀 체= 夫지아비 부 + 夫지아비 부 + 曰가로 왈 → 두 지아비가 말을 바꾸어 가며 다툰다.

성조별 한국어 한자

	무성	1성	2성	3성	4성
발		发			发
벌			罚		
법				法	
핍			乏		

罚罰. 벌줄 벌. punish 처벌(하다)

罚款 fákuǎn 빠아쿠안 정성 관: 벌금, 과태료

乏. 가난할 핍. deficient 결핍되다, 모자라다

缺乏 quēfá 취에빠아 이지러질 결: 결여되다

发發. 쏠 발. shoot 보내다, 발사하다, 교부하다

发表 fābiǎo 빠아비아오 겉 표: 발표
发愁 fāchóu 빠아 초우 근심 수: 근심하다
发达 fādá 빠아다아 통할 달: 발달하다
发抖 fādǒu 빠아도우 떨 두: (벌벌)떨다
发挥 fāhuī 빠아후이 휘두를 휘: 발휘하다,
发现 fāxiàn 빠아씨앤 나타날 현: 발견하다
发烧 fāshāo 빠아싸오 불사를 소: 열이 나다
发明 fāmíng 빠아미잉 밝을 명: 발명
发票 fāpiào 빠아퍄오 쪽지 표: 영수증, 수표
发生 fāshēng 빠아셔엉 날 생: 발생
发言 fāyán 빠아얘앤 말씀 언: 발언
发展 fāzhǎn 빠아 자안 펼 전: 발전

2 1
324
fa
빠아
3 4

法. 법 법. law 법, 표준, 모방하다

办法 bànfǎ 빤빠아 힘쓸 판: 방법
法律 fǎlǜ 빠아뤼 법 률: 법률
法院 fǎyuàn 빠아위안 담 원: 법원

发髮. 머리 발. hair 머리카락, 두발

头发 tóu·fa 토우빠아 머리 두: 머리카락

发發쏠 발= 八여덟 팔 + 友벗 우 → 친구 8명이 함께 활을 쏜다.

(용례) 巡视中发现线索了。 xúnshìzhōng fāxiàn xiànsuǒle

쉬인스즈로옹 빠아쌘 쌘수오러 순찰 중에 단서를 발견하였다.

我好像发烧了。 wǒ hǎoxiàng fā shāo le

워어하오썅 빠아싸오러 나는 열이 나는 것 같다.

发髮머리 발= 八여덟 팔 + 友벗 우 → 여덟 친구가 모여 머리를 잘라 맹세한다.

주) 간체자 한 글자가 다른 두 글자를 대신하므로 뜻이 다르게 사용될 수 있음에 유의.

罚罰벌줄 벌= 罒그물 망 + 讠말씀 언 + 刂칼 도 → 벌은 욕설(재판)로부터 가두거나(그물), 혹은 칼로 이루어진다.

法법 법= 氵물 수 + 土흙 토 + 厶사사 사 → 물과 땅만 있는 사사로운 곳에도 법은 있다.

乏모자랄 핍= 丿삐침 별 + 之갈 지 → 비칠거리며 걷는 것이 어딘가 모자람을 말해준다.

凡. 무릇 범. ordinary 평범하다, 보통이다, 속세

凡是 fánshì 빠안스 옳을 시: 대강, 무릇

烦煩. 괴로워할 번. feel vexed 괴롭다, 번민

麻烦 máfan 마아빤 삼 마: 귀찮다

烦恼 fánnǎo 빠안나오 괴로워할 뇌: 번뇌

繁. 많을 번. plenty 많다, 복잡하다, 번식하다

繁荣 fánróng 빠안로옹 번영할 영: 번창하다

성조별 한국어 한자

	무성	1성	2성	3성	4성
반				反,返	饭
번		翻	烦, 繁		
범			凡		泛,范

翻. 뒤집을 번. reverse 뒤집다, 번복하다

翻译 fānyì 빠안이 번역할 역: 번역하다

2 1

325
fan
빠안

3 4

反. 돌이킬 반. undo 반대, 꺼꾸로의, 뒤집다

相反 xiāngfǎn 시앙빠안 서로 상: 반대로

反对 fǎnduì 빠안뚜이 대답할 대: 반대

反而 fǎn'ér 빠안어얼 말이을 이: 오히려

反复 fǎnfù 빠안뿌 돌아올 복: 반복

反映 fǎnyìng 빠안잉 비칠 영: 반영, 평판

反应 fǎnyìng 빠안잉 응할 응: 반응, 응답

反正 fǎnzhèng 빠안쩡 바를 정: 어차피, 정상으로 돌아오다

返. 돌아올 반. return 돌아오다, 돌아가다

往返 wǎngfǎn 와앙빠안 갈 왕: 왕복하다

饭飯. 밥 반. rice 밥, 식사, 생활

饭店 fàndiàn 빤띠앤 가게 점: 식당, 호텔

饭馆 fànguǎn 빤구안 객사 관: 식당, 음식점

米饭 mǐfàn 미이빤 쌀 미: 쌀밥

泛氾. 뜰 범. float 뜨다, 띄우다

广泛 guǎngfàn 꾸앙빤 넓을 광: 광범하다

范範. 법 범. model 모형, 모범, 규칙

范围 fànwéi 빤웨이 에울 위: 범위, 제한하다

反돌이킬 반= 厂기슭 엄 + 又손 우 → 기슭에서 손으로 밀어 돌이키려 한다. 사람이 사람을 밀어내는 모습을 그림.

返돌아올 반= 辶갈 착 + 反돌이킬 반 → 간 사람을 돌이켜 돌아오게 한다.

饭飯 밥 반= 饣밥 식 + 反돌이킬 반 → 밥을 주어 돌이킨다. 反의 발음과 饣의 뜻이 합쳐 饭이 되었다.

(용례) 这家饭店24小时营业。 zhèjiā fàndiàn xiǎoshí yíngyè
쩌찌아 빤땐 24시아오스으 이잉예 이 식당은 24시간 영업한다.

翻뒤집을 번= 番차례/갈마들 번 + 羽깃 우 → 날개를 번갈아 펄럭거리면 뒤집어 졌다.

烦煩괴로워할 번= 火불 화 + 頁머리 혈 → 불길이 머리까지 번져 괴로울 수밖에 없다.

繁많을 번= 敏재빠를 민 + 糸실 사 → 재빠르게 실 사업에 뛰어들어 크게 번성하였다.

凡무릇 범= 几몇 기/안석 궤 + 丶점 주 → 흠(丶)이 많으면(몇 개나 되면) 무릇 일반적인 것이다.

泛氾뜰 범= 氵물 수 + 乏가난할 핍 → 보잘 것 없는 것은 물에서 뜬다.

范範법 범= 艹풀 초 + 氵물 수 + 㔾병부 절 → 물가 초원지대에서 벼슬살이를 하면서 모범적으로 살고 있다.

妨. 방해할 방. hinder 방해하다, 해치다

妨碍 fáng'ài 팡아이 막을 애: 방해하다

房. 방 방. room 방, 집, 가옥

房间 fángjiān 팡찌앤 사이 간: 방

房东 fángdōng 팡또옹 방 방: 집주인

厨房 chúfáng 추우팡 부엌 주: 주방

防. 둑 방. dam 막다, 방어(하다)

预防 yùfáng 위이팡 미리 예: 예방하다

方. 모 방. coner, cube 사변형, 육면체, 제곱

北方 běifāng 베이팡 북녘 북: 북방

方便 fāngbiàn 팡삐앤 편할 편: 편리하다

方法 fāngfǎ 팡파아 법 법: 방법

方案 fāng'àn 팡안 책상 안: 방안

方面 fāngmiàn 팡미앤 얼굴 면: 방면

方式 fāngshì 팡쓰 법 식: 방식

方向 fāngxiàng 팡씨앵 향할 향: 방향

326
fang
빠앙

仿. 본뜰 방. copy 모방하다, 본뜨다, 비슷하다.

模仿 mófǎng 모어팡 본 모: 모방하다

仿佛 fǎngfú 팡푸우 어그러질 불: 마치 ~인 것 같다

访訪. 찾을 방. call on, visit 방문하다, 탐문하다

采访 cǎifǎng 차이팡 캘 채: 인터뷰하다

访问 fǎngwèn 팡원 물을 문: 방문 물어서 찾다

放. 놓을 방. lay down, put 놓아주다, 놀다

放心 fàngxīn 빵씨인 마음 심: 마음을 놓다

放松 fàngsōng 빵쏘옹 소나무 송: 긴장을 풀다

성조별 한국어 한자

	무성	1성	2성	3성	4성
방		方	妨,房,防	仿,访	放

方모/사방 방= 형틀을 목에 찬 사람의 모습을 그림. 형틀이 네모난 것이어서 모방이 되었다.

(용례) 这里买菜很方便。 zhèlǐ mǎi cài hěn fāngbiàn 。

쩌리이마이차이 허언팡뺀 이곳은 채소 구입이 아주 편리하다.

妨방해할 방= 女계집 녀 + 方모/사방 방 → 여자들이 사방에 있으면 방해가 된다.

防둑 방= 阝언덕 부/고을 읍 + 方모/사방 방 → 사방에 언덕을 만들어 둑을 쌓는다.

放놓을 방= 方모/사방 방 + 攵칠 복 → 사방에서 모여 든 사람을 채찍질하여 방면했다.

(용례) 你放心, 我不会误事的。 nǐ fàngxīn wǒ bù huì wùshì de

니이빵씨인 워어뿌후이우쓰더 걱정 마, 일 망치지 않을 테니.

仿본뜰 방= 亻사람 인 + 方모/사방 방 → 사람들이 사방에서 모여 그를 본뜬다.

访訪찾을 방= 讠말씀 언 + 方모/사방 방 → 사방에서 말을 듣고 찾아왔다.

房방 방= 戶지게/집 호 + 方모/사방 방 → 집 안에 네모나게 만든 공간은 방이다.

(용례) 这套房子有四个房间。 zhè tàofángzi yǒusìgèfángjiān

쩌타오팡즈 요우쓰꺼팡찌앤 이 주택은 방이 네 칸이다.

성조별 한국어 한자

	무성	1성	2성	3성	4성
분		分,氛,纷			分,奋,愤

327 fen 뻐언

1

分. 나눌 분. devide 나누다; 구분하다; 할당하다

分手 fēnshǒu 뻐언셔우 손 수: 관계를 끊다
分别 fēnbié 뻐언비에 나눌 별: 헤어지다
分布 fēnbù 뻐언뿌 베 포: 분포
分配 fēnpèi 뻐언페이 짝지을 배: 배급, 분배
分析 fēn·xi 뻐언씨이 가를 석: 분석
分之 fēnzhī 뻐언즈으 갈 지: ~분의~
分钟 fēnzhōng 뻐언즈옹 종 종: 분(시의 1/60)

氛. 기운 분. spirit 기분, 모양, 공기

气氛 qìfēn 치뻐언 기운 분: 분위기

纷紛. 어지러울 분. dizzy 왕성하다, 뒤섞여 어지럽다

纷纷 fēnfēn 뻐언뻐언 어지러울 분: 분분하다, 흩날리다

2

3

4

分. 직분 분. duty 성분, 본분

成分 chéng·fèn 처엉뻔 이룰 성: 성분

奋. 떨칠 분. shake off 분발하다, 치켜들다, 흔들다

兴奋 xīngfèn 씨잉뻔 일어날 흥: 격동하다, 흥분
奋斗 fèndòu 뻔또우 싸울 투: 분투하다

愤憤. 성낼 분. get angry 분개(하다), 반민(하다)

愤怒 fènnù 뻔누 성낼 노: 분노하다

分나눌/직분 분= 八여덟 팔 + 刀칼 도 → 칼이 나무토막으로 들어가 반으로 가르고 있는 형상이다.

(용례) 电影再过几分钟就要开始了。 diànyǐng zàiguòjǐfēnzhōng jiùyàokāishǐle

땐이잉 짜이꾸오지이뻐언즈옹 쮸야오카이스으러 몇 분 있으면 영화가 시작할 것이다.

氛기운/조짐 분= 气기운 기 + 分나눌 분 → 큰 기운이 나뉘어 조짐으로 보인다.

纷紛어지러울 분= 糹실 사 + 分나눌 분 → 실을 잘라 나누려 하니 눈이 어지러워진다.

奋떨칠 분= 大큰 대 + 田 밭 전 → 옛날에는 큰 밭(농지)를 가진 사람들이 세력을 떨쳤다.

愤憤성낼 분= 忄마음 심 + 卉많을/초목 훼 + 贝조개 패 → 재물을 많이 가지려는 마음에 성질을 부린다.

성조별 한국어 한자

	무성	1성	2성	3성	4성
봉		封,峰,蜂			
풍		疯,丰,风		讽	

封. 봉할 봉. envelope (왕이)내려주다, 밀폐하다, 봉하다

信封 xìnfēng 씬쁘엉 믿을 신: 편지봉투

峰. 봉우리 봉. peak 산 봉우리(같은 것)

高峰 gāofēng 까오쁘엉 높을 고: 고봉, 최고위층

疯瘋. 광증 풍. crazy 발광(하다), 실성(하다)

疯狂 fēngkuáng 쁘엉쿠왕 미칠 광: 미치다

蜂. 벌 봉. bee 벌, 꿀벌

蜜蜂 mìfēng 미쁘엉 꿀 밀: 꿀벌

丰豐. 넉넉할 풍. plenty 풍부하다, 풍만하다

丰富 fēngfù 쁘엉쁘 부자 부: 풍부하다

风風. 바람 풍. wind 바람, 바람의 힘으로 ~하다

刮风 guāfēng 꾸아쁘엉 깎을 괄: 바람이 불다
风格 fēnggé 쁘엉그어 바로잡을 격: 품격 스타일
风景 fēngjǐng 쁘엉지잉 볕 경: 경치, 풍경
风俗 fēngsú 쁘엉수우 풍속 속: 풍속, 풍습
风险 fēngxiǎn 쁘엉시앤 험할 험: 위험

2 1
328
feng
쁘엉
3 4

讽諷. 변죽울릴 풍. gloze 풍자하다, 비꼬다

讽刺 fěngcì 쁘엉츠 찌를 자: 풍자하다

封봉할 봉= 圭영토/홀 규 + 寸 법 촌 → 영토를 법규에 따라 봉해야 한다.

峰봉우리 봉= 山뫼 산 + 夆높을/이끌 봉 → 산에서 높은 곳은 봉우리이다.

蜂벌 봉= 虫벌레 충 + 夆높을/이끌 봉 → 벌레 중 높은 대접을 받는 것은 벌이다.

丰豐넉넉할 풍= 三석 삼 + 丨뚫을 곤 → 삼대가 한 줄기로 이어지니 넉넉해 졌다.

风風바람 풍= 凡대부분 범 + ノ삐침 별 (虫벌레 충)의 간체자) → 대부분의 벌레들은 바람을 타고 난다.

讽諷풍자할 풍= 讠말씀 언 + 风風바람 풍 → 말을 바람에 날리듯 풍자하다.

疯瘋광증 풍= 疒병들 녁 + 风風바람 풍→ 바람을 먹고 병들면 광증이 일어난다는 말이 있다.

329 fei 뻬이

肥. 살찔 비. fat 살지다, 기름지다, 비옥하다

减肥 jiǎnféi 지앤 뻬이 덜 감: 살을 빼다

肥皂 féizào 뻬이짜오 검을 조: 비누

啡. 코고는소리 배. snoring noise 의성어(뻬이)

咖啡 kāfēi 카아뻬이 커피 가: 커피

非. 아닐 비. not - 에 맞지 않다, 과실, 악행

非常 fēicháng 뻬이챠앙 항상 상: 매우, 아주

除非 chúfēi 츄우 뻬이 덜 제: ~한다면 몰라도

飞飛. 날 비. fly 날다, 아주 빠르다

飞机 fēijī 뻬이찌이 기계 기: 비행기

起飞 qǐfēi 치이뻬이 일어날 기: 이륙하다

费費. 쓸 비. sweep 쓰다, 소비하다, 비용

费用 fèiyong 뻬이용 쓸 용: 비용, 지출

免费 miǎnfèi 미앤 뻬이 면할 면: 무료로 하다

浪费 làngfèi 랑뻬이 물결 랑: 낭비, 비경제적

废廢. 버릴 폐. discard 폐기하다, 쓸모없는(것)

废话 fèihuà 뻬이화 말씀 화: 쓸데없는 말

肺. 허파 폐. lung 폐, 마음속

성조별 한국어 한자

	무성	1성	2성	3성	4성
배		啡			
비		非,飞	肥		费
폐					肺

啡코고는 소리 배= 口입 구 + 非아닐 비 → 입으로 나오는 소리가 아닌 코고는 소리.

非아닐 비= 두 팔을 벌리고 손가락을 전부 열어 아니라고 하는 모습을 그림.

(용례) 一记非常重的耳光。 yījì fēicháng zhòng de ěrguāng
이이찌 뻬이챠앙쫑더 얼꾸앙 엄청 센 빰 한 대.

飞飛날 비= 새가 날아 올라가는 모습을 그림.(주둥이, 두 날개와 꼬리가 보임)

(용례) 搭乘飞机出差。 dāchéng fēijī chūchāi
따아쳐엉뻬이찌이 츄우챠이 비행기를 타고 출장 가다.

肥살찔 비= 月몸 육 + 巴큰뱀 파 → 큰 뱀의 몸통처럼 살쪘다.

费費쓸 비= 弗아닐 불 + 貝조개/돈 패 → 조개가 아니라 돈이다. 그래서 쓸 수 있었다.

废廢버릴 폐= 广집 엄/넓을 광 + 发發쏠 발 → 집 안에서 총 쏘는 소리가 나면 폐가다.

肺허파 폐= 月몸 육 + 市저자 시 → 몸속에서 허파는 마치 시장처럼 유통이 일어나는 곳이다.

330 fou 쪼우

否. 아닐 부. not 부정하다, 아니다

否则 fǒuzé 쪼우즈어 법칙 칙/곧 즉: 만약 그렇지 않으면

是否 shìfǒu 쓰 쪼우 그럴 시: ~인지 아닌지

성조별 한국어 한자

	무성	1성	2성	3성	4성
부				否	

否아닐 부= 不아니 불 + 口입 구 → 아니라고 말하여 부정한다.

331 fu 푸우

1

夫. 지아비 부. husband 지아비, 남편, 사내

丈夫 zhàngfū 쟝푸우 어른 장: 대장부, 성년남자

大夫 dài·fu 따이푸 큰 대: 의사

肤膚. 살갗 부. skin 피부, 천박하다

皮肤 pífū 피이푸우 가죽 피: 피부, 천박하다

2

幅. 폭 폭. width 폭, 너비

扶. 도울 부. assist, help 떠받치다

福. 복 복. blessing 복, 복을 빌다

幸福 xìngfú 씽푸우 다행 행: 행복하다

祝福 zhùfú 쥬루푸우 빌 축: 축복하다

符. 부신 부. added message 부호, 들어맞다

符合 fúhé 푸우흐어 합할 합: 부합하다

服. 옷 복. clothes 옷(을 입다), (약)을 먹다

衣服 yī·fu 이이푸 옷 의: 의복, 옷

服装 fúzhuāng 푸쥬왕 차릴 장: 복장

服务员 fúwùyuán 푸우우위앤 힘쓸 무/인원 원: 종업원

服从 fúcóng 푸우초옹 좇을 종: 복종

佛. 어그러질 불. dislocated 부처, 불교, 불상

3

府. 곳집 부. warehouse 관청, 고관의 저택

政府 zhèngfǔ 쩡푸우 곳집 부: 정부

辅輔. 도울 보. assist 돕다, 보좌하다

辅导 fǔdǎo 푸우다오 이끌 도: 돕고 지도하다

腐. 썩을 부. decay 썩다, 부패하다

豆腐 dòu·fu 또우푸 콩 두: 두부

성조별 한국어 한자

	무성	1성	2성	3성	4성
배		啡			
비		非, 飞	肥		费
폐					肺

4

付. 줄 부. give 교부하다, 부치다, 지불하다

付款 fùkuǎn 푸쿠안 정성 관: 지불하다

应付 yìng·fù 잉푸 응할 응: 대응하다

傅. 스승 부. teacher 스승, 보좌하다

师傅 shī·fu 쓰으푸 스승 사: 스승

妇婦. 지어미 부. wife 부녀자, 처, 아내

妇女 fùnǚ 푸뉘이 계집 녀: 부녀

富 부자 부. rich 부자, 풍부하다

丰富 fēngfù 퍼엉푸 풍년들 풍: 풍부하다

父 아비 부. father 아버지, 부친

父亲 fù·qīn 푸치인 친할 친: 부친

复復複. 다시 부. 돌아올 복 duplicate 되풀이하다

复习 fùxí 푸씨이 익힐 습: 복습하다

复印 fùyìn 푸인 도장 인: 복사하다

复杂 fùzá 푸자아 섞일 잡: 복잡

复制 fùzhì 푸즈르 지을 제: 복제하다

负. 짐질 부. bear 메다, 등지다, 부담하다

负责 fùzé 푸즈어 꾸짖을 책: 책임지다

附. 붙일 부. attach 덧붙이다, 따르다

附近 fùjìn 푸찐 가까울 근: 부근, 근처

辅輔도울 보= 车수레 차 + 甫클/사나이 보 → 사나이가 수레를 타고 와 도와준다.

福복 복= 礻보일 시 + 畐찰 복 → 가득 차 보이니 복이다.

服옷 복= 月몸 육 + 卩병부 절 + 又손/또 우 → 그 몸으로 또 벼슬에 오르니 옷을 만들어야겠다.
(용례) 时下流行的服装款式。 shíxià liúxíngde fúzhuāng kuǎnshì 。
쓰쌰 리우씨잉더 쭈우쭈앙 쿠안쓰 현재 유행하는 패션 스타일.
老板让服务员上茶了。 lǎobǎn ràng fúwùyuán shàng chá le
라오바안 랑쭈우우위앤 쌍차아러 주인이 종업원에게 차를 내오라고 시켰다.
复複돌아올 복= 人사람 인 + 日날 일 + 夊천천히 걸을 쇠 → 사람이 하루 종일 천천히 걸어 돌아왔다.
复復다시 부= 人사람 인 + 日날 일 + 夊천천히 걸을 쇠 → 그 사람은 날마다 천천히 걷기를 반복했다.
(용례) 考试前要进行系统的复习。 kǎoshì qián yào jìnxíng xìtǒng de fùxí
카오치앤 야오찐시잉 씨토옹더 쭈시이 시험 전에 체계적으로 복습을 해야 한다.
父아비 부= 아버지가 양 손에 돌도끼를 들고 가족을 지키는 모습을 그림.
夫지아비 부= 큰 갓을 쓰고 팔을 벌리고 있는 사내대장부를 그림.
肤 膚살갗 부= 月몸 육 + 夫지아비 부 → 아무리 사내대장부라도 몸은 약한 피부로 덮여있다.
扶도울 부= 扌손 수 + 夫지아비 부 → 지아비의 손은 도움의 손이다.
付줄 부= 亻사람 인 + 寸마디 촌 → 사람이 자기 친척들에게 나누어 줄 줄 알아야 한다.
符부신 부= 竹대 죽 + 付줄 부 → 대나무에 쪽지(부신)를 적어서 준다.
府곳집/관청 부= 广집 엄 + 付줄/붙일 부 → 집 안에 여러 업무를 붙여 관청을 만든다.
附붙일/기댈 부= 阝언덕 부 + 付줄/붙일 부 →언덕에 붙어 있어 마치 산을 기대고 있는 것 같다.
(용례) 学校就在附近。 xuéxiào jiù zài fùjìn
쉬에쌰오 쮸 짜이 쭈찐 학교는 바로 부근에 있다.
腐썩을 부= 府관청 부 + 肉고기 육 → 관청이 뇌물로 받은 고기는 썩은 고기만도 못하다.
傅 스승 부= 亻사람 인 + 甫클/사나이 보 + 寸마디 촌 → 마을에서 사나이다운 사람을 찾아 스승으로 모셔라.
妇婦며느리/지어미 부= 女계집 녀 + 彐돼지머리 계 → 머리 큰 여자를 며느리로 삼아라.
富부자 부= 宀집 면 + 畐가득할 복 → 집 안에 재물이 가득하니 진정한 부자이다.
负짐질 부= 勹쌀 포 + 贝조개/돈 패 → 돈을 보자기에 싸서 한 짐 져 가지고 왔다.
佛부처 불= 亻사람 인 + 弗아닐 불 → 부처는 사람이 아니다.
幅폭 폭= 巾수건 건 + 畐가득할 복 → 수건에 가득 차고도 남아 수건 폭을 늘려야 한다.

332 pa 파아

성조별 한국어 한자

	무성	1성	2성	3성	4성
파			爬		怕

2 **爬. 기어오를 파. climb 기다, 기어오르다**
爬山 páshān 파아싸안 멧 산: 등산하다

3

1

4 **怕. 두려워할 파. afraide of, dreadful 두려워하다**
害怕 hàipà 하이파 해칠 해: 두려워하다
恐怕 kǒngpà 코옹파 두려울 공: 아마 ~일 것이다

怕두려워할 파= 忄마음 심 + 白흰 백 → 마음이 약하면(희면) 모든 것이 두렵다
爬기어오를 파= 爪손톱 조 + 巴뱀 파 → 손톱을 써가며 뱀처럼 기어오른다.

333 pan 파안

盘槃. 소반 반. small dining table 소반, 큰 접시

盘子 pán·zi 파안쯔 아들 자: 쟁반

键盘 jiànpán 찌앤파안 열쇠 건: 키보드

判. 판가름할 판. judge 판단하다, 헤어지다

判断 pànduàn 판뚜안 끊을 단: 판단하다

谈判 tánpàn 타안판 이야기 담: 담판하다

盼. 곁눈질할 반. leer at 바라다, 가능성

盼望 pànwàng 판왕 바랄 망: 간절히 바라다

성조별 한국어 한자

	무성	1성	2성	3성	4성
반			盘		盼
판					判

盘槃소반 반= 舟배 주 + 皿그릇 명 → 배처럼 짐을 싣는 그릇이 소반이다.

判판가름할 판= 半절반 반 + 刂칼 도 → 절반으로 잘라내듯 판가름한다.

盼곁눈질할 반= 目눈 목 + 分나눌 분 → 눈을 나누어 보는 것 즉 곁눈질.

334 pang 파앙

旁. 옆 방. side 옆, 가, 별개의

旁边 pángbiān 파앙삐앤 갓 변: 옆, 근처

乓. 풍소리 병. noise, Peng 의성어 '파앙'

乒乓球 pīngpāngqiú 피잉파앙치우 풍소리 병/옥 구: 탁구(를 하다)

성조별 한국어 한자

	무성	1성	2성	3성	4성
방			旁		
병		乓			

旁옆/두루 방= 立설 립 + 方사방 방 → 서서 사방을 두루두루 살핀다.

乓풍소리 병= 丘언덕 구 + 丿삐침 별 → 兵 - 丿 병자에서 '풍'하고 바퀴가 하나 떨어지는 소리.

성조별 한국어 한자

	무성	1성	2성	3성	4성
포				跑	炮

335
pao
파오

1 / 4

炮. 대포 포. cannon 대포, 폭죽, 다이나마트

鞭炮 biānpào 비앤파오 채찍 편: 폭죽

2 / 3

跑. 달릴 포. run 달리다

跑步 pǎobù 파오뿌 걸을 보: 달리다

跑달릴 포= 足발 족 + 包쌀 포 → 잘 달리려면 발을 싸서 보호해야 한다.

(용례) 跑步也来不及了。 pǎobù yě láibùjí le

파오뿌 예 라이뿌지이러　　달려도 제 시간에 갈 수 없다.

炮대포 포= 火불 화 + 包쌀 포 → 불을 싸서 보내는 것이 대포이다.

성조별 한국어 한자

	무성	1성	2성	3성	4성
박		拍			
배			排		
파					派
패			牌		

336
pai
파이

1 / 4

拍. 칠 박. clap, strike 손벽을 치다

派. 갈래 파. branch 파별, 분파, 기풍

2 / 3

排. 물리칠 배. push away 차례로 놓다, 줄, 열

排列 páiliè 파이리에 줄지을 열 배열하다

安排 ānpái 아안파이 편안 안 준비하다

牌. 패 패. plate 간판, 상표, 패

登机牌 dēngjīpái 떠엉찌이파이 오를 등/기계 지: 탑승권

名牌 míngpái 미잉파이 이름 명: 유명 브랜드

拍칠 박= 扌손 수 + 白흰 백 → 손으로 칠 때는 색깔이 하얀 손바닥으로 친다.

排물리칠/배열할 배= 扌손 수 + 非아닐 비 → 손으로 아니라고 하며 물리친다.

派물갈래 파= 氵물 수 + 厂기슭 엄 + 氏각씨 씨 → 물가 기슭에서 한 여인이 물갈래를 바라보고 있다.

牌패 패= 片조각 편 + 卑낮을 비 → 나무 조각을 낮게 깎아 패를 만든다.

盆. 동이 분. an earthenware jar
화분, 화분모양의 그릇

喷噴. 뿜을 분. gush 무리, 한물
打喷嚏 dǎ pēntì 다아 퍼언 티 칠 타/재체기할 체: 재채기를 하다

337
pen
퍼언

성조별 한국어 한자

	무성	1성	2성	3성	4성
분		喷	盆		

喷噴뿜을 분= 口입 구 + 賁클 분 → 입이 크게 부풀어 오르면서 뿜어낸다.

盆동이 분= 分나눌 분 + 皿그릇 민(중국한자) → 동이는 물 따위를 나누어 담는 큰 그릇이다.

朋. 친구 붕. friend 벗, 동무, 결당하다
朋友 20 퍼엉요우 벗 우: 친구

성조별 한국어 한자

	무성	1성	2성	3성	4성
붕			朋		
팽					碰

338
peng
퍼엉

碰. 부딪칠 팽. encounter 맞부딪치다, 시도해 보다
碰见 pèng jiàn 펑짼 볼 견: 우연히 만나다

朋친구 붕= 月몸 육 + 月몸 육 → 몸이 붙어 다니는 친구.

(용례) 他俩正在交朋友。 tāliǎng zhèng zài jiāopéngyǒu

타아리앙 쩡 짜이 찌아오퍼엉요우 그 두 사람은 사귀는 중이다.

碰부딪칠 팽= 石돌 석 + 並함께/아우를 병 → 돌이 함께 어울려 부딪친다.

陪. 모실 배. assist 모시다, 보좌하다

赔賠. 물어줄 배. pay back 배상하다, 손해를 보다

赔偿 péicháng 페이 차앙 갚을 상: 배상

培. 북돋울 배. encourage 흙으로 덮다, 배양하다

培养 péiyǎng 페이야앙 기를 양: 배양하다

培训 péixùn 페이쉰 가르칠 훈: 양성하다

339 pei 페이

配. 짝 배. couple 결합하다, 분배하다

分配 fēnpèi 퍼언페이 나눌 분: 분배하다

配合 pèihé 페이흐어 합할 합: 협력하다

성조별 한국어 한자

	무성	1성	2성	3성	4성
배			培,赔,陪		配

培북돋울 배= 土흙 토 + 咅가를 부 → 토지를 갈라주어 사기를 북돋워줬다.

陪모실 배= 阝고을 읍 + 咅가를 부 → 고을을 갈라주고 촌장으로 모셨다.

赔賠물어줄 배= 贝조개 패 + 咅가를 부 → 돈을 갈라 빚진 것을 물어줬다.

配짝 배= 酉술 유 + 己몸 기 → 술과 몸을 대접하여 짝이 되었다.

婆. 할미 파. grandma 노파, 할머니, 시어머니

老婆 lǎo·po 라오포 늙을 로: 아내, 처

泼潑. 뿌릴 발. spray,sprinkle 물을 뿌리다, 무모하다

活泼 huó·pō 후오포오 살 활: 활발하다

340 po 포어

성조별 한국어 한자

	무성	1성	2성	3성	4성
박					迫
발		泼			
파			婆		破

破. 깨질 파. break 깨다, 찢어지다, 부서지다

破坏 pòhuài 포화이 무너질 괴: 파괴

破产 pòchǎn 포차안 낳을 산: 파산하다

迫. 다그칠 박. approach 핍박하다, 억누르다

迫切 pòqiè 포치에 절박할 절: 절박하다

迫다그칠 박= 辶갈 착 + 白흰 백 → 다그침을 받고 얼굴이 창백해져 떠나가 버렸다.

泼潑뿌릴 발= 氵물 수 + 发쏠 발 → 물을 향해 총을 쏘니 물방울이 뿌려졌다.

破깨질 파= 石돌 석 + 皮가죽/껍질 피 → 돌덩어리도 껍질 부위가 있어 깨질 수 있다.

婆할미 파= 氵물 수 + 皮가죽/껍질 피 + 女계집 녀 → 물기 없이 가죽뿐인 여자가 그 할머니다.

葡. 포도나무 포. grape vine 포도, 포도나무

葡萄 pú·táo 푸우타오 포도나무 도: 포도

341
pu
푸우

2 / 3 | 1 / 4

朴樸. 순박할 박. simple, naive 소박하다, 순박하다

朴素 pǔsù 푸우쑤 흴 소: 소박하다

普. 넓을 보. broad, wide 보편적, 전면적, 일반적

普遍 pǔbiàn 푸우삐앤 두루 편: 보편적인

普通话 pǔtōnghuà 푸우토옹화 통할 통/말할 화: 중국 표준어

성조별 한국어 한자

	무성	1성	2성	3성	4성
박				朴	
보				普	
포			葡		

朴樸순박할 박= 木나무 목 + 卜점 복 → 나무로 보는 점을 믿는 순박한 그 사람

普넓을/두루 보= 並함께 병 + 日날 일 → 태양은 모든 사물을 함께 두루 비춘다.

葡포도나무 포= 艹풀 초 + 勹쌀 포 + 甫클 보 → 포도나무는 포도를 큰 자루에 품는(싸는) 식물이다.

飘飄. 나부낄 표. flutter (바람에)나부끼다

342
piao
피아오

2 / 3 | 1 / 4

성조별 한국어 한자

	무성	1성	2성	3성	4성
표		飘			票,漂

票. 쪽지 표. slip 표, 증명서, 유가증권

支票 zhīpiào 즈르으 퍄오 가를 지: 수표

发票 fāpiào 빠아퍄오 쏠 발: 영수증

漂. 빛바랠 표. fade 뜨다, 표류하다, 경박하다

漂亮 piào·liang 퍄오량 밝을 량: 아름답다

票쪽지 표= 西서녘 서 + 示보일 시 → 서쪽에서 보이도록 달아 놓은 쪽지. / 탁자 위에 쪽지(화폐)를 싸 놓은 모습.

飘飄나부낄 표= 票쪽지 표 + 風바람 풍 → 매달아 놓은 쪽지가 바람에 나부낀다.

漂빛바랠 표= 氵물 수 + 票쪽지 표 → 쪽지가 물에 잠기면 빛을 바랜다.

(용례) 她长得很漂亮。 tā zhǎngdé hěnpiāoliàng

타아 자앙더허언피아오리앙 그는 얼굴이 아주 예쁘다.

便. 편할 편. convenient 편리하다, 편하다, 기회
便宜 pián·yi 피앤이 마땅할 이: 싸다, 좋게 해주다

篇. 책 편. book 완결된 문장, 장, 절, 편의 편

343
pian
피앤

성조별 한국어 한자

	무성	1성	2성	3성	4성
표		飘			票,漂

片. 조각 편. piece 조각, 나누어진 지역
照片 zhàopiàn 자오핀 비출 조: 사진
片面 piànmiàn 팬맨 얼굴 면: 일방적이다

骗騙. 속일 편. deceive 속이다, 기만하다

便편할 편= 亻사람 인 + 更다시 갱 → 사람은 한 번 해 본 일을 다시 할 때 편하게 한다.
(용례) 便宜些, 算一百块吧。 piányí xiē suàn yībǎikuài ba
피앤이이씨에 쏸 이바이콰이바 좀 싸게 해서 100원만 합시다.
片조각 편= 丿삐침 별 + 上윗 상 + 下아래 하 → 비스듬한 기둥을 한 쪽에서만 받치고 있어 전체가 아닌 조각을 뜻함.
篇책 편= 竹대 죽 + 扁넙적할 편 → 대나무 조각을 납작하게 만들어 책으로 엮는다.
骗騙속일 편= 马말 마 + 扁넙적할 편 → 말대가리가 넓적하다고 속인다.

脾. 지라 비 spleen 비장, 지라
脾气 píqi 피이치 기운 기: 성격, 기질

疲. 피곤할. be tired 피곤하다, 피로하다
疲劳 píláo 피이라오 수고할 로: 피로, 지치다

啤. 맥주 비. beer 맥주
啤酒 píjiǔ 피이지오 술 주: 맥주

皮. 가죽 피. leather 피부, 가죽, 껍질
皮鞋 píxié 피이시에 신 혜: 가죽 구두
皮肤 pífū 피이푸우 살갗 부: 피부

披. 입을 피. wear (겉옷을)걸치다

批. 칠 비. strike 손바닥으로 때리다, 깎아내다
批评 pīpíng 피이피잉 품평할 평: 비판하다
批准 pīzhǔn 피이 주운 승인할 준: 허가하다

344
pi
피이

匹. 필적할 필. counting horses 필, 필적하다

성조별 한국어 한자

	무성	1성	2성	3성	4성
비		批	啤,脾		
피		披	皮,疲		
필				匹	

批칠 비= 扌손 수 + 比견줄 비 → 비교 결과 패자는 손으로 친다.
啤맥주 비= 口입 구 + 卑낮을 비 → 맥주는 입에서 낮다는 평가를 받는다.
脾지라 비= 月몸 육 + 卑낮을 비 → 지라는 몸 5장 6부 중에는 낮은 서열의 장기이다.
皮가죽 피 = 广집 엄/넓을 광 + 丨뚫을 곤 + 又손 우 → 손에 칼을 들고 집 역할을 하는 가죽을 벗기는 모양을 그림.
(용례) 他新买的皮鞋很好看。 tāxīnmǎidepíxié hěnhǎokàn
타아씨인마이더 피이씨에 허언하오칸 그가 새로 산 구두는 참 예쁘다.
疲피곤할 피= 疒아플 창 + 皮가죽 피 = 심하게 피곤해 지면 피부가 아파 들어온다.
披입을/나눌 피= 扌손 수 + 皮가죽 피 → 손으로 껍데기를 찢어 나누다.

频頻. 자주 빈. frequent 누차, 자주, 절박하다

频道 píndào 피인 따오 길 도: 채널

345 pin 피인

2 3 1 4

品. 물건 품. item 물품, (물건의)등급

商品 shāngpǐn 쌰앙피인 헤아릴 상: 상품

产品 chǎnpǐn 챠아안피인 낳을 산: 제품

성조별 한국어 한자

	무성	1성	2성	3성	4성
빈			频		
품				品	

频頻자주 빈= 步걸음 보 + 頁머리 혈 → 걸음을 걸을 때도 머리는 자주 써야 한다.

品물건 품= 물건을 싸 놓은 형상을 그림.

平. 바를 평. flat. even 평평하다, 동격이다, 고르다

水平 shuǐpíng 쑤이피잉 물 수: 수평

平时 píngshí 피잉쓰으 때 시: 평상시

平常 píngcháng 피잉 챠아앙 항상 상: 평소, 보통

平等 píngděng 피잉 더엉 같을 등: 평등

平方 píngfāng 피잉 빠앙 모 방: 제곱, 평방

平衡 pínghéng 피잉 허엉 저울대 형: 평형

平静 píngjìng 피잉 찌잉 고요할 정: 조용한

平均 píngjūn 피잉 쮜인 고를 균: 평균

瓶. 병 병. bottle 병

瓶子 píng·zi 피잉 쯔 아들 자: 병

苹蘋. 네가래 빈. aple 사과

苹果 píngguǒ 피잉 꾸오 실과 과: 사과

评評. 평가할 평. evaluate 논평(하다), 심사(하다)

批评 pīpíng 피이 피잉 칠 비: 비판하다

评价 píngjià 피잉 찌아 값 가: 평가하다

346 ping 피잉

2 3 1 4

성조별 한국어 한자

	무성	1성	2성	3성	4성
병		乒	瓶		
빈			苹		
평			平,评		

乒. 탕소리 병. sound, ping '핑' 소리

乒乓球 pīngpāngqiú 피잉 파앙 치우 퐁소리 병/옥 구: 탁구

乒탕 소리 병= 兵군사병 - ノ삐침 별 → 兵자에서 '탕(중국어는 핑)'하고 오른 쪽 바퀴가 떨어지는 소리.

[주] 乓퐁소리 병= 兵병자에서 '퐁(중국어는 팡)'하고 왼쪽 바퀴가 떨어지는 소리. 즉 왼쪽 오른 쪽이 각각 '퐁탕(중국어로는 팡핑) 하며 떨어짐.

瓶병 병= 并아우를/함께할 병 + 瓦기와 와 → 옛날 사람들은 기와 만드는 재료로 병도 만들었다.

苹蘋사과/네가래 빈= ++풀 초 + 平바를 평= 사과는 平자와 같은 발음이므로 ++머리로 하여 구분시켰다.

(용례) 妈妈给我削苹果。 māmā gěi wǒ xuē píngguǒ

마아마아 게이워어 쒸에피잉구오 엄마가 나에게 사과를 깎아 주셨다.

平바를 평= 돈대(주변보다 높은 평평한 땅)에 고인 물이 넘쳐흐르는 모양을 그림.

评評평가할 평= 讠말씀 언 + 平바를 평 → 평가한다는 것은 잘잘못을 말로 따져 평평하게 고치는 과정이다.

성조별 한국어 한자

	무성	1성	2성	3성	4성
하		哈			

哈. 웃는소리 합. ha 웃는 소리 '하'

347
ha
하

哈웃는소리 합= 口입 구 + 合합할 합 →말을 맞추어 화합하니 웃음소리가 난다.

含. 머금을 함. contain (입에)물다, 머금다

包含 bāohán 빠오하안 쌀 포: 포함하다

寒. 찰 한. cold 춥다, 차다, 가난하다

寒假 hánjià 하안쨔오 한가할 가: 겨울방학

韩韓. 나라이름 한. Korea 한국의 준말, 한나라

韩国 Hánguó 하안구오 나라 국: 대한민국

韩流 Hánliú 하안리 흐를 류: 한류

성조별 한국어 한자

	무성	1성	2성	3성	4성
감					憾
한			寒,韩		汉
함			含		

348
han
하안

憾. 한할 감. lament 실망, 불만, 유감

遗憾 yíhàn 이이한 남을 유: 유감이다

汉漢. 물이름 한. Chinese 중국, 한나라

汉语 Hànyǔ 한위이 말씀 어: 한어

憾한할/서운해할 감= 忄마음 심 + 感느낄 감 → 서운한 감정은 마음으로만 느껴라.(표정이나 행동에 옮기지 마라.)

寒찰 한= 宀집 면 + 一한 일 + 共함께 공 + 冫얼음 빙 → 집안 한 사람이 모두에게 얼음 같은 차가움을 만든다.

韩韓나라이름 한= 十열 십 + 早새벽 조 + 韋다룸가죽 위 → 열사람이 새벽마다 모여서 다룸가죽을 만들 듯 세운 나라

汉漢물이름 한= 氵물 수 + 又손 우 → 물(漢水즉 양자강)을 손에 쥐고 세운 나라.

含머금을 함= 今이제 금 + 口입 구 → 지금은 입 안에 머금고 있다.(삼키지 않고)

航. 배 항. ship 배, 운항하다, 항행하다

航班 hángbān 하앙빠안 나눌 반: 항공편

行. 갈 행. pass, go 걷다, 가다, 잘된다(OK)

银行 yínháng 이잉하앙 갈 행: 은행

行业 hángyè 하앙예 업 업: 업무, 직업

성조별 한국어 한자

	무성	1성	2성	3성	4성
항			航,行		

349 hang 하앙

航배 항= 舟배 주 + 亢높을 항 → 쪽배의 크기를 키우고 높여서 만든 큰 배.

行갈 행= 길이 양쪽으로 갈라지는 모양을 형상화 한 글자임.

毫. 잔털 호. fine hair 잔털, 붓

丝毫 sīháo 쓰으하오 명주실 사: 조금도, 추호

豪. 뛰어날 호. outstanding 영재, 기백있는 사람

自豪 zìháo 쯔하오 몸 자: 스스로 긍지를 느끼다

豪华 háohuá 하오후아 빛 화: 호화롭다

성조별 한국어 한자

	무성	1성	2성	3성	4성
호			毫,豪	好	好,号

350 hao 하오

好. 좋을 호. nice, good 좋다, 훌륭하다, 친근하다, 만족스럽다

好吃 hǎochī 하오츠으 먹을 흘: 맛있다

好. 좋아할 호. like, love 좋아하다, 하기 일쑤다

爱好 àihào 아이하오 사랑 애: 애호, 좋아하다.

号號. 부를 호. call, name 이름, 명칭, 호

号码 hàomǎ 하오마아 이름 호: 번호

信号 xìnhào 씬하오 믿을 신: 신호

毫잔털 호= 高높을 고 + 毛털 모 → 높이자란 털은 잔털이다.

豪뛰어날 호= 高높을 고 + 豕돼지 시 → 뛰어난 능력이 있어도 높이 오르려면 돼지같이 욕심을 부려야 한다.

好좋을 호= 女계집 녀 + 子아들 자 → 여자가 아들을 안고 좋아한다.

(용례) 她做的蛋糕特别好吃。 tāzuòde dàngāo tèbié hǎochī

타쭈오더딴까오 터비에하오츠으 그녀가 만든 케이크는 유난히 맛있다.

号號부를/부르짖을 호= 口입 구 + 丂(亏이지러질 휴의 옛글자) → 호랑이가 입을 크게 벌리고 부르짖는 모습을 그림.

孩. 어린아이 해. child 어린애, 어린이, 자녀
孩子 hái·zi 하이즈 아들 자: 어린이
还還. 다시 환. again 아직(도), 더욱, 또
还是 hái·shi 하이스 그럴 시: 여전히, 아직도

성조별 한국어 한자

	무성	1성	2성	3성	4성
해			孩	海	害
환			还		

2 3 **351 hai 하이** 1 4

海. 바다 해. sea, marine 바다, 큰 호수, 큰 그릇
海洋 hǎiyáng 하이양 바다 양: 바다
海鲜 hǎixiān 하이시앤 고울 선: 해산물

害. 해칠 해. harm 해, 손해, 재난, 해롭다
害怕 hàipà 하이파 두려워할 파: 두려워하다
害羞 hàixiū 하이씨우 부끄러워할 수: 부끄러워하다

孩어린아이 해= 子아들 자 + 亥돼지 해 → 새끼 돼지처럼 귀여운 어린아이.
(용례) 他是个听话的孩子。 tāshì gètīnghuàde háizi
타아스꺼 티잉화더 하이즈 그는 말을 잘 듣는 아이이다.
海바다 해= 氵물 수 + 每매양 매 → 물이 매양 차 있는 바다
害해칠/손해 해= 宀집 면 + 丰예쁠/무성할 봉+ 口입 구 → 집에 말만 무성하면 손해 본다.
(용례) 我家孩子害怕小狗。wǒjiā háizi hàipà xiǎo gǒu
워어찌아하이즈 하이파 시아오고우 우리 아이는 강아지를 무서워한다.
还還다시 환= 不아니 불 + 辶갈 착 → 가지 않고 다시 돌아온다.
(용례) 这件事 你满意还是不满意? zhèjiànshì nǐmǎnyì háishibùmǎnyì
저 짼스 니이마안이 하이스뿌마안이 이 일에 대해 너는 만족하니 만족하지 않니?

성조별 한국어 한자

	무성	1성	2성	3성	4성
한					恨
흔				很	

2 3 **352 hen 허언** 1 4

很. 매우 흔. very 매우, 아주, 정말

恨. 한스러운 한. regret 한, 원한, 증오하다

很매우 흔= 彳두 인변 + 艮어긋날/그칠 간 → 두 사람이 어긋나는 일은 매우 흔한 일이다.
恨한스러운 한= 忄마음 심 + 艮어긋날/그칠 간 → (그이와)마음이 어긋나 한스럽다.

橫. 가로 횡. lateral, width 가로의, 횡의, 가로로 하다

衡. 저울대 형. balance 저울, 무게를 달다

平衡 pínghéng 피잉허엉 바를 평: 균형이 맞다

성조별 한국어 한자

	무성	1성	2성	3성	4성
형			衡		
횡			橫		

353
heng
허엉

橫가로 횡= 木나무 목 + 黃누를 황 → 나무를 가로로 뉘워 놓으면 잎은 누렇게 말라버린다.

衡저울대 형= 行갈 행 + 魚고기 어 → 물고기는 나아갈 때 저울대처럼 평형을 유지한다.

(灬불 화가 大큰 대 로 바뀜에 유의)

성조별 한국어 한자

	무성	1성	2성	3성	4성
흑		黑			

黑. 검을 흑. black 검다, 어둡다, 검정색의

黑板 hēibǎn 헤이바안 널조각 판: 칠판

354
hei
헤이

黑검을 흑= 땅(土)위에 세워 놓은 굴뚝에서 연기가 나고 있다. 그 아래는 灬불 화자가 있어 불 때고 있음을 보인다.

红紅. 붉을 홍. red 붉다, 다홍, 주홍

西红柿 xīhóngshì 씨이호옹스 서녘 서/감나무 시: 토마토

虹. 무지개 홍. rainbow 무지개, 긴 다리

彩虹 cǎihóng 차이호옹 무늬 채: 무지개

성조별 한국어 한자

	무성	1성	2성	3성	4성
홍			红,虹		

355
hong
호옹

红紅붉을 홍= 纟실 사 + 工장인 공 →기술자들이 실을 빨갛게 물들인다.

虹무지개 홍= 虫벌레 충 + 工장인 공 → 벌레들이 떼를 지어 무지개 같은 모양을 만들어 내네.

猴. 원숭이 후. monkey 원숭이, 영리한 녀석

猴子 hóu·zi 호우즈 아들 자: 원숭이

2
3

356
hou
호우

1
4

성조별 한국어 한자

	무성	1성	2성	3성	4성
후			猴		候,厚,后

厚. 두터울 후. thick 두껍다, 두께, 후하다

候. 물을 후. ask 문안하다, 기다리다, 기후, 절기

气候 qìhòu 치호우 기운 기: 기후

问候 wènhòu 원호우 물을 문: 안부를 묻다

后後. 뒤 후. back, behind 나중, 낙후하다, 뒤처지다

后面 hòumiàn 호우미앤 얼굴 면: 뒤쪽, 뒷면

后来 hòulái 호우라이 올 래: 그 뒤, 그 후

后果 hòuguǒ 호우구오 실과 과: 최후의 결과

后悔 hòuhuǐ 호우후이 뉘우칠 회: 후회

候물을/제후 후= 亻사람 인 + 丨뚫을 곤 + 工장인 공 + 矢화살 시 → 사람이 만든 화살로 과녁을 뚫었냐고 묻는다.

猴원숭이 후= 犭개 견 + 侯제후 후 = 개 코 원숭이가 개 무리 중에서 제후노릇을 한다.

厚두터울 후= 厂기슭 엄 + 日날 일 + 子아들 자 → 기슭에서 해를 보고 아들의 두터운 복을 비는 글자.

后後뒤/황후 후= 厂기슭 엄 + 一한 일 + 口입 구 → 기슭에 서 있는 한 사람이 뒤에서(황후에게) 말을 걸어 왔다.

= 허리를 굽힌 사람이 합장하고 앞에 가는 황후(口)의 뒤를 따르는 모습.(방향을 바꾸어 보아야 함)

(용례) 后面的人追上来了。 hòumiànderén zhuīshàngláile

호우맨더런 쥐이샹앙라이러 뒷사람이 쫓아왔어.

划劃. 배저을 획. draw 물을 헤치다, 젓다

划船 huáchuán 후아추루안 배 선: 배를 젓다, 카누

滑. 미끄러질 활. slide 미끄럽다, 미끌어지다, 지치다

光滑 guāng·huá 꾸앙후아 빛 광: 매끌매끌하다

滑冰 huábīng 후아삐잉 얼음 빙: 스케이트 타다

猾. 교활할 활. cunning 교활하다, 교란시키다

狡猾 jiǎohuá 찌아오후아 간교할 교: 교활하다

华. 빛 화. light 광채, 찬란하다, 화려하다

华裔 huáyì 후아 이 후예 예: 귀화외국인 자녀

豪华 háohuá 하오후아 뛰어날 호: 호화스

성조별 한국어 한자

	무성	1성	2성	3성	4성
형			衡		
횡			横		

花. 꽃 화. flower 꽃(모양의 물건), 꽃으로 장식한

花生 huāshēng 후아써엉 날 생: 땅콩

花园 huāyuán 후아위앤 동산 원: 화원

357 hua 후아

划劃. 그을 획. draw 금을 긋다, 분할하다

计划 jìhuà 찌화 셀 계: 계획하다

化. 될 화. become 변하다, 변화시키다, 화학

文化 wénhuà 워언화 글월 문: 문화

变化 biànhuà 삐앤화 변할 변: 변화하다

化学 huàxué 화쉬에 배울 학: 화학

画畫. 그림 화. painting 그림(을 그리다)

动画片 dònghuàpiàn 똥화팬 움직일 동/조각 편: 만화 영화

话話. 말할 화. talk, peak 말, 이야기(하다)

话题 huàtí 화티이 제목 제: 화제

说话 shuōhuà 쑤오화 말할 화: 말하다

打电话 dǎ diànhuà 다아띠앤화 칠 타/번개 전: 전화 걸다

化될/변화 화= 亻사람 인 + 匕비수 비 → 사람은 칼을 들이 대면 변할 수 있다.

花꽃 화= ++풀 초 + 化변화 화 → 풀은 계절이 바뀌면 대개 꽃으로 변한다.

华빛날 화= 化변화 화 + 十열 십 → 열 번을 거듭 변하면 빛이 나게 돼있다.

画畫그림 화= 一한 일 + 由말미암을 유 + 凵입벌릴 감 → 그림 그린다는 일념으로 말미암아 입은 벌린 채로 산다.

话話말할 화= 讠말씀 언 + 舌혀 설 → 혀를 놀려 말을 한다.

骨뼈 골= 서 있는 사람의 뼈를 그림.

滑미끄러질 활= 氵물 수 + 骨뼈 골 → 물 바닥에서 살 없이 뼈만 있으면 미끄러진다.

猾교활할 활= 犭개 견 + 骨뼈 골 → 개가 먹이(뼈)를 차지하려고 교활하게 덤빈다.

划劃그을/쪼갤 획= 戈창 과 + 刂칼 도→ 창칼로 긋고 쪼갠다.

怀懷. 품을 회. embrace 가슴, 품, 그리워하다

怀疑 huáiyí 후아이이 의심할 의: 의심하다
怀念 huáiniàn 후아이니앤 생각할 념: 회상하다

성조별 한국어 한자

	무성	1성	2성	3성	4성
괴					坏
회			怀		

358 huai 후아이

坏壞. 무너질 괴. collaps 그르치다, 악하다

破坏 pòhuài 포화이 깨질 파: 파괴하다, 훼손

怀懷품을 회= 忄마음 심 + 不아니 불 → 마음으로는 아니라고 생각하면서도 품게 된다.
坏壞무너질 괴= 土흙 토 + 不아니 불 → 흙이 아닌 불순물이면 (흙더미가)무너진다.

环環. 고리 환. ring 고리(모양의 것), 둘러싸다

环境 huánjìng후안찡 지경 경: 환경
耳环 ěrhuán 어얼후안 귀 이: 귀고리

还還. 돌아올 환. return 돌아가다(오다)

讨价还价 tǎo jià huán jià 타오찌아 후안찌아 칠 토/값 가: 값을 흥정하다

성조별 한국어 한자

	무성	1성	2성	3성	4성
완				缓	
환		欢	环,还		幻,换

欢歡. 기뻐할 환. be pleased 좋아하다, 즐겁다

欢迎 huānyíng 후안이잉 맞이할 영: 환영하다

359 huan 후안

缓緩. 느릴 완. slow 느리다, 늦추다, 오래 끌다

缓解 huǎnjiě 후안지에 풀 해: 완화, 풀어지다

幻. 변할 환. change 공허하다, 덧없다, 변화하다

幻想 huànxiǎng 환시앙 생각 상: 환상, 공상

换換. 바꿀 환. exchange 교환하다, 바꾸다

交换 jiāohuàn 찌아오환 사귈 교: 교환하다
兑换 duìhuàn 뚜이환 바꿀 태: 환전하다

缓緩느릴 완= 糸실 사 + 爰이에/당길 원 → 실로 잡아 다녀서는 느려서 안 된다. 밧줄을 묶어라.
环環고리 환= 玉구슬 옥 + 不아니 불 → 고리는 대개 구슬로 된 것이 아니다.
(용례) 致力于改善教育环境。 zhìlì yú gǎishàn jiàoyù huánjìng
즈르리 위이가이싼 쨔오위후안찡　　교육 환경 개선에 주력하다.
还還돌아올/다시 환= 不아니 불 + 辶갈 착 → 가지 않고 다시 돌아온다. 还은 하이 로도 발음(음절번호 351).
欢歡기뻐할 환= 又손/또 우 + 欠하품 흠 → 얼마나 좋은지 또 하품하듯 입을 크게 벌리고 기뻐한다.
(용례) 我们很欢迎这种产品。 wǒmenhěnhuānyíng zhèzhǒngchǎnpǐn
워어먼 허언화안이잉쩌 쪼옹 챠안피인　　우리는 이런 제품을 아주 환영합니다.
幻변할/홀릴 환= 幺작을 요 + 勹쌀 포 → 몸이 작게 변하여 보자기에 싸지는 환상에 빠지곤 한다.
换換바꿀 환= 扌손 수 + 奐클/빛날 환 → 더 큰 것이 있으면 손을 좀 봐서라도 바꾸어야 한다.

360 huang 후앙

皇. 임금 황. emperor 황제, 군주
皇帝 huángdì 후앙띠 임금 제: 황제
皇后 huánghòu 후앙호우 뒤 후: 황후

黄黃. 누를 황. yellow 노랗다, 노란색, 황금
黄河 Huánghé 후앙흐어 물이름 하: 황하
黄金 huángjīn 후앙찌인 쇠 금: 황금
黄瓜 huáng·guā 후앙꾸아 오이 과: 오이

성조별 한국어 한자

	무성	1성	2성	3성	4성
괴					坏
회			怀		

皇황제 황= 白흰 백 + 王임금 왕 → 임금위에 올라앉은 흰 수염의 인간, 그는 황제이다.
黄黃누를 황= 艹풀 초 + 寅범 인 → 풀 속의 저 호랑이 누른색이다.
(용례) 他的家在黄河岸边。 tādejiā zài huánghéànbiān 。
타아더찌아 짜이 후앙흐어안삐앤 그의 집은 황허 기슭에 있다.
慌다급할 황= 忄마음 심 + 荒거칠 황 → 마음이 거칠어져 다급하게 행동하였다.

361 huo 후오

活. 살 활. live, alive 살다, 살리다, 살아있다
活动 huó·dòng] 후오똥 움직일 동: 운동하다
活泼 huó·pō 후오포어 뿌릴 발: 활발하다,
活跃 huóyuè 후오위에 뛸 약: 활기 띠게 하다
生活 shēnghuó 셔엉후오 날 생: 생활하다

성조별 한국어 한자

	무성	1성	2성	3성	4성
혹					或
화				火,伙	货
활			活		
획					获

火. 불 화. fire 불, 탄약, 긴급하다
火柴 huǒchái 후오 차아이 땔나무 시: 성냥
火车站 huǒchēzhàn 후오 츠어짜안 수레 차/설 참: 기차역

伙. 무리 화. group 동료, 무리, (단체의)식사
伙伴 huǒbàn 후오빤 짝 반: 전우

获. 얻을 획. obtain 붙잡다, 할수 있다
获得 huòdé 훠드어 얻을 득: 얻다, 획득하다
收获 shōuhuò 쇼우훠 거둘 수: 수확하다

或. 혹시 혹. perhaps 혹시, 또는, 조금
或者 huòzhě 훠 즈어 놈 자: 아마, 어쩌면
或许 huòxǔ 훠쉬이 허락할 허: 혹 ~일지 모른다

货. 재화 화. goods 돈, 화물, 팔다
售货员 shòuhuòyuán 쇼우훠위앤 팔 수/인원 원: 판매원

或혹시 혹= 戈창 과 + 口입 구 + 一한 일 → 창을 입에 대고 한 번 묻는다. 혹시 숨긴 것 있나?
(용례) 明天或者后天, 我都有空。 míngtiān huòzhě hòu tiān , wǒ dōu yǒu kōng 。
미잉티앤 훠저어 호우티앤 워어또우요우코옹 내일이나 모레 저는 다 한가합니다.

火불 화= 장작더미에서 불꽃이 타오르는 모습을 그림.
(용례) 火车站售票大厅里全是人。 huǒchēzhàn shòupiào dàtīng lǐ quán shì rén 。
후오처어짠 쇼우퍄오 따티잉리이 취앤쓰런 역 매표소에는 온통 사람들로 가득하다.

伙무리 화= 亻사람 인 + 火불 화 → 함께 불장난 하는 사람, 동료, 무리의 뜻

货재화 화= 化변화 화 + 贝조개/돈 패 → 조개가 변화되어 재화가 된다.

活살 활= 氵물 수 + 舌혀 설 → 혀에 물기가 있으면 살아 있는 것이다.

获얻을 획= 艹풀 초 + 犭사슴 록 + 犬개 견 → 풀 속에 숨은 사슴을 개를 풀어 잡았다.

362 hu 후우

1

乎. 어조사 호. particle 어조사(감탄의 뜻)

几乎 jīhū 찌이후우 책상 궤/거의 기: 거의

似乎 sì·hu 쓰후우 같을 사: 마치 ~인 것 같다

呼. 숨내실 호. breathe out 숨내쉬다, 부르짖다

呼吸 hūxī 후우씨이 숨들이 쉴 흡: 호흡하다

打招呼 dǎ zhāo·hu 다아쟈아오후 칠 타/부를 초: 인사하다

忽. 소홀히할 홀. neglect, 소홀히 하다, 갑자기

忽然 hūrán 후우라안 그러할 연: 갑자기

忽视 hūshì 후우쓰 볼 시: 소홀히 하다

2

糊. 풀 호. paste 풀(같은 음식), 얼버무리다

糊涂 hútu 후우투 진흙 도: 어리석다

模糊 mó·hu 모오후 법 모: 모호하다

胡鬍. 오랑캐 호. barbarian 수염, 외국의

胡说 húshuō 후우쑤오 말할 설: 헛소리 하다

胡同 hú·tòng 후우통 같을 동: 골목

胡須 húxū 후우쒸이 모름지기 수: 수염

蝴. 나비 호. butterfly 나비

蝴蝶 húdié 후우디에 나비 접: 나비

壶壺. 병 호. bottle 술병, 주전자

3

虎. 범 호. tiger 범, 용맹하다, 광팬

老虎 lǎohǔ 라오후우 늙을 로: 호랑이

马虎 mǎ·hu 마아후 말 마: 건성으로 하다

성조별 한국어 한자

	무성	1성	2성	3성	4성
호		乎,呼	糊,胡,壶蝴	虎	互,户,护
홀		忽			

4

户戶. 지게 호. A-frame 가문, 세대

账户 zhànghù 쟝후 장부 장: 수입지출의 명세

护護. 지킬 호. guard 지키다, 감싸주다

护照 hùzhào 후쟈오 비출 조: 여권

护士 hù·shi 후쓰 선비 사: 간호사

互. 서로 호. mutual 서로

互相 hùxiāng 후씨앙 서로 상: 서로, 상호

互联网 hùliánwǎng 후리앤와앙 잇달 연/그물 망: 인터넷

胡鬍오랑캐 호= 古오랠 고 + 月달 월 → 옛날 달밤에 나타나곤 했던 긴 털 가진 사람들(번체자 참조)이 오랑캐

蝴나비 호= 虫벌레 충 + 胡오랑캐 호 → 오랑캐처럼 요란한 몸치장을 한 벌레, 나비

糊풀 호= 米쌀 미 + 胡오랑캐/늙을 호 → 쌀을 오래 끓여 만드는 풀.

户문 호= 한쪽 문을 형상화 한 글자.

护護지킬 호= 扌손 수 + 户문 호 → 손을 써서 문을 지켜낸다.
(용례) 我申请了加急护照。 wǒ shēnqǐng le jiājí hùzhào
워어셔언치잉러 짜아찌이후쟈오 나는 급행으로 여권을 신청했다.

呼부를/숨 내쉴 호= 입에 손을 대고 '호'하고 부르는 모습을 그림.

乎어조사 호= 呼부를 호 자에서 손을 보이는 부분

壶壺병 호= 士선비 사 + 冖덮을 멱 + 业일 업 → 선비는 가끔 일을 덮고 병을 기우려 마신다.

互서로 호= 二두 이 + ⺕돼지머리 지 → 두 돼지머리 사이를 서로 이어 줌.

忽소홀히할 홀= 勿말/없을 물 + 心마음 심 → 마음이 없으면 소홀히 대한다.

363 hui 후이

2

回迴. 돌아올 회. return 에돌다, 돌아오다,

回答 huídá 후이다아 대답할 답: 대답하다

回忆 huíyì 후이이 기억할 억: 추억하다

1

恢. 넓을 회. wide 넓다, 크다, 크게하다

恢复 huīfù 후이쭈 돌아올 복: 회복되다

挥揮. 휘두를 휘. wield 휘두르다, 흔들다

指挥 zhǐhuī 즈르으 후이 손발가락 지: 지휘하다

发挥 fāhuī 빠아후이 쏠 발: 발휘하다

灰. 재 회. ash 재, 먼지, 낙심하다

灰尘 huīchén 후이처러언 티끌 진: 먼지

灰心 huīxīn 후이씨인 마음 심: 낙담하다

3

悔. 뉘우칠 회. regret 뉘우치다, 후회하다

后悔 hòuhuǐ 호우후이 뒤 후: 후회하다

성조별 한국어 한자

	무성	1성	2성	3성	4성
호		乎,呼	糊,胡,壶蝴	虎	互,户,护
홀		忽			

4

汇彙. 무리 휘. group 집결하다(시키다), 집성

词汇 cíhuì 츠으후이 말 사: 어휘

汇率 huìlǜ 후이뤼 비율 율: 환율

惠. 은혜 혜. favor 은혜(를 베풀다)

优惠 yōuhuì 요우후이 뛰어날 우: 특혜의

慧. 슬기로울 혜. wise 총명하다, 현명하다

智慧 zhìhuì 즈르후이 지혜 지: 지혜

会會. 모일 회. gather 모이다, 모임, 할 수 있다

会议 huìyì 후이이 의논할 의: 회의

机会 jī·huì 찌이후이 틀 기: 기회, 찬스

惠은혜 혜= **車**수레 거 + **一**한 일 + **心**마음 심 → 한 차 가득한 마음을 받은 큰 은혜였다.

慧슬기로울 혜= **彗**비 혜 + **心**마음 심 → 비로 마음을 정화시켜 슬기롭다.

回迴돌아올 회= **口**에울 위 + **口**에울 위 → 이중으로 에워 싸 빙빙 돌아가는 구조에서 헤어졌다가도 다시 돌아온다.

(용례) **这是我坦白的回答。** zhè shì wǒ tǎnbái de huídá

쩌르 워어타안바이더 후이다아 이것은 나의 솔직한 대답이다.

悔뉘우칠 회= **忄**마음 심 + **人**사람 인 + **母**어미 모 → 어머니를 마음으로만 생각하는 사람은 늘 뉘우치게 된다.

灰재 회= **厂**기슭 엄 + **火**불 화 → 기슭에 불이 나 재가 되었다.

恢넓을 회= **忄**마음 심 + **灰**재 회 → 타버린 재를 보니 마음이 오히려 넓어진다.

会會모일 회= **人**사람 인 + **云**이를 운 → 사람들이 말하기 위해 모여 회의를 한다.

(용례) **他旁听了那次会议。** tā pángtīng le nà cì huìyì

타아 파안티잉러 나츠후이이 그는 저번 회의를 방청했다.

挥揮휘두를/지휘 휘= **扌**손 수 + **军**군사 군 → 군대를 손으로 지휘한다.

汇彙무리/모일 휘= **氵**물 수 + **匚**상자 방 → 물이 상자 안으로 쏠려 들어가듯 사람들이 모인다.

성조별 한국어 한자

	무성	1성	2성	3성	4성
혼		婚			

婚. 혼인할 혼. marry 결혼하다, 혼인

结婚 jiéhūn 지에후운 맺을 결: 결혼하다

婚礼 hūnlǐ 후운리이 예도 례: 결혼식

364
hun
후운

2 3 1 4

婚혼인할 혼= 女계집 녀 + 氏각시 씨 + 日날 일 → 여자와 남자가 날 잡아 혼인한다.

核. 씨 핵. seed 과실의 씨, 사물의 핵심

核心 héxīn 흐어씨인 마음 심: 핵심

合. 합할 합. add 합치다, 덮다, 감다, 전체의

合同 hé·tong 흐어통 한 가지 동: 계약(서)

合适 héshì 흐어쓰 맞을 적: 편안하다

合理 hélǐ 흐어리이 다스릴 리: 합리적이다

合作 hézuò 흐어쭈오 지을 작: 합작(하다)

合格 hégé 흐어끄어 바로잡을 격: 합격하다

合影 héyǐng 흐어이잉 그림자 영: 단체사진

合法 héfǎ 흐어빠아 법 법: 합법적이다

符合 fúhé 쭈우흐어 부신 부: 부합하다

适合 shìhé 쓰흐어 맞을 적: 편안하다

河. 이름 하. name of a river 강, 하천, 황하

黄河 Huánghé 후앙흐어 누루 황: 강 이름

盒. 합 합. box 통, 함, 갑

盒子 hé·zi 흐어즈 아들 자: 작은 상자

何. 어찌 하. how 무엇?, 무슨? 어떤?, 어느?

如何 rúhé 루우흐어 같을 여: 어떻게, 어쩌면

任何 rènhé 런흐어 맡길 임: 어떠한, 무슨

和. 화목할 화. harmony 평화롭다, 따스하다

和平 hépíng 흐어피잉 평평할 평: 화목하다

성조별 한국어 한자

	무성	1성	2성	3성	4성
갈		喝			
하			何,河		贺
합			合,盒		
핵			核		
화			和		

365
he
흐어

2 3 1 4

贺賀. 축하할 하. congratulate (예물로)축하하다

祝贺 zhùhè 쭈흐어 빌 축: 축하하다

喝마실 갈= **口**입 구 + **曷**마를 갈 → 입이 마르니 마실 것이 생각난다.

贺賀축하할 하= **加**더할 가 + **貝**조개/돈 패 → 돈을 더하게 되었으니 축하할 일이다.

河물이름 하= **氵**물 수 + **可**옳을 가 → 물이 옳게 흐르고 있는 강의 이름.(황하)

(용례) **他的家在黄河岸边。** tādejiā zài huánghéànbiān

타아더찌아 짜이 후앙흐어안삐앤 그의 집은 황하 기슭에 있다.

何어찌 하= **亻**사람 인 + **可**옳을 가 → 사람이 옳은 일을 어찌 마다하겠는가?

合합할 합= **亻**사람 인 + **一**한 일 + **口**입 구 → 사람들이 하나로 입을 맞추어 화합한다.

盒합 합= **合**합할 합 + **罒**그물 망 → 그물에 잡혀 합쳐지는 것처럼 찬합에 담는다.

核씨 핵= **木**나무 목 + **亥**돼지 해 → 나무로 돼지를 깎아 부락의 씨(상징)으로 섬겼다.

和화목할 화= **禾**벼 화 + **口**입 구 → 모두들 쌀(벼)이 입에 들어가니 화목해진다.

<음절표 끝>

부록

부록 1.

CEK 입체사전 책 소개

부록 2.

한국어 한자음절은 중국어에서 어떻게 발음 되나?

부록 3.

한글기반의 중국어 발음표기법(신한글 표기법)

부록 4.

417음절의 한글표기와 성조별 발음(가나다 순)

부록 5.

417음절의 병음/한글표기 전환(abc 순)

부록 1

CEK 입체사전 책 소개

중국어는 조금이라도 배워두면 충분히 보상받게 되는 유용한 언어이다. 특히 한국인 이라면 어떤 언어보다도 먼저 배워둘만하다.[1] 그런데도 너무 어려울 것이라는 선입견 때문에 배울 생각조차 안 하는 사람이 많은 것 같다. 저자는 이런 사실이 안타까워 '중국인보다 빨리 배우는[2] 신한위학습법'[3]이라는 책을 냈으며 이를 지원하기 위해 이 사전을 출판하게 되었다.

외국어를 공부하려면 당연히 사전이 필요하다. 그러나 중국어를 배우는 사람이 사전을 찾아 보는 일은 거의 없다. 왜 그럴까? 중국어 사전의 구조(어휘배열 체계) 자체가 난해할 뿐 아니라 찾으려는 글자의 병음표기나 汉字획을 미리 알아야 하는데 어느 것도 쉽지가 않다. 그리고 설사 애써서 찾았다 해도 더 알아낼 내용이 별로 없기 때문일 것이다. CEK 입체사전은 이러한 여러 문제를 획기적으로 개선하도록 만들었다.[4]

사전이라는 것은 어휘를 일정한 순서에 따라 한 줄로 나열해 놓고 사용자가 그 순서를 쫓아 찾아 볼 수 있도록 한 책이다. 한 줄로 나열한 '선형식线型式' 배열은 중국어 사전에 특별히 부담스럽다. 왜냐하면 50,000자도 넘는다는 한자를 음절별로 배열하는데 음절수는 400여개에 불과하여 동음절자가 평균 100자를 넘게 된다. 及, 急, 几, 寄, 系들이 모두 찌이(ji) 발음의 동음절자들인데 이들을 어떤 순서로 배열해 놓아야 찾을 수 있을까? 마땅한 답이 없어 사전마다 각각 다르고, 결국 사전 자체가 보기 싫어져 글자의 뜻을 배우지 못하고 지나가게 된다.

학습자들 뿐 아니라 중국인 자신들도 글자의 뜻을 잘 모른다. 한국인이라면 天을 '하늘 천' 자로 배워 즉시 그 뜻을 알게 되는데 그들은 在地面以上的高空이라고 해야 하니 배워주는 사람이나 배우는 학생이 적당히 넘어 갈수 밖에 없다. 대부분의 중국어 학습책이 한자의 뜻을 소홀히 다루는 이유가 여기에 있다. 어쨌거나 한자의 뜻을 모르고 중국어를 배운다는 것은 납득하기 어려운 일이다. CEK 입체사전은 한자를 제대로 익히도록 여러 모로 배려하였다.

무엇보다도 사전으로서 이 책의 가장 큰 특징은 전통적인 선형식 배열에서 벗어나 동음절 자들을 모두 하나의 표 위에 평면배열 함으로서 글자 찾기가 쉬울 뿐 아니라 비슷한 글자들을 대조해 가며 비교하는 등 볼거리를 많이 만들어 준다. 이는 특허를 받은 새로운 사전형식이다.[5)]

상기한 신한위학습법은 학습의 목표를 단계별로 정하도록 권한다. 첫 단계에서 순 한글로 표기하여 말문을 트고[6)] 더 필요하면 HSK3급에 도전하는 것을 목표로 잡도록 하였다. 그러나 이 사전에서는 여유를 위하여 5급까지의 어휘를 수록하였으며 2,500개의 어휘와 이들 어휘에 사용 된 한자 1,685자를 365개의 음절표에 정리하여 보였다.[7)]

상기한 신한위학습법은 또한 한글발음표기[8)]를 사용할 것을 주장한다. 이를 지원하기 위해 이 사전은 로마자 병음과 함께 한글로도 찾아볼 수 있도록 하였다.

이미 중국어는 영어와 함께 세계문명을 지배하고 있다. 한국어는 이들 두 언어를 수용하거나 이어주는 가장 적합한 언어임에 틀림이 없다. 이 역할에 성공한다면 우리나라는 세계 문화의 중심국이 될 것이다. 독자 여러분의 기여가 기대된다.

2021년 5월 저자.

주 1) 한국인이 중국어를 배워야 하는 이유

- 중국어의 보편성

중국어는 세계적으로 영어에 버금가게 많은 사용자를 가졌을 뿐 아니라 중국의 영향력은 점점 커지고 있어 앞으로 중국어의 위상이 더 높아질 것이다. 중국어를 배워두면 세계적으로 활용할 기회가 많아질 것이 확실하다. 더구나 중국어는 배우기 어려워 배운 사람의 특혜가 더욱 기대된다.

- 한국인의 특수사정

한국은 역사적으로 좋든 싫든 중국과 깊은 관계를 맺어 왔으며 특히 문화면에서는 공동체를 이루어 왔다. 앞으로 남북통일이 되면 중국과의 왕래가 급격히 팽창할 것이 예상된다.

- 한국어의 특수성

한국어 안에는 한자기반의 어휘가 70%나 되며 한글은 중국어 발음을 쉽고 정확하게 표기할 수 있어 한국인은 세계에서 중국어를 제일 쉽게 배울 수 있는 배경을 갖고 있다.

- 한국인은 한자를 잃어가고 있다. 한자를 모르면 역사를 읽을 수 없고 전문적 표현이 어려워져 영어가 더 범람하게 될 것이다. 중국어를 배우면 한자 지식을 유지하고 우리 문화를 지킬 수 있게 된다.

우리는 훈민정음의 DNA를 갖고 태어나 영어도 쉽게 배울 수 있어 향후 영어와 중국어의 대치 속에서 많은 기회를 맞을 수 있다.

주 2) 한국인이 중국인보다 중국어를 빨리 배울 수 있는 이유

- 한자의 음과 훈이 있어 한자의 뜻을 쉽게 배운다.

한국인은 **天자를** '하늘 천'으로 배워 뜻을 쉽게 터득하지만 **天을 在地面以上的高空**로 표현해야 된다. 설명하기도 어렵거니와 하려고 하지도 않는다.

- 한글표기법은 로마자 병음보다 배우기 쉽고 발음표기가 정확하며 혼동이 적다.

妻子: qīzi 치이즈 **次子** cìzǐ 츠즈으 **刺激** cìjī 츠찌이 (주 8 혹은 부록 3 참조)

- CEK 입체사전을 사용.

중국인은 학습자를 위한 사전이 없어 한자와 어휘습득을 주입식에 의존할 수밖에 없다.

주 3) 중국인보다 빨리 배우는 신한위학습법(신부용 저, 우리한자 출판사)

이 책이 제시하는 중국인보다 빨리 배우는 신한위학습법의 개요는 아래와 같다.

- 단계적 목표를 세워라 :

먼저 '말문트기'부터 시작하라: 신부용 작 안드로이드 앱, '한글전용 중국어 말문트기' 사용
다음엔 HSK 3급에 도전하라: 상기 저서 사용 권장.
마지막으로 개인의 필요에 따라 전문적인 목표를 정하라.

- **한글표기법을 사용하라 :**

한글표기법을 사용하면 발음을 쉽게 배울 뿐 아니라 필요시 한자대신 사용할 수 있어 학습시에 노트나 비망록 작성시 사용할 수 있다. 우리는 국한문 혼용시대를 거쳐 지금 한글 전용시대가 되었다.

(한글표기법은 아래 주 8 및 부록 3 참조)

- **한자의 뜻을 배워라 :**

한자를 볼 때마다 음과 훈을 생각하라. CEK 입체사전을 사용하라.

주 4) CEK 입체사전의 구조

- 이 책 **CEK 입체사전**은 학습자를 위한 것이다. HSK5급 수준의 어휘 2,500개와 한자 1,685자를 365개의 음절표에 성조별로 정리하여 놓았지만 수험생만을 위한 것은 아니다. 이 책의 본론은 이들 365개 음절표를 수록하고 있다.
- 각 음절표 안에 별표, '성조별 한국어 한자' 를 만들어 그 음절의 한국어 한자들을 성조별로 분류해 보였다. 예를 들어 **음절표 까안**(gan)에 있는 별표를 보면 한국어 한자 간(干乾, 赶), 건(干(乾)), 감(感, 敢)들이 들어 있음을 알 수 있다. 이를 <부표 1>로 만들어 아래에 보였다.

<부표 1.> 까안 gan 음절의 성조별 한국어 한자

	무성	1성	2성	3성	4성
간		干(乾)		赶	干(幹)
건		干(乾)			
감				感,敢	

- **한국어 한자 음절이 중국어로 어떻게 발음되나:**

이와는 대조적으로 성조별 한국어 한자음절이 중국어에서 어떻게 여러 가지로 발음되는지를 보는 것도 흥미로울 것이다. 흔히 중국어의 발음은 한국어 발음에서 받침을 떼고 'ㄱ' 줄은 'ㅈ'으로 바꾸면 된다고 가르친다. 그 예로 한 일자(一)의 '일'에서 받침 'ㄹ'을 떼내 '이'가 되며 **机会**는 '찌이후이'가 된다는 것이다. 그러나 항상 그런 것은 아니다. 아래 <부표 2>에서는 성조별 한국어 한자절 '가'가 중국어에서는 '찌아'나 '찌에'로 변하기도 하지만 '카아'나 '크어' 혹은 '끄어'로 발음되는 것도 있음을 보인다.

부록 2에는 모든 HSK 5급 한자들에 대해 한국어 한자 음절이 중국어에서 어떤 음절로 바뀌어 발음되는지를 정리해 놓았다.

<부표 2> 한국어 한자 음절 가, 각, 간의 성조별 중국어 한자와 발음

한글음절		병음	한글표기	1성	2성	3성	4성	무성
1	가	ge	끄어	哥				
		jia	찌아	加,嘉,家		假	假,价,架稼,驾	
		jie	찌에	街				
		ka	카아			卡		
		ke	크어			可		
2	각	ge	끄어	胳			各	
		jue	쮜에		觉,角			
		jiao	찌아오			脚,角	觉	
		que	취에				却	
		ke	크어				刻	
3	간	gan	까안	干(乾)		赶	干(幹)	
		jian	찌앤	艰,间		简		
		kan	카안				看	
		ken	커언			恳		

- **글자해석 :**

한자는 원래 사물의 형상을 그려 만든 글자여서 아직도 그 모습을 보이는 것들이 있다. 예를 들어 **容**얼굴 용자는 수염 기른 사람의 얼굴 형상이다. 또 여러 글자가 합쳐져 새로운 글자를 만드는 경우도 있는데 그 글자들을 분해 해 보면 글자의 뜻을 미루어 알 수 있는 경우가 많다. 예를 들어 荣번영할 영 자를 분해하면 **++**풀 초**+ 冂**문 경**+ 木**나무 목자들이 보이는데 '문 안에 나무를 심었는데 그 위로 풀이 돋아난 모습'이라 해석하여 번영의 뜻을 보인다고 할 수 있을 것이다. 이처럼 글자를 분해하여 이야기를 만들면 이와 연관시켜 그 글자를 기억하는 것이 쉬워진다.

이 책에서는 각 음절표에 제시 된 글자들에 대한 글자해석을 표 밑에 보여주고 있다. 이들은 창원 지음 '그림한자', 하호종 지음 '에바다 중국어 간체자', 이래현 지음 '한자 쉽게 끝내기'를 참고 하였으며 나머지는 저자가 지어낸 것들임을 밝혀 둔다.

<부표 3> 까안 gan 음절자들에 대한 글자해석

干방패 간(**乾**하늘/마를 건 **幹**줄기 간)= **干**은 고대의 방패 모양을 형상화 한 것이며 현재 **乾**과 **幹**의 간체자로 쓰임.

赶달릴 간= **走**달릴 주 + **干**마를 간 → 발음은 干을, 뜻은 走를 따름.

感느낄 감= **咸**다/모두 함 + **心**마음 심 → 마음이 흔들리지 않고 가득 찰 때 느낌이 일어난다.

敢굳셀 감= **攻**칠 공 + **耳**귀 이 → 공격하여 적군의 귀를 베어오니 굳세고 용감하다.

※ 위에서 **빨간색**은 **음과 훈**을 보이며, **파란색**은 **HSK 3급 이하의 글자**임을 보인다.
갈색은 **4, 5급에 해당되는 글자들**이다.

주 5) 평면배열기반 중국어사전 제공방법 및 그 장치 (대한민국특허 제10-20166805호)

- 발명의 개요: 417개 중국어 각 음절에 대해 5개 성조별로 한자漢字를 배열하고 각 글자의 뜻과 발음(한글표기), 글자의 활용(어휘와 단문)을 다언어 풀이와 함께 저장하여 놓고 발음표기 혹은 음성으로 검색하여 글자를 찾을 수 있도록 한 중국어 사전
- 등록일: 190826

주 6) 한글전용 중국어 말문트기 앱

- 안드로이드 앱.(현재 서비스 잠정 중단상태임)
- 한자나 병음의 사용 없이 한글표기법만으로 기본회화를 배우도록 만든 스마트폰 앱.

주 7) HSK 등급은 향후 어떻게 바뀔 것인가?

이 책은 HSK 5급까지에서 사용되는 한자와 어휘를 수록하였다. HSK라는 것은 汉语水平考试(hànyǔ shuǐpíng kǎoshì)로 '중국어수준시험'이라는 뜻이다. 중국 교육부에 의해 운영되는 중국국가고사이다. 쓰기와 말하기 두 가지의 시험으로 구성되는데 쓰기 시험은 6등급으로, 말하기는 기초, 초/중급, 고급의 3등급으로 나뉜다.

HSK 1등급은 간단한 단어와 문장을 사용하게 되는 것을 목표로 150개의 어휘와 174 글자가 포함되며 HSK 2급은 일상생활에서 나오는 화제를 단순하고 간단하게 표현할 수 있도록 한 것으로 300 단어와 347 글자가 사용된다. 여기에 앞서 말한 HSK 1급 어휘는 포함된다. HSK 3급에 대한 중국정부의 공식적 입장은 일상생활이나 진학, 취직생활에서, 그리고 여행 중에서 통상 필요한 중국어를 사용할 수 있어야 하며 어휘 600개와 한자 617자가 범위에 포함된다. 역시 1, 2급이 포함된 것이다. 4급은 본토인과 토론할 수 있기를 기대하며 5급은 신문 잡지, 혹은 방송을 이해하고 연설을 할 수 있을 정도, 6급은 어떤 정보나 이해하고 문장이나 회화로 자유롭게 자신을 표현할 수 있기를 기대한다.

한국인이라면 우선 3급을 목표로 공부하는 것이 바람직하다. 진학이나 취직이 허용되며 시험범위에 들어가는 단어 600개와 한자 617자 중에는 이미 우리가 사용하는 것들이 태반이어서 그렇게 어렵지 않을 것이기 때문이다. 졸저 '중국인보다 빨리 배우는 한위학습법'은 HSK 3급을 목표로 쓴 책이다. 진학이나 취직을 기대하지 않고 중국인과 간단하게 대화할 정도만 배우려면 역시 저자가 만든 앱 '한글전용 중국말 배우기'를 권장한다.

HSK 3급을 목표로 공부를 하더라도 사전은 좀 더 폭넓은 범위의 어휘를 포함하는 것을 사용하여야 할 것이다. 따라서 이 책, 평면배열식 中韓英 CEK 立體辭典은 HSK 5급을 대상으로 하여 만들었다. 다만 3급 어휘와 한자는 파란색으로 구별하여 필수적으로 배워야 함을 강조하였다. <부표 4>는 HSK 등급별 시험에 대한 중국정부의 안내문이다.

<부표 4> 중국정부가 고시한 HSK 등급에 대한 안내

Written Level	Oral Level	# of words	# of characters	Test overview
Level 1	Beginner	150	174	For learners who can understand and use simple words and sentences to communicate specific needs. All characters are provided with pinyin.
Level 2		300	347	For learners who can use Chinese in a simple and direct manner for familiar daily topics. As with HSK Level 1, all characters are provided with pinyin.
Level 3	Intermediate	600	617	For learners who can use Chinese for personal lives, study and/or work, and most communication while travelling.
Level 4		1200	1064	For learners who can discuss a relatively wide range of topics in Chinese with native speakers.
Level 5	Advanced	2500	1685	For learners who can read Chinese newspapers and magazines, understand Chinese films and TV, and can write and deliver a full speech in Chinese.
Level 6		5000	2661	For learners who can easily understand any information they read and hear in Chinese and can express themselves fluently in both the written and spoken form of the language.

- 새로 규정된 중국어 레벨 등급 표준은 무엇인가?

중국 교육부와 국가언어문자위원회는 2021년 3월 5일 국제 중국어교육을 위해 새로 마련한 중국어 레벨 등급표준(이하 '표준'이라 칭함)을 발표하였다.

이 표준은 중국어교육의 발전을 위하여 기존 6등급에 의한 시험기준의 안전성을 보장하는 기초 위에 듣기, 말하기, 읽기, 쓰기 번역 등 5가지 언어기능을 보다 정확히 평가할 수 있도록 만들어졌으며, 이에 따라 기존 6개급에 7, 8, 9급이 추가되고 이를 3등급, 9개급으로 재편한다는 것이다.

그러나 국내 전문가들에 의하면 7, 8, 9급에 대한 시험요강은 2021년 후반기에나 발표될 것이며 실제 시험은 2022년 이후에 실시될 것이라 한다. 또한 추가 되는 3개급에 대해서는 개별적으로 시험을 치루는 것이 아니라 하나의 시험을 보고 성적순으로 급수를 정한다고 한다. 한편 기존 6개급 체제에 의한 시험은 현재의 틀을 유지한 채 점진적으로 변화될 것이라 하여 수험생들은 현재의 학습준비를 유지할 것을 종용한다. 다만 되도록이면 시험을 빨리 치러 급수를 따 놓는 것이 유리할 것으로 내다봤다.

내용면에 있어서의 변화를 보면 현재 5,000개의 어휘가 11,092개로 증가하며 2,661자의 한자는 3,000자로 확대될 것이다. 또한 어법이 572종으로 구체화되고 지금까지 없었던 1,110개의 음절이 범위에 삽입되었다고 한다. 본 CEK 입체사전은 이미 음절과 한자를 기본틀로 하여 만들어졌기 때문에 효율적인 시험준비에

도움이 되리라 예상된다. 다만 본서에서는 중국어의 음절수가 총 417개라 하였는데 새로운 표준에는 1,110개의 음절이 언급되고 있어서 의아해 할 독자가 있을 것이나 이는 성조별로 음절을 세었기 때문이며 417개 음절 중에는 4성을 전부 사용하지 않는 음절이 상당 수 있기 때문에 생긴 결과이다.

- **새로 규정된 중국어 레벨 등급 표준에 어떻게 대응하여야 하나?**

상기한 발표는 HSK 시험제도에 대해 새로운 '표준'을 정하여 앞으로 이에 맞추어 시험을 발전시켜 나가려는 것이다. 이에 따라 시험제도가 전면적으로 바뀌겠지만 정부 발표문에 '기존 시험기준의 안전성을 보장하는 가운데' 이루어질 것이라 하였으므로 당분간은 기존체제가 유지될 것을 예상할 수 있어 수험생들은 동요하지 말고 지금 하던 대로 학습을 지속하여야 할 것이다. 더구나 초급 학생들은 표준변동에 대해 크게 신경 쓰지 말고 묵묵히 실력을 향상시켜 나갈 것을 권유한다. CEK 입체사전으로 공부하는 사람이라면 이미 음절에 대한 개념에 익숙해 있고 한자는 다른 학생들과 달리 뜻을 배우고 있다는 점에서 보다 자신을 갖고 시험준비에 임할 수 있을 것이다.

본 CEK 입체사전은 앞으로 시험제도가 변화하고 구체화되는데 맞추어 지속적으로 보완해 나갈 것을 약속드린다.

주 8) 한글 기반의 중국어 발음표기법 (약칭 '신한글표기법') 개요

(자세한 내용은 부록 3 참조)

- **신한글표기법의 기본 원리**

병음과 가장 가까운 발음을 한글로 표기하고 현행 한글로 표기가 어려운 발음은 훈민정음 병서원리를 살려 새로운 표기방법을 도입하되 다음 원칙을 따른다.

1) 되도록 병음표기와 상응토록 할 것.(f 와 p 를 모두 'ㅍ'으로 표기하면 상응된다 할 수 없다.)
2) 음절표기는 한글과 병음이 1:1 대응토록 하여 상호 전환될 수 있도록 할 것.
   (kou는 '코우'라 표기하여 1:1 대응되며 상호 전환할 수 있다.)
3) 되도록 생소한 글자를 도입하지 말 것이며 기존 키보드로 입력할 수 있도록 할 것.

결과적으로 도입된 한글표기법은 아래와 같다.

- 로마자 자음 b, d, g, k, m, n, p, t 는 각각 ㅂ, ㄷ, ㄱ, ㅋ, ㅁ, ㄴ, ㅍ, ㅌ 으로 표기하고
- j 와 z 는 ㅈ 으로, c 와 q 는 'ㅊ'으로 표기한다.
- 아래와 같은 새로운 표기를 도입한다.
  f = ㅇㅍ : '순경음ㅍ'(ㆄ)을 병서로 표현함.
  sh, zh, ch = ㅅ, ㅈ, ㅊ을 혀를 굴려 발음한다는 뜻에서 ㅅㄹ ㅈㄹ ㅊㄹ 로 병서함.
- 모음은 되도록 원음에 가깝게 표기하되 병음표기와 1:1로 대응토록 정하였다.
  겹모음은 복수의 한글음절로 표기하고 주된 발음을 큰 글자로 돋보였다.
  단모음 : a 아; e 에; i(yi) 이; o 오; u(w) 우; ü 위; i 으.
  겹모음 : ya / ia 이아; yao/ iao 이아오; yang 이앙

부록 2

한국어 음절은 중국어에서 어떻게 발음되나?

한국어 음절 '가'는 중국어로 '찌아'로 발음될 때가 많다. 그러나 그렇지 않고 '끄어', '찌에', '카아', '크어'로 발음될 때도 있다. 다른 한국어 음절들은 어떻게 발음될까를 아래 표에 정리하였다.

<부표 5> 한국어 한자 음절별 중국어 한자와 발음

한글음절		병음	한글 표기	1성	2성	3성	4성	무성	365 음절
1	가	ge	끄어	哥					18
		jia	찌아	加,嘉,家		假	假,价,架稼,驾		220
		jie	찌에	街					224
		ka	카아			卡			289
		ke	크어			可			305
2	각	ge	끄어	胳			各		18
		jue	쮜에		觉,角				215
		jiao	찌아오			脚,角	觉		221
		que	취에				却		258
		ke	크어				刻		305
3	간	gan	까안	干(乾)		赶	干(幹)		1
		jian	찌앤	艰,间		简			223
		kan	카안				看		290
		ken	커언			恳			294
4	갈	ke	크어			渴			305
		he	흐어	喝					365
5	감	gan	까안			感,敢			1
		jian	찌앤			减			223
		kan	카안			砍			290
		han	하안				憾		348
6	갑	jia	찌아			甲			220
7	강	gang	까앙	刚,钢					2
		jiang	찌앙	江		讲	降		222
		qiang	치앙		强				265
		kang	카앙	康					291

한글음절		병음	한글 표기	1성	2성	3성	4성	무성	365 음절
8	**개**	gai	까이			改	概,盖		4
		ge	끄어				个		18
		jie	찌에				介		224
		kai	카이	开					293
9	**객**	ke	크어				客		305
10	**갱**	geng	꺼엉				更		6
11	**거**	ju	쮜이	居		举	巨,拒,据,距,		216
		qu	취이				去		259
12	**건**	gan	까안	干(乾)					1
		jian	찌앤				件,健,建,键		223
		jin	찌인	巾					227
13	**검**	lian	리앤			脸			89
		jian	찌앤			捡,检			223
14	**격**	ge	끄어		格,隔				18
		ji	찌이	击,激					226
15	**견**	jian	찌앤	坚,肩			见		223
		qian	치앤	牵					266
16	**결**	jue	쮜에		决				215
		jie	찌에	结	结				224
		que	취에	缺					258
17	**겸**	jian	찌앤	兼					223
		qian	치앤	谦			歉		266
18	경	ying	이잉				硬		200
		jin	찌인				劲		227
		jing	찌잉	京,经,惊		景,警	境,敬,竟,竞,镜		228
		qing	치잉	轻			庆		272
19	계	jie	찌에	阶			戒,界		224
		ji	찌이	鸡			季,计		226
		qi	치이			启			270
20	고	gao	까오	高		稿	告		3
		gu	꾸우	估,姑,孤		古,股,鼓	固,故,雇,顾		15
		qiao	치아오	敲					264
		kao	카오			考,烤	靠		292
		ku	쿠우			苦	库,裤		302
21	곡	ku	쿠우	哭					302
22	곤	gun	꾸운			滚			16
		kun	쿠운	昆			困		303
23	골	gu	꾸우			骨			15
24	공	gong	꼬옹	公,功,工			贡,共		8
		kong	코옹	空		恐	控,空		295
25	과	guo	꾸오	锅		果	过	过	14

한글음절		병음	한글 표기	1성	2성	3성	4성	무성	365 음절
		kua	쿠아	夸					297
		ke	크어	棵,科,颗			课		305
26	관	guan	꾸안	官,观,关		管	冠,罐		12
		kuan	쿠안	宽		款			299
27	괄	gua	꾸아	刮					10
		kuo	쿠오				括		301
28	광	guang	꾸앙	光		广	逛		13
		kuang	쿠앙		狂		矿		300
29	괘	gua	꾸아				卦		10
30	괴	guai	꾸아이	乖		拐	怪		11
		kuai	쿠아이				块		298
		kui	쿠이				愧		304
		huai	후아이				坏		358
31	교	xiao	씨아오				校		146
		yao	야오			咬			178
		jiao	찌아오	交,教,郊,胶,骄		狡,饺	教,较		221
		qiao	치아오		桥	巧			264
32	구	gou	꼬우	沟		狗	构,购,够		9
		ou	오우	欧					180
		ju	쮜이				俱,具,句		216
		jiu	찌우	究		九,久	救,臼,舅		225
		qu	취이	区					259
		qiu	치우		求,球				269
		kou	코우			口			296
33	국	guo	꾸오		国				14
		ju	쮜이		局				216
34	군	jun	쮜인	军					217
		qun	취인		群,裙				260
35	굴	qu	취이	屈					259
36	궁	qiong	치옹		穷				268
37	권	juan	쮜앤			卷	卷		214
		quan	취앤	圈	拳,权		劝		257
38	궤	gui	꾸이				柜		17
39	귀	gui	꾸이				贵		17
40	규	gui	꾸이	规					17
		jiao	찌아오				叫		221
41	균	jun	쮜인	均					217
42	귤	ju	쮜이		桔				216
43	극	ju	쮜이				剧		216
		ji	찌이		极				226
		ke	크어				克		305

한글음절		병음	한글 표기	1성	2성	3성	4성	무성	365 음절
44	근	gen	꺼언	跟,根					5
		jin	찌인	斤		仅,谨	仅,近		227
		qin	치인		勤				271
45	금	jin	찌인	今,金			禁		227
46	급	gei	께이			给			7
		ji	찌이		及,急,级				226
47	긍	ken	커언			肯			294
48	기	ji	찌이	基,几机,肌		己	技,既,纪,记		226
		qi	치이	期	其,奇,骑	企,起	器,弃,汽,气		270
49	긴	jin	찌인			紧			227
50	나	na	나아		拿	哪	那		19
		nai	나이			哪			22
51	난	nan	나안		难				20
		nuan	누안			暖			27
52	남	nan	나안		南,男				20
53	낭	niang	니앙		娘				32
54	내	nai	나이			奶	耐		22
		nei	네이				內		25
55	너	ne	너					呢	30
56	녀	nü	뉘이			女			29
57	년	nian	니앤		年				33
58	념	nian	니앤				念		33
59	녕	ning	니잉				宁		37
60	노	nu	누우			努			28
61	농	nong	노옹		浓,农				26
62	뇌	nao	나오		难	脑			21
63	눈	nen	너언				嫩		23
64	능	neng	너엉		能				24
65	니	ni	니이			你			35
66	닌	nin	니인		您				36
67	다	duo	뚜오	多					48
		cha	차아		茶				273
68	단	dan	따안	单			但,蛋		39
		duan	뚜안			短	断,段,锻		47
		tuan	투안		团				314
69	달	da	따아		达				38
70	담	dan	따안	担		胆	淡		39
		tan	타안		谈,	毯			307
71	답	da	따아	答	答				38
		ta	타아			塔			306
72	당	dang	따앙	当		挡			40

한글음절		병음	한글 표기	1성	2성	3성	4성	무성	365 음절
		zhuang	쥬왕				撞		241
		tang	타앙		塘,糖	躺	趟		308
73	대	da	따아				大		38
		dai	따이				代,待,贷,大,带		42
		dui	뚜이				对		51
		tai	타이		台,抬				310
74	도	dao	따오	刀		倒,导	到,道		41
		dou	또우	都					46
		du	뚜우			堵	度		49
		tao	타오		桃,淘,萄,逃				309
		tu	투우		图,涂				316
		tiao	티아오			挑	跳		319
75	독	du	뚜우		读, 独				49
76	돈	dun	뚜은				顿		50
		diao	띠아오				顿		53
77	돌	tu	투우	突					316
78	동	dong	또옹	冬,东		懂	冻,洞,动		45
		tong	토옹		同,童,铜		同		312
79	두	dou	또우				豆,逗		46
		du	뚜우				肚		49
		tou	토우		头				313
80	둔	dun	뚜은	吨, 蹲					50
		diao	띠아오	吨, 蹲					53
81	득	dei	떼이			得			44
		de	뜨어		得			得	52
82	등	deng	떠엉	登,灯		等			43
		teng	터엉		疼				311
83	라	luo	루오		逻				80
84		luo	루오				洛 落		80
		le	르어				乐		85
85	란	lan	라안		拦		烂		71
		luan	루안				乱		79
86	랄	la	라아	垃			辣		70
87	람	lan	라안		篮,蓝				71
88	랍	la	라아	拉			蜡		70
89	랑	lang	라앙		狼	朗	浪		72
90	래	lai	라이		来				74
91	랭	leng	러엉			冷			75
92	략	lüe	뤼에				略		83
93	량	lia	리아		俩				86
		liang	리앙		凉,,粮,良	两	亮,凉,辆,量		88

한글음절		병음	한글 표기	1성	2성	3성	4성	무성	365 음절
94	려	lü	뤼이			旅虑			84
		li	리이				厉		92
95	력	li	리이				力,历		92
96	련	lian	리앤		怜,联		恋,练,炼		89
97	렬	lie	리에				列,劣,烈		90
98	렴	lian	리앤		帘				89
		zhuan	ㅈ루안				赚		240
99	령	ling	리잉		铃,零,龄,灵		令,另		94
100	례	li	리이			礼	例		92
101	로	lao	라오		劳	老			73
		lu	루우				路露		81
102	록	lu	루우				录		81
		lü	뤼이				绿		84
103	론	lun	루운				论		82
104	롱	nong	노옹				弄		26
105	뢰	lei	레이		雷				76
106	료	le	르어					了	85
		liao	리아오		聊	了	料		87
107	룡	long	로옹		龙				77
108	루	lei	레이				累　泪		76
		lou	로우		楼		漏		78
109	류	lei	레이				类		76
		liu	리우		浏,流,留				91
110	륙	lu	루우				陆		81
		liu	리우				六		91
111	륜	lun	루운		轮				82
112	률	lü	뤼이				律率		84
113	리	li	리이		梨,厘离	李,理,里	利		92
114	린	lin	리인		邻				93
115	림	lin	리인		林,临				93
116	립	li	리이				立,粒		92
117	마	ma	마아	妈		马		吗	95
		me	머					么	100
		mo	모어		摩				104
118	만	man	마안		馒	满	慢,漫		96
		wan	와안	弯		晚	万		182
119	말	wa	와아				袜		181
120	망	mang	마앙		忙,				97
		wang	와앙			网	忘,望		183
121	매	ma	마아		麻		骂		95
		mai	마이			买	卖		99

한글음절		병음	한글 표기	1성	2성	3성	4성	무성	365 음절
		mei	메이		煤,	每	妹,魅		103
122	맥	mai	마이				麦		99
		mo	모어				陌		104
123	면	mian	미앤		棉,眠	免	面		108
124	명	ming	미잉		名,明		命		111
125	모	lao	라오			姥			73
		mao	마오		毛,矛		冒,帽,貌		98
		mo	모어	摸	模				104
		mou	모우			某			105
		mu	무우			母	慕		106
126	목	mu	무우				木,目		106
127	몰	mei	메이		没				103
128	몽	meng	머엉				梦		102
129	묘	mao	마오	猫					98
		miao	미아오		描,苗		妙		107
130	무	mao	마오				贸		98
		wu	우우		无	武,舞	务,雾		187
131	문	men	머언		门			们	101
		wen	워언		文,闻	吻,	问		189
132	물	wu	우우				物		187
133	미	mei	메이		眉,霉	美			103
		mi	미이		迷	米			109
		wei	웨이	微		尾	味,未		190
134	민	min	미인		民	敏			110
135	밀	mi	미이				密,蜜		109
136	박	bao	빠오		薄				115
		bo	뽀어		博,膊				119
		pai	파이	拍					336
		po	포어				迫		340
		pu	푸우			朴			341
137	반	ban	빠안	般,搬,班			伴,半		113
		pan	파안		盘		盼		333
		fan	빠안			反,返	饭		325
		pang	파앙						334
138	발	bo	뽀어		脖				119
139	발	fa	빠아	发			发		324
		po	포어	泼					340
140	방	bang	빠앙	帮			傍		114
		pang	파앙		旁				334
		fang	빠앙	方	妨,房,防	仿,访	放		326
141	배	bai	빠이				拜		116

한글음절		병음	한글표기	1성	2성	3성	4성	무성	365음절
		bei	뻬이	杯			背,辈		118
		pai	파이		排				336
		pei	페이		培,赔,陪		配		339
		fei	풰이	啡					329
142	백	bai	빠이		白	百			116
143	번	fan	퐈안	翻	烦, 繁				325
144	벌	fa	퐈아		罚				324
145	범	fan	퐈안		凡		泛, 范		325
146	법	fa	퐈아			法			324
147	변	bian	삐앤	边			变,辩		122
148	별	bie	삐에		别				123
149	병	bing	삐잉	兵		丙,饼	并,病		126
		pang	파앙	乓					334
		ping	피잉	乒	瓶				346
150	보	bao	빠오			保,宝	报		115
		bu	뿌우			补	步		120
		pu	푸우			普			341
		fu	풔우			辅			331
151	복	fu	풔우		服,福		复		331
152	본	ben	뻐언			本			117
153	봉	bang	빠앙				棒		114
		feng	풔엉	封,峰,蜂					328
154	부	bu	뿌우				部		120
		fou	풔우			否			330
		fu	풔우	夫肤	扶,符	府腐	付,傅,妇,富,负附,父		331
155	북	bei	뻬이			北			118
156	분	ban	빠안				扮		113
		ben	뻐언				笨		117
		pen	퍼언	喷	盆				337
		fen	풔언	分,氛,纷			分,奋,愤		327
157	불	bu	뿌우		不		不		120
		fu	풔우		佛				331
158	붕	peng	퍼엉		朋				338
159	비	mi	미이				秘		109
		bei	뻬이	悲			备		118
		bi	삐이		鼻	比			124
		fei	풰이	非,飞	肥		费		329
		pi	피이	批	啤,脾				344
160	빈	bin	삐인	宾					125
		pin	피인		频				345
		ping	피잉		苹				346

한글음절		병음	한글 표기	1성	2성	3성	4성	무성	365 음절
161	빙	bing	삐잉	冰					126
162	사	sha	ㅅ라아	沙		傻			155
		she	ㅅ르어		蛇	舍	射,舍,社		171
		shi	ㅅ르으	师,狮		使,史	事,士,似		172
		si	쓰으	司,思,私,丝		死	似,四,寺		144
		xie	씨에	些	斜	写	谢		149
		cha	ㅊ라아		查				273
		ci	츠으		词,辞				263
163	산	shan	ㅅ라안	删,山,					156
		san	싸안			伞	散		128
		suan	쑤안	酸			算		134
		chan	ㅊ라안			产			274
164	살	sha	ㅅ라아	杀					155
165	삼	shan	ㅅ라안	衫					156
		san	싸안	三					128
		sen	써언	森					131
166	상	shang	ㅅ라앙	伤,商		赏	上,尚		157
		sang	싸앙			嗓			156
		xiang	씨앙	相,箱	祥	想	像,橡,象		147
		zhuang	ㅈ루앙				状		241
		chang	ㅊ라앙		偿,尝,常				275
		chuang	ㅊ루앙		床				283
167	색	shai	ㅅ라이			色			159
		se	쓰어				色		143
168	생	sheng	ㅅ러엉	生		省			161
169	서	shu	ㅅ루우	书,舒		鼠			168
		xu	쒸이				序,绪,叙		141
		xi	씨이	西					152
		yu	위이			屿			193
170	석	shuo	ㅅ루오				硕		167
		shi	ㅅ르으		石		释		172
		xi	씨이	夕,惜	席				152
171	선	shan	ㅅ라안				善,扇,		156
		xuan	쒸앤	宣		选			139
		xiang	씨앙	先,鲜			羡		147
		chuan	ㅊ루안		船				282
172	설	shuo	ㅅ루오	说					167
		she	ㅅ르어		舌		设		171
		xue	쒸에			雪			140
173	섬	shan	ㅅ라안			闪			156
174	섭	she	ㅅ르어				摄		171

한글음절		병음	한글 표기	1성	2성	3성	4성	무성	365 음절
175	성	sheng	셔엉	声					161
		xing	씨잉	星		醒	性		154
		cheng	처엉		城,成,诚				279
176	세	shui	쉐이				税		170
		shi	쓰으				世,势		172
		sui	쑤이				岁		138
		xi	씨이			洗	细		152
177	소	shao	샤오	烧		少	绍,少		158
		shu	슈우	梳,蔬					168
		sao	싸오			扫			130
		suo	쑤오			所			135
		su	쑤우				塑,诉		136
		xiao	씨아오	消,销		小	笑		146
		zhao	자오				召		232
178	속	shu	슈우				束		168
		su	쑤우				速		136
		xu	쒸이				续		141
179	손	sun	쑤운	孙		损			137
180	솔	shuai	슈아이	摔		甩			165
181	송	song	쏘옹	松			送		132
182	쇄	shai	샤이				晒		159
		shua	슈아	刷					164
		sa	쌍			洒			127
		suo	쑤오			锁			135
		sui	쑤이				碎		138
183	수	shei	셰이		谁				162
		shou	쇼우	收		守,手,首	受,寿,售,授,,瘦		163
		shuai	슈아이				帅		165
		shu	슈우	殊,输			数,树		168
		shui	슈이			水	睡		170
		sou	쏘우	搜					133
		sui	쑤이	虽	随				138
		xu	쒸이	需,须					141
		xiu	씨우	修,羞			秀		151
		chou	초우		愁				281
184	숙	shu	슈우	叔,	塾,熟	熟			168
		su	쑤우				宿		136
185	순	shun	슈운				顺		169
		xun	쒸인		旬,询				142
		chun	추운		纯				285
186	술	shu	슈우				术,述		168

한글음절		병음	한글 표기	1성	2성	3성	4성	무성	365 음절
187	습	shi	스르으	湿					172
		xi	씨이		习				152
188	승	sheng	서엉	升	绳		胜		161
		cheng	츠러엉		乘,承				279
189	시	shi	스르으	施	时	始	市,是,示,视试		172
		si	쓰으	撕					144
		cai	차이	猜					251
		chai	츠라이		柴				277
		chi	츠르으				翅		288
190	식	shi	스르으		识,食		式,饰		172
		xi	씨이	息					152
		zhi	즈르으		植				246
191	신	shen	서언	申,身,伸	神				160
		xun	쒸인				讯		142
		xin	씨인	新,辛			信		153
192	실	shi	스르으	失	实		室		172
		xi	씨이	悉					152
193	심	shen	서언	深	什		甚		160
		xun	쒸인		寻				142
		xin	씨인	心					153
194	십	shi	스르으		十				172
195	쌍	shuang	수왕	双					166
196	아	a	아아	阿				呵	173
	아	ya	야아		牙		亚		176
	아	er	어얼		儿				179
	아	wo	워어			我			188
	아	e	으어				饿		179
197	악	wo	워어				握		188
		yue	위에				乐		192
		er	어얼				恶		179
198	안	an	아안	安			按,岸,暗		174
		yang	야앙		颜	眼			177
199	압	ya	야아	压,鸭,押					176
200	애	ai	아이	唉			爱		175
201	액	ye	이에				液		197
202	야	ye	이에		爷	也	夜		197
203	약	ruo	루오				弱		66
		yao	야오				药,钥		178
		yue	위에	约			跃		192
204	양	rang	라앙			嚷	让		59

한글음절		병음	한글 표기	1성	2성	3성	4성	무성	365 음절
		yang	야앙		扬,羊,阳	养,痒	样		177
205	어	yu	위이		鱼	语			193
206	억	yi	이이				忆		198
207	언	yang	야앙		言				177
208	엄	yang	야앙		严				177
209	업	ye	이에				业		197
210	여	ru	루우		如				67
		yu	위이		余	与	与		193
211	역	yu	위이				域		193
212	연	ran	라안		然,燃				58
		ruan	루안			软			65
		yuan	위앤		缘				191
		yang	야앙	烟	延,研	演	宴		177
		juan	쮜앤	捐					214
		qian	치앤	铅					266
213	열	re	르어				热		69
		yue	위에				阅		192
214	염	ran	라안			染			58
		yang	야앙		盐		厌,艳		177
215	엽	ye	이에				叶,页		197
216	영	rong	로옹		荣				63
		yong	요옹			永,泳			185
		ying	이잉	英	迎,营	影	映		200
217	예	yu	위이				豫		193
		yi	이이				艺		198
218	오	wu	우우	污		五,,午	误		187
		yu	위이		娱				193
219	옥	wu	우우	屋					187
		yu	위이				玉		193
220	온	wen	워언	温		稳			189
221	옹	yong	요옹	拥					185
222	와	wo	워어				卧		188
223	완	wan	와안		完,玩	碗			182
		huan	후안			缓			359
224	왕	wang	와앙		王	往			183
225	왜	ai	아이			矮			175
		wai	와이	歪					184
226	외	wai	와이				外		184
227	요	rao	라오				绕		60
		yao	야오	腰,要,邀	摇		要		178
		jiao	찌아오	浇					221

한글음절		병음	한글 표기	1성	2성	3성	4성	무성	365 음절
228	용	rong	로옹		容				63
		yong	요옹			勇	用		185
229	우	niu	니우		牛				34
		ou	오우			偶			180
		you	요우	优	尤,邮	友	右,又		186
		yu	위이		于	宇,羽,雨	寓,遇		193
230	운	yun	위인		云,		运		194
231	웅	xiong	씨옹		熊,雄				150
232	원	yuan	위앤		元,员,原,园,圆,源	远	怨,愿,院		191
233	월	yue	위에				月,越		192
234	위	wei	웨이	危,威	围,为,违	伟,委	喂,位,卫,谓,为		190
235	유	you	요우	幽,悠	油,游,犹,由	有	幼		186
		wei	웨이		唯,维				190
		yu	위이		愉				193
		yi	이이		遗				198
236	육	rou	로우				肉		64
		yu	위이				育		193
237	윤	yun	위인			允			194
238	융	rong	로옹		融				63
239	은	yin	이인		银				199
240	을	yi	이이			乙			198
242	음	yin	이인	音,阴		饮			199
242	응	ying	이잉	应			应		200
243	의	yi	이이	依,衣,医	疑	椅	意,义,衣,谊,议		198
244	이	er	어얼		而	尔,耳	二		179
		yi	이이		姨,移	已 以	易		198
245	익	yi	이이				益		198
246	인	ren	러언		人	忍	认		61
		yin	이인	因,姻,		引	印		199
247	일	ri	르으				日		68
		yi	이이	一	一		一		198
248	임	ren	러언				任		61
249	입	ru	루우				入		67
250	잉	reng	러엉	扔	仍				62
		sheng	셔엉				剩		161
		yun	위인				孕		194
251	자	zhu	ㅈ루우			煮			243
		zhe	ㅈ러어			者			234
		zi	쯔으	咨,姿,资		仔,子,紫	字,自		219
		ci	츠으		磁,		刺		263

한글음절		병음	한글 표기	1성	2성	3성	4성	무성	365 음절
252	작	shao	사오		勺				158
		zuo	쭈오		昨		作		210
253	잔	can	차안		残				248
		can	차안	餐					248
		can	차안	参	惭				248
254	잠	zan	짜안				暂		202
255	잡	za	짜아		杂				201
256	장	zhang	즈랑	张	长	掌	丈,账		231
		zhuang	즈루앙	装					241
		zang	짜앙	脏			脏		203
		jiang	찌앙	将		奖	匠,酱		222
		cang	차앙	藏					249
		chang	츠라앙		肠,长	场			275
		qiang	치앙		墙				265
257	재	zai	짜이	灾			再,在,载		205
		cai	차이		才,材,裁,财				251
258	쟁	zheng	즈렁	争			铮,争		236
259	저	di	띠이	低,		底			56
		zhu	즈루우	猪			著		243
		zhe	즈러어				这		234
		jie	찌에			姐			224
260	적	de	뜨어					的	52
		di	띠이	滴	敌,的		的		56
		shi	스르으				适		172
		zha	즈라아	摘					229
		zhai	즈라이	摘					233
		ji	찌이	积			寂,绩,迹		226
261	전	dian	띠앤				电		54
		zhan	즈라안			展	战		230
		zhuan	즈루안	专		转			240
		jian	찌앤	煎		剪			223
		chuan	츠루안		传				282
		quan	취앤		全				257
		qiang	치앙		前钱				265
		tian	티앤		填,田				320
262	절	zhe	즈러어		折				234
		jue	쮜에		绝				215
		jie	찌에		节				224
		qie	치에	切			切		267

한글음절		병음	한글표기	1성	2성	3성	4성	무성	365 음절
263	점	dian	띠앤			点			54
		zhan	즈라안	粘			占		230
		jian	찌앤				渐		223
264	접	jie	찌에	接					224
265	정	ding	띠잉	丁		顶			57
		zheng	즈러엉	征,睁		整	政,正		236
		jing	찌잉	睛,精			净		228
		cheng	츠러엉		程				279
		qing	치잉		情				272
		ting	티잉		停,庭	挺			322
266	제	di	띠이				弟,第		56
		zhi	즈르으				制		246
		ji	찌이				济,际		226
		chu	츠루우		除				284
		qi	치이		齐				270
		ti	티이	梯	提,题				323
267	조	niao	니아오			鸟			31
		zhao	즈라오			找	照		232
		zhua	즈루아	抓					239
		zhu	즈루우				助		243
		zao	짜오	糟		早	燥,造		204
		zu	쭈우	租		组,祖,阻			211
		cao	차오	操					250
		chao	츠라오		朝,潮				276
		cuo	추오				措		253
		cuo	추오	粗					253
		tiao	티아오		条,调				319
268	족	zu	쭈우		族,足				211
269	존	zun	쭈은	尊					212
		cun	추운		存				255
270	종	zhong	즈로옹	终,钟		种			237
		zong	쪼옹	综					208
271	좌	zuo	쭈오			左	坐,座		210
272	죄	zui	쭈이				罪		213
		zui	쭈이				最		213
		zui	쭈이			嘴	醉		213
273	주	diu	띠우	丢					55
		zhou	즈로우	周,洲					238
		zhu	즈루우			主	住,注		243

한글음절		병음	한글 표기	1성	2성	3성	4성	무성	365 음절
		zou	쪼우			走			209
		zuo	쭈오				做		210
		jiu	찌우			酒			225
		chu	ㅊ루우		厨				284
274	죽	zhu	ㅈ루우		竹				243
275	준	zhun	ㅈ루운			准			244
		zun	쭈은	遵					212
		jun	쮜인				俊,		217
276	중	zhong	ㅈ로옹	中			众,重		237
		chong	ㅊ로옹		重				280
277	즉	ji	찌이		即				226
278	즘	zen	쩌언			怎			206
279	증	zheng	ㅈ러엉				证		236
		zeng	쩌엉	增					207
		ceng	츠엉		层				262
280	지	de	뜨어					地	52
		di	띠이				地		56
		zhi	ㅈ르으	之,支,知		只,址,指,止纸	志,智,至		246
		chi	ㅊ르으		持,池,迟				288
281	직	zhi	ㅈ르으		直,职				246
		ji	찌이				稷		226
282	진	zhen	ㅈ러언	珍,真,		诊	振,震		235
		jin	찌인			尽	尽,进		227
		chen	ㅊ러언				趁		278
283	질	zhi	ㅈ르으				秩,质		246
284	집	zhi	ㅈ르으		执				246
		ji	찌이		集,辑				226
285	징	zheng	ㅈ러엉						236
286	차	jie	찌에				借		224
		cha	ㅊ라아	叉,差			差		273
		chai	ㅊ라이	差					277
		che	ㅊ르어	车					287
		ci	츠으			此	次		263
		qie	치에			且			267
287	착	zha	ㅈ라아			窄			229
		zhao	ㅈ라오		着				232
		zhai	ㅈ라이			窄			233
		zhe	ㅈ러어					着	234
		cuo	추오				错		253

한글음절		병음	한글표기	1성	2성	3성	4성	무성	365음절
288	찬	zan	짜안				赞		202
289	찰	zan	짜안		咱				202
		ca	차	擦					247
		cha	츠라아		察				273
290	참	zhan	즈라안				站		230
291	창	zhang	즈라앙			涨			231
		chang	츠라앙			厂	唱		275
		chuang	츠루앙	窗			创		283
		qiang	치앙	抢		抢			265
292	채	cai	차이			彩,采,踩	采,菜		251
293	책	ze	쯔어		责				218
		ce	츠어				册		261
294	처	chu	츠루우			处	处		284
		qi	치이	妻			妻		270
295	척	zhi	즈르으	只					246
	척	chi	츠르으			尺			288
	척	qi	치이	戚					270
	척	ti	티이	踢					323
296	천	jian	찌앤				践		223
	천	chuan	츠루안	穿					282
	천	quan	취앤		泉				257
	천	qian	치앤	千		浅			266
	천	tian	티앤	天					320
297	철	zhe	즈러어		哲				234
	철	che	츠르어				彻		287
	철	tie	티에			铁			321
298	첨	jian	찌앤	尖					223
	첨	qiang	치앙	签					265
	첨	tian	티앤		甜				320
299	첩	jie	찌에						224
		tie	티에	贴					321
300	청	qing	치잉	清,青		请			272
		ting	티잉	厅,听					322
301	체	di	띠이				递(遞)		56
		ti	티이			体	替		323
302	초	miao	미아오			秒			107
		shao	쌰오	稍					158
		zhao	즈라오	招					232
		jiao	찌아오	蕉					221
		cao	차오			草			250

한글음절		병음	한글 표기	1성	2성	3성	4성	무성	365 음절
		chao	ㅊ라오	抄,超		炒,吵			276
		cuo	추오				醋		253
		chu	ㅊ루우	初		楚,础			284
		qiao	치아오	悄	瞧				264
303	촉	zhu	ㅈ루우			嘱			243
		cu	추우				促		254
		chu	ㅊ루우				触		284
304	촌	cun	추운	村			寸		255
305	총	zong	쪼옹			总			208
		cong	초옹	匆,聪	从				252
		chong	ㅊ로옹			宠			280
306	최	cui	추이	催					256
307	추	zhui	ㅈ루이	追					245
		chou	ㅊ로우	抽		丑			281
		qu	취이	趋					259
308	추	qiu	치우	秋					269
		tui	투이	推					317
309	축	suo	쑤오	缩					135
		zhu	ㅈ루우		逐		祝,筑		243
310	춘	chun	ㅊ루운	春					285
311	출	chu	ㅊ루우	出					284
312	충	chong	ㅊ로옹	充,冲	虫				280
313	취	ju	쮜이				聚		216
		jiu	찌우				就		225
		chou	ㅊ로우				臭		281
		cui	추이				脆		256
		chui	ㅊ루이	吹					286
		qu	취이			取	趣		259
313	측	ce	츠어				厕,测		261
314	츰	chuang	ㅊ루앙			闯			283
315	층	ceng	츠엉		曾				262
316	치	zhi	ㅈ르으		值		治,致		246
		chi	ㅊ르으			齿			288
317	칙	ze	쯔어		则				218
318	친	chen	ㅊ러언				衬		278
		qin	치인	亲					271
319	칠	qi	치이	七					270
320	침	zhen	ㅈ러언	针					235
		chen	ㅊ러언		沉				278
		qin	치인	侵					271

한글음절		병음	한글 표기	1성	2성	3성	4성	무성	365 음절
321	칭	cheng	ㅊ러엉	称					279
322	쾌	kuai	쿠아이				快,筷		298
323	타	da	따아			打			38
		duo	뚜오			朵躲			48
		ta	타	他,她,它					306
324	탁	zhuo	ㅈ루오	桌					242
		chai	ㅊ라이	拆					277
		tuo	투오	托					315
325	탄	tan	타안	滩	弹	坦	炭		307
326	탈	tuo	투오	脱					315
327	탐	dan	따안	耽					39
328	탕	tang	타앙	汤			烫		308
329	태	dai	따이	呆					42
		tai	타이				太,态		310
330	택	ze	쯔어		择				218
331	토	tao	타오			讨			309
		tu	투우			土	兔,吐		316
332	통	tong	토옹	通		桶,统	痛		312
333	퇴	dui	뚜이	堆					51
	퇴	tui	투이			腿	退		317
334	투	tao	타오				套		309
		tou	토우		投		透		313
335	특	te	트어				特		318
336	파	ba	빠아			把	爸	吧	112
		bai	빠이			摆			116
		bo	뽀어	播,玻					119
		pa	파아		爬		怕		332
		pai	파이				派		336
		po	포어		婆		破		340
337	판	ban	빠안			板,版	办		113
		pan	파안				判		333
338	팔	ba	빠아	八					112
339	패	bai	빠이				败		116
		bei	뻬이				贝		118
		pai	파이		牌				336
340	팽	peng	퍼엉				碰		338
341	편	bian	삐앤	编,鞭			便,遍		122
		pian	피앤	篇	便		片,骗		343
342	평	ping	피잉		平, 评				346
343	폐	bi	삐이				币,闭		124
		fei	ㅇ페이				肺		329

한글음절		병음	한글 표기	1성	2성	3성	4성	무성	365 음절
344	포	bao	빠오	包		饱	抱		115
		bu	뿌우				布		120
		pao	파오			跑	炮		335
		pu	푸우		葡				341
345	폭	fu	쭈우		幅				331
346	표	biao	삐아오	标		表			121
		piao	피아오	飘			票,漂		342
347	품	bing	삐잉						126
		pin	피인			品			345
348	풍	feng	쩌엉	疯,丰,风		讽			328
349	피	bei	뻬이				被		118
		bi	삐이			彼	避		124
		pi	피이	披	皮,疲				344
350	필	bi	삐이			笔	必,毕		124
		pi	피이			匹			344
351	핍	fa	빠아		乏				324
352	하	sha	쌰아				厦		155
		sia	씨아				下,夏		145
		ya	야아					呀	176
		he	흐어		何,河		贺		365
		ha	하	哈					347
353	학	xue	쒸에		学				140
354	한	xiang	씨앤		闲		限		147
		han	하안		寒,韩		汉		348
		hen	허언				恨		352
355	할	xia	씨아	瞎					145
356	함	xian	씨앤		咸				147
		han	하안		含				348
357	합	ge	끄어	鸽					18
		he	흐어		合,盒				365
358	항	xiang	씨앙				项		147
		kang	카앙				抗		291
		hang	하앙		航,行				349
359	해	gai	까이	该					4
		jie	찌에			解			224
		ke	크어		咳				305
		hai	하이		孩	海	害		351
360	핵	he	흐어		核				365
361	행	xing	씨잉		行		幸		154
362	향	xiang	씨앙	乡,香		享,响	向		147
363	허	xu	쒸이	虚		许			141

한글음절		병음	한글 표기	1성	2성	3성	4성	무성	365 음절
364	험	yang	이앤				验		177
365	혁	ge	끄어		革				18
		xia	씨아				吓		91
366	현	xiang	씨앙			显	现,县		147
367	혈	xue	쒸에				血		140
368	협	xie	씨에		协				149
		jia	찌아	夹					220
369	형	xiong	씨옹	兄					150
		xing	씨잉		型,形				154
		heng	허엉		衡				353
370	혜	xie	씨에		鞋				149
		hui	후이				惠,慧		363
371	호	hao	하오		毫,豪	好	好,号		350
		hu	후우	乎,呼	糊,胡,壶,蝴	虎	互,户,护		362
372	혹	huo	후오				或		361
373	혼	hun	후운	婚					364
374	홀	hu	후우	忽					362
375	홍	hong	호옹		红,虹				355
376	화	hua	후아이	花	华		化,画,话		357
		huo	후오			火,伙	货		361
		he	흐어		和				365
377	확	que	취에				确		258
		kuo	쿠오				扩		301
378	환	hai	하이		还				351
		huan	후안	欢	环,还		幻,换		359
379	활	hua	후아		滑,猾				357
		huo	후오		活				361
380	황	kuang	쿠앙				况		300
		huang	후앙	慌	皇,黄				360
381	회	kuai	쿠아이				会		298
		huai	후아이		怀				358
		hui	후이	灰,恢	回	悔	会		363
382	획	hua	후아이		划		划		357
		huo	후오				获		361
383	횡	heng	허엉		横				353
384	효	xiao	씨아오				效,孝		146
385	후	hou	호우		猴		候,厚,后		356
386	훈	xun	쒸인				训		142
		yun	위인	晕					194
387	휘	hui	후이	挥			汇		363
388	휴	xiu	씨우	休					151

한글음절		병음	한글 표기	1성	2성	3성	4성	무성	365 음절
389	흉	xiong	씨옹	胸					150
390	흑	hei	헤이	黑					354
391	흔	xin	씨인	欣					153
		hen	허언			很			352
392	흘	chi	츠르으	吃					288
393	흠	qian	치앤				欠		266
394	흡	xi	씨이	吸					152
395	흥	xing	씨잉	兴			兴		154
396	희	xi	씨이	希		喜	戏		152

부록 3

한글 기반의 중국어 발음표기법 (신한글표기법)

여기 보인 '신한글표기법'은 저자가 오랫동안 조사연구한 결실로 발음의 정확한 표기와 학습에의 편리성, 두 원칙을 추구하며 만들었다. 앞으로 널리 쓰여 '공인된' 표기법으로 발전되기를 기대한다. 독자들의 의견을 받아들여 더욱 발전되기를 바란다.

가. 중국어 한글표기가 필요한 이유

1) 한국인이 훈민정음을 외면하고 로마자 병음을 쓰는 것은 부당

훈민정음은 중국어 대신 쓸 수 있도록 세종대왕이 백성을 위해 만든 문자이다. 당연히 중국어 발음을 표기할 수 있게 만들었다. 그런데 이를 외면하고 로마자를 빌어 중국어를 배우는 것은 도리가 아닐 뿐 아니라 학습효율을 떨어뜨리는 마땅히 기피해야 할 일이다.

2) 한글표기로 공부하면 중국어 학습이 쉬워진다.

병음은 영어 알파벳의 음가를 차용하고 여기에 고유의 방식으로 보완한 발음표기시스템으로서 알파벳이 갖는 태생적 약점으로 인하여 발음표기가 혼동스럽고 습득하기 어려워 학습에 문제를 일으킨다. 이러한 문제들은 거의 다 한글표기로 극복하거나 쉽사리 보완할 수 있다.

나. 중국어 발음표기체로서 병음의 문제점 및 해결방법

중국어 발음표기체로서 병음이 갖는 문제점은 아래와 같다.

1) 성모의 문제점

성모를 병음으로 표기할 때 다음의 문제가 발생한다.

- 치조음齿槽音과 설면음舌面音 표기의 문제

중국어는 한 음절이 성모声母와 운모韵母의 결합이라 본다. 성모가 소리 앞부분이고 운모는 이를 받아 끝내는 부분이다. 즉 성모도 음가가 있다는 얘기다. 그러나 우리말 음절은 초중종성으로 이루어지고 초성 홀로는 소리를 낼 수 없다는 점이 성모와 다르다.

성모 중 j,q,x는 'i, ie, ian' 등 '이' 계통의 모음과 결합하며 혀끝을 세워 뒤 입몸에 대면서 소리를 낸다하여 치조음齿槽音(혀끝소리) 혹은 설치음이라 한다. 이 때문에 j, q, x는 '지치씨'라 읽는다.

한편 z,c,s는 'ㅡ' 계통의 모음과 만나 혓바닥이 입천장과 닿아 나는 소리이므로 설면음舌面音이라 부르며 '즈츠쓰'라 읽는다. 즉 'ㅡ' 계통의 모음과 만나 있다고 생각하는 것이다. 문제는 로마자로는 'ㅡ' 발음을 표기할 수가 없어 정상적인 방법으로는 '즈츠쓰' 발음을 표기할 수 없다. 그래서 ji, qi, xi 는 '지치씨'로 읽되 zi, ci, si 는 특별히 '즈츠쓰'로 읽기로 정한 것이다. 같은 'i' 이지만 성모에 따라 발음을 달리해야 하기 때문에 학습자에게 혼동을 준다.

이 문제는 한글을 사용하면 해결된다. 즉 jqx는 ㅈㅊㅅ + 모음 '이'가 되고 zcs는 ㅈㅊㅅ + 모음 'ㅡ'가 되어 설면이니 치조니 하는 구분이 필요 없어지고 모음 '이'와 'ㅡ'의 표기도 문제없어진다.

- 권설음 표기문제

  z,c,s 등 권설음은 혀를 굴리는 소리가 섞여 난다. 이를 병음에서는 h 자를 넣어 zh, ch, sh 로 표기하지만 직관적인 설명력이 부족하다. 한글표기에서는 'ㄹ' 이 혀를 굴려 나는 소리이므로 'ㄹ' 과 병서하도록 하여 ㅈㄹ ㅊㄹ ㅅㄹ로 표기한다.

이상의 성모에 대한 한글표기를 정리하면 아래 <부표 5>와 같다.

<부표 6> 성모의 한글표기법

		쌍순음/순치음		설첨음		치조음/설치음		설면음		권설음		연구개/설근음	
파열음	무기	b	ㅂ	d	ㄷ							g	ㄱ
	유기	p	ㅍ	t	ㅌ							k	ㅋ
파찰음	무기					z	ㅈ	j	ㅈ	zh	ㅈㄹ		
	유기					c	ㅊ	q	ㅊ	ch	ㅊㄹ		
마찰음	무성	f	ㅇㅍ			s	ㅅ	x	ㅅ	sh	ㅅㄹ	h	ㅎ
	유성									r			
비음		m	ㅁ	n	ㄴ								
유음				l	ㄹㄹ								

- 된소리(硬音)와 예사소리(延音)의 구분 문제

  중국어 음절은 성조에 따라 소리의 세기와 길이가 각각 다르게 변한다. 예를 들어 아버지를 뜻하는 爸아비 부는 4성이지만 爸爸 [bà·ba] 에서 뒷 글자는 무성(경성)이 되어 실제 발음은 **빠바** 로 들린다. 이와 같은 소리의 세기(강도) 변화는 병음으로는 표현하지 못한다.

- 위 예에서처럼 된소리로 표기하여야 할 자음은 b, d, g, j, s, x, z 들이다.

  성조별 된소리와 예사소리의 사용은 아래 '<부표 8> 성조별 발음표기 비교'에서 볼 수 있다.

2) 운모의 문제점

운모표기의 문제점은 아래와 같다.

- **'e' 발음의 불규칙성**
  'e' 뒤에 자음이 없으면 '으어'로 발음된다. de, me, ke, le 등
  'e' 뒤에 자음이 따르면 '어'로 발음된다. den, deng, uen, ueng, er 등
  복모음에서는 '에'로 발음 된다. bei, bie, ue, ien 등

- **'i' 는 bi, pi, di, ti 에서는 '이'로 발음되지만 zi, si, ci 에서는 '으'로 발음된다.**
  'i' 가 음절의 첫 글자일 경우에는 y를 붙여 yin, ying 등으로 써야 한다.

- **a 는 na, ba, ta, iang 에서는 '아' 발음이지만 ian 에서는 '애'로 읽어야 한다.**

- **u 는 '우' 발음이다. gu, gun, gua 등**
  nü, lü 등 윗두점(움라우트)을 붙이면 '위'발음을 낸다. ü 대신 yu을 쓰기도 한다.
  다만 ju, qu, xu 는 윗점(움라우트) 없이 '위' 발음을 낸다.

이상의 문제점들은 한글표기로 해결하거나 현저히 감소시킬 수 있다. 아래 표는 이렇게 만들어진 운모의 한글표기법을 정리하여 보인다.

<부표 7> 운모의 한글표기법

	a ㅏ	e ㅔ	i ㅣ	o ㅗ	u ㅜ	ü ㅟ
운모	a 아	e 으어, 어	I 이	o 오	u 우	ü 위
	an 안	en 언, 어언	in 인 이인	ong 옹, 오옹	ua 우아	üe 위에
	ang 앙	eng 엉, 어엉	ing 잉 이잉	ou 오우	uai 우아이	
	ai 아이	ei 에이	ia 이아		uan 우안	
	ao 아오	er 얼, 어얼	ian 이앤		uang 우앙	
			iang 이앙		ui 우이	
			iao 야요		un 운	
			ie 이에		uo 우오	
			iong 이옹			
			iu 이오 이오우			

3) 성조별 발음표현 문제

중국어 음절은 성조에 따라 발음이 변한다. 예를 들어 爸爸는 [bà·ba] 는 '빠바'로 발음된다. 즉 ba 가 4성일 때는 '빠', 무성(경성)일 때는 '바'로 짧게 발음된다는 것이다. ba 는 1성인 경우 '빠아'로 길게 발음되며 2, 3성일 때는 '바아'로 발음된다. 따라서 성조별로 발음표기를 달리 쓰는 것이 마땅하다.

4) 성조표시 문제

학습자들은 한자에도 병음에서처럼 성조표시를 하고 싶을 때가 많지만 그러지 못한다. 왜냐하면 병음에서처럼 글자의 오른쪽 어깨에 표시를 붙일 경우 한자 획으로 오인되기 쉽기 때문이다. 예를 들어 **大**큰 대자에 성조표시를 붙인다면 **犬**개 견자와 혼동하게 될 것이기 때문이다. 이 밖에도 성조표시에는 아래 문제점이 있다.

- 성조표시의 모양은 대개 비슷하여 작은 글씨에 붙이거나 시력이 약한 사람들에게는 잘 안 보인다. 또한 'i'에 붙일 경우 식별하기 어렵다.
- 무성(경성)에는 성조표시가 없어 혹 성조표시가 실수로 누락되었는지 의심을 갖게 할 때가 있다.
  이 문제를 해결하기 위해 한글표기에서는 성조표시를 왼쪽 어깨 위에 붙이고 모양도 수직선 혹은 수평선만을 사용하였다. 이는 다음 <부표 8> 에서 볼 수 있다. 다만 이 책에서는 적용하지 않았다.

5) 기타 문제

- 중국어 문자는 '덩어리(block)' 모양의 음절문자인데 로마자는 풀어쓰기 때문에 대응시키기 어렵다. 한글은 한자처럼 덩어리 글자이기 때문에 한글표기로 미 문제를 해결할 수 있다.
  예) 自行车 zìxíngchē 쯔시잉 츠어
- 한자로 된 문장은 띄어쓰기 규정이 없다. 따라서 문장 전체를 병음으로 표기하면 읽기 어렵다. 한글 표기를 사용할 경우 이런 문제가 없어진다.

다. 한글기반의 중국어 음절표기

위에서는 한글자모의 관점에서 병음표기를 살펴보았다.
이 표기방법을 이용하여 중국어 음절을 표기하는 요령을 알아본다.

1. 원어 발음에 가깝도록 음가를 한글로 표기하되 가능한 한 병음표기와 1:1 대응토록 하여 상호 호환되도록 한다. 만일 fa 와 pa를 모두 '파'라고 표기하면 1:1 대응이 안 되어 호환된다고 할 수 없을 것이다.
   예) fan 빠안 pan 파안; can 차안 chan ㅊ라안; ran라안 lan ㄹ라안

2. 위 1에도 불구하고 병음 사용자가 쉽게 배우도록 병음 글자대 한글 글자의 관계를 고려하였다.
   예를 들어 you는 실제 발음이 '여우'에 가깝지만 알파벳 글자를 고려하여 '요우'로 표기한다. 중국어는 '여우'와 '요우'를 구별하지 않고 또 구별할 수도 없어 설사 분명히 '요우'로 발음해도 알아들을 것이며 틀리다고 할 사람도 없다. '우'와 '오'의 발음도 같은 경우이다. **中国** Zhōngguó를 **ㄹ종구오** 라고 하거나 **ㄹ중구오** 라고 발음해도 무방하지만 한글표기로 **ㄹ종구오** 로 쓰도록 한다.

3. 필요시 성조별로 발음을 구별하여 표기하되 대표 표기로는 1성 표기를 사용한다.
   1성과 4성은 된소리를 2, 3성은 예사소리를 사용하고 모음의 경우 단모음은 4성과 무성(경성)에만 쓰고 나머지는 장모음을 쓴다. 아래 <부표 8>은 성조별 발음표기의 사례를 보여준다.

<부표 8> 성조별 발음표기 비교

성조		1성	2성	3성	4성	무성
글자 예		锅솥 과	国나라 국	果열매 과	过지날 과	过지날 과
병음표기		guō	guó	guǒ	guò	guo
한글표기		¯꾸오	ˈ구오	ˌ구오	_꿔	ₒ꿔/ₒ궈
한글표기의 특징	성모	된소리	예사소리	예사소리	된소리	변화
	운모	장모음	장모음	장모음	단모음	단모음

4. 중국어 한 음절을 식별할 수 있도록 첫 글자를 돋보이게 하고 뒤에 따르는 글자들은 작게 보이도록 한다.

   예 漂亮 piào·liang **퍄오량**

부록 4는 417 음절의 성조별 발음을 한글표기로 보인다. 이 표는 가나다 순으로 정렬되어 있다. 병음표기를 사용하려면 부록 3.5에 있는 417음절의 병음/한글 대조표를 이용하면 된다.

부록 4

417음절의 한글표기와 성조별 발음(가나다 순)

중국어는 같은 음절 같은 글자라도 성조별로 발음이 확연히 구별된다. 즉 1성은 자음을 된소리로 발음하되 모음은 높은음으로 길게 발음하며 2성과 3성은 자음을 예사소리로 내고 모음은 길게 발음하되 고저가 변한다. 4성은 자음을 된소리로 발음하며 모음은 짧게 발음한다.
아래 보인 일련의 표들은 중국어 417개 음절의 성조별 발음을 한글로 표기한 것이다.
한글은 소리를 보다 정밀하게 표현할 수 있기 때문에 성조별로 발음을 구별하여 표기하였다. 즉 1성과 4성은 된소리로, 2, 3성은 여느 소리로 표기하였으며 4성과 무성無聲은 단모음으로, 1, 2, 3성은 장모음을 사용하였다. 순서를 위하여 1성 발음표기를 '대표표기'로 사용하였으며 2, 3, 4성 표기는 발음을 보일 뿐 표기체로는 쓰이지 않는다. 가나다 순을 준수하기 위해 권설음 ㅅㄹ ㅈㄹ ㅊㄹ 은 각각 ㅅㅈㅊ 다음에, ㄹㄹ은 ㄹ다음에 ㅇㅍ은 ㅍ의 앞에 오는 것으로 했다.

병음표기에 익숙한 사용자를 위해 음절을 다시 abc 순으로 배열하여 부록 5에 보였다.

<부표 9> 중국어 417음절의 성조별 발음표(가나다 순)

*'까아'를 장모음으로 발음하려면 '가아아'가 되지만 '까오'는 '가아오'로 해야지 '가오오'로 하면 안 된다. 아래 표 '2/3성 실제 발음'을 참조하기 바란다.

음절 번호	1성/대표표기	4성	2/3성	2/3성 실제발음*	무성	병음
1	까아	까	가아	가아아		ga
2	까안	깐	가안	가아안		gan
3	까앙	깡	가앙	가아앙		gang
4	까오	까오	가오	가아오		gao
5	까이	까이	가이	가아이		gai
6	꺼언	껀	거언	거어언		gen
7	꺼엉	껑	거엉	거어엉		geng
8	께이	께이	게이	게에이		gei
9	꼬옹	꽁	고옹	고오옹		gong
10	꼬우	꼬우	고우	고오우		gou
11	꾸아	꽈	구아	구아아		gua
12	꾸아이	꽈이	구아이	구아이		guai
13	꾸안	꽌	구안	구아안		guan
14	꾸앙	꽝	구앙	구아앙		guang

음절 번호	1성/대표표기	4성	2/3성	2/3성 실제발음*	무성	병음
15	꾸오	꿔	구오	구오어	꿔	guo
16	꾸우	꾸	구우	구우우		gu
17	꾸운	꾼	구언	구우언		gun
18	꾸이	꾸이	구이	구웨이		gui
19	끄어	꺼	그어	그으어		ge
20	나아	나	나아	나아아		na
21	나안	난	나안	나아안		nan
22	나앙	낭	나앙	나아앙		nang
23	나오	나오	나오	나아오		nao
24	나이	나이	나이	나아이		nai
25	너언	넌	x	x		nen
26	너엉	넝	너엉	너어엉		neng
27	네이	네이	네이	네에이		nei
28	노옹	농	노옹	노오옹		nong
29	노우	노우	노우	노오우		nou
30	누안	누안	누안	누아안		nuan
31	누오	누오	누오	누우오		nuo
32	누우	누	누우	누우우		nu
33	누은	눈	누은	누으은		nun
34	뉘에	뉘에	x	x		nüe
35	뉘이	뉘	뉘이	뉘이이		nü
36	느어	너	느어	느으어	너	ne
37	니아오	냐오	니아오	니아오		niao
38	니앙	냥	니앙	니아앙		niang
39	니앤	니앤	니앤	니애앤		nian
40	니에	니에	니에	니이에		nie
41	니우	니우	니우	니오우		niu
42	니이	니	니이	니이이		ni
43	니인	닌	니인	니이인		nin
44	니잉	닝	니응	니이응		ning
45	따아	따	다아	다아아	따	da
46	따안	딴	다안	다아안		dan
47	따앙	땅	다앙	다아앙		dang
48	따오	따오	다오	다아오		dao
49	따이	따이	다아이	다아이		dai
50	떠언	떤	드언	드으은		den
51	떠엉	떵	더엉	더어엉		deng
52	떼이	떼이	데이	데에이		dei
54	또옹	똥	도웅	도오웅		dong
53	또우	또우	도우	도오우		dou
55	뚜안	똰	두안	두아안		duan

음절 번호	1성/대표표기	4성	2/3성	2/3성 실제발음*	무성	병음
56	뚜오	뚜오	두오	두오어		duo
57	뚜우	뚜	두우	두우우		du
58	뚜은	뚠	두은	두우언		dun
59	뚜이	뚜이	두이	두웨이		dui
60	뜨어	떠	드어	드으어	떠	de
61	띠아	땨	디아	디아아		dia
62	띠아오	땨오	디아오	디아오		diao
63	띠앤	땐	디앤	디애앤		dian
64	띠에	띠에	디에	디이에		die
65	띠우	뜌	x	x		diu
66	띠이	띠	디이	디이이		di
67	띠잉	띵	디응	디이잉		ding
68	라안	란	라안	라아안		ran
69	라앙	랑	라앙	라아앙		rang
70	라오	라오	라오	라아오		rao
71	러언	런	러언	러어언		ren
72	러엉	렁	러엉	러어엉		reng
73	로옹	롱	로옹	로우옹		rong
74	로우	로우	로우	로우우		rou
75	루아	루아	루아	루아아		rua
76	루안	루안	루안	루아안		ruan
77	루언	룬	루언	루우언		run
78	루오	루오	루오	루오어		ruo
79	루우	루	루우	루우우		ru
80	루이	루이	루이	루웨이		rui
81	르	르	x	x		ri
82	르어	러	르어	르어어		re
83	ㄹ라아	ㄹ라	ㄹ라아	ㄹ라아아	ㄹ라	la
84	ㄹ라안	ㄹ란	ㄹ라안	ㄹ라아안		lan
85	ㄹ라앙	ㄹ랑	ㄹ라앙	ㄹ라아앙		lang
86	ㄹ라오	ㄹ라오	ㄹ라오	ㄹ라아오	ㄹ라오	lao
87	ㄹ라이	ㄹ라이	ㄹ라이	ㄹ라아이		lai
88	ㄹ러엉	ㄹ렁	ㄹ러엉	ㄹ러어엉		leng
89	ㄹ레이	ㄹ레이	ㄹ레이	ㄹ레에이	ㄹ레이	lei
90	ㄹ로오	ㄹ로	x	x	ㄹ로	lo
91	ㄹ로옹	ㄹ롱	ㄹ로옹	ㄹ로오옹	ㄹ롱	long
92	ㄹ로우	ㄹ로우	ㄹ로우	ㄹ로오우	ㄹ로우	lou
93	ㄹ루안	ㄹ루안	ㄹ루안	ㄹ루아안		luan
94	ㄹ루오	ㄹ루오	ㄹ루오	ㄹ루오어		luo
95	ㄹ루우	ㄹ루	ㄹ루우	ㄹ루우우	ㄹ루	lu
96	ㄹ루운	ㄹ룬	ㄹ루언	ㄹ루우언		lun

음절 번호	1성/대표표기	4성	2/3성	2/3성 실제발음*	무성	병음
97	뤼에	뤠	뤼에	뤼에에		lüe
98	뤼이	뤼	뤼이	뤼이이		lü
99	르어	러	르어	르어어	러	le
100	리아	랴	리아	리아아		lia
101	리아오	랴오	랴오	리아오		liao
102	리앙	량	리앙	리아앙		liang
103	리앤	럔	리앤	리애앤		lian
104	리에	리에	리에	리에에	리에	lie
105	리우	류	리우	리오우		liu
106	리이	리	리이	리이이		li
107	리인	린	리인	리이인		lin
108	리잉	링	리잉	리이잉		ling
109	마아	마	마아	마아아		ma
110	마안	만	마안	마아안		man
111	마앙	망	마앙	마아앙		mang
112	마오	마오	마오	마아오		mao
113	마이	마이	마이	마아이		mai
114	미아오	먀오	미아오	미아오		miao
115	머	머	x	x	머	me
116	머언	먼	머언	머어언	먼	men
117	머엉	멍	머엉	머어엉		meng
118	메이	메이	메이	메에이		mei
119	모어	모어	모어	모오어		mo
120	모우	모우	모우	모오우		mou
121	무우	무	무우	무우우		mu
122	미앤	미앤	미앤	미애앤		mian
123	미에	미에	미에	미어에		mie
124	미우	미우	미우	미오우		miu
125	미이	미	미이	미이이		mi
126	미인	민	미인	미이인		min
127	미잉	밍	미잉	미이잉		ming
128	빠아	빠	바아	바아아	빠	ba
129	빠오	빠오	바오	바아오		bao
130	빠안	빤	바안	바아안		ban
131	빠앙	빵	바앙	바아앙		bang
132	빠이	빠이	바이	바아이		bai
133	뻐언	뻔	버언	버어언		ben
134	뻐엉	뻥	버엉	버어엉		beng
135	뻬이	뻬이	베이	베에이		bei
136	뽀어	뽀어	보어	보오어		bo
137	뿌우	뿌	부우	부우우		bu

음절 번호	1성/대표표기	4성	2/3성	2/3성 실제발음*	무성	병음
138	뻬아오	뺘오	비아오	비아오		biao
139	뻬앤	뺀	비앤	비앤앤		bian
140	뻬에	뼤	비에	비에에		bie
141	뻬이	삐	비이	비이이		bi
142	뻬인	삔	x	x		bin
143	뻬잉	삥	비잉	비이응		bing
144	싸아	싸	사아	사아아		sa
145	싸안	싼	사안	사아안		san
146	싸앙	쌍	사앙	사아앙		sang
147	싸오	싸오	사오	사아오		sao
148	싸이	싸이	x	x		sai
149	써언	썬	x	x		sen
150	써엉	썽	x	x		seng
151	쏘우	쏘우	소우	소오우		sou
152	쏘옹	쏭	소옹	소오옹		song
153	쑤안	쏸	수안	수아안		suan
154	쑤오	쑤오	수오	수오아		suo
155	쑤우	쑤	수우	수우우		su
156	쑤운	쑨	수언	수우언		sun
157	쑤이	쑤이	수이	수웨이		sui
158	쒸앤	쒠	쉬앤	쉬애앤		xuan
159	쒸에	쒜	쉬에	쉬에에		xue
160	쒸이	쒸	쉬이	쉬이이		xu
161	쒸인	쒼	쉬인	쉬이인		xun
162	쓰어	써	x	x		se
163	쓰으	쓰	x	x		si
164	씨아	쌰	시아	시아아		xia
165	씨아오	쌰오	시아오	시아오		xiao
166	씨앙	썅	시앙	시아앙		xiang
167	씨앤	쌘	시앤	시애앤		xian
168	씨에	쎄	시에	시에에		xie
169	씨옹	쑝	시옹	시오옹		xiong
170	씨우	쓔	시우	시오우		xiu
171	씨이	씨	시이	시이이		xi
172	씨인	씬	시인	시이인		xin
173	씨잉	씽	시웅	시으응		xing
174	쏴아	쏴	쏴아	쏴아아		sha
175	쏴안	쏸	쏴안	쏴아안		shan
176	쏴앙	쐉	쏴앙	쏴아앙		shang
177	쏴오	쏴오	쏴오	쏴아오		shao
178	쏴이	쏴이	쏴이	쏴아이		shai

음절 번호	1성/대표표기	4성	2/3성	2/3성 실제발음*	무성	병음
179	ᄉ러언	ᄉ런	ᄉ러언	ᄉ러어언		shen
180	ᄉ러엉	ᄉ렁	ᄉ러엉	ᄉ러어엉		sheng
181	ᄉ레이	ᄉ레이	ᄉ레이	ᄉ레에이		shei
182	ᄉ로우	ᄉ로우	ᄉ로우	ᄉ로우우		shou
183	ᄉ루아	ᄉ롸	ᄉ루아	ᄉ루우우		shua
184	ᄉ루아이	ᄉ롸이	ᄉ루아이	ᄉ루아이이		shuai
185	ᄉ루안	ᄉ롼	ᄉ루안	ᄉ루우안		shuan
186	ᄉ루앙	ᄉ뢍	ᄉ루앙	ᄉ루아앙		shuang
187	ᄉ루오	ᄉ뤄	ᄉ루오	ᄉ루오오		shuo
188	ᄉ루우	ᄉ루	ᄉ루우	ᄉ루우우		shu
189	ᄉ루운	ᄉ룬	ᄉ루운	ᄉ루우운		shun
190	ᄉ루이	ᄉ루이	ᄉ루이	ᄉ루에이		shui
191	ᄉ르어	ᄉ러	ᄉ르어	ᄉ르어어		she
192	ᄉ르으	ᄉ르	ᄉ르으	ᄉ르으		shi
193	아아	아	아아	아아아		a
194	아안	안	아안	아아안		an
195	아앙	앙	아앙	아아앙		ang
196	아오	아오	아오	아아오		ao
197	아이	아이	아이	아아이		ai
198	야아	야	야아	야아아		ya
199	야앙	양	야앙	야아앙		yang
200	야오	야오	야오	야아오		yao
201	어언	언	x	x		en
202	어얼	얼	어얼	어어얼		er
223	어엉	엉	x	x		eng
204	에이	에이	에이	에에이		ei
205	오어	오	오어	오오어		o
206	오우	오우	오우	오어우		ou
207	와아	와	와아	와아아	와	wa
208	와안	완	와안	와아안		wan
209	와앙	왕	와앙	와아앙		wang
210	와이	와이	와이	와아이		wai
211	요오	요	x	x	요	yo
212	요우	요우	요우	요오우		you
213	요옹	용	요옹	요오옹		yong
214	우우	우	우우	우우우		wu
215	워어	워	워어	워어아		wo
216	워언	원	워언	워어언		wen
217	워엉	웡	워엉	워어엉		weng
218	웨이	웨이	웨이	웨에이		wei
219	위앤	왠	위앤	위애앤		yuan

음절 번호	1성/대표표기	4성	2/3성	2/3성 실제발음*	무성	병음
220	위에	웨	위에	위에에		yue
221	위이	위	위이	위이이		yu
222	위인	위	위인	위으인		yun
223	으어	어	으어	으으어		e
224	으음	음	으음	으음		m
225	으응	응	으응	으으응		ng
226	이앤	얜	이앤	이애앤		yan
227	이에	예	이에	이에에		ye
228	이이	이	이이	이이이		yi
229	이인	인	이인	이이인		yin
230	이잉	잉	이잉	이이잉		ying
231	ㅈ라아	ㅈ라	ㅈ라아	ㅈ라 아아		zha
232	ㅈ라안	ㅈ란	ㅈ라안	ㅈ라 아안		zhan
233	ㅈ라앙	ㅈ랑	ㅈ라앙	ㅈ라 아앙		zhang
234	ㅈ라오	ㅈ라오	ㅈ라오	ㅈ라아오		zhao
235	ㅈ라이	ㅈ라이	ㅈ라이	ㅈ라아이		zhai
236	ㅈ러어	ㅈ러	ㅈ러 어	ㅈ러		zhe
237	ㅈ러언	ㅈ런	ㅈ러 언	ㅈ러어언		zhen
238	ㅈ러엉	ㅈ렁	ㅈ러 엉	ㅈ러 어엉		zheng
239	ㅈ레이	ㅈ레이	x	x		zhei
240	ㅈ로옹	ㅈ롱	ㅈ로응	ㅈ로오응		zhong
241	ㅈ로우	ㅈ로우	ㅈ로우	ㅈ로오우		zhou
242	ㅈ루아	ㅈ루아	ㅈ루아	ㅈ루아아		zhua
243	ㅈ루아이	ㅈ롸 이	ㅈ롸 이	ㅈ루 아이		zhuai
244	ㅈ루안	ㅈ루안	ㅈ루안	ㅈ루아안		zhuan
245	ㅈ루앙	ㅈ루앙	ㅈ루앙	ㅈ루아앙		zhuang
246	ㅈ루오	ㅈ루오	ㅈ루오	ㅈ루오어		zhuo
247	ㅈ루우	ㅈ루	ㅈ루우	ㅈ루우우		zhu
248	ㅈ루운	ㅈ룬	ㅈ루운	ㅈ루우운		zhun
249	ㅈ루이	ㅈ루이	ㅈ루이	ㅈ루우이		zhui
250	ㅈ르으	ㅈ르	ㅈ르으	ㅈ르으으		zhi
251	짜아	짜	자아	자아아		za
252	짜안	짠	자안	자아안		zan
253	짜앙	짱	자앙	자아앙		zang
254	짜오	짜오	자오	자아오		zao
255	짜이	짜이	자이	자아이		zai
256	쩌언	쩐	저언	저어언		zen
257	쩌엉	쩡	저엉	저어엉		zeng

음절 번호	1성/대표표기	4성	2/3성	2/3성 실제발음*	무성	병음
258	쩨이	쩨이	제이	제에이		zei
259	쪼옹	쫑	조옹	조오옹		zong
260	쪼우	쪼우	조우	조오우		zou
261	쭈안	쫜	주안	주아안		zuan
262	쭈오	쭈오	주오	주오어		zuo
263	쭈우	쭈	주우	주우우		zu
264	쭈은	쭌	주은	주우은		zun
265	쭈이	쭈이	주이	주웨이		zui
266	쮜안	쮄	쥐안	쥐아안		juan
267	쮜에	쮀	쥐에	쥐이에		jue
268	쮜이	쮜	쥐이	쥐이이		ju
269	쮜인	쮠	쥐인	쥐이인		jun
270	쯔어	쩌	즈어	즈으어		ze
271	쯔으	쯔	즈으	즈으으		zi
272	찌아	쨔	지아	지아아		jia
273	찌아오	쨔오	쟈오	지아오		jiao
274	찌앙	쨩	지앙	지아앙		jiang
275	찌앤	쨴	지앤	지애앤		jian
276	찌에	쪠	지에	지이에		jie
277	찌옹	쫑	지옹	지오옹		jiong
278	찌우	쮸	지우	지오우		jiu
279	찌이	찌	지이	지이이		ji
280	찌인	찐	지인	지이인		jin
281	찌잉	찡	지옹	지으옹		jing
282	차아	차	차아	차아아		ca
283	차안	찬	차안	차아안		can
284	차앙	창	차앙	차아앙		cang
285	차오	차오	차오	차아오		cao
286	차이	차이	차이	차아이		cai
287	초옹	총	초옹	초오옹		cong
288	초우	초우	초우	초우우		cou
289	추안	촨	추안	추아안		cuan
290	추오	추오	추오	추우오		cuo
291	추우	추	추우	추우우		cu
292	추운	춘	추운	추우운		cun
293	추이	취	추이	추웨이		cui
294	취앤	췐	취앤	취애앤		quan
295	취에	췌	취에	취위에		que
296	취이	취	취이	취이이		qu
297	취인	췬	취인	취이인		qun
298	츠어	처	츠어	츠으어		ce

음절 번호	1성/대표표기	4성	2/3성	2/3성 실제발음*	무성	병음
299	츠언	천	츠언	츠으언		cen
300	츠엉	청	츠엉	츠으엉		ceng
301	츠으	츠	츠으	츠으으		ci
302	치아	챠	치아	치아아		qia
303	치아오	챠오	챠오	치아오		qiao
304	치앙	챵	치앙	치아앙		qiang
305	치앤	챈	치앤	치애앤		qian
306	치에	쳬	치에	치에에		qie
307	치옹	춍	치옹	치오옹		qiong
308	치우	츄	치우	치오우		qiu
309	치이	치	치이	치이이		qi
310	치인	친	치인	치이인		qin
311	치잉	칭	치잉	치이잉		qing
312	ㅊ라아	ㅊ라	ㅊ라아	ㅊ라아아		cha
313	ㅊ라안	ㅊ란	ㅊ라안	ㅊ라아안		chan
314	ㅊ라앙	ㅊ랑	ㅊ라앙	ㅊ라아앙		chang
315	ㅊ라오	ㅊ라오	ㅊ라오	ㅊ라아오		chao
316	ㅊ라이	ㅊ라이	ㅊ라이	ㅊ라아이		chai
317	ㅊ러언	ㅊ런	ㅊ러언	ㅊ러어언		chen
318	ㅊ러엉	ㅊ렁	ㅊ러엉	ㅊ러어엉		cheng
319	ㅊ로옹	ㅊ롱	ㅊ로옹	ㅊ로오옹		chong
320	ㅊ로우	ㅊ로우	ㅊ로우	ㅊ로오우		chou
321	ㅊ루아	ㅊ롸	x			chua
322	ㅊ루아이	ㅊ롸이	ㅊ루아이	ㅊ루아이		chuai
323	ㅊ루안	ㅊ롼	ㅊ루안	ㅊ루아안		chuan
324	ㅊ루앙	ㅊ뢍	ㅊ루앙	ㅊ루아앙		chuang
325	ㅊ루오	ㅊ뤄	x	x		chuo
326	ㅊ루우	ㅊ루	ㅊ루우	ㅊ루우우		chu
327	ㅊ루운	ㅊ룬	ㅊ루운	ㅊ루우운		chun
328	ㅊ루이	ㅊ루이	ㅊ루이	ㅊ루웨이		chui
329	ㅊ르어	ㅊ러	ㅊ르어	ㅊ르어어		che
330	ㅊ르으	ㅊ르	ㅊ르으	ㅊ르으으		chi
331	카아	카	카아	카아아		ka
332	카안	칸	카안	카아안		kan
333	카앙	캉	카앙	카아앙		kang
334	카오	카오	카오	카아오		kao
335	카이	카이	카이	카아이		kai
336	커언	컨	커언	커어언		ken
337	커엉	컹	x	x		keng

음절 번호	1성/대표표기	4성	2/3성	2/3성 실제발음*	무성	병음
338	케이	케이	x	x		kei
339	코옹	콩	코옹	코옹		kong
340	코우	코우	코우	코오우		kou
341	쿠아	콰	쿠아	쿠아아		kua
342	쿠아이	콰이	콰이	쿠아이		kuai
343	쿠안	콴	쿠안	쿠아안		kuan
344	쿠앙	광	쿠앙	쿠아앙		kuang
345	쿠오	궈	쿠오	x		kuo
346	쿠우	쿠	쿠우	쿠우우		ku
347	쿠운	쿤	쿠운	쿠우언		kun
348	쿠이	쿠이	쿠이	쿠에이		kui
349	크어	커	크어	크으어		ke
350	타아	타	타아	타아아		ta
351	타안	탄	타안	타아안		tan
352	타앙	탕	타앙	타아앙		tang
353	타오	타오	타오	타아오		tao
354	타이	타이	타이	타아이		tai
355	터엉	텅	터엉	터어엉		teng
356	테이	테이	테이	x		tei
357	토옹	통	토옹	토오옹		tong
358	토우	토우	토우	토오우		tou
359	투안	퇀	투안	투아안		tuan
360	투오	퉈	투오	투오오		tuo
361	투우	투	투우	투우우		tu
362	투은	툰	투은	투으은		tun
363	투이	투이	투이	투우이		tui
364	트어	터	트어	x		te
365	티아오	탸오	티아오	티아오		tiao
366	티앤	탠	티앤	티애앤		tian
367	티에	티에	티에	티이에		tie
368	티응	팅	티응	티이응		ting
369	티이	티	티이	티이이		ti
370	퐈아	퐈	퐈아	퐈아아		fa
371	퐈안	퐌	퐈안	퐈아안		fan
372	퐈앙	퐝	퐈앙	퐈아앙		fang
373	풔언	풘	풔언	풔어언		fen
374	풔엉	풩	풔엉	풔어엉		feng
375	풰이	풰이	풰이	풰에이		fei
376	뽀어	뽀	뽀어	뽀오어		fo
377	뽀우	뽀우	뽀우	뽀오우		fou
378	뿌우	뿌	뿌우	뿌우우		fu

음절 번호	1성/대표표기	4성	2/3성	2/3성 실제발음*	무성	병음
379	뗴아오	땨오	x	x		fiao
380	파아	파	파아	파아앙		pa
381	파안	판	파안	파아안		pan
382	파앙	팡	파앙	파아앙		pang
383	파오	파오	파오	파아오		pao
384	파이	파이	파이	파아이		pai
385	퍼언	펀	퍼언	퍼아언		pen
386	퍼엉	펑	퍼엉	퍼어엉		peng
387	페이	페이	페이	페에이		pei
388	포어	포	포어	포오어		po
389	포우	포우	포우	포우우		pou
390	푸우	푸	푸우	푸우우		pu
391	피아오	퍄오	퍄오	피아오		piao
392	피앤	퍈	피앤	피애앤		pian
393	피에	폐	피에	피이에		pie
394	피이	피	피이	피이이		pi
395	피인	핀	피인	피이인		pin
396	피잉	핑	피잉	피이잉		ping
397	하아	하	하아	하아아		ha
398	하안	한	하안	하안		han
399	하앙	항	하앙	하아앙		hang
400	하오	하오	하어	하아어		hao
401	하이	하이	하이	하아이		hai
402	허언	헌	허언	허어언		hen
403	허엉	헝	허엉	허어엉		heng
404	헤이	헤이	헤이	x		hei
405	호옹	홍	호옹	호오옹		hong
406	호우	호우	호우	호오우		hou
407	화이	화이	화이	화아이		huai
408	후아	화	후아	후아아		hua
409	후안	환	후안	후아안		huan
410	후앙	황	후앙	후아앙		huang
411	후오	훠	후오	후우오		huo
412	후우	후	후우	후우우		hu
413	후이	후이	후이	후웨이		hui
414	훈	훈	훈	후은		hun
415	흐어	허	흐어	흐으어		he
416	흐음.	흠	흐음.	흐으음.		hm
417	흐응	흥	흐응	흐응		hng

부록 5

417음절의 병음/한글표기 전환

위 부록 4에서는 중국어 417개 음절을 한글로 표기하고 가나다 순으로 정렬하여 제시하였다. 그러나 병음표기 사용의 경우를 대비해 한글표기와 병음표기 상호 전환표를 만들어 아래 <부표 10>으로 제시하였다. 이 표에서는 음절을 abc 순으로 정렬하여 병음사용자의 편의를 도모하였다.

<부표 10> 중국어 417음절의 병음 / 한글 대조표

병음		한글표기	
순번	표기	표기	번호
1	**a**	아아	193
2	**ao**	아오	196
3	**ai**	아이	197
4	**an**	아안	194
5	**ang**	아앙	195
6	**ba**	빠아	128
7	**bai**	빠이	132
8	**ban**	빠안	130
9	**bang**	빠앙	131
10	**bao**	빠오	129
1	**bei**	뻬이	135
11	**ben**	뻐언	133
12	**beng**	뻐엉	134
14	**bi**	삐이	141
17	**bian**	삐앤	139
15	**biao**	삐아오	138
16	**bie**	삐에	140
18	**bin**	삐인	142
19	**bing**	삐잉	143
20	**bo**	뽀어	136
21	**bu**	뿌우	137
22	**ca**	차아	282
23	**cai**	차이	286
24	**can**	차안	283

병음		한글표기	
순번	표기	표기	번호
25	**cang**	차앙	284
26	**cao**	차오	285
27	**ce**	츠어	298
28	**cen**	츠언	299
29	**ceng**	츠엉	300
30	**ci**	츠으	301
31	**cong**	초옹	287
32	**cou**	초우	288
33	**cu**	추우	291
34	**cuan**	추안	289
35	**cui**	추이	293
36	**cun**	추운	292
37	**cuo**	추오	290
38	**cha**	ㅊ라아	312
39	**chai**	ㅊ라이	316
40	**chan**	ㅊ라안	313
41	**chang**	ㅊ라앙	314
42	**chao**	ㅊ라오	315
43	**che**	ㅊ르어	329
44	**chen**	ㅊ러언	317
45	**cheng**	ㅊ러엉	318
46	**chi**	ㅊ르으	330
47	**chong**	ㅊ로옹	319
48	**chou**	ㅊ로우	320

병음		한글표기	
순번	표기	표기	번호
49	**chu**	ㅊ루우	326
50	**chua**	ㅊ루아	321
51	**chuai**	ㅊ루아이	322
52	**chuan**	ㅊ루안	323
53	**chuang**	ㅊ루앙	324
54	**chui**	ㅊ루이	328
55	**chun**	ㅊ루운	327
56	**chuo**	ㅊ루오	325
57	**da**	따아	45
58	**dai**	따이	49
59	**dan**	따안	46
60	**dang**	따앙	47
61	**dao**	따오	48
62	**de**	뜨어	60
63	**dei**	떼이	52
64	**den**	떠언	50
65	**deng**	떠엉	51
66	**di**	띠이	66
67	**dia**	띠아	61
68	**dian**	띠앤	63
69	**diao**	띠아오	62
70	**die**	띠에	64
71	**ding**	띠잉	67
72	**diu**	띠우	65

병음		한글표기	
순번	표기	표기	번호
73	**dong**	또옹	54
74	**dou**	또우	53
75	**du**	뚜우	57
76	**duan**	뚜안	55
77	**dui**	뚜이	59
78	**dun**	뚜은	58
79	**duo**	뚜오	56
80	**e**	으어	223
81	**ei**	에이	204
82	**en**	어언	201
83	**eng**	어엉	223
84	**er**	어얼	202
85	**fa**	ㅇ빠아	370
86	**fan**	ㅇ빠안	371
87	**fang**	ㅇ빠앙	372
88	**fei**	ㅇ뻬이	375
89	**fen**	ㅇ뻐언	373
90	**feng**	ㅇ뻐엉	374
91	**fiao**	ㅇ삐아오	379
92	**fo**	ㅇ뽀어	376
93	**fou**	ㅇ뽀우	377
94	**fu**	ㅇ뿌우	378
95	**ga**	까아	1
96	**gai**	까이	5
97	**gan**	까안	2
98	**gang**	까앙	3
99	**gao**	까오	4
100	**ge**	끄어	19
101	**gei**	께이	8
102	**gen**	꺼언	6
103	**geng**	꺼엉	7
104	**gong**	꼬옹	9
105	**gou**	꼬우	10
106	**gu**	꾸우	16
107	**gua**	꾸아	11
108	**guai**	꾸아이	12
109	**guan**	꾸안	13

병음		한글표기	
순번	표기	표기	번호
110	**guang**	꾸앙	14
111	**gui**	꾸이	18
112	**gun**	꾸운	17
113	**guo**	꾸오	15
114	**ha**	하아	397
115	**hai**	하이	401
116	**han**	하안	398
117	**hang**	하앙	399
118	**hao**	하오	400
119	**he**	흐어	415
120	**hei**	헤이	404
121	**hen**	허언	402
122	**heng**	허엉	403
123	**hm**	흐음.	416
124	**hng**	흐응	417
125	**hong**	호옹	405
126	**hou**	호우	406
127	**hu**	후우	412
128	**hua**	후아	408
129	**huai**	화이	407
130	**huan**	후안	409
131	**huang**	후앙	410
132	**hui**	후이	413
133	**hun**	훈	414
134	**huo**	후오	411
135	**ji**	찌이	279
136	**jia**	찌아	272
137	**jian**	찌앤	275
138	**jiang**	찌앙	274
139	**jiao**	찌아오	273
140	**jie**	찌에	276
141	**jin**	찌인	280
142	**jing**	찌잉	281
143	**jiong**	찌옹	277
144	**jiu**	찌우	278
145	**ju**	쮜이	268
146	**juan**	쮜안	266

병음		한글표기	
순번	표기	표기	번호
147	**jue**	쮜에	267
148	**jun**	쮜인	269
149	**ka**	카아	331
150	**kai**	카이	335
151	**kan**	카안	332
152	**kang**	카앙	333
153	**kao**	카오	334
154	**ke**	크어	349
155	**kei**	케이	338
156	**ken**	커언	336
157	**keng**	커엉	337
158	**kong**	코옹	339
159	**kou**	코우	340
160	**ku**	쿠우	346
161	**kua**	쿠아	341
162	**kuai**	쿠아이	342
163	**kuan**	쿠안	343
164	**kuang**	쿠앙	344
165	**kui**	쿠이	348
166	**kun**	쿠운	347
167	**kuo**	쿠오	345
168	**la**	롸아	83
169	**lai**	롸이	87
170	**lan**	롸안	84
171	**lang**	롸앙	85
172	**lao**	롸오	86
173	**le**	르어	99
174	**lei**	뤠이	89
175	**leng**	뤄엉	88
176	**li**	뤼이	106
177	**lia**	뤼아	100
178	**lian**	뤼앤	103
179	**liang**	뤼앙	102
180	**liao**	뤼아오	101
181	**lie**	뤼에	104
182	**lin**	뤼인	107
183	**ling**	뤼잉	108

병음		한글표기	
순번	표기	표기	번호
184	**liu**	리우	105
185	**lo**	로오	90
186	**long**	로옹	91
187	**lou**	로우	92
188	**lu**	루우	95
189	**lü**	뤼이	98
190	**luan**	루안	93
191	**lüe**	뤼에	97
192	**lun**	루운	96
193	**luo**	루오	94
194	**m**	으음	224
195	**ma**	마아	109
196	**mai**	마이	113
197	**man**	마안	110
198	**mang**	마앙	111
199	**mao**	마오	112
200	**me**	머	115
201	**mei**	메이	118
202	**men**	머언	116
203	**meng**	머엉	117
204	**mi**	미이	125
205	**mian**	미앤	122
206	**miao**	미아오	114
207	**mie**	미에	123
208	**min**	미인	126
209	**ming**	미잉	127
210	**miu**	미우	124
211	**mo**	모어	119
212	**mou**	모우	120
213	**mu**	무우	121
214	**na**	나아	20
215	**nai**	나이	24
216	**nan**	나안	21
217	**nang**	나앙	22
218	**nao**	나오	23
219	**ne**	느어	36
220	**nei**	네이	27
221	**nen**	너언	25

병음		한글표기	
순번	표기	표기	번호
222	**neng**	너엉	26
223	**ng**	으응	225
224	**ni**	니이	42
225	**nian**	니앤	39
226	**niang**	니앙	38
227	**niao**	니아오	37
228	**nie**	니에	40
229	**nin**	니인	43
230	**ning**	니잉	44
231	**niu**	니우	41
232	**nong**	노옹	28
233	**nou**	노우	29
234	**nu**	누우	32
235	**nü**	뉘이	35
236	**nuan**	누안	30
237	**nüe**	뉘에	34
238	**nun**	누은	33
239	**nuo**	누오	31
240	**o**	오어	205
241	**ou**	오우	206
242	**pa**	파아	380
243	**pai**	파이	384
244	**pan**	파안	381
245	**pang**	파앙	382
246	**pao**	파오	383
247	**pei**	페이	387
248	**pen**	퍼언	385
249	**peng**	퍼엉	386
250	**pi**	피이	394
251	**pian**	피앤	392
252	**piao**	피아오	391
253	**pie**	피에	393
254	**pin**	피인	395
255	**ping**	피잉	396
256	**po**	포어	388
257	**pou**	포우	389
258	**pu**	푸우	390

병음		한글표기	
순번	표기	표기	번호
259	**qi**	치이	309
260	**qia**	치아	302
261	**qian**	치앤	305
262	**qiang**	치앙	304
263	**qiao**	치아오	303
264	**qie**	치에	306
265	**qin**	치인	310
266	**qing**	치잉	311
267	**qiong**	치옹	307
268	**qiu**	치우	308
269	**qu**	취이	296
270	**quan**	취앤	294
271	**que**	취에	295
272	**qun**	취인	297
273	**ran**	라안	68
274	**rang**	라앙	69
275	**rao**	라오	70
276	**re**	르어	82
277	**ren**	러언	71
278	**reng**	러엉	72
279	**ri**	르	81
280	**rong**	로옹	73
281	**rou**	로우	74
282	**ru**	루우	79
283	**rua**	루아	75
284	**ruan**	루안	76
285	**rui**	루이	80
286	**run**	루언	77
287	**ruo**	루오	78
288	**sa**	싸아	144
289	**sai**	싸이	148
290	**san**	싸안	145
291	**sang**	싸앙	146
292	**sao**	싸오	147
293	**se**	쓰어	162
294	**sen**	써언	149
295	**seng**	써엉	150

병음		한글표기	
순번	표기	표기	번호
296	si	쓰으	163
297	song	쏘옹	152
298	sou	쏘우	151
299	su	쑤우	155
300	suan	쑤안	153
301	sui	쑤이	157
302	sun	쑤운	156
303	suo	쑤오	154
304	sha	싸아	174
305	shai	싸이	178
306	shan	싸안	175
307	shang	싸앙	176
308	shao	싸오	177
309	she	쓰어	191
310	shei	쎄이	181
311	shen	써언	179
312	sheng	써엉	180
313	shi	쓰으	192
314	shou	쏘우	182
315	shu	쑤우	188
316	shua	쑤아	183
317	shuai	쑤아이	184
318	shuan	쑤안	185
319	shuang	쑤앙	186
320	shui	쑤이	190
321	shun	쑤운	189
322	shuo	쑤오	187
323	ta	타아	350
324	tai	타이	354
325	tan	타안	351
326	tang	타앙	352
327	tao	타오	353
328	te	트어	364
329	tei	테이	356
330	teng	터엉	355
331	ti	티이	369
332	tian	티앤	366
333	tiao	티아오	365
334	tie	티에	367
335	ting	티잉	368
336	tong	토옹	357
337	tou	토우	358
338	tu	투우	361
339	tuan	투안	359
340	tui	투이	363
341	tun	투은	362
342	tuo	투오	360
343	wa	와아	207
344	wai	와이	210
345	wan	와안	208
346	wang	와앙	209
347	wei	웨이	218
348	wen	워언	216
349	weng	워엉	217
350	wo	워어	215
351	wu	우우	214
352	xi	씨이	171
353	xia	씨아	164
354	xian	씨앤	167
355	xiang	씨앙	166
356	xiao	씨아오	165
357	xie	씨에	168
358	xin	씨인	172
359	xing	씨잉	173
360	xiong	씨옹	169
361	xiu	씨우	170
362	xu	쒸이	160
363	xuan	쒸앤	158
364	xue	쒸에	159
365	xun	쒸인	161
366	ya	야아	198
367	yan	이앤	226
368	yang	야앙	199
369	yao	야오	200
370	ye	이에	227
371	yi	이이	228
372	yin	이인	229
373	ying	이잉	230
374	yo	요오	211
375	yong	요옹	213
376	you	요우	212
377	yu	위이	221
378	yuan	위앤	219
379	yue	위에	220
380	yun	위인	222
381	za	짜아	251
382	zai	짜이	255
383	zan	짜안	252
384	zang	짜앙	253
385	zao	짜오	254
386	ze	쯔어	270
387	zei	쩨이	258
388	zen	쩌언	256
389	zeng	쩌엉	257
390	zi	쯔으	271
391	zong	쪼옹	259
392	zou	쪼우	260
393	zu	쭈우	263
394	zuan	쭈안	261
395	zui	쭈이	265
396	zun	쭈은	264
397	zuo	쭈오	262
398	zha	쟈아	231
399	zhai	쟈이	235
400	zhan	쟈안	232
401	zhang	쟈앙	233
402	zhao	쟈오	234
403	zhe	져어	236
404	zhei	졔이	239
405	zhen	져언	237
406	zheng	져엉	238
407	zhi	즈르으	250
408	zhong	즈로옹	240
409	zhou	즈로우	241
410	zhu	즈루우	247
411	zhua	즈루아	242
412	zhuai	즈루아이	243
413	zhuan	즈루안	244
414	zhuang	즈루앙	245
415	zhui	즈루이	249
416	zhun	즈루운	248
417	zhuo	즈루오	236

<끝>